中国法律实证研究 第2卷 2017年

四川大学法律实证研究所　主办

法律出版社
LAW PRESS·CHINA

主 编 简 介

左卫民

法学博士，教育部“长江学者奖励计划”特聘教授、四川大学法学院教授、四川大学法律实证研究所所长，兼任中国法学会理事、中国刑事诉讼法学研究会副会长、四川省法学会副会长、最高人民检察院专家咨询委员等职。1988年至今在四川大学任教，1992年破格晋升为副教授，1994年破格晋升为教授。先后获得人事部首批“新世纪百千万人才国家级人选”（2004）、第四届全国十大青年法学家（2004）、教育部首届“青年教师奖”（2000）、教育部首批人文社科“跨世纪优秀人才”（1997）、国家万人计划哲社领军人才（2015）等荣誉称号或奖励。曾为美国哈佛大学、耶鲁大学、哥伦比亚大学、纽约大学、荷兰阿姆斯特丹大学、德国马普刑事法律研究所、香港中文大学的访问学者。主要研究领域为司法制度、刑事诉讼和纠纷解决。承担了包括国家社会科学基金重大招标项目《和谐社会的构建与人民内部矛盾解决体系的完善》（首席专家）在内的多项国家级、省部级等科研课题，独立或合作出版了《现实与理想：关于中国刑事诉讼的司法》《刑事诉讼的中国图景》《刑事诉讼运行机制实证研究》《中国基层纠纷解决研究》等十余部著作；在《法学研究》等期刊上独立或合作发表学术论文逾百篇，其中有50逾篇被《新华文摘》《中国社会科学文摘》等转载或转摘。研究成果获得省部级一、二等奖十余次。

中国法律实证研究(第2卷·2017年)

青年论坛

名家论坛

中国民众刑法偏好研究

白建军*

内容摘要:民众偏好较重还是较轻的刑法,以及如何处理刑法与民意的关系,是刑事法治不能回避的问题。搭载北京大学 CFPS 项目,以 3 万多样本为数据来源的实证研究发现,中国民众的刑法偏好系数低于 0 到 1 的中间线,为 0.36,说明大样本研究的证据并不支持中国民众普遍偏好重法的说法;传统犯罪被害人遭遇对刑法偏好并无显著影响,刑法偏好是各种社会因素的扭曲反映。应当对与刑法有关的个案舆论保持高度审慎和冷静,对刑法偏好作出有限响应,警惕刑法的过度社会化和刑法资源的"通胀"倾向。刑事立法或司法是否积极响应民众的某种刑法偏好,取决于代表性、溯因性和依法性三方面的考量。个案舆论更需先通过实证研究转换成某种刑法偏好,经过上述三方面考量后,再决定是否以及如何响应。

关键词:刑法偏好　刑法轻重　影子刑法　舆论　民意

2017 年,距离我国 1997 年修订《刑法》已有 20 年了。在经济社会均获得巨大发展的背景下,未来刑法修订面临若干重大理论问题和政策抉择。其中,民意与刑法的关系

---

* 白建军,北京大学法学院教授。本文使用数据全部来自北京大学"985"项目资助、北京大学中国社会科学调查中心执行的中国家庭动态跟踪调查。

问题日渐瞩目。从个案审理到刑法修订，舆论民意的影响越来越频繁，我们可将这种影响称为“影子刑法”。近年来涉法涉讼的经典案例中，绝大部分案件最终都顺从舆论判决或者改判，如邓玉娇案、药家鑫案、许霆案、天价过路费案、李昌奎案等。① 这种对舆论的顺从不仅体现在司法中，还与立法有关。② 有学者指出，刑法中某些“口袋罪”可以满足公众的重罚期待和舆论的重刑主义诉求。③ 人们一方面承认，关于犯罪与刑法的民意是积极合理的，④ 公众对犯罪的愤恨对于社会的正义是不可缺少的，社会始终在尽力维护这种健康的愤恨情感。⑤ 另一方面也意识到，刑事司法受到何种程度的影响，与各国民众的认知能力、媒体报道的内容及方式、刑事司法本身的现状等诸多因素密切相关。影子刑法的内容有时主张重罚，有时又偏好宽宥。对民意的采纳在何种程度上不致牺牲法治，面对抉择困境，刑法学应察觉到这一挑战对刑事法治的意义。

围绕宽严轻重，影子刑法有三个不确定：其一，“说什么”不确定。民众往往通过对重大有争议案件的公开讨论表达意见，而这种讨论过于具体、碎片化和立场不一，很难从中提炼出中国民众关于刑法宽严轻重的一般倾向，刑法面对分歧较大的舆论时难免举棋不定。其二，“谁在说”不确定。目前，影子刑法的展示方式主要是传统媒体或自媒体中围绕某个焦点事件发表意见。问题是，他们是否以及在多大程度上代表民众？那些没有发表意见的人为什么不发表意见？对经验研究来说，这就是样本的代表性和统计可推论性问题。其三，“为什么说”不确定。作为影子刑法，犯罪与刑法问题理应是触发舆论的原因。但人们之所以卷入某个舆论事件并发出不同的声音，往往背后另有动因。而这些动因本身由于未言明而难以把握，且常常与法律无关。只

① 周安平：《涉诉舆论的面相与本相：十大经典案例分析》，载《中国法学》2013年第1期，第160～174页。

② 陈银珠：《〈刑法修正案（八）〉的保守与激进：立法、民意和理论》，载《湖南大学学报》2012年第4期，第146～159页；胡荷佳：《行走在消逝中：废除嫖宿幼女罪之反思》，载《青少年犯罪问题》2015年第6期，第44～51页。

③ 于志刚：《口袋罪的时代变迁、当前乱象与消减思路》，载《法学家》2013年第3期，第63～18页。

④ 顾培东：《公众判意的法理解析——对许霆案的延伸思考》，载《中国法学》2008年第4期，第167～178页。

⑤ ［法］卡斯东·斯特法尼等：《法国刑法总论精义》，罗结珍译，中国政法大学出版社1998年版，第29页。

有把民意的内容放在一定参照系背景中观察，民意才能得到更客观、准确的理解。

不确定并不等于无规律可循，更不意味着可以放弃对舆论、民意背后深层原因的探寻。因此，本研究的基本问题就是刑法与民意的关系问题：第一，到底怎样把握中国民众对刑法宽严轻重的一般倾向、期待或偏好？为此，本文界定了“刑法偏好”的操作定义，试图用来度量、描述事关刑法的民众一般偏好。第二，中国民众为什么会有某种刑法偏好？舆论发声背后到底有哪些因素在起作用？为回答这个问题，本文建构了刑法偏好的分析模型，用来解释刑法偏好受哪些因素的影响。第三，刑法在面对个案舆论、刑法偏好乃至民意时如何规定才是理性的？对此，本文基于刑法偏好的原因分析提出了对策建议。

一、刑法偏好的操作定义

本研究在以下意义上使用舆论、民意、偏好三个术语：刑法研究语境中的舆论，是人们围绕特定个案公开表达的意见，具有具体性、局部性和时效性；刑法语境中的民意，是指人民对刑法的基本意见或意愿，具有理论上的应然性、共同性和抽象性。⑥ 介于这两者之间，本文所用的偏好一词虽然和舆论相似，即都具有实然性，但比具体舆论具有更高的代表性和概括性；虽然和民意相似，即都具有可靠的代表性和普遍性，但由于是大样本实证研究测量的结果，毕竟可能存在一定的误差，只能是近似的民意。以往，学界并无刑法偏好的说法，原因之一就是忽视了舆论与民意的区分。用刑法偏好将个案舆论与整体民意区隔开来，让人们注意到舆论并不等于民意，警惕民意概念滥用的同时，更加关注个案舆论的代表性以及背后的真实原因。在这个背景下，本文所提出的刑法偏好一说，是指民众关于刑法宽严轻重的实然的概括意向。其主体是民众，不仅包括借助各类媒体表达意见的民众，还包括未发声的民众；其对象是刑法整体上的宽严轻重取向，而非具体刑法规则的解释或特定

---

⑥ 这里的“舆论”相当于有学者所说的“涉案民意”，而本文使用的“民意”相当于有学者所说的“大众民意”。参见周永坤：《民意审判与审判元规则》，载《法学》2009年第8期，第3～15页。

个案的刑法适用;其性质是通过间接的测量手段才可系统把握的稳定概括的态度集合,而非就具体问题直接陈述的意见或公众表决的结果。

(一)刑法偏好的主体是广大民众,而非部分人群

习惯上,人们不大注意民意与舆论的区别,容易将围绕某个新闻事件的舆论视为民意,或者把民意理解为民众对某一具体问题的意见。应该承认,在不少场合对民意与舆论不加区分并无大碍。但是,作为公共事务的决策依据,决策者可以不事事迁就舆论,但绝不可以说不在乎民意。从这个意义上说,如果将舆论等同于民意,便可能给公共决策带来某种不稳定性、不确定性。更何况,如果舆论被人为操纵后包装为民意,离民意就更远了。

舆论与民意的根本区别在于,舆论的代表性可能弱于民意。如果轻信舆论,甚至误将舆论等同于民意,就可能导致某种决策风险。舆论的代表性之所以弱于民意,首先,是因为舆论的发声者只是部分人,而民意的主体应该是全民。因此,舆论的发声者能否代表全民以及能在多大程度上推论到总体,都需要控制样本误差后才能确信。这意味着,舆论并不必然符合全体民众的意见。况且,没通过媒体发声的人并非没有任何意见,只是出于各种原因没有表达自己的意见。忽视这部分民众的真实意见以及沉默的原因,并不符合科学决策的要求。当然,这并不意味着在任何社会决策作出之前都要进行所谓全民公决。因为问题的关键不在于发声者的绝对数量,而在于表达某个意见的一群个体能在多大程度上符合统计学上的样本代表性要求。忽视样本误差,轻信其可推论性未经科学程序检验的所谓舆论,就有可能误解民意。其次,从内容上看,舆论往往表现为围绕某个焦点问题的争议,而非合意。有时,舆论只代表民众中某个阶层、行业、局部的利益,而与另一些阶层、行业、局部的利益相冲突。具体到法律世界,舆论不仅具有对立性,而且不一定十分理性。有学者发现,涉诉舆论的思维具有强烈的对立性质。舆论的每一个支持的观点总是与一个反对的观点联系在一起。涉诉舆论的对立性主要集中在关于当事人身份信息的对比上。舆论特别关注当事人具体的身份,对当事人的性别、阶层、亲属以及社会关系网络等个人信息抱有强烈的探寻欲望,对事件的发生总是倾向于从身份信息上去寻找答案,并对任何司法判决都赋予身份解释的意义。对于一个处于社会弱势阶层的当事人,如果判决对其不利,舆论则倾向于归因其身份没有走关系的能力。同理,对于一个处于社会强势阶层的当事人,如果判决合乎其所愿,舆论则倾向于归因其强势者的身份主导了司法的走向。[7] 就刑事案件而言,代表被害方的舆论和代表被告方的舆论,其立场就会截然相反。再次,从表现形式看,舆论存在于多种场域,[8]既有正规媒体引导的舆论,也有自媒体中流传的舆论;既有媒体舆论,也有口口相传的舆论;既有代表主流文化的舆论,也有代表某个亚文化圈的舆论。不同舆论场中的舆论,在内容、立场、主张等方面都有所不同,甚至相互对立,不能简单等同于民意。复次,在现代社会中,舆论与民意的差异还来自舆论本身形成过程的复杂性。[9] 最后,有学者对所谓"精英意见"与公众舆论作出区分,指出当人们使用网络舆论、主流媒体舆论、民间舆论、精英舆论或官方舆论这些概念时,首先应判断它们是公众意见还是少数人意见。进入公众视野的观点不一定是舆论,只有公众一致赞成的观点才是舆论。[10] 尽管"公众一致赞成"的表述有些绝对化,但至少说明成为公众舆论的,应该是具有普遍代表性的意见。也正因此,有学者提出"立法民意"与"大众民意"的区分,[11]实际上是认为舆论并不等于真正的民意。

(二)犯罪圈大小、刑罚轻重、罪刑关系均衡性是衡量刑法宽严轻重的三个基本维度

研究刑法,常常会对具体刑法文本、司法实践进行宽严轻重的比较。此类比较大致可以分为三类。第一类是对不同时空的刑事立法文本进行比较,观察宽严轻重的变化。例如,有学者观察2011年通过的《刑法修正案(八)》后,分析刑法在哪些方面趋于宽宥,哪些方面变得更严厉。结果发现,宽宥轻缓的变化至少体现在:一是对老年人犯罪的宽大处理;[12]二是对未成年人犯罪的宽大处

---

⑦ 周安平:《涉诉舆论的面相与本相:十大经典案例分析》,载《中国法学》2013年第1期,第160~174页。

⑧ 有学者提出两个舆论场的理论,即在现实生活中,一个是老百姓的口头舆论场,另一个是新闻媒体着力营造的舆论场。参见陈芳:《再谈"两个舆论场"——访外事委员会副主任委员、全国人大常委会委员、新华社原总编辑南振中》,载《中国记者》2013年第1期,第42~46页。

⑨ 陈芳:《再谈"两个舆论场"——访外事委员会副主任委员、全国人大常委会委员、新华社原总编辑南振中》,载《中国记者》2013年第1期,第42~46页。

⑩ 刘建明:《"两个舆论场"若干歧义的破解》,载《中国记者》2013年第1期,第51~52页。

⑪ 周永坤:《民意审判与审判元规则》,载《法学》2009年第8期,第3~15页。

⑫ 参见《刑法修正案(八)》第1条、第3条和第11条。

理;[13]三是坦白从宽政策的立法化;[14]四是死刑罪名的减少。[15]同时也发现,该修正案还体现了从严重罚的一面:首先是首次设立了限制减刑的制度;[16]其次是禁止令制度的增加;[17]最后是社区矫正制度的创新以及其他从严处罚的规定。[18]这种观察无疑是全面精准的,但没有提炼出某种框架用于比较每次刑法修订前后在宽严轻重上的不同。第二类研究是以司法实践为对象,比较刑事司法的宽严轻重趋势。有学者发现,近年来我国刑事司法实践体现出明显的从宽倾向,其表现为:被判处重刑的罪犯比例下降;缓刑率上升;减刑、假释比例上升。[19]这类研究很有说服力,能够清楚描述一定时空范围刑事司法的力度。然而,如果据此得出结论认为重刑率、缓刑率、减刑率、假释率这四个指标就是衡量刑法宽严轻重的全部指标,则有失片面。因为这四个指标主要代表刑罚适用的节制程度,并未指示犯罪圈的大小以及刑网的严密程度。第三类研究是以抽象的犯罪为对象,将其放入某个结构化指标体系中,比较不同犯罪之间在轻重程度上的差异。笔者曾作过罪刑轻重的量化分析。[20]与前两种研究相比,这种研究虽然有一定系统性,某个具体犯罪的轻重皆为指标体系推演的结果,但只是聚焦抽象个罪的犯罪严重性与刑罚严厉性之间的关系。这种研究的前提是在既定犯罪圈之内展开不同罪刑关系的比较,无法对犯罪圈范围不同的刑法进行宽严轻重的比对。

可见,从总体上比较刑法的宽严轻重,需要一套科学的指标体系。用科学的指标体系表征刑法偏好应满足以下条件:周延性、互斥性、概括性。周延性,就是全面评价一国刑法的宽严轻重,避免基于尚存重大缺失的指标体系进行度量,轻率得出整个刑法宽严轻重的片面结论;互斥性,就是表示刑法宽严轻重的维度之间相互独立,避免评价指标的交叉重合;概括性,就是用尽可能少的指标有效代表刑事立法、司法总体上的宽严轻重,而不必对所有刑法

---

[13] 参见《刑法修正案(八)》第6条、第19条。

[14] 此前,我国刑法对自首和立功以外的坦白情节没有明确的从宽规定,《刑法修正案(八)》将坦白规定为法定的从宽情节(第8条)。

[15] 《刑法修正案(八)》取消了13个犯罪的死刑。

[16] 参见《刑法修正案(八)》第4条。

[17] 参见《刑法修正案(八)》第2条、第11条第2款。

[18] 陈兴良:《刑法的刑事政策化及其限度》,载《华东政法大学学报》2013年第4期,第4~15页。

[19] 刘根:《宽严相济刑事政策及其实施》,载《江西社会科学》2009年第9期,第176~180页。

[20] 白建军:《刑罚轻重的量化分析》,载《中国社会科学》2001年第6期,第114~125页。

现象进行逐一测量。本研究提出,犯罪圈的大小、刑罚的轻重、罪刑关系的均衡性应是衡量刑法宽严轻重的三个基本维度。

犯罪圈的大小,是指刑法把多少行为定义为犯罪。假定当刑罚严厉性相等且罪刑关系的均衡性相等时,有越多行为被定义为犯罪的刑法越严越重;同理,越少的行为被定义为犯罪的刑法就越宽越轻。犯罪圈的大小不是罪名数量的多少,因为一个行为可能规定为多个罪名。刑罚的轻重,是指刑罚对一般受刑者造成恐惧和痛苦的程度。假定当犯罪圈大小相等且罪刑关系的均衡性相等时,给一般受刑者造成恐惧和痛苦的程度越大的刑罚越严越重;同理,其程度越小的刑罚越宽越轻。规定只要违反刑法皆判处死刑的刑法显然过严过重,而不论犯什么罪都只判处一元钱罚金的刑法显然过宽过轻。罪刑关系的均衡性,是指犯罪的严重性程度与刑罚的严厉性程度之间的对应性程度,也即重罪重判轻罪轻罚的确定性程度。假定当犯罪圈大小相等且刑罚严厉性程度相等时,不论立法还是司法,罪刑关系越均衡的刑法给公民带来法律上的不确定性越小,因而法律责任配置越宽越轻,而均衡性越差的刑法越严越重。刑罚的严厉性程度完全不看犯罪的严重性程度,这样的刑法就越严越重。

上述三者之间相互独立,满足周延、互斥的要求。沿着这三个维度,可以分别设计若干指标指代刑法的宽严轻重,并着手测量。应当说明,这种测量的可信性与上述三个维度各自的权重大小有关。控制三个维度中的某两个,即假定该两个维度都处于平均水平时,其余一个维度自身的量化比较是有意义的。所以,三者各自分量的总和,即可视为某一组刑法现象宽严轻重的量化结果。至少用同样的尺度去衡量不同刑法现象时,其结论是可比的。比如,有同等数量的死刑且罪刑均衡时,将酒驾入罪的刑法就比未将其入罪的刑法更重。接下来的问题便是,如何设计灵敏的指标,用来代表犯罪圈的大小、刑罚量的轻重和罪刑关系的均衡性程度。

(三)刑法偏好系数——样本与尺度

刑法偏好是民众的某种概括性态度集合,不能靠直接问答的方式获得。本研究通过大型问卷调查的方法采集信息,测量民众的刑法偏好。此法的好处,一是从样本的代表性看,采用科学抽样方法进行调查,能严格控制样本规模与误差,让“沉默的大多数”也有机会表达意见;二是从测量内容的效度和信度看,问卷调查过滤了具体案件中的身份信息,具有一定的客观性和灵敏性,测量过程较少受干扰。

本研究的数据来源于北京大学中国社会科学调查中心的CFPS(China Family Panel Studies)项目,即中国家庭追踪调查。CFPS样本覆盖的25个省、直辖市、自治区的人口约占全国总人口(不含港澳台地区)的95%,因此,可被视为一个全国代表性样本。样本的基本构成为:男性占比49%,女性占比51%;年龄16~20岁者占比6.3%,21~30岁者占比16.4%,31~40岁者占比14.9%,41~50岁者占比22%,51~60岁者占比18.4%,61~70岁者占比14.4%,71岁以上者占比7.5%;受教育程度方面,文盲及半文盲占比28.6%,小学文化占比23.5%,初中文化占比28.2%,高中、中专、技校或职高文化占比13.1%,大专文化占比4.1%,大学本科及以上文化占比2.4%;样本所在地区按经济发达程度划分,来自东部的占比43.8%,中部的占比30.9%,西部的占比25.4%;农业户口的样本占比71.9%,非农户口的样本占比28.1%;受访时在婚者占比79.3%,其他占比20.7%。

CFPS采用多阶段、内隐分层和与人口规模成比例(probability proportional to size,PPS)的系统概率抽样方式。㉑ 为保证调查质量,CFPS共招聘453名访员,分14批分别在北京大学开展为期6天的培训,最后有438名访员通过培训和考试,成为正式访员。调查采用严格的质量控制手段保证数据的质量。针对问卷设计不当、末端抽样不准确、访员行为不规范、数据汇总和整理过程出错等一系列可能影响数据质量的因素,通过电话核查、实地核查、录音核查、采访过程回放、数据统计分析等手段进行监控与干预。本研究为2014年CFPS的法学专题搭载项目,共回收31,665份有效问卷,为目前国内该领域样本最大的法律实证研究。

按照研究设计,通过问卷对受访者的刑法偏好以及相关因素进行测量。关于犯罪圈的大小,设计的问题是:您希望如何处理如下行为?列出的四个行为分别是“恶意欠薪”“醉酒驾车”“儿子给病危的父亲实施安乐死”㉒“见死不救”。每个题目均提供三个单选选项:“蹲监狱”“批评教育就行了”“没什么大不了的”。如果选择“蹲监狱”,则视为主张入刑。选择“恶意欠薪”、

㉑ 谢宇、胡婧炜、张春泥:《中国家庭追踪调查:理念与实践》,载《社会》2014年第2期,第1~32页。

㉒ 为避免被调查者无法理解何为安乐死,该题目在问卷中设置了定义供访员向受访者解释:“‘安乐死’指患者因患有不可治愈的疾病而疼痛剧烈并且即将死亡,出于患者本人自愿而由亲属或者医生以提供药物等方式让患者死亡的过程。”

“醉酒驾车”或“安乐死”的处理为“蹲监狱”,均得1分。由于上述三种行为刑法已经规定为犯罪,而见死不救行为尚未入刑,选择此行为的处理为“蹲监狱”的得2分。如果四个行为均选择入刑,犯罪圈偏好的最高得分为5分。得分越多,说明偏好的犯罪圈越大。如此设计的基本假定是,这四种行为既不是所有人都毫无疑问地认为应当入刑的行为,也不是每个人都肯定会反对其入刑的行为,至少不大可能出现95%以上的人群给出同样回答的情形。㉓于是,对同一种行为而言,主张应入刑的人比反对其入刑的人偏好较大的犯罪圈;如果认为这些行为该入刑,比其严重的行为则更可能被视为犯罪;主张越多的行为入刑的人,则比主张较少的行为入刑的人偏好较大的犯罪圈。

关于刑罚量的轻重,设计的问题是:您对“中国每年执行死刑的数量太多了”这一说法是否同意?选项为:“十分同意”、“同意”、“不同意”、“十分不同意”和“既不同意也不反对”。可以认为,如果选择“不同意”,可以理解为受访者认为,中国每年执行死刑的数量并不多,得1分。如果选择“十分不同意”,则可以理解为,受访者认为中国每年执行死刑太少了。考虑到这种对于生命的态度过于极端,与前者的距离过大,故得3分。所以,刑罚轻重偏好有0分、1分和3分三种结果。此项最高分为3分,得分越多,所偏好的刑罚量越大。之所以选择死刑执行数量对受访者进行测量,是因为在刑法仍有死刑的情况下,死刑是最能代表刑罚严厉性的刑罚。对死刑执行数量多少的期待,足以说明对刑罚轻重的偏好。

关于罪刑关系的均衡性程度,设计的题目是请受访者对三对犯罪的轻重加以排序比较。第一对是故意伤害与盗窃比较;第二对是盗窃与诈骗比较;第三对是贪污与盗窃比较。答案选项中除了有某个犯罪较重以外,均有“二者同样严重”一项。凡选此项者,表示认为罪刑是否均衡都无所谓,均得1分。所以,罪刑关系偏好的最高得分为3分。这样设计是因为,如果不在乎罪刑轻重上的顺序,尽管有轻罪重罚和重罪轻罚两种可能,对抽象的受刑者来说毕竟意味着更大的不确定性和法律风险。从这个意义上,可以把较大的法律负担风险归入重法偏好。至此,将上述三类尺度量化后便有:

㉓《刑法修正案(八)》已将拒不支付劳动报酬和危险驾驶规定为犯罪。因此,如果仍有相当数量的受访者选择该两种行为“批评教育就行了”或者“没什么大不了的”,则意味着,该题目具有一定的分辨力,可以大体上将犯罪圈偏好的不同区分开来。况且,我们正是希望测量民众的刑法偏好,而不是对民众进行刑法知识考试。

刑法偏好系数=犯罪圈大小+刑罚轻重+罪刑均衡程度
=“见死不救”等几种行为入刑得分+不赞同“死刑执行太多了”得分+“伤害与盗窃”等几对犯罪无须区分轻重得分/总分(11分)

根据这个模型,如果某个受访者在各维度选项中均得最高分,总分将为11分,其刑法偏好系数为1,表明其刑法偏好极重。如果某个受访者在每个选项中均得零分,其刑法偏好系数则为0,表明其刑法偏好极轻。每个受访者的实际总分,就大概代表了其刑法偏好基本水平。汇总所有受访者的得分,便可计算出受访者总体刑法偏好系数的基本分布、平均水平及其他集中趋势值。这些数据就是对中国民众刑法偏好的量化描述,不仅回答了“说什么”和“谁在说”的问题,还为下一步回答“为什么说”的问题提供了因变量。

二、假设及其检验逻辑

有了刑法偏好的操作定义,就可以客观描述中国民众的刑法偏好,并探索中国民众为什么会有某种刑法偏好的问题。

(一)刑罚正当性理论回溯

宽严轻重的前提是刑罚的正当性,缺乏正当性的刑罚只会放大社会不公。所以,不论是国家刑事政策的根据还是民众刑法偏好的来源,都离不开刑罚正当性分析。所谓正当性,就是国家何以发动警察、法庭、监狱乃至死刑等暴力手段对公民的某个行为作出反应,并期待得到包括受刑人在内的人程度不同的认可。对此,理论上有报应理论与预防理论。报应理论的基本内容是,认为国家之所以能公然对公民施暴,是因为刑罚对象罪有应得。即罪为因,刑为果,刑的正当来自于罪的当罚。德国学者罗克辛指出:“报应理论(die vergeltungstheorie)不是在追求任何对社会有用的目的中考虑刑罚的意义,而是通过让罪犯承担痛苦的方法,使行为人由于自己的行为而加于自身的罪责,在正义的方式下得到报应、弥补和赎罪。”[24]美国学者弗莱彻也说:

---

[24] [德]克劳斯·罗克辛:《德国刑法学总论》(第1卷),王世洲译,法律出版社2005年版,第36页。

“报应仅仅意味着,惩罚的正当性要借助于惩罚与犯罪的关系……在施用惩罚的时刻,报应就为惩罚找到了正当性。人们不必等待预期的善(威慑犯罪,避免族间仇杀)是否真的产生……报应刑的论点是以犯罪行为作为犯罪者受刑的义务来源……犯罪人须受适当的惩罚。”㉕预防理论的主要意思是,国家之所以能公然对公民施暴,是为了预防犯罪者不再犯罪,同时也是为了以儆效尤,让可能犯罪的其他人放弃犯罪的打算,从而实现保卫社会的目的。其中,又细分为特殊预防与一般预防两支。所谓特殊预防,即罗克辛所说的“刑法的任务仅仅在于阻止行为人将来的犯罪行为。刑罚的这个目的指向是防止性的(等于预防刑的),针对的是个别的(特殊的)行为人”;㉖所谓一般预防,即罗克辛所说的“通过刑罚的威胁和刑罚的执行,公众应当掌握法律的禁止性规定并且避免违反这些规定”。㉗

随着研究的不断深入,报应与预防又从分回到合,发展出各种综合的正当性理论。张明楷认为,可以将报应与预防结合起来,成立合并主义。㉘ 报应和预防这两种理论都可以归结为犯罪中心理论。18 世纪贝卡里亚的论著中,报应和预防不分伯仲,既有报应刑的论述,也不反对预防刑的价值。他认为:“刑罚应尽量符合犯罪的本性,这条原则惊人地进一步密切了犯罪与刑罚之间的重要连接,这种相似性特别有利于人们把犯罪动机同刑罚的报应进行对比……”㉙同时,他也相信,“刑罚的目的仅仅在于:阻止罪犯再重新侵害公民,并规诫其他人不要重蹈覆辙。因而,刑罚和实施刑罚的方式应该经过仔细推敲,一旦建立了对应关系,它会给人以一种更有效、更持久、更少摧残犯人躯体的印象”。㉚ 可见,在贝卡里亚那里,很难说报应与预防非此即彼,只是后来的学界逐渐从刑罚正当性概念中分离出报应与预防两种含义。报应与预防只是人们观念中的一种区分,而现实世界中,在犯罪人获刑那一刻,对以往罪行的回顾报应与对未来犯罪危险的吓止预防是同时发生的。更重要的

㉕ [美]乔治·弗莱彻:《反思刑法》,邓子滨译,华夏出版社 2008 年版,第 304~305 页。

㉖ [德]克劳斯·罗克辛:《德国刑法学总论》(第 1 卷),王世洲译,法律出版社 2005 年版,第 38 页。

㉗ [德]克劳斯·罗克辛:《德国刑法学总论》(第 1 卷),王世洲译,法律出版社 2005 年版,第 41 页。

㉘ 张明楷:《责任刑与预防刑》,北京大学出版社 2015 年版,第 79~80 页。

㉙ [意]切萨雷·贝卡里亚:《论犯罪与刑罚》,黄风译,北京大学出版社 2008 年版,第 48 页。

㉚ [意]切萨雷·贝卡里亚:《论犯罪与刑罚》,黄风译,北京大学出版社 2008 年版,第 29 页。

是,这两种功能都由犯罪而起,无论报应还是预防都是为了对付犯罪。从这个意义上说,正是犯罪使刑罚获得了正当性根据。

(二)犯罪被害感受应是刑法偏好的主要解释

既然基于犯罪的刑罚才是正当的,那么,刑法的宽严轻重理应先从犯罪中寻求解释。犯罪越多、越重,犯罪危险与民众切身感受之间的关联就越密切,越应该引发相应较严较重的刑法偏好,犯罪被害感受应该是解释刑法偏好的主要变量。所以,我们的理论假设是:刑法偏好是犯罪被害感受的结果,犯罪被害感受越强烈,刑法偏好就越严越重。其中,犯罪被害感受操作化为问卷中的两个问题。一个问题是直接被害感受的测量:“在过去的 2 年内,您遇到过下列哪些情况(可多选):财物被偷、财物被抢、财物被骗、被人殴打、以上都没有。”勾选越多,说明被害遭遇越多。如果在控制其他变量的情况下,此项得分与刑法偏好系数之间关系显著,且呈高度正相关关系,则意味着假设尚未证否。另一个问题是:“您怎样评价您现常居住地目前的社会治安状况:0 表示非常不安全,10 表示非常安全,请您选择一个数字表示您的态度。”此即间接被害感受,或曰社区安全感,理论假设是,安全感越差的人越会偏好重法。检验逻辑是,如果在控制其他变量的情况下,此项得分与刑法偏好系数之间关系显著,且呈高度负相关关系,则意味着假设可能成立。

(三)非法律因素不应过多影响刑法偏好

除犯罪之外,刑法偏好还可能受其他因素影响。而且,也不可能在一个绝对封闭的环境下,排除任何其他因素的影响观察犯罪对刑法偏好的净影响。即使出于比较的目的,也应在理论假设中加入某些竞争性变量,进而检验究竟是犯罪还是其他影响因素对刑法偏好具有更强的解释力。

根据这个要求以及相关理论成果,我们设计了一个由十几个自变量组成的解释模型,用来检验刑法偏好的主要影响因素到底有哪些。这些自变量可以大体分为四类,第一类即犯罪被害感受,由上述问卷中直接被害和间接被害两个问题组成。第二类是个人因素,包括年龄、性别、精神状态。其中,精神状态具体化为以下问题:“最近 1 个月,您感到情绪沮丧、郁闷、做什么事情都不能振奋的频率?”选项有:(1)几乎每天;(2)经常;(3)一半时间;(4)有一些时候;(5)从不。选用这几个变量是希望测量不同受访者的刑法偏好差异是否与个人因素有关。第三类是社会因素,包括学历、户口、工作性质、所在地方、相对收入。其中,户口分为农业户口和非农户口,工作性质分为农业工作和非农工作(农业户口的人未必从事农业工作,同理,非农户口的人也可能从事农业工作),所在地方分为东部、中部和西部。此外,为了研究经济因素与刑法偏好的关系,我们还测量了受访者的相对收入,即自我感觉的经济富裕程度。具体问题是:"您的个人收入在本地属于从1分到5分中的哪种情况,分数越高收入越高。"这类变量的共性是可能影响受访者主观偏好的客观因素,即受访者的生存状态和在社会分层中的相对地位。社会分层的实质,是社会资源在社会中的不均等分配,即不同的社会群体或社会地位不平等的人占有那些在社会中有价值的事物,如财富、收入、声望、教育机会。因此,社会分层研究的问题取向在于:这种社会不平等对特定社会体系具有什么样的影响?㉛ 其中,学历、户口、所在地方、相对收入等几个变量都与受访者在社会结构中所处的地位有关。比如,从事工商、教育等行业工作的比从事农业工作的可能收入更高。这组变量的设计思想是,如果刑法偏好明显受这些社会因素的影响,就需要重新理解犯罪与刑法偏好的关系。检验逻辑是,如果在控制其他变量的情况下,这些变量与刑法偏好系数之间关系显著,且其相关的方向与理论假设不符,则意味着犯罪以外的其他社会因素过多影响了刑法偏好,因而假设证否。第四类变量是主观因素:对身边干部的信任度、对社会保障的满意度、对贪腐暗数的估计。㉜ 这组指标的设计思想是,犯罪问题与公权力行使的公信力问题应该是两类不同的问题。因此,无论对公权力的行使是否满意,都不应影响对刑法宽严轻重的偏好。这几个变量和刑法偏好同属主观变量,因此,必须讨论它们是否存在内生性问题。否则,接下来的统计检验结果将不具有因果推断力。㉝ 要求所有受访者都准确区分政治与法律问题的确不够现实,但至少从经验逻辑上看,受访者的某种刑法偏好不大可能是他们对干部是否信任、对社会保障是否满意、对反贪效果估计是否乐观的原因。很难想象,人们会因为偏好重法,才信任或不信任干部、满意或不

㉛ 李路路:《论社会分层研究》,载《社会学研究》1999年第1期,第103~111页。

㉜ 犯罪暗数是指确已发生但未被发现的潜在犯罪实际规模的估计值,该值越大说明司法效率越低。为测量民众对贪腐犯罪的暗数估计,本研究设计的问卷问题是:"根据您的估计,我国当前贪腐犯罪实际上被追究的有多大比例?(1)不足30%;(2)30%到60%;(3)60%以上。"受访者选择的比例越低,说明对贪腐暗数估计越高,认为至少70%的贪腐犯罪尚未被追究。反之,则说明对反贪效果比较乐观。

㉝ 陈云松:《逻辑、想象和诠释:工具变量在社会科学因果推断中的应用》,载《社会学研究》2012年第6期,第192~216页。

满社会保障及反贪效果。因此,这三个主观变量与因变量刑法偏好之间不大可能互为因果而存在内生性问题。

经统计检验,本研究样本符合正态要求。所以,将采用多元线性回归方法分析各个自变量与因变量之间的关系,[34]试图证实犯罪被害感受对刑法偏好的影响,证否其他社会因素以及公权力行使满意度因素与刑法偏好的关联。

三、结果与发现

运行统计分析工具后,得到以下结果:

(一)中国民众刑法偏好系数位于全距的中间线以下

根据上述说明,理论上偏好系数最重为 1,最轻为 0。从表 1 和图 1 可见,表示中国民众刑法偏好系数的平均值和中位值都是 0.36,意味着中国民众刑法偏好系数位于 0 到 1 之间无限多个相对位置上的中间线以下,三分之一略高一点的位置。偏好最轻的最小值是 0,占比 3.1%,偏好最重的最大值是 1,占比 0.1%,人数最多的一组受访者即众数的偏好系数为 0.27,占比 18.8%。

表 1　中国民众刑法偏好系数

N	有效	31,665
	缺失	0
均值		0.36
中值		0.36
众数		0.27
标准差		0.18
全距		1
极小值		0
极大值		1

[34] 关于多元回归分析,参见唐启明:《量化数据分析:通过社会研究检验想法》,任强译,社会科学文献出版社 2012 年版,第 100 页。回归分析能够在控制其他因素的前提下,对某个具体变量与某个特定结果之间的关系进行量化,即能够在保持其他变量效果不变的情况,参见唐启明:《量化数据分析:通过社会研究检验想法》,任强译,社会科学文献出版社 2013 年版,第 218 页。

这表明，认为中国民众都偏好轻法的说法并不准确，认为中国民众普遍偏好严刑重法更没有根据。这一结果不仅在内容上概括全面，测量过程也规范科学，基本上可以代表现阶段中国民众对刑法宽严轻重的基本偏好。

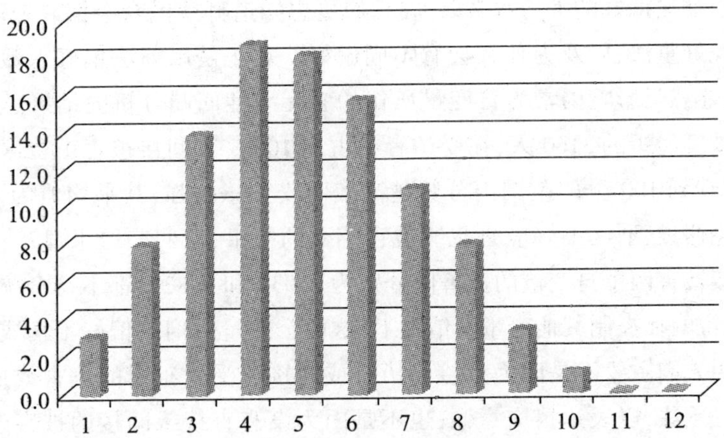

图1　中国民众刑法偏好

分别观察以下几个数据，可以具体感知上述抽象数值的经验含义：关于犯罪圈大小的几个结果分别是：49%的受访者认为恶意欠薪行为应该入刑，50.2%的受访者反对，0.8%的受访者表示不知道或者拒绝回答；56.7%的受访者认为醉酒驾车行为应该入刑，42.8%的受访者反对，0.5%的受访者表示不知道或者拒绝回答；42.8%的受访者认为安乐死行为应该入刑，55.1%的受访者反对，2.1%的受访者表示不知道或者拒绝回答；35.8%的受访者认为见死不救行为应该入刑，63.3%的受访者反对，0.9%的受访者表示不知道或者拒绝回答。[35] 这意味着，对那些比这四个行为还轻微的危害行为是否入刑的问题，民众将有更多的分歧意见。关于死刑执行数量的结果是：3.5%的受访者认为中国现在执行死刑的数量太少了，46.5%的受访者认为执行死刑数量不算多，50%的受访者认为目前执行死刑太多了。这意味着，如果死刑执行的数量在现在的基础上有所增加，将失去至少一半民众的认同。关于罪刑关系排序的几个结果分别是：27.9%的受访者认为盗窃罪与故意伤害罪一样重；47.3%的受访者认为盗窃罪与诈骗罪一样重；42.1%的受访者认为盗窃1万元与贪污1万

---

[35] 按照现行刑法，见危不救罪只见于部分外国刑法，我国尚未规定为犯罪。

元无异。这意味着,对相当数量的中国民众来说,刑法偏好尚未细化到罪刑关系的合理排序。

(二)中国民众刑法偏好与传统犯罪的被害感受基本无关

除了刑法偏好的平均水平以外,我们更想知道哪些民众会偏好轻法,哪些民众会偏好重法,以及为什么会有不同偏好。表2是以刑法偏好系数为因变量,以上述三类影响因素为自变量所作的多元线性回归分析的结果。[36] 其中,有直接被害经历的3160人,在受访者中占比10%。[37] 间接被害由社区安全感测得,在0到100分的范围内分数越高表明安全感越强,其平均值为6.7分。按照理论假设,刑法偏好应是犯罪被害感受的结果,但回归结果显示,直接被害和间接被害两个自变量的显著值分别为0.930和0.821,都不符合统计显著性要求,说明在控制其他变量的情况下,这两个变量对刑法偏好不构成显著影响。说明人们主要不是因为直接经历过或间接感受到犯罪的危害或危险,所以才偏好重法,以表达报应意愿;也不是因为没有直接或间接的被害经历,所以才偏好轻法。至少,检验结果并不支持犯罪感受与刑法偏好之间的关联。

表2　中国民众刑法偏好的解释

模型	非标准化系数		标准系数	t	Sig	共线性统计量	
	B	标准误差	试用版			容差	VIF
(常量)	0.392	0.012	0.001	31.438	0.000	0.968	1.033
直接被害	0.000	0.004		0.088	0.930		
间接被害	0.000	0.001	0.002	0.226	0.821	0.963	1.039
年龄	-0.001	0.000	-0.057	-6.937	0.000	0.735	1.360
性别	0.004	0.003	0.010	1.392	0.164	0.951	1.051
精神状态	-0.003	0.002	-0.014	-1.912	0.056	0.946	1.057
学历	0.006	0.001	0.040	4.433	0.000	0.600	1.666
户口	0.015	0.004	0.034	4.001	0.000	0.682	1.466

[36] 表中的VIF值是多重共线性诊断结果,各项数值均小于10,说明不存在多重共线性问题。Sig值是统计显著性值,如果大于0.05则说明不满足统计显著性要求。标准系数即通常所说的回归决定系数,其数值越大说明关系越强,正负号说明相关的方向。B是非标准化回归系数,代表自变量每变化一个单位,因变量随之变化多少个单位。

[37] 这个数据可以用来推断我国的犯罪暗数,比官方司法统计报告的犯罪率高出许多。

续表

模型	非标准化系数		标准系数	t	Sig	共线性统计量	
	B	标准误差	试用版			容差	VIF
工作性质	-0.009	0.003	-0.024	-2.691	0.007	0.624	1.603
地区	-0.005	0.002	-0.023	-3.130	0.002	0.914	1.094
相对收入	-0.003	0.001	-0.017	-2.436	0.015	0.972	1.029
对干部的信任度	-0.003	0.001	-0.036	-4.951	0.000	0.905	1.106
贪腐暗数估计	-0.005	0.001	-0.019	-2.643	0.008	0.962	1.039
社会保障满意度	0.004	0.001	0.055	7.652	0.000	0.935	1.069

注:因变量:刑法偏好系数。

不过,如果据此得出结论说,这可证否之前的理论假设还为时过早。因为不能否认,测量被害遭遇的问题是盗窃、诈骗、伤害、抢劫(夺)等传统犯罪,而测量刑法偏好的问题是恶意欠薪、酒驾等几个有争议的行为。一个可能的质疑是,由于所测量的不是同一类问题,因此,即使遭遇过传统犯罪的人比别人更偏好重法,也可能被测量过程本身掩盖起来了。其实,需要测量的恰恰不限于针对传统犯罪的刑法偏好,而是传统犯罪的被害遭遇是否会导致被害人形成一种泛报复心理,表现为希望将更多的行为入刑或者用更严厉的反应对付所有犯罪。正是因为我们对这一关联并无把握,所以才需要实证检验。当然,还有一种可能是,即使传统犯罪的被害与犯罪圈大小的偏好无关,但可能与刑罚轻重的偏好有关。为此,我们对被害遭遇与死刑执行数量两个变量之间的关系作了交互分析,结果显示,统计显著值远远大于0.05,说明人们也不会因为自己曾遭遇过传统犯罪便认为现在执行死刑太少了。还有一种可能是,有犯罪被害遭遇的人可以分为已报案和未报案两组。本研究中3160个有被害遭遇的受访者中,有2055人未报案,占比65%;有1105人已报案,占比35%。于是有理由猜想,如果控制这个因素,也许结果有所不同。即是否报案,可能意味着对刑法的期待不同,进而影响到刑法偏好上的差异。但将是否报案替代是否被害放入模型重新回归后的结果是,不论被害后是否报案,对刑法偏好的影响都不显著。至此,我们不得不放弃曾经以为当然合理的假设,即认为犯罪对刑法偏好的影响显而易见。其实,国外学者也发现,犯罪被害人并不比其他人更倾向报应惩罚。[38] 中外研究结论之间相互印证,并非偶然。至少需要对原有认识加以修订,承认传统犯罪的被害感受对刑法偏好的影响微乎其微。总之,刑法偏好还需在传统犯罪的被害感受以外另寻解释。

(三)犯罪以外的其他因素对刑法偏好有重要影响

按照本研究的理论假设,刑法偏好不应该过多受其他因素的影响。但是,表2所示结果却表明,除性别以外,其他犯罪以外的因素对刑法偏好的影响都符合或基本符合统计显著性要求。先看个人因素。第一,年龄与刑法偏好的关系显著,Sig值小于0.05,呈负相关关系:年龄越大则刑法偏好系数越小,即年龄越大越偏好程度较轻的刑法;反之,年龄越小,越偏好程度较重的刑法。受访者的年龄分布是:16~18岁者为未成年,占比3.6%;19~25岁者为青年,占比11.4%;26~55岁者为青壮年,占比54%;56岁以上者为中老年,占比31%。第二,性别与刑法偏好之间的确无关,Sig值大于0.05,并没有显示男性是否比女性更偏好重法。受访者的性别比为,男性占比49%,女性占比51%。第三,精神状态的显著值虽然大于0.05,但实际值为0.056,尚可接受,与刑法偏好之间的关系呈负相关关系。这说明,沮丧感越强,即感到情绪沮丧、郁闷的频率越高(每天或经常),越可能偏好更重的刑法。受访者感到沮丧、郁闷的频率分布是,"几乎每天"占比1.7%,"经常"占比3.6%,"一半时间"占比4.5%,"有一些时候"占比28.3%,"从不"占比61.7%,其余为拒绝回答或不知道如何回答。

再看社会分层因素。第一,受教育程度与刑法偏好之间关系显著,Sig值小于0.05,呈正相关关系:学历越高,则刑法偏好系数越高,反之则越低。这说明,并非受教育越多则越偏好轻缓的刑法。受访者的学历分布是:文盲或半文盲占比26.3%,小学占比21.5%,初中占比25.8%,高中或中专、技校、职高占比12%,大专占比3.8%,大学本科占比2.1%,硕士博士占比0.1%,另有8.4%空缺。第二,户口与刑法偏好之间关系显著,Sig值小于0.05,呈正相关关系:拥有城镇户口的人比拥有农业户口的人更偏好重法,农业户口的人相对更偏好轻法。受访者中农业户口占比71.8%,非农户口占比28.2%。第三,工作性质与刑法偏好之间关系显著,Sig值小于0.05,呈负相关关系:从事非农工

[38] Jennifer Tufts and Julian v. Robert, "Sentencing Juvenile Offenders: Comparing Public Preference And Judicial Practice," *Criminal Justice Policy Review*, Vol. 13, No. 1 (March 2002), p. 46.

作的人比从事农业工作的人偏好重法，从事农业工作的人相对更偏好轻法。受访者中从事非农工作的占比39.3%，从事农业工作的占比36.1%，另有24.6%空缺。第四，所在地区与刑法偏好之间关系显著，Sig值小于0.05，呈负相关关系：越接近东部地区，越可能偏好重法，越接近西部地区，越可能偏好轻法。受访者来自东部地区的占比43.8%，来自中部的占比30.9%，来自西部的占比25.3%。第五，相对收入与刑法偏好之间关系显著，Sig值小于0.05，呈负相关关系：自认为在本地收入越低者，越可能偏好重法，相对收入越高者，越可能偏好轻法。受访者相对收入得分从0到5的平均值为2.5分。

归纳上述观察可以看出，尽管在应然层面其他个人及社会因素不应过多影响民众的刑法偏好，但在实然层面，不得不承认这种影响的客观存在。稍后，我们将进一步分析为什么这些因素会对刑法偏好构成显著影响。

（四）刑法偏好还与社会公信力有关

根据理论假设，刑法偏好应该反映对犯罪现象的不满，至少是对传统犯罪的不满，而不是其他不满。然而表2所展示的事实却是，第一，对身边干部的信任度与刑法偏好之间关系显著，Sig值小于0.05，呈负相关关系：对干部的信任度越低，则刑法偏好系数越高；反之，对干部的信任度越高，越偏好轻法。受访者对干部信任度得分从0到10的平均值为5分。第二，贪腐暗数估计与刑法偏好之间关系显著，Sig值小于0.05，呈负相关关系：对贪腐暗数估计越高，即认为未被发现查处的贪腐现象实际规模越大，越可能偏好重法；反之，越是认为贪腐现象的实际规模有限，对反贪效果越乐观，越可能偏好轻法。其中，认为只有不足30%的贪腐被查处的受访者占比49%，认为已有30%～60%的贪腐被查处的受访者占比31.1%，认为已有60%以上的贪腐被查处的受访者占比12.8%，其余空缺。第三，社会保障满意度与刑法偏好之间关系显著，Sig值小于0.05，呈正相关关系：认为社会保障越差，越可能偏好重法，对社会保障满意度越高，越可能偏好轻法。此项得分的平均值为6分，从0到10分数越高说明受访者对社会保障越不满意。可见，尽管逻辑上人们应该出于对犯罪的恐惧而求助于严刑重法，但事实上对公权力行使的不满更可能导致偏好重法。

简述以上发现：（1）中国民众的刑法偏好系数低于0到1的中间线，为0.36；（2）有无传统犯罪的被害遭遇，对刑法偏好的轻重并无显著影响，个人、社会因素以及公权力行使的满意度才是影响中国民众刑法偏好的显著因素。

四、刑法偏好的有限响应理论

上述发现可以为优化刑法与民意的关系提供理论和事实依据。关于刑法与民意的关系,学界大致有两种倾向。一种观点认为,立法权的人民性、法律的本质特性以及法律的高效益实施都要求民意入法。[39] 持这种观点的学者还认为,公众判意不构成对司法独立的贬损,是司法机关处置个案的重要参考。吸收公众判意是司法公开化、民主化的有益实践。[40] 另一种观点则强调要冷静对待民意对刑法的影响,担心缺乏形式性的平民化思维会直接导致判决结果的高度不确定性。[41] 持这种观点的学者甚至指出,如果允许刑事司法向民意妥协,看起来似乎维护了社会的稳定,实际上是以牺牲整个法律正义为代价,是以牺牲法律的尊严和权威为代价,其最终的结果是法律可以被任意解释。[42] 不难看出,争论双方所使用的“民意”一词,其实更接近本研究所说的舆论最多可以不准确地表述为“个案民意”。而舆论由其特定性、具体性、局部性和时效性所决定,显然达不到民意的分量,因而不必言听计从。从这个意义上说,本研究原则上认同后者的立场,但也注意到,不论是对“个案民意”,还是对普遍民意,实践中决策者是“妥协”、响应还是拒斥,都是有条件的。因此,重要的不是一概而论的立场宣示,而是如何将这些条件理论化。

对此,有学者归纳了民意与公共政策之间的互动关系的四种模型:第一种是不相关模型,即因民意测验数据不真实或无意义而得不到决策者响应。第二种是决策者操纵民意模型,即政府精英通过媒体渠道影响民众的观点,民众的观点因而受到引导和控制。第三种是公共政策与民意反映不一致的无响应模型,即无法得到民众认同甚至与民众偏好相反的公共政策决策。第四种是响应模型,该模型反映的是公共政策的制定受民意的影响或者与民意的偏好

---

[39] 齐嘉利:《论民意入法》,载《东南大学学报》2014年第3期,第150~153页。

[40] 顾培东:《公众判意的法理解析——对许霆案的延伸思考》,载《中国法学》2008年第4期,第167~178页。

[41] 孙笑侠、熊静波:《判决与民意——兼比较考察中美法官如何对待民意》,载《政法论坛》2005年第4期,第47~56页。

[42] 孙万怀:《论民意在刑事司法中的解构》,载《中外法学》2011年第1期,第143~160页。

呈现一致,即民意是政府决策的重要约束因素。[43] 可见,认为只要响应民意就是对的或错的,对民意要么照单全收要么置之不理都未免有些简单。应该对什么是民意及其具体内容、形成原因进行具体分析,有条件地对民意作出响应。

在此基础上,本研究提出刑法偏好有限响应理论:对理论上全体民众的意见,不存在是否响应的问题,当然要无条件遵从。而刑事立法或司法是否积极响应民众的某种刑法偏好,则取决于代表性、溯因性和依法性三方面的考量:对不代表广大民众的一部分人群的意见、诉求背后另有原因的意见、于法无据的意见,都不宜轻率视为民意而直接遵从。至于个案舆论,更需要先通过实证研究转换成某种刑法偏好,经过上述三方面考量后,再决定是否以及如何响应。

(一)代表性:小样本思维的危险

民意应该是民众之意,通过媒体发声的人、持对立意见双方中的某一方,甚至全体民众中的简单多数,未必能代表民众中的绝大多数。刑法偏好应该能代表民众中绝大多数关于刑法的基本意见,不符合这个条件的个案意见、舆论,须经过代表性分析再决定是否需要对其作出积极响应。判断哪些意见符合代表性要求,可靠的方法之一就是大样本调查研究。根据本次大样本调查的结果,中国民众的一般刑法偏好大概位于偏好全距中线以下略高于三分之一的水平。根据这个量化描述,中国民众的刑法偏好基本适度,并不属于重法偏好。这就为在现实生活中观察具体舆论提供了一个参照物,如果重法重判的呼声过高,可能并不代表大多数民众的意愿。用概括的民意校准具体的舆论才能理性地对待民众诉求。

无视这些基本事实,可能陷入某种决策风险。第一,从结果看,位于刑法偏好系数两端的都是极小概率事件。那种认为“恶意欠薪”“醉酒驾车”“儿子给病危的父亲实施安乐死”“见死不救”都该入罪,且认为现在执行死刑数量太少了,且认为问卷中列举的三对犯罪都不必考虑罪刑均衡的受访者,在3万多样本中占比仅为0.1%。同时,认为上述四种行为都不该入罪,且认为现在执行死刑数量太多了,且认为问卷中列举的三对犯罪都应该轻重其罚的受访者,在受访者中只占3.1%。绝大多数民众的态度都处于这两端之间略低于中间的位置,即刑法偏好系数为0.36,代表了中国民众的基本刑法偏好。第二,从影响

---

[43] 林竹:《西方民意与政策相关性研究模型》,载《广西社会科学》2008年第8期,第186~189页。

因素看,刑法偏好系数极高者应该同时具备以下特征:年龄很小,沮丧感很强,学历很高,拥有城镇户口,从事非农工作,居住在东部,对自己收入极不满意,对身边干部极不信任,认为反贪效果极差,极不满意目前政府提供的社会保障条件。刑法偏好系数极低者应该同时具备以下特征:年龄很大,沮丧感很弱,学历很低,农业户口,从事农业工作,居住在西部,对自己收入非常满意,对身边干部绝对信任,认为没那么多贪腐,非常满意政府提供的社会保障条件。显然,这两种极端组合都是极小概率事件,都无法代表中国民众的最大多数。

各种因素对刑法偏好的影响都是或然的。只能说具有某个特征,形成某种偏好的可能性较大;某类特征越集中出现在某个人身上,该个体具有某种偏好的确定性越大。集大多数重法偏好的影响因素于一身却偏好轻法或者相反的个例虽有可能,但毕竟不是大概率事件。而刑事政策的决策依据显然应该是大概率事件,不应被小概率极端个案所左右。总之,上述这些极端之间的大多数,才是理解中国民众刑法偏好的客观基础。如果用来直接推论总体的个案恰好是极小概率事件,则不仅武断而且危险。

(二)溯因性:要看哪些民众为什么偏好重刑或轻法

是否响应民众的某种偏好,还要看哪些民众为什么偏好重刑或轻法。这是因为,笼统地说中国民众偏好何种刑法,可能掩盖了这种偏好背后的原因。有时这种背后的原因,才是刑事政策决策时真正需要在乎的因素。

具体到本研究,犯罪对刑法偏好也不是没有任何影响。遭遇过盗窃、诈骗、抢劫和伤害的受访者的刑法偏好系数均值为0.3661,略高于总体的平均值。[44] 与其相比,其余无被害遭遇受访者的刑法偏好系数均值为0.3587。应该说,有被害遭遇的人还是比其他人更偏好重法。但问题是,现实生活中,任何主观偏好都是多种因素共同作用的结果。因此,用多元线性回归方法再现这种共同作用时,也就是承认并控制其他因素影响的情况下,仅剩的一点差异也不得不淡出视野,其细微影响只能忽略不计。[45] 在此基础上,既然个人、社会因素以及公权力行使的满意度对刑法偏好的影响比较显著,那么,这个原因的原

[44] 为计算总体刑法偏好系数,运行统计工具后得出的实际结果,均值为0.3586。如果小数位取两位,中国民众刑法偏好系数可以表示为0.36。

[45] 美国学者发现,在美国,公众对于犯罪的观点和政治家对于打击犯罪的呼吁,与犯罪率的实际趋势没有什么关系。参见[美]斯蒂芬·E.巴坎:《犯罪学:社会学的理解》,秦晨等译,上海人民出版社2011年版,第620页。

因又是什么？比如，为什么人们的相对收入越高就越可能偏好轻法，而越低就越可能偏好重法？为什么重法偏好可能是对公权力行使不满意的结果？作为对犯罪作出反应的犯罪定义，刑法的影响因素分为两部分，一部分是犯罪本身，即犯罪定义的对象；另一部分是犯罪定义者，即用刑法对犯罪作出反应的主体。刑法偏好也是一种意义上的犯罪定义，只不过作为影子刑法是一种民间犯罪定义。因此，这种犯罪定义的影响因素也可以分为定义对象和定义主体两部分。犯罪定义学的一般问题是，影响犯罪定义的主要因素是定义对象本身还是定义者？即由于一个行为本身是犯罪所以被定义为犯罪，还是由于定义者认为一个行为应当被定义为犯罪，所以该行为才获得了犯罪的意义和属性？由此来看，刑法偏好的问题也可以是，影响民众偏好重法还是轻刑的主要因素，到底是那些被视为犯罪的行为，还是民众自身的某些属性？即由于民众面对的犯罪本身轻重不同，所以才有轻重不等的刑法偏好，还是由于参与定义的民众自身在身份、地位、价值取向、所属群体、认知范围等方面的差异，所以才有了不同的刑法偏好？

对此，犯罪学理论有两种基本回答。客体理论认为，犯罪定义的决定性因素是被定义的对象行为，而非定义者自身的主体性。而主体理论认为，行为被赋予犯罪意义的决定性因素是定义者，主体性是犯罪定义的决定性因素。[46] 按照客体理论，既然是因为行为原本有罪才被定义为犯罪，犯罪定义便具有某种当然的正当性和不容争辩的合理性。而按照主体理论，既然犯罪并非行为固有的属性，那么，在把某种行为贴上犯罪标签时，定义者不可避免地将自身的某种偏好、取向、局限注入犯罪定义。本研究探讨的问题是，民间犯罪定义是否也会在较大程度上受定义者自身的主体性影响。本研究的发现基本上证否了客体理论，为主体理论提供了新证据：刑法偏好之所以未见犯罪本身的显著影响，反而在很大程度上受个人、社会因素以及公权力满意度等因素的显著影响，正是一种主体性的流露和彰显，即民众站在各自角度能动地审视、诠释犯罪与刑法，使刑法在每个民众心目中有不同的呈现。

本研究证明，主体性在刑法偏好中可能有三种体现。其一，当犯罪更多地被视为下层社会成员特有的行为模式时，尤其是当犯罪的被害人被描写为善良无辜的高尚人群时，拥有一定优势地位的人便会倾向用较重的惩戒作出反

---

[46] 白建军：《关系犯罪学》，中国人民大学出版社2014年版，第198页。

应。这就是为什么有些居住在东部、拥有城市户口、从事非农工作的人或者学历较高者刑法偏好系数偏高的原因。至于为什么犯罪更容易被视为下层社会成员的行为方式,则与传统犯罪的暗数较低、媒体传播的渲染等各种因素有关。[47] 其二,作为影子刑法的主体,民众还可能在一种代入感的作用下形成自己的主观偏好。所谓代入感,是指受众在观看文学影视作品时产生的一种自己替代其中某个角色的身临其境的感觉以及随之出现的情绪变化。[48] 尤其是在公权力满意度与刑法偏好的关联中,受访者很可能在代入感的作用下以公权力滥用的被害人自居,在随之激活的负面情绪支配下选择严法重刑以宣泄心中的不满。由之而来的不满情绪越大,刑法偏好越重。其三,民众的刑法偏好还与司法公信力有关,人们有时会借助案件表达对司法不公的不满。本研究也考察了受访者对司法公正程度的评价,从0到10分,分数越高表明对司法公正的评价越高。结果是,均值为6分,中值也是6分,众值是5分。由于全距为11分,所以从表面来看,司法公正的评价位于中等水平。但当我们问到是否同意以下说法时,就有从十分同意到十分不同意多种回答。具体问题包括:"法律如果不合情合理,就可以不遵守""法院在审判重大案件时,应该听取和接受当地政府的意见""即使是遇到刑事案,能私了就私了"。是否赞同这些说法,说明对法律的权威性、审判独立性的认同程度不同。这类问题的设计思想是认为,孤立地看中国民众对司法公正的满意度意义不大,民众心目中所谓公正的司法到底是什么样的司法才是真问题。为此,对司法公正的满意度与法律权威感两个维度之间的关系进行分析后,皮尔逊相关分析的结果显示,受访者对司法公正的满意度与上述三个问题的回答之间虽然相关系数不高,分别为-0.035、-0.124和-0.031,但均为符合统计显著性要求的负相关关系。这意味着,在相当数量的受访者心目中,所谓公正的司法其实并不一定是严格依法办事,而是法律适用中允许各种形式的变通乃至行政干预。相反,在另外相当数量的受访者来看,之所以不满意司法的公正性程度,是因为他们认为审判的独立性、法律的权威性尚未得到应有的保证。可见,对司法公正与否的不同评价,未必是司法实践本身的反映,而是源于对司法公正内涵的不同理解。

---

[47] [美]斯蒂芬·E.巴坎:《犯罪学:社会学的理解》,秦晨等译,上海人民出版社2011年版,第39~40页。

[48] 杨玲:《体验经济与网络文学研究的范式转型》,载《文艺研究》2013年第12期,第25~33页。

所以,当某个案件审理被质疑是否公正时,真正的焦点未必是那个案件事实和相关规则本身,而是谁、出于何种关于公正的理解质疑案件审理的公正性。

这三种主体性对刑法偏好的影响并非我国民众所独有。有学者关于美国民众判决偏好的研究结果与我们的观察相互印证:在美国,非裔的惩办主义程度轻于白人,这部分是因为他们觉得刑事司法系统本身就是带有偏见的。这个差异在对待死刑的态度上表现尤为明显:在2006年的盖洛普调查中,仅有38%的非裔美国人说他们相信死刑的正当性,而如此回答的白人比例高达71%。[49] 可见,现实世界中,这三种主体性的影响过程相互交织,难分彼此。尤其是,当沮丧感、郁闷等精神状态因素介入时,上述各种因素的作用过程可能平添更多的情绪化色彩。可见,某些个体的刑法偏好系数较高,很可能是非理性因素影响的结果。刑法偏好是关于犯罪的想象、社会分层、对公正的主观感觉、认知局限乃至个人心境等多种因素交互作用的结果。可以认为,刑法偏好其实是各种个人、社会因素以民众的主体性为中间介质的扭曲、变形反映。作为一种社会现象的折射或扭曲反映,它来自客观而不同于客观,来自个体而每个个体的刑法偏好又有所不同。如果不问这些背后的缘故,对基于这种扭曲反映的舆论诉求百依百顺,无疑会对刑事法治构成伤害。这就是为什么对刑法偏好应理解其背后真正原因的缘故。对刑法偏好尚且如此,对个案舆论轻率响应则会承担更大的风险。

(三)依法性:警惕刑法的过度社会化和民意的误读滥用

根据本研究的发现,无论是民众偏好还是刑事法治,都可能被无端赋予某种原本没有的意义,结果可能导致两者都不堪重负。因此,在刑事司法中禁止法外对舆论或民众偏好作出响应,既是对民众的爱护,也是对刑事法治的珍重。同时,也应提倡上述大样本测量调查的方式获取民众刑法偏好的基本数据,据此进行刑事立法以及刑法修订,防止个案舆论对刑事政策决策过程的过度影响。没有刑法偏好校准的刑法修订和没有法治逻辑指引的个案舆论一样,都将意味着法治的边缘化。

一方面,本研究发现,犯罪本身对刑法偏好的影响不如关于犯罪的想象、社会分层、对公正的主观感觉、认知局限、个人心境等主体性因素的影响显著。

---

[49] [美]斯蒂芬·E.巴坎:《犯罪学:社会学的理解》,秦晨等译,上海人民出版社2011年版,第55页。

把这一统计发现微缩到经验世界中,人们往往寄希望于司法承担过多的社会职能,通过司法改变强弱主体在社会生活中的力量悬殊。[50] 而其中的犯罪事实以及相关的法律问题反倒被人们所忽略。这种社会问题司法化倾向所反映的问题是,刑法到底应否被赋予调整更多社会关系、解决所有社会问题的功能?既然刑法偏好是客观现实的扭曲反映,那么,靠刑法解决社会问题,与其说是社会问题司法化,倒不如说是刑法的过度社会化。其结果,当社会默许刑法功能的这种扭曲时,便会有更多的刑法以外的力量介入刑法的修订、解释和适用。于是,扭曲的也许会更加扭曲,规则本身的逻辑却被淡化。也因此,如果不从宪法的高度,仅仅满足于罪刑法定原则被奉为刑法的根本,实不足以防止法治的弱化。[51]

另一方面,在控制其他因素的情况下,人们对公权力行使的满意度较低时更可能偏好重法。这意味着,民众刑法偏好的变化还间接反映了社会公权力行使状况的变化,总体上刑法偏好系数越高,可能反映了社会公信力越差。可见,主体性对犯罪定义的能动影响并不都是负面的,还可能是社会现实的反映。这时,如果不问原因,仅以民众偏好重法为由加大惩戒资源的投入,未必是民意的真正所在,反倒可能导致某种恶性循环:部分民众对公权力行使越是不满,越可能给选用重法的决策提供支持,于是便有更多的惩戒资源投放社会。其结果,公权力的行使未必因此而得到改善,却可能加剧社会关系的紧张。这个恶性循环将通过过度犯罪化和过度刑罚化两种形式导致人们对法治的失望。因为“刑罚是通过刑事定罪的污名效应来制止犯罪的。然而,污名是一种消散很快的稀缺资源。如果个体实施的行为很少遭到人们的谴责,且大多数人都会实施这样的行为,那么国家就不能有效地使他们蒙上污名。而随着刑事责任适用范围的扩大,污名效应将被消耗殆尽,最终亦会导致威慑力被侵蚀”。[52] 这种法治资源的侵蚀其实是一种刑法资源的“通胀”现象,如果理由是顺应民意,便不只在误解民意,更可能是滥用民意。刑法无法彻底消除社会不平等,但至少不要以民意的名义扩大社会不公。

---

[50] 参见徐光华:《从涉案主体的身份特征看影响性刑事诉讼中的司法与民意——以2005—2014年〈南方周末〉评选的55件影响性刑事案件为例》,载《暨南学报》2015年第3期,第83~91页。

[51] 参见赵秉志、王鹏祥:《论我国宪法指导下刑法理念的更新》,载《河北法学》2013年第4期,第16~21页。

[52] [美]道格拉斯·胡萨克:《过罪化及刑法的限制》,姜敏译,中国法制出版社2015年版,第15~16页。

一场新的范式革命?

——解读中国法律实证研究

左卫民*

内容摘要:法律实证研究是一种基于数据的经验研究,其因关联于社科法学而具备社科法学的某些“血缘特征”,但在研究对象选取、数据运用、法律现象阐释等方面已显著不同于社科法学。在中国,法律实证研究已经在法学研究格局中崛起并扮演一定角色,其所具备的独特优势也必将为其赢得更大的致用空间。未来中国的法律实证研究,要在充分关注和有效回应有关质疑的基础上,充分利用定量研究的比较优势,充分挖掘并利用各种数据,改变目前以描述性统计为主的初步量化研究,走出一条量化程度和规范化程度更高的实证研究之路,从而开拓中国法律实证研究,打造“定量法学”更广阔的前景。

关键词:法律实证研究　范式　数据　量化　定量法学

经验,往往只是数据的残缺形式。

法学,不是一门难以精确的科学。

——题记

---

* 左卫民,四川大学法学院教授。本文系国家2011协同创新计划“司法文明协同创新中心”的研究成果。感谢叶燕杰同学、段陆平博士、王禄生博士、郭松博士和刘方权教授、何永军教授对本文写作提出的修改意见。

一、引言:基于数据的实证研究:一场新的范式革命?

2016年11月,在风景如画的杜克大学法学院,笔者循例参加美国法律实证研究年会时,不禁再次暗暗比较与思考当下法学研究的新趋势,最大的感悟便是:当代世界与中国的法学研究在方法范式上一直处于变动不居的状态,只不过身处其中的人们不一定均有体认。特别是,笔者深刻地认知到,很多年后,当我们回顾1978~2010年中国法学的发展与嬗变时,也许会发现一个重要现象,即研究方法的不断发展与突破。其中,法律实证研究当是最为重要者之一。所谓法律实证研究,①本质上是一种以数据分析为中心的经验性法学研究。详言之,就是以法律实践的经验现象作为关注点,通过收集、整理、分析和运用数据,特别是尝试应用统计学的方法来进行相关研究的范式。与传统的法教义学以及不断崛起的社科法学相比,②中国法律实证研究基本上还是"新事物",是一种不太成熟也不太普遍运用的研究范式,但它已显著不同于前两者——特别是社科法学以案例作为阐述或"深描"对象的范式。具体而言,这种不同体现在两个方面:一是对经验的掌握,这涉及对数据的收

---

① 关于法律实证研究,美国式"Empirical Legal Studies"(ELS),是指"the research that employs statistical and other quantitative methods"(采用数据和定量分析方法的研究);而在英国,法律实证研究被称为"empirical legal research","empirical legal research employing a mix of qualitative and quantitative social science methodologies, both quantitative and qualitative social science research within the label'empirical legal research'"(在英国,法律实证研究是指采用定性以及定量社会科学方法的研究,采用定性和定量的社会科学方法都是法律实证研究)。See Peter Cane, Herbert M. Kritzer, *The Oxford Handbook of Empirical Legal Research*, Oxford University Press, 2010, pp. 3-4. 由此可见,即使在国外,有关法律实证研究的内涵亦是存在歧见的。但整体上,美国式的解读已成主流。

② 自1979年以来,随着法律在国家治理和社会治理体系中的重新崛起,法律的重要性日渐凸显。当代中国的法学研究由此获得了重要的发展机遇,进入了一个蓬勃发展的时期。相应地,法学研究的方法也不断进步,并推陈出新,向前拓展。最早兴起的是法教义学。这种法教义学的方式基本上从1979年持续至今,这是一种围绕立法和规范展开的研究。法教义学开创了当代中国法律研究的先河,是当代中国法学研究最主流的研究范式。20世纪90年代中期以后,法学研究方法开始出现新的样态,最具代表性的就是社科法学的出现与发展。所谓社科法学,是一种综合运用多学科的理论和方法,尤其是运用社会科学的理论和方法来研究法律现象的一种研究范式。应当说,到目前为止,社科法学的研究范式已经主流化,社科法学的相关论文、学术观点得以在主流的期刊发表,越来越多的社科法学研究者成为主流学者,比如苏力。社科法学的研究者和研究机构、研究会议在中国主流的媒体、杂志、法学院都获得了生存和发展的空间。

集(data collection);二是对经验的分析,即对所收集数据的进一步量化分析(quantitative analysis),这涉及一般法律学者较为陌生的计量(econometrics)或统计(statistics)。[③] 尽管近10多年来,法律实证研究受到越来越多的关注,甚至受到较高程度的青睐,法律实证研究的一些成果也开始在主流学术刊物上出现。[④] 但客观来讲,作为一种研究范式,或者说作为一个学派,法律实证研究还没有完全成形,也没有得到充分认同。作为一个学派的外形,比如建制性机构、学术刊物等均没有出现,[⑤]也没有定期或不定期的学术交流和探讨。[⑥] 尽管这种法学研究范式已在欧美法学院兴起,例如美国法律实证研究年会至今已举办11年。[⑦] 但在中国,法律实证研究往往还被视作社科法学的一部分,[⑧]甚至人们对实证研究的内涵也存在歧义,如有一些学者将研究个案的社科法学方式也视作实证研究。[⑨] 同时,即或认同这种研究,也往往视其为

---

③ 参见黄国昌:《程序法学的实证研究》,元照出版有限公司2012年版,第4页。

④ 根据程金华所作的统计(截至2015年):自2000年以来,法学学者在"三大刊"上发表的以"实证"为标题的文章已达38篇,在除"三大刊"之外的CLSCI期刊上发表的以"实证"为标题的文章已达182篇,在CSSCI来源期刊(含扩展板)上发表的以"实证"为标题的文章已达297篇,共计517篇。而在2000年之前,在三类期刊上发表的以"实证"为标题文章数量仅为18篇。参见程金华:《当代中国的法律实证研究》,载《中国法学》2015年第6期,第60~78页。

⑤ 相比较而言,苏力主编的《法律和社会科学》迄今已经出版至第15卷,在一定程度上标志着社科法学研究的相对繁荣和成熟,并成为社科法学作为一种法学研究流派的存在标志之一。

⑥ 同样以社科法学为例,随着社科法学的兴起,"法律和社会科学年会"自2005年5月以来已连续举办10年,成立了社科法学连线这样一个"无形学院",吸引了大量从事社科法学研究的理论研究工作者参与,此外还通过举办主题训练营的方式,培养了一批具有社科法学研究旨趣的年轻学者(参见《法律和社会科学2016年年会在我校举办》,载中南财经政法大学文澜新闻网:http://wellan.zuel.edu.cn/2016/1118/c1668a120839/page.htm,最后访问日期:2016年12月5日)。而直到2016年7月,四川大学法律实证研究所才举办了中国大陆的第一届专门的法律实证研究年会。参见《中国法律实证研究的现状与未来研讨会隆重召开》,载中国法学创新网:http://www.lawinnovation.com/index.php/Home/Xuejie/artIndex/id/13731/tid/1.html,最后访问日期:2016年11月24日。

⑦ 参见"11th Annual Conference on Empirical Legal Studies(CELS)",Duke Law:https://www.law.duke.edu/cels2016/,最后访问日期:2016年12月5日。而在此前后,有关实证研究的专门会议尤其是以实证研究者参加为主的学术会议极少。在2016年这种情况才开始有所转变,一些学校的实证研究学者开始举办专门的实证研究学术会议。

⑧ 参见苏力:《好的研究与实证研究》,载《法学》2013年第4期,第16~20页;程金华:《当代中国的法律实证研究》,载《中国法学》2015年第6期,第60~78页。

⑨ 如徐昕在讨论"实证研究的技术与策略"时谈到,实证研究应当尽可能深入细致,而不走马观花。但是如果缺乏获取和处理大规模样本的能力,他认为可以退而求其次,借鉴人类学方法,从而转向深度的个案研究。参见徐昕:《司法的实证研究:误区、方法与技术》,载《暨南学报》(哲学社会科学版)2009年第3期,第63页。

社科法学有意义却意义有限的分支,“法律实证研究的影响力仍然非常弱,接受度不太高”。[10]

与上述认识相应,法律实证研究是否为一独立、独特的方法论流派,[11]其理论基础、价值意义乃至功过得失何在,现在的展开状态与未来的发展等议题,直到最近都缺乏专门从事实证研究者对此之系统、深入论析。[12] 具体而言,目前已有诸多学者如苏力、侯猛、程金华、赵骏、唐应茂、徐昕等人均对实证研究有所论述甚至专文论述,如苏力探讨了“实证研究”如何成为“好的研究”的问题,强调实证研究“不能迷信方法、需要想象力并需不断拓宽自身发展空间”;侯猛提出“实证是社科法学立足的根本,实证研究是社科法学寻求更大突破的基本方向”;程金华分析了法律实证研究的实践特征,讨论了“法律实证研究的兴起(及其泡沫)的市场机制”,强调“推动开放的学术共同体建设”;赵骏提出“拓展实证研究的空间布局和具体路径”,并指出了法律实证研究面临的挑战;唐应茂探讨了“如何扩大法律实证研究的受众、选择受众关注的话题以及选择研究方法”;徐昕则讨论了“司法实证研究存在的方向性误区”,提出了“提升实证研究的技术与策略”。可以看到,上述学者的研究焦点主要集中于实证研究的研究方法、研究伦理、研究重要性以及研究的受众等一般性问题之上。

值得注意的是,这部分研究者本身大多未直接展开基于数据的实证研究,所以其讨论多为外部性论述,可能不够系统和深入,尤其是对实证研究所面临的实际问题与挑战自身的体察可能不够。当然也有研究者如白建军、樊崇义、宋英辉、赵骏、程金华、唐应茂、何挺等人展开了实证研究并在此基础上

---

[10] 唐应茂:《法律实证研究的受众问题》,载《法学》2013年第4期,第25页。

[11] 在钱弘道等人看来,中国法学研究方法正处于转型之中,实证研究方法会成为法学研究的常规方式。参见钱弘道、崔鹤:《中国法学实证研究客观性难题求解——韦伯社会科学方法论的启示》,载《浙江大学学报》(人文社会科学版)2014年第5期,第124页。

[12] 最近几年,《法学研究》等期刊开始举办专门的研讨会,讨论法律实证研究范式与传统的法教义学、新兴的社科法学的比较等问题,参见《法学研究》发表的有关笔谈,例如陈卫东:《从刑诉法修改看刑诉法学研究方法的转型》,载《法学研究》2012年第5期,第14~16页;孙长永:《刑事诉讼法学研究方法之反思》,载《法学研究》2012年第5期,第10~14页;宋英辉:《实证方法对我国刑事诉讼法学研究之影响》,载《法学研究》2012年第5期,第16~19页;左卫民:《法学实证研究的价值与未来发展》,载《法学研究》2013年第6期,第12~14页。

专文甚至专著论述如何展开实证研究，[13]如白建军提出“五种类型”的实证分析；赵骏提出“利用交叉学科推进法律实证研究发展，将个案研究、访谈调查与统计数据分析结合起来”；唐应茂提出“细节描述、定性分析在定量研究中是必须的”，“要把握定量研究的接受度”；何挺提出“司法实证研究数据运用的基本原则：寻找最佳数据、量力而行、组合运用数据、不迷信数据”；等等，[14]不一而足。但是，如何在比较法和国际视野下认知中国的实证研究还是一个有待展开的命题。事实上，基于种种原因，中国法律实证研究者对域外法律实证研究最近10多年发展的认知并不具体、深刻，这使在比较视野下认识中国法律实证研究的独特性与局限变得很难。同时，实证研究的一些本体性问题如基本特征及其成因也研究不足，至于有关未来如何发展的讨论，也是宏观指点有余但微观的操作技术指引有限。然而，整体上中国法律实证研究之路却相当需要研究者在观瞻他者的同时省思自己，鉴于此，本文的研究便注重于在国际视野下探讨中国法律实证研究的一些本体性重要问题，以就教于同人。

二、如何兴起、独特何在？

21世纪之初，苏力在概括20世纪80年代以来的中国法学研究范式转换时认为，从20世纪80年代到21世纪初，中国的法学研究经历了从“政法法学”到“诠释法学”，再到“社科法学”的发展历程，并形成了三种法学研究流派共存的基本格局。[15] 在某种程度上，苏力的判断是比较准确到位的。但在该文中，苏力也只是认为社科法学定会在法学研究领域占有相当重要的一席之地，也会不断彰显其在关注现实、注重实证研究方面的优势，但是苏力并未

---

[13] 例如，白建军：《法律实证研究方法》（第2版），北京大学出版社2014年版；宋英辉：《法律实证研究本土化探索》，北京大学出版社2012年版。

[14] 这些研究者的有关论述文章可以参见白建军：《法律实证研究方法》（第2版），北京大学出版社2014年版；赵骏：《中国法律实证研究的回归与超越》，载《政法论坛》2013年第2期，第3～14页；唐应茂：《法律实证研究的受众问题》，载《法学》2013年第4期，第25页；何挺：《刑事司法实证研究：以数据及其运用为中心的探讨》，载《中国法学》2016年第4期，第213页；等等。

[15] 参见苏力：《也许正在发生——中国当代法学发展的一个概览》，载《比较法研究》2001年第3期，第1～9页。

将实证研究独立于社科法学之外。⑯ 当然,其他学者对新世纪晚近兴起的基于数据的法律实证研究似乎也未充分关注,即或偶有涉及,也是视之为社科法学的一个方面。⑰ 从时间维度上看,以数据分析为主要研究手段的法律实证研究的兴起大致发生在21世纪的初期,并且首先兴起于刑事法学研究领域,如从事刑法学研究的白建军教授自1999年发表《刑事学体系的一个侧面:定量分析》以来,一直坚持实证研究方法,形成了丰富的实证研究成果。⑱ 但从研究群体上看,更多的法律实证研究还是出现在刑事诉讼领域,诸多在刑诉领域具有较大影响力的主流学者,纷纷加入实证研究的队伍中,并初步形成了较为丰富的研究成果。⑲ 这可能是因为刑诉法研究更讲究掌握具体运行现状与程序制度实施的成效,而此目的在传统的教义法学方法论下较难实现。

随着中国法学研究的不断繁荣,实证研究方法的辐射效应开始显现,民商法、宪法行政法乃至法理学等部门法研究中也开始出现运用实证研究方法

---

⑯ 参见苏力:《也许正在发生——中国当代法学发展的一个概览》,载《比较法研究》2001年第3期,第1~9页。

⑰ 如刘思达即认为,法律实证研究就是法律社会学或者法律社会科学(社科法学)。参见刘思达、侯猛、陈柏峰:《社科法学三人谈:国际视野与本土经验》,载《交大法学》2016年第1期,第13页。

⑱ 白建军的主要研究成果包括:《刑事学体系的一个侧面:定量分析》,载《中外法学》1999年第5期,第56~64页;《论法律实证分析》,载《中国法学》2000年第4期,第29~39页;《刑罚轻重的量化分析》,载《中国社会科学》2001年第6期,第114~125页;《犯罪轻重的量化分析》,载《中国社会科学》2003年第6期,第123~133页;《死刑适用实证研究》,载《中国社会科学》2006年第5期,第135~145页;《变更罪名实证研究》,载《法学研究》2006年第4期,第51~62页;《量刑基准实证研究》,载《法学研究》2008年第1期,第95~10页;《从中国犯罪率数据看罪因、罪行与刑罚的关系》,载《中国社会科学》2010年第2期,第144~159页;《大数据对法学研究的些许影响》,载《中外法学》2015年第1期,第29~35页;等等。

⑲ 例如笔者本人带领的研究团队自2003年以来围绕刑事诉讼运行机制进行了一系列的实证研究,形成了《刑事诉讼运行机制实证研究》系列成果;陈瑞华教授针对刑事诉讼中的羁押措施、律师辩护进行的实证研究形成了《刑事辩护制度的实证考察》(北京大学出版社2005年版)、《未决羁押制度的实证研究》(北京大学出版社2004年版)等成果;樊崇义教授针对侦查讯问程序中的录音录像、律师在场等问题的试点研究,形成了《刑事审前程序改革实证研究:侦查讯问程序中律师在场试验》(中国人民公安大学出版社2006年版)、《侦查讯问程序改革实证研究》(中国人民公安大学出版社2007年版)等成果;宋英辉教授及其带领的研究团队针对刑事和解、未成年人刑事司法等主题形成了《刑事和解实证研究》(北京大学出版社2010年版)、《未成年人刑事司法改革研究》(北京大学出版社2013年版)、《法律实证研究本土化探索》(北京大学出版社2012年版)、《法律实证研究方法》(北京大学出版社2009年版)等成果;等等。

的研究成果。[20] 但是,与刑事法领域特别是刑事诉讼领域相比,其他部门法的实证研究迄今还不是那么普遍与主流。其中原因,在笔者看来,一方面,可能是因为法教义学的研究方法更容易在实体法部门取得成功,这些实体法较少处于一种变动不居的状态,整体上也能得到较好的贯彻运用,因而缺乏强烈的现实动机来开展实证研究;另一方面,如果实体法出现立法与执法、司法的出入,也一般是要求执法、司法向立法靠拢,这同程序法相当不同。

综观既有的法律实证研究成果,可以发现,现阶段中国的法律实证研究整体上表现出如下特征:

第一,这是一种以数据为中心的法学研究范式,其主要内容在于收集、[21]分析数据并据此进行理论阐析。在此意义上,法律实证研究可以被视为一种"定量法学"。尽管在经济学、社会学等社会学科中基于数据的研究范式早已流行,但如上所述,法学的研究长期以法教义学为基本范式,在20世纪90年代后期社科法学方才兴起。在这两种当下最为主流的研究范式中,规范或案例甚至经验成为中心,但我们均难以见到数据,即或偶尔有之,数据也往往只是一个论证理论主张的理据,远非论理的核心。与此不同,法律实证研究中数据的收集、分析与应用是关键与核心所在。纵观近10来年中国实证研究的成果,可以发现一批以数据分析为中心或重要内容的研究成果且以实证研究冠名。

当然需要指出的是,这些研究对数据的应用差异颇大。有如白建军这样

---

[20] 根据赵骏所作的统计(截至2012年):自2000年以来,民商法部门在CSSCI上发表的法律实证研究文章为59篇,宪法行政法部门在CSSCI上发表的法律实证研究文章为142篇,法理学部门在CSSCI上发表的法律实证研究文章为78篇。参见赵骏:《中国法律实证研究的回归与超越》,载《政法论坛》2013年第2期,第3~14页。

[21] 关于实证研究数据的收集,我国台湾地区学者黄国昌谈到了四种主要的收集方式:一是通过法院公布的裁判文书;二是通过"实验"的方式创造"经验",即在虚拟的法律争议情境中,观察实验对象的反应及行动,在此基础上收集所需要的数据;三是由研究者自行收集第一手资料;四是利用官方公布的统计资料库(参见黄国昌:《法学实证研究方法初探》,载《月旦法学杂志》2009年第12期,第145~152页)。中国大陆的实证研究主要是第一、二、四种。

的接近统计学的法律实证研究,㉒也有如笔者这样的以描述性统计㉓实证分析为主的法律实证研究。另外,也有一些以实证研究自诩的研究并未将数据分析贯穿始终,㉔但可以称之为有一定数据式实证色彩的研究。还有作品冠名实证研究却未有数据的研究,但这是少数,可以实质上排除在外。不过,虽然数据应用的方式、程度各异甚至大异,但整体上均以数据的收集、分析为主要或重要内容,这是普遍的现象,也是中国当下更不要说域外法律实证研究的共同特征。事实上,我们今天之所以可能探讨中国法律实证研究的现状与未来,便是与晚近十多年来相关法律作品在中国的批量化涌现直接相关,尽管这些实证研究自身有一个逐渐发展的过程。

第二,既有中国法律实证研究所利用的数据主要是"小数据",即一些局部性与抽样性的数据。此种"小数据"是某一或若干区域性司法机关生产或研究者自行收集的某一时段之整体性或部分数据,而不是长时段的全国性大数据,只有个别情况才有大数据。这与域外学者惯常使用大数据或中数据不同,其数据样本常常是全国性的抽样数据甚至是全数据,至少也是较大区域内的局部性大数据或大样本的数据;而且,这些数据通常是官方收集与公开发布的。㉕ 对此,合理的解释是:一方面,在于我国司法的公开性尽管不断加强,但整体上还是不够,官方长期在观念上与制度上都不倡导透明化,相反神秘主义盛行,所以长期未公开全局、细致、充分的官方数据;另一方面,这也与

㉒ 笔者之所以认为白建军教授的一些研究是"接近统计学"的实证研究,是因为白建军教授在统计分析方法上,已经开始甚至可以说早已开始运用统计学的一些分析方法,如交互性统计分析、logisitic 回归分析等方法,这在法学界无疑具有开创性。

㉓ 描述性统计,是一种相对简单的量化研究方法,包括利用平均数、中位数、百分比、相关系数等量对数据进行分析。在苏凯平看来,这种门槛较低的描述性统计方法,有助于更多研究者接触法实证、了解法实证,进而从事法实证研究。无论对于实证研究的推广还是政策制定者的采纳,都利大于弊。参见参见苏凯平:《再访法实证研究概念与价值:以简单量化方法研究台湾地区减刑政策为例》,载《台大法学论丛》2016 年第 3 期,第 979 ~ 1034 页。

㉔ 熊秋红教授在《从〈法学研究〉看刑诉法学研究之转型》一文中谈到,《法学研究》来稿中,一些稿件从内容上看具有实证研究的一些特征,但往往流于对现象的简单罗列和描述,不少人对实证研究方法缺乏系统深入的了解。参见熊秋红:《从〈法学研究〉看刑诉法学研究之转型》,载《法学研究》2012 年第 5 期,第 6 页。

㉕ 运用这些数据的相关文章可见以美国康奈尔大学法学院为主编辑、出版的 *Journal of Empirical Legal Studies*,其为英语学术界最为重要的实证研究刊物。

官方“数目字管理”能力有限有关，[26]官方似乎并不擅长通过数据进行管理，其获取真实、全面、有效、细致数据的能力与效果似乎并不强大、明显。即或获取了公开的数据，其往往也比较粗糙、有限。[27] 此外，官方统计口径的变动、不统一使部分数据之间容易出现冲突，甚至同一机构发布的不同时段、同一时段的数据之间往往也存在矛盾，很难满足学术研究对数据客观性、全面性、严谨性、多样性、具体性的需要。

当然，官方数据的生成标准与学术数据的标准之异，也是造成其实用性有限的重要原因。具体而言，官方数据的收集、统计、分类、发布，更多的是从政治、社会治理与司法管理需要的角度出发，而实证研究所需数据更多与学者的学术兴趣与问题意识相关。所以，官方标准往往与学术标准大不一样。例如，官方对刑事错案的界定既包括无罪错定有罪，也包括有罪错定无罪，但没有专门统计无罪的冤案。而在学界，更为关注冤案，却拿不到冤案的有关官方统计数据。因此，一些官方数据虽然可能较为正式、权威、全面，但却缺乏研究所需要的思考视角与研究分类，以致无法为研究者所充分应用。

总之，小数据的普遍应用在很大程度上可能是因为大数据的缺乏与价值有限，使研究者往往只能挖掘小数据。不过，需要指出的是，小数据本身其实具有大数据往往难有的价值，其细致性、有用性使挖掘和分析得以达致。特别是，小数据时常是学者及其团队基于研究需要，主动在原始材料中所创造性发掘、使用的，其功能往往是大数据所未具的，因而更具学术价值。但只有小数据也会引发本文后面将提及的一系列问题。

第三，研究者所使用的数据往往具有个体性甚至私人性，大多是自己收集、整理的数据。这是与前述官方数据缺乏或未予公开的问题直接相关，也是学术研究之必然要求。许多学者所运用的数据大多是根据研究问题的需要从原始材料，如档案、台账、案卷中收集、整理而来，并未以官方统计的形式

---

[26] “数目字管理”是历史学家黄仁宇提出的概念。在黄仁宇看来，1689 年以前，英国是一个“不能在数目字上管理的国家”。而随着资本主义工商业的空前发展，社会分工亦日趋复杂，英国逐渐成为一个“可以以数目字管理的国家”。反观中国，由于长期受小农经济的制约，社会变革困难重重，因而未能成为一个“可以在数目字上管理”的国家。参见[美]黄仁宇：《万历十五年》（增订本），中华书局 2007 年版，第 247 ~ 249 页。

[27] 重要的大数据主要见于“两高”的年度工作报告或《中国法律年鉴》《中国统计年鉴》等反映出来的有限数据，这些数据不仅比较少、比较晚，而且也比较宏观和粗糙。

系统、外显地表现出来,[28]即或有官方数据,往往也是局部、片段的。[29] 这导致研究所运用的数据碎片化、差异化、个体化,也存在因为研究动机需要而选择性收集、运用数据的风险。对此,在某种程度上可以归因于不同研究者所能调动的学术资源、调查与采用的标准不同,也可能与研究手段、设计思路与分析方法上的问题有关,因此所能、所欲获取的数据往往也不相同,于是对同一问题的经验反映与理论阐述也自然有异,其揭示现象的普遍性如何,如何验证其真实性、科学性均成为有待解决的重要问题。实际上,近年来的实证研究已经出现学者对同一问题的不同发现的实证研究成果,亦不乏对同一或类似现象的不同认知与相关争论,[30]个中缘由便是收集和依赖的数据有所不同。[31]

第四,现阶段法律实证研究仍以描述性的数据分析为主,基本上未使用高级统计学分析方法。比较笔者近年来参加欧美法律实证研究学术会议及阅读欧美法律实证研究论文的所见所闻,必须承认,当下中国法律实证研究的统计化水平不高,整体上还处于较为粗疏的阶段:研究者主要还是按照传统的法学研究范式来处理数据,基于对数据描述的理论分析占据主流,还不能科学、熟练地运用数理统计等分析手段与方法对问题展开统计学意义上的定量分析,[32]遑论在研究中进行数理模型的建构,从而在定量研究的方法上与统计学、社会学、经济学等其他学科展开对话。需要指出,当下研究者处理与

---

[28] 对此,可以参见一系列学者的实证研究成果。例如,左卫民:《"热"与"冷":非法证据排除规则适用的实证研究》,载《法商研究》2015年第3期,第151~160页;贺小军:《认罪态度对量刑的影响实证研究——以A省B市为例》,载《政治与法律》2015年第12期,第11~22页,等等。

[29] 何挺在《刑事司法实证研究:以数据及其运用为中心的探讨》一文中谈到,我国刑事司法研究面临一个不利的、受限的数据环境,致使我们的实证研究呈现出一种"先天不足"的状态。在他看来,官方数据并不能给实证研究提供充分的支撑。参见何挺:《刑事司法实证研究:以数据及其运用为中心的探讨》,载《中国法学》2016年第4期,第213页。

[30] 如笔者针对"非法证据排除规则适用"所作的一项实证研究与易延友教授所作的"非法证据排除规则的中国范式"实证研究,两者在研究结论上就出现了一些明显差别甚至是相互反对的内容。参见左卫民:《"热"与"冷":非法证据排除规则适用的实证研究》,载《法商研究》2015年第3期,第151~160页;易延友:《非法证据排除规则的中国范式——基于1459个刑事案例的分析》,载《中国社会科学》2016年第1期,第140~162页。

[31] 这里需要指出的是,出现这一问题有可能也与研究对象的地区差异有关。

[32] 中国台湾地区学者苏凯平谈到,统计方法成为许多法实证学者的首选,原因在于统计学的优点能够借由对信息的收集、分析、解释、陈述,系统性且大量的填补法律与现实之间的空白。参见苏凯平:《再访法实证研究概念与价值:以简单量化方法研究台湾地区减刑政策为例》,载《台大法学论丛》2016年第3期,第979~1034页。

应用数据的描述性方法,对经验性现象的描述、研究是基本合适的,因为相较于传统的法条中心的法教义学和往往是基于个案的社科法学,关注数据本身便在把握实践的广度与信度方面颇有优势。许多时候,"raw material"本身便可能胜过万千论述与解读,数据往往可以直接告诉我们较为普遍的现实是什么,这使基于对现实的误读和曲解的诸多学理阐析显得荒谬或苍白无力。从这一点来看,当前较为浅层次的描述性实证分析仍然具有重要的价值,甚至有必要提倡。实际上,如果实证研究的重心在于对经验现象的特征把握,则描述性研究基本可以胜任。如果能用最简单方式达致正确的研究结论,我们不是必须采用复杂的统计学研究方式。尤其在法学界、法律界均未有统计式研究的传统、能力,甚至法学刊物的编辑、作者及阅读者均难以读懂、判断统计式研究时,描述性实证研究也许甚至必然是中国法律实证研究目前可操作的模式,当然也构成研究方式突破的"天花板"。当然,即使是描述性实证研究的运用程度也有差异甚至差异不小,较成熟的实证研究者基本上自始至终均在围绕数据展开研究,而一些不大成熟的研究在数据收集的代表性、数据运用的一致性、深入性方面均有一定问题乃至严重问题。

进一步看,如果需要深入研究各种现象之间的关系,特别是我们试图确定带有传统所谓的因果性关系的实证研究,描述性分析已经远远不足,需要类似"相关性"确定的研究方法。然而,统计学所常用的回归分析等方式至今并未为基本为"科盲"的绝大多数法学研究者所使用,即或有所运用,也多属初步。比较而言,经济学、社会学等对统计学方法的运用明显普遍、深入、丰富得多。法律实证研究中在数据运用方面的技术缺失,可能导致研究在很多时候流于肤浅,多停留在经验性描述研究对象特征的层面,而对因果关系的分析往往只能做传统的推测性的演绎。更为重要的是,这些缺失还可能导致研究结论的错误,因为只是运用数据描述特征,却不进一步进行相关性分析,实质上难以推进从主观性较强的因果分析转向客观性更充分的相关性研究,无法实现从"软科学"向"硬科学"的转型,或者说只是"前硬后软"。同时,即或展开变量的相关性分析,如果缺乏规范的统计学分析,仅仅根据数量、比例的差异即得出相关结论,则很有可能是"差之毫厘,谬以千里"。这便与当前中国经济学、社会学、管理学等学科的研究状况相去甚远,[33]也与国外的法律实证研究相去甚远。[34] 显而易见,这与中国法学研究者的知识结构、研究范式与研究惯习具有密切的关系。现阶段法律实证研究的情况表明,中国的法律实证研究,与其他实证方法得以较多、较好地运用的学科如社会学等相比还有较大差异,基本上还分属于异多于同的不同研究范式。所以,我们开展实证研究的主观愿望与我们的客观能力、客观效果还存在相当的落差,中国法律实证研究还有很长的路要走,在与其他学科的交叉和深度融合方面还任重道远。特别是如何应用统计学方法做深入、细致的回归分析,以便发现、论证现象之间的因果关系,更应是中国法律实证研究者刻不容缓的任务。这是标准、规范、深入的实证研究的标志与基本内容。

特别需要指出,法律实证研究在本质上是一种基于数据而为的法学研究。在此意义上,它当然相当不同于法教义学以法条或教义为关注点、阐释点的研究,也显著不同于以个案为关注点的经验研究,包括社科法学研究(尽

---

[33] 经济学者王庆芳等通过对《经济研究》《中国社会科学》《管理世界》《经济学(季刊)》四大国内经济学领域权威期刊2012~2014年度发表的1126篇论文所作的研究中发现,数学方法和数学模型在研究中的广泛应用已成为经济学研究的重要取向。其对1126篇论文的统计分析显示,只有165篇文章未使用任何数学方法,占总数的约15%(参见王庆芳、杜德瑞:《我国经济学研究的方法与取向——来自2012至2014年度1126篇论文的分析报告》,载《南开经济研究》2015年第3期,第140~153页)。社会学者李强在《完善社会学的定性研究与定量研究》一文中指出,中国社会学者在现代统计学理论和计算机技术的影响和推动下,无论是抽样还是数据的形成都日益规范化和科学化。在数据的分析方法上,除了常用的频数表、交叉表,社会学者越来越多的用到方差分析、多元线性回归、logistic回归等统计分析方法,中国的研究者开始运用越来越多的高级统计方法来探索数据之间的联系(参见李强:《完善社会学的定性研究与定量研究》,载《中国社会科学报》2009年10月8日,第7版)。管理学者范柏乃等通过对公共管理学恢复重建、萌芽和成长三阶段858份学术论文的研究分析,发现我国公共管理学研究方法经历了从理论到实证、从定性到定量的变迁过程,统计变量从单元到多元,数据分析方法亦由简单到复杂(参见范柏乃、楼晓靖:《我国公共管理研究方法的统计分析及演进路径研究》,载《公共管理学报》2013年第2期,第94~100页)。

[34] 笔者注意到,在国外,只要进行法学实证研究,几乎就要运用统计学等分析方法,提出理论假设,收集、运用数据,通过相关性分析来验证或推翻假设。这与其他社会科学领域中的实证研究在研究工具和研究方法上具有同质性[参见左卫民:《法学实证研究的价值与未来发展》,载《浙江大学学报》(人文社会科学版)2014年第5期,第124页]。国外法律实证研究中对统计方法的运用例子可以参见有关米兰达规则是否影响了美国警方破案率方面的系列研究成果,特别是 Paul G. Cassell & Richard Fowles,"Handcuffing the Cops? A Thirty-Year Perspective on Miranda's Harful Effects on Law Enforcement", *Stanford Law Review*, Vol. 50, No. 4 (1998); Paul G. Cassell & Fowles, "Falling Clearance Rates After Miranda: Coincidence or Consequence?", *Stanford Law Review*, Vol. 50, No. 4 (1998); John J. Donohue Ⅲ, "Did Miranda Diminish Police Effectiveness?" *Stanford Law Review*, Vol. 50, No. 4 (1998);等等。

管法律实证研究在广义是也属于社科法学)。从全面、准确、科学地把握中国法治实践的客观需要角度看,社科法学和法律实证研究都同样关注中国法律的经验现象,甚至我们可以认为正是对行动中法律而非书本上法律的关注构成了二者共同的、基本的、历史的背景,以至于有英国学者认为广义的实证研究包括根植于社会学的跨学科的社会—法律研究、实证取向的法律—经济研究以及司法的行为—政治研究三种研究。[35] 但是两者研究的方式还是有显著的差异,成熟的法律实证研究与社科法学基本上属于不同的研究范式,对此必须指出。其一是研究对象上有所不同。社科法学与法律实证研究最大的区别在于,社科法学关注的对象基本上可以说是小范围的对象与个案,据此得出抽象性的一般结论。[36] 而法律实证研究则认为,对个案的研究可能时常不足以全面、准确地把握中国司法的状态,其研究结论更易受到挑战,或可谓"片面的深刻";强调针对较大范围的研究对象,收集、分析众多样本的相关数据,得出基于大样本的经验判断并阐析理论见解。其二是研究方法上各有侧重。用数据说话,展开定量研究是实证研究的鲜明特色之处。[37] 法律实证研究认为,对法律现象的研究应当采用一种客观性、科学性更强的方式,通过对较大范围数据的收集、整理、分析和运用,力图反映法律制度运作的实际状态,揭示其背后的客观原因,以获得一种"客观性知识",进而提出理论解读和可能的改革建言,以"有助于人们审慎但有效地改造世界"。[38] 由于其基于数据来验证某一教义或法条,甚或提出、论证、辩驳某种学术主张,在此意义上,法律实证研究亦可称为"数据法学"。与此不同,社科法学借用社会科学如社会学的理论和知识来阐释法律,尽管有其合理性,但是这种阐释主观性可能

---

[35] In Peter Cane's opinion, there are at least three approaches and research groupings that predate the contemporary ELS movement, which may be respectively identified as socio-legal/law and society, empirically oriented law-and-economics, and judicial behavior/politics. See Peter Cane, Herbert M. Kritzer, The Oxford Handbook of Empirical Legal Research, Oxford University Press, 2010, p. 1.

[36] 在侯猛看来,社科法学注重"以小见大"的个案研究。这种"以小见大"的个案研究很容易遭致样本代表性不足的质疑甚至批评。侯猛认为,个案研究能否取得成功,依赖于这些个案能否起到"以小见大"的作用并展示出理论的解释力乃至加以理论化。参见侯猛:《社科法学的传统与挑战》,载《法商研究》2014 年第 5 期,第 77 页。

[37] 在经济学家陈志武看来,量化研究不只是"用数据说话",而是要提供一个系统的手段,同时把多个假说放在放在同一个统计回归分析里,看哪个解释变量、哪个假说最后能够胜出。他进一步指出,如果只有定性讨论,根本无法对各种假说进行有效判断从而推动我们认知的进步。参见陈志武:《量化历史研究的过去与未来》,载《清史研究》2016 年第 4 期,第 12 页。

[38] 参见苏力:《好的研究与实证研究》,载《法学》2013 年第 4 期,第 16 ~ 20 页。

较强。社科法学往往力图通过一种带有主观性的、个人性的知识,进而获得一种带有个人阐释性的“主观性知识”。

三、缘何兴起:创新的冲动

实证研究方法在中国刑事诉讼法学研究中的兴起,既有学者基于中国刑事诉讼法学研究方法反思之后的理论自觉,[39]也有学者基于推动中国刑事司法改革的参与冲动。一些实证研究通过对中国刑事司法实践的调查,发现刑事司法的中国问题,并基于中国政治、经济、社会、历史、文化背景对这些问题进行深层次的解释,探究其后的根本原因,从而试图帮助中国刑事司法改革走出西方式的理想图景;[40]一些实证研究则通过制度试点,检验在中国推进某项刑事司法改革的可行性,并在某种程度上起到了促进制度变革的效果。例如樊崇义教授及其研究团队进行的侦查讯问录音录像制度试点,在某种程度上为中国侦查讯问录音录像制度的建立提供了重要的参考根据。[41] 甚至某种意义上可以认为,一些学者的实证研究,也是对他们推动的改革本身的一种检视。具体而言,大致可以归纳为以下几个方面:

一是学术竞争背景下中国法学研究者的创新意识和创新举措。改革开放30多年来,法学研究取得了空前的繁荣和发展,这与法学研究者的创新精

---

[39] 有关中国刑事诉讼法学研究方法的反思可以参见参见左卫民:《迈向实践:反思当代中国刑事诉讼知识体系》,载《中外法学》2011年第2期,第395~414页;陈瑞华:《刑事诉讼法学研究范式的反思》,载《政法论坛》2005年第3期,第3~20页。

[40] 例如,笔者所带的研究团队近十余年来对中国刑事司法运行机制及法官任用、惩戒制度的持续关注即是如此。相关研究成果可以参见笔者主持的刑事司法运行机制实证研究系列《中国刑事诉讼运行机制实证研究》(一到六);也可以参见笔者的相关论文,如左卫民、马静华:《效果与悖论:中国刑事辩护作用机制实证研究——以S省D县为例》,载《政法论坛》2012年第2期,第60~73页;左卫民:《中国法院院长角色的实证研究》,载《中国法学》2014年第1期,第5~25页;左卫民:《中国基层法院财政制度实证研究》,载《中国法学》2015年第1期,第257~271页;左卫民:《未完成的变革　刑事庭前会议实证研究》,载《中外法学》2015年第2期,第469~483页;左卫民:《省级统管地方法院法官任用改革审思——基于实证考察的分析》,载《法学研究》2015年第4期,第23~40页。

[41] 如樊崇义教授、顾永忠教授关于“建立讯问犯罪嫌疑人律师在场、录音、录像制度”改革试点而开展的实证研究。参见樊崇义、顾永忠:《侦查讯问程序改革实证研究》,中国人民公安大学出版社2007年版。

神以及学术创新受到鼓励密不可分。一方面,在法学研究领域,部分学者具有较强的学术创新意识,不断探索适合中国国情、顺应时代需要的研究方法,[42]进而推动了法学研究方法的拓展和多元化;另一方面,学者的创新意识和创新举措受到相当程度的支持与鼓励。法学研究者的创新意识和创新举措整体上受惠于改革开放几十年来国家和社会在人文社科方面给予的大力支持与鼓励。正因如此,我们的法学研究者才敢于创新、善于创新,例如社科法学流派的兴起便是如此。社科法学内部有诸多流派,最早的是苏力的研究范式,后来又有法与经济学,[43]还有最近社科法学还出现运用认知心理学(神经科学)的方法来研究法律。[44] 这说明,中国法学研究者的创新意识和创新举措受到肯定与支持。

二是基于对现有研究范式的批判性反思。笔者曾指出,既定立场、预设判断是法教义学的基本特征,客观对象则是想象、剪裁与取舍的裁量性客体。法教义学的缺陷在于,其更多关注法律条文本身而忽视制度实践,未能全面、深刻地关注与把握中国现实,因而不能充分回应实践需要,提出有充分操作性的改革方案。[45] 正如有学者指出的,"如果没有对中国社会做很好了解就进行法律体系建设,法教义学的工作越是成熟、技艺越是精湛,法律实践的荒谬性就越强"。[46] 社科法学注重个案研究,包括注重"深描",但在把握实践的广度上可能有所欠缺。社科法学较少运用统计学等方法采集数据、分析数据、

---

[42] 在社会学家谢宇看来,中国引人注目的社会变化为社会科学家记录和保存这段历史提供了重要契机。在他看来,历史需要社会科学家以实证的方法研究中国,中国的实证研究是历史对当今社会科学家提出的迫切要求。参见谢宇:《为什么中国需要实证研究》,载钟杨主编:《实证社会科学》(第1卷),上海交通大学出版社2016年版,第24页。

[43] 有关法与经济学在中国的发展状况,可以参见李增刚、史宇鹏:《法经济学的基本理论及其在中国的发展与应用——2011年度(第九届)"中国法经济学论坛"综述》,载《经济研究》2011年第8期,第155~160页;乔岳、熊秉元:《望远镜里的法经济学:理论架构和分析工具》,载《法律科学》(西北政法大学学报)2014年第4期,第40~50页;等等。

[44] 相关文献,可以参见李学尧、葛岩、何俊涛、秦裕林:《认知流畅度对司法裁判的影响》,载《中国社会科学》2014年第5期,第148~162页;李安:《司法过程的直觉及其偏差控制》,载《中国社会科学》2013年第5期,第142~161页;等等。

[45] 在笔者看来,中国需要能够发现、反映、解释中国刑事诉讼实践的知识体系,能够提供可操作的实用性解决方案的知识体系。而要构建这样一种知识体系,现有的研究思路和研究方法已经不能较好适应。

[46] 程金华:《当代中国的法律实证研究》,载《中国法学》2015年第6期,第60~78页。

运用数据来论证。[47] 所以,在全面、准确把握中国司法实践并型塑创新性的理论方面,[48]社科法学也有欠缺。[49] 总之,在某种意义上,批判性反思促使了法律经验研究方法的转向,这也是法律实证研究在中国兴起的重要原因。这便是在法教义学、社科法学之后,还要推进法律实证研究的原因,[50]而实证研究可以其独特性来弥补法教义学、社科法学的不足并彰显其优势。[51]

有趣的是,中国法律实证研究的兴起与发展似乎与域外法律实证研究的发展并未有密切的关系,但与之似乎同时开始出现的有一种"同时伴生"现象。域外建制性的实证研究基本上是晚近10多年的事,20世纪90年代晚期当代法律实证研究才在美国法学圈崛起并在21世纪的前几年获得迅猛发展,2004年*Journal of Empirical Legal Studies*由康奈尔法学院编辑出版,第一届美国法律实证研究年会2006年10月在得克萨斯法学院召开,截至2016年共召开了11届。时至今日,法律实证研究已成美国法学界主流研究范式之一,越来越多的学者尤其青年学者从事实证研究。而首届欧洲法律实证研究年会2015年6月也在阿姆斯特丹大学法学院召开,首届亚洲法律实证研究年会定于2017年6月在中国台北召开。需要指出,美国式实证研究对欧洲与其他一些地区的实证研究有影响,这从欧洲与亚洲实证研究会议上美国学者的参

---

[47] 其中的原因,在贺光烨看来,是因为传统的社会科学数据收集方法昂贵、耗时,需要大量投资,因而使探索性研究成本高、风险也高。社会科学恰恰又是资助较少的学科,因此学者在收集数据及进行探索分析时更加强调理论的指导。参见贺光烨:《大数据分析中的本体论与方法论(下)——归纳与演绎》,来自网络微信公众号"定量群学",2016年12月9日发布。

[48] 社会学者边燕杰提出实证社会学研究中的两种导向:政策导向和理论导向。尽管两者都从"问题"出发,但前者关心的是现实困惑,解决"怎么办"的问题,研究思路是"抓问题、摆事实、提对策";后者关心的是理论困惑,解决"为什么"的问题,其研究思路是"想问题、究理论、重证明"。上述观点带给法律实证研究者以启示。参见边燕杰:《理论导向的实证社会学研究》,载《中国社会科学评价》2015年第2期,第12页。

[49] 唐应茂认为,在法律实证研究中,尽管直观感受、个案细节依然重要,但一定程度量化的数据采集、分析和判断同样具有重要意义,他甚至认为这种量化已经成为国计民生决策的重要依据。参见唐应茂:《法律实证研究的受众问题》,载《法学》2013年第4期,第25页。

[50] 宋英辉教授认为,我国刑事诉讼法学引入实证研究,与我国法学研究范式转型密切相关,某种程度上甚至可以说是研究范式转型之必然。参见宋英辉:《实证方法对我国刑事诉讼法学研究之影响》,载《法学研究》2012年第5期,第16~19页。

[51] 樊崇义授对实证研究方法给予了积极的评价,在他看来,实证研究方法有助于树立刑事诉讼法学的"独立品格",他甚至认为实证研究方法是树立刑诉法学"独立品格""不可或缺的中介"。参见樊崇义、夏红:《刑事诉讼法学研究方法的转型——兼论在刑事诉讼法学研究中使用实证研究方法的意义》,载《中国刑事法杂志》2006年第5期,第10页。

与便可见一斑。这表明，对传统法学研究范式局限的认知已成为晚近世界法律研究者的共识。认知到传统法学研究范式的有限性，在规范法学研究之外寻求研究方法的创新已是世界性趋势。不过，在发展的规模与程度上，除北美学术界尤其是美国法学院之外，其他地区的法律研究者尤其是中国研究者还有很长的路要走。此外，就笔者近年来参与国外实证研究学术活动的观察，即或欧美法律实证研究也依然处于初级阶段，统计学方法的应用还属初级，这从每次美国法律实证研究年会均有学习实证研究方法的会前会，以及会上几乎每篇文章均涉及讨论实证研究方法和结论的科学性，即可以看出。所以，尽管努力追赶，比较经济学、社会学，域外法律实证研究的研究方式与成果似乎还是有所滞后。

四、“红旗”究竟如何打

关于法律实证研究的未来与前景，必须回答“红旗能打多久”的问题。笔者的看法是：第一，实证研究的“红旗”能够打下去；第二，实证研究的“红旗”能够展现与其他旗帜不一样的图景。

（一）法律实证研究的“红旗”能够打下去

第一，数据时代的到来为法律实证研究提供了历史机遇与技术支持。当下的法学研究者们正处于数据时代的有利时空背景之下，特别是伴随“大数据”时代的到来，人类社会已经进入了一个前所未有的“社会数字化”与“数字社会化”时代，“大数据带给我们的知识与信息无论从内容丰富程度还是详细程度都将超过从前，从而有可能让我们的视野宽度与学习速度实现突破，不是小突破，而是颠覆性的进展”，[52]“没有人可以独立于大数据之外，而且大多数人也不愿意置身于大数据世界之外”。[53] 有意识地使用大数据来进行商业、社会、经济与政治决策日益普遍。[54] 正如最高人民法院江必新副院长在第

---

[52] ［美］史蒂夫·洛尔：《大数据主义》，胡小锐、朱胜超译，中信出版社2015年版，第11页。

[53] ［美］史蒂夫·洛尔：《大数据主义》，胡小锐、朱胜超译，中信出版社2015年版，第291页。

[54] 目前，一些数据平台已经开始利用大数据技术对法律服务市场进行商业性的数据挖掘，如“绿格律服”平台即利用理脉数据整理出“代理成都中院所审案件数前20名律所名单”，对20家代理成都中院案件的律所进行了数据统计并进行了相应的排名。参见网络微信公众号“绿格legal”，2016年12月8日发布。

四次全国法院司法统计工作会议上谈到的,“大数据源于万事万物和社会生活的方方面面,又反过来影响和决定着我们的一切”。[55] 同时,法律活动的公开性也令其越来越“大数据化”,例如,中国裁判文书网的出现以及大范围地公布司法裁判文书,使之成为中国司法乃至整个法律大数据的最新也最重要的表现形式。此外,一批关注法律大数据的法律实务与学术研究方面的机构、个人均开始投入大数据的收集、分析和应用。[56] 而无讼于近日获得 B 轮商业融资也直接表明建立在实证研究基础上的法律大数据应用开始进入商业化的大海。[57] 毫无疑问,在大数据时代,社会科学研究将不可避免地“大数据化”,[58]我们的法学研究也逃避不了。[59] 因为大量前所未有的数据涌现,使法律实务工作和法学研究获得了以往难以想象的操作与研究素材,[60]面对“粮米”的“巧妇”怎么可能不为“一炊”? 借助大数据时代的自然语义识别技术,研究者可以从海量的裁判文书中实时、动态、批量、精确地提取有关法治运行

---

[55] 江必新:《大数据时代背景下人民法院司法统计的科学发展》,载《人民法院报》2013 年 8 月 1 日,第 4 版。

[56] 2016 年 12 月 17 日,由最高人民法院司法大数据研究基地主办、东南大学法学院承办的“司法大数据应用与研究”研讨会在江苏南京召开。来自实务部门、海内外知名高校以及部分司法大数据企业与律师事务所的大数据研究人员共 100 余人参加了此次会议。参见《“司法大数据应用与研究”研讨会在宁召开》,载东南大学新闻网:http://news.seu.edu.cn/2016/1219/c5486a181551/page.htm,最后访问日期:2016 年 12 月 20 日。

[57] 参见《互联网法律服务机构无讼完成 1.2 亿元 B 轮融资》,载光明网:http://it.gmw.cn/2016-12/05/content_23184288.htm?tt_group_id=6360421844243611905,最后访问日期:2016 年 12 月 11 日。

[58] 例如,罗玮等在《新计算社会学:大数据时代的社会学研究》一文中谈到,在美国,社会学研究已经进入“新计算社会学”时代。所谓“新计算社会学”,即社会学界借助计算机与人工智能技术等现代科技手段,利用大数据、新方法来获取并分析数据,从而研究和解释社会的一种新的范式或思维方式。在罗玮等人看来,新计算社会学的产生是大数据时代社会学发展的必然结果。参见罗玮、罗教讲:《新计算社会学:大数据时代的社会学研究》,载《社会学研究》2015 年第 3 期,第 223 页。

[59] 这里需要指出的是,笔者提倡法学研究需要更多的借助于数据、数字,但是笔者同样也认为,实证研究者对数据、数字的使用也应当避免走向另一种极端。正如钱弘道等学者所指出的,中国法学定量研究中存在一种数字化“图腾”崇拜,这种数字化“图腾”崇拜常常使国内的读者难以理解和接受。与此同时,现有的法学定量研究中,不少研究并未真正借鉴社会科学的研究方法而仅仅是以数字为时尚包装。参见钱弘道、崔鹤:《中国法学实证研究客观性难题求解——韦伯社会科学方法论的启示》,载《浙江大学学报》(人文社会科学版)2014 年第 5 期,第 124 页。

[60] 大数据会帮助我们获得一些新的启发,发现一些以前难以观察到的隐蔽法律现象,这在以前是难以想象的。如同人类观测技术的演进,最开始只能使用肉眼,后来开始利用显微镜、望远镜等,大数据正在帮助我们发现更多隐藏的法律现象。

的数据,其数据获取能力与小数据时代不可同日而语。

更为重要的是,借助大数据的分析技术我们可能获得全新的信息、知识,极大地拓展法学研究特别是实证研究的范围与领域,甚至可能改写我们对法律实践乃至挑战权威的法律理论,从而形成新的理论突破。“大数据时代将要释放出的巨大价值使我们选择大数据的理念和方法不再是一种权衡,而是通往未来的必然改变。”[61]事实上,当下已开始出现运用大数据研究法律的一些举措与初步成果,[62]一些基于大数据的研究和分析报告开始面向社会推出,例如,2016 年 12 月 12 日聚法案例微信公众号基于对 3700 多万份裁判文书的研究公布了刑事案件的辩护率有关分析报告;[63]一些实务部门也开始尝试利用司法大数据,为部门提高工作水平提供技术支撑。[64] 我们甚至可以预言:关注和运用大数据的法律与法学方式会是相当长时间内中国法律与法学界的普遍趋势。

第二,法律实证研究具有其他研究方式所不具有的独特价值。法律实证研究具有规模性、客观性、科学性以及“技术中立性”,它是其他价值立场和方法的研究所无法取代的,不管是法教义学还是社科法学。法教义学更多关注

---

[61] [英]维克托·迈尔-舍恩伯格、肯尼思·库克耶:《大数据时代:生活、工作与思维的大变革》,盛杨燕、周涛译,浙江人民出版社 2013 年版,第 94 页。

[62] 如北京天同律师事务所创办的“无讼网”,利用大数据收录了 29,046,966 份裁判案例(截至 2016 年 10 月 24 日),并设置了较为合理的案例搜素指南,吸引了理论界和实务界的普遍关注(载无讼网:http://www.itslaw.com/bj,最后访问日期:2016 年 10 月 24 日);又如“北大法意网”同样利用大数据,建立了较为齐全和丰富的法律资源数据库,提高了法学研究者获取法律资源的效率(载北大法意网:http://www.lawyee.net/,最后访问日期:2016 年 7 月 20 日);再如,由最高人民法院立项、人民法院出版社承建的中国首个法律知识和案例大数据融合服务平台——“法信”于 2016 年 3 月 31 日上线,该平台为法律人提供一站式专业知识解决方案、类案剖析同案智推服务,并向社会大众提供法律规范和裁判规则参考(载法信网:http://www.faxin.cn/index.aspx,最后访问日期:2016 年 8 月 20 日)。

[63] 参见《全国刑事案件律师辩护率为 14%,上海最高》,来自网络微信公众号“聚法”,2016 年 12 月 12 日发布。然而,该公众号发布的司法大数据也引起了一些学者的质疑,如有论者认为该平台发布的数据存在“辩护率计算标准有误、统计样本不全面且未经过严格筛选”等问题,实际辩护率应远高于此(参见王禄生:《14%是彻头彻尾的错误》,来自网络微信公众号“数说司法”,2016 年 12 月 13 日发布)。据悉,“聚法”已发出回应文章。上述事例也从一个侧面表明,目前有关大数据尤其是司法大数据的运用可能还存在一些争议。大数据运用是否得当,直接关系数据结论的客观性、可靠性与科学性,这一点亦应引起足够的重视。

[64] 据贵州省高级人民法院孙潮院长介绍,该省即尝试运用司法大数据,将 70% 的简单可重复案件系统化,系统地解决同案同判的问题,确保案件审判的公正性。参见黄海锭:《谈谈参加“司法大数据应用与研究”研讨会的感受》,载网络微信公众号《法律综合睇》,2016 年 12 月 19 日发布。

的是法律应该是什么,实践应该及如何接近立法;而社科法学虽然关注实践,但往往通过个案的深度挖掘与解析来发现法之真谛,或提出独特的理论命题,然而却可能因为考察对象的有限而失之偏颇。相反,实证研究因为其基于数据的研究,决定了其本质上不仅是一种实践法学,以实践(包括立法实践与司法实践)为关注的中心对象,更由于关注对象的广泛性,解读的客观性与注重归纳的研究思路,易于获取真知,检验理论并进而提出新观点。[65] 当然,它无法取代法教义学和社科法学,因为其方法论上的独特性虽然突出,但本身并不以本体论上的理论体系建构为根本性的出发点与归宿,甚至其完全可以为法教义学和社科法学所运用,作为支撑其理论的依据。

尤其要指出,法律实证研究自身进一步的发展和科学化,也会为它自身赢得更大的发展空间。因为如果科学地收集、分析数据,便极可能得致客观的认知,发现隐蔽的真实及其背后的规律,从而验证或推翻既有理论,甚至由此得出全新的理论。特别是,如果充分、合理地运用统计学等基础性学科的方法,甚至可以开辟出不同于传统法学研究的基于相关性的新研究范式。所以,法律实证研究越发展,便越得到承认并产生越来越重要的影响。

(二)法律实证研究的"红旗"如何打

第一,推动研究方法的科学化与多种研究范式的融合交叉,特别是积极运用统计学的方法,促进实证研究与写作方式的创新与定型。法律实证研究,目前除了极少数学者如白建军等外,我们还没有做到像统计学、社会学那样非常成熟地运用跨学科的知识,特别是统计学,也包括计算机科学。这是我们需要补的最大一课,如果我们自己补不了,则我们必须与统计学学者合作,与计算机科学家合作。唯有如此,才能借由计算机科学进行良好的大数据爬梳,才能借由统计学展开数据分析。正如有学者谈到的,"中国的法学院,法律经济学者、法律社会学者、法律人类学者,尽管学科和价值取向不同,却可以多边跨界对话"。[66] 法律实证研究在推动研究方法的科学化方面必须要有根本性突破,相应地写作方式也要有革命性变化。这意味着法律实证研究在这方面还有漫长的路要走。特别是,运用统计学的实证研究在研究与写作风格上往往需要先提出理论假设,然后用数据进行统计学意义上的验证。

---

[65] 参见左卫民:《迈向实践:反思当代中国刑事诉讼知识体系》,载《中外法学》2011 年第 2 期,第 395 ~ 414 页。

[66] 侯猛:《社科法学的跨界格局与实证前景》,载《法学》2013 年第 4 期,第 32 页。

与此同时,我们也要进一步推动法律实证研究与既有法学研究范式的融合交叉,力求综合应用法教义学、社科法学和实证方式,对法律的经验现象作出理论阐释。社科法学之所以有今天,就在于有一些特别优秀的学者运用社科法学进行了深度的阐释,提出了一些有生命力的概念,比如苏力的《送法下乡》等。我们的法律实证研究如何以实证研究方法为依托,同时综合运用法教义学、社科法学的方法,深度、综合地阐释法律现象,提出、发现有生命力的命题,这也是非常重要的。

第二,进一步思考如何登上"大数据"这艘船。"大数据已经撼动了世界的方方面面,从商业科技到医疗、政府、教育、经济、人文以及社会的其他各个领域",[67]是"人们获得新的认知、创造新的价值的源泉"。[68] 所以,如何收集、抓取适当的大数据,分析、解构这些数据,形成关于法律实践更具普遍性、代表性的认知,需要探索。鉴于大数据一定是更大规模的数据,甚至是"全样本数据",[69]我们如何去获得、运用法律方面的大数据进行实证研究,如何综合运用统计学、计算机技术、云计算等大数据处理方法,如何从小数据转向大数据,便是时代的要求,法学研究者更需要努力。

当然,我们也不能过分依赖大数据,因为大数据不是万能的,而是有限的、相对的。大数据的问题是多方面的。一是不够真实,由于技术或主观因素,某些大数据可能不真实。二是不够充分、细致。一方面,大数据往往是非构造性、整体层面的,对中观、微观的数据与变量采集不足;另一方面,大数据的数值常常杂乱、发散,难以有效分析。[70] 三是时常存在系统性偏差。我们应当认识到,大数据往往是由网络活跃群体产生的数据,而活跃群体只是一部分,非活跃群体的信息、想法、行为模式等难以通过大数据反映出来,因而大数据不能代表不依赖、少依赖网络或其他可记录电子设备的人群,这也是大

---

[67] [英]维克托·迈尔-舍恩伯格、肯尼思·库克耶:《大数据时代:生活、工作与思维的大变革》,盛杨燕、周涛译,浙江人民出版社 2013 年版,第 15 页。

[68] [英]维克托·迈尔-舍恩伯格、肯尼思·库克耶:《大数据时代:生活、工作与思维的大变革》,盛杨燕、周涛译,浙江人民出版社 2013 年版,第 9 页。

[69] 在舍恩伯格等看来,随着大数据技术成为日常生活中的一部分,我们应该开始从一个比以前更大更全面的角度来理解事物,也就是说应当将"样本 = 总体"植入我们的思维中。[英]维克托·迈尔-舍恩伯格、肯尼思·库克耶:《大数据时代:生活、工作与思维的大变革》,盛杨燕、周涛译,浙江人民出版社 2013 年版,第 65 页。

[70] 参见冯仕政:《大数据时代的社会治理与社会研究:现状、问题与前景》,载《新华文摘》2016 年第 12 期,第 7 页。

数据具有不完全的代表性或者代表性不足的一个重要原因。[71] 所以,大数据时常难以很好印证社会科学包括法学的中观、微观理论。除此之外,大数据在法律领域往往更可能只反映法律世界的一部分,因为法律大数据本身往往是粗糙、格式化的,甚至是官方化的,真实法律世界的某些部分包括重要而"隐秘"的部分往往是这些数据并未充分反映的。因此,研究者对大数据的借重也同样应当是有限的,只能期待大数据适当地发挥其"智能助手"[72]的作用。

第三,如何更好地挖掘、运用"小数据"。[73] "大数据"在进行整体性描述时具有优势,然其缺陷在于单体价值低,甚至忽视个体。因为,"大数据"往往会忽略数据背后的制度背景,从而导致其在样本分析时无法"深描"般地充分、细致,也往往不足以反映事物的全貌、深貌,特别是按官方标准生产与获取的大数据,往往只能反映官方的政治与政策性考量,时常不能充分反映学术对认知世界的需求。如法院关于"错判"的界定与分类,便与研究者专门研究"冤案"的需求不匹配。因此对于研究者而言,深度挖掘与运用小数据仍然非常重要。笔者认为,在重视运用"大数据"的同时,也不能漠视"小数据",因为在某些情形下,研究者自主从研究角度设计与收集的局部性小数据或许比自然生成的大数据更具有学术价值。对此,笔者在展开有关案卷的研究时便深刻感悟。[74] 当然,这种小数据必须在科学性、公开性与可验证性方面有新的、普遍的、规范的标准与操作机制,从而使法学界得以把握与检验,而不是难以辨识。

第四,法律实证研究如何更好地回答各种法律经验现象、如何更好地解决现实问题。尽管法律实证研究已经尝试了解并解决法律现实问题,但是如何更好地研究、解决现实问题,如何更好地服务社会,加强与司法、司法制度改革实践与决策之间的密切互动,以及如何使法律实证研究获得更强的生命

---

[71] 参见贺光烨:《大数据分析中的本体论与方法论(上)——现实与数据》,来自网络微信公众号"定量群学",2016年12月5日发布。

[72] [美]史蒂夫·洛尔:《大数据主义》,胡小锐、朱胜超译,中信出版社2015年版,第166页。

[73] 笔者此处所指的"小数据"是相对于大范围、全局性的"大数据"而言,这与个案研究所运用的少量数据乃至个别数据有所不同。

[74] 例如,笔者带领的课题组于2007年在C市R区公安局、检察院、法院就刑事案卷问题所作的"小数据"实证研究,笔者认为即可窥见中国刑事案卷的实践面目。参见左卫民:《中国刑事案卷制度研究——以证据案卷为重心》,载《法学研究》2007年第6期,第94~114页。

力和外部支持等,这些都需要思考。笔者认为,一方面,实证研究需要“客户”,即来自实务部门的成果需求;另一方面,研究者必须具备生产出适需产品的能力,以更好地满足“客户”的实际需求。所以,不断完善研究方式与工具,不断探索更有效地挖掘、获取数据,深度解析数据,特别是如何更好地运用统计方法,发现、阐述变量之间的关系,从而揭示法律运作背后的规律性,使实证研究进一步深化,并形成有说服力的见解,这是法律实证研究永远在路上的考验。在这方面,诸如“无讼”、东南大学“人民法院司法大数据研究基地”等大数据法律研究平台的尝试值得关注与首肯。

第五,建立专门数据库。[75] 笔者曾谈到,域外的国家尤其是美国的一些法律实证研究之所以客观性、科学性较强,相当程度上得益于其开发了不少客观、丰富、公开的司法信息库。[76] 就此而言,我们要向域外的国家学习,思考如何构建并完善我们的实证研究数据库。与此同时,我们也要关注国内其他学科在实证研究方法上取得的进展。社会科学,特别是其他领域的实证研究,大多都建立了自己的数据库,如北京大学与人民大学的社会科学研究数据库的建设值得学习与借鉴。[77] 下一步,我们需要在汲取国内外数据库建设经验的基础上,思考如何在国家支持下,建立统一的,规范化、专业化程度更高的数据收集、存储、发放平台与队伍,进一步拓宽数据收集的广度和深度,为全国研究者提供更大的致用空间,以此开拓法律实证研究的新渠道、新天地。

第六,如何构建一个全国性的法律实证研究平台。例如,我们是不是要成立一个协会,经常性开展学术交流活动,或者说定期举办一些专题性的学

---

[75] 社会学家风笑天曾提到“数据库”建设的重要性。在他看来,经验研究数据库的建设,是一项相当基础的工作,可以说是衡量社会学学科发展水平的重要指标。参见风笑天:《社会学研究方法:走向规范化与本土化所面临的任务》,载《华中师范大学学报》(人文社会科学版)2005 年第 6 期,第 48 页。

[76] 参见左卫民:《实践法学:中国刑事诉讼法学研究的新方向》,载《法学研究》2012 年第 5 期,第 21 页。

[77] 北京大学“中国社会科学调查中心”成立于 2006 年,是北京大学社会科学的数据调查平台,也是北京大学开展中国社会问题实证研究的跨学科平台(载北京大学中国社会科学调查中心网:http://www.isss.edu.cn/index.php?catid = 8&action = index,最后访问日期:2016 年 11 月 23 日);中国人民大学“中国调查与数据中心”,是中国人民大学直属的跨学科、跨院系的综合性研究机构。该中心的宗旨是“科学、系统、全面地采集、整理、存储与开发中国经济与社会调查数据,为科学研究和政府决策提供数据支持”,该中心建成了中国第一个社会科学调查数据资料库,开创了我国社会科学数据开放与共享的先河(载中国人民大学中国调查与数据中心网:http://nsrc.ruc.edu.cn/aboutus,最后访问日期:2016 年 11 月 23 日)。

术研讨会议,这个方向也必须推动。实际上,四川大学法律实证研究所于2016年7月在成都举办的首届中国法律实证研究年会便是一种尝试,[78]期待未来有更多的学者与机构加入与参与。

每个时代无疑都有自己的研究范式。那么,在一个信息化急剧发展、社会与科学研究变革加快的时代,中国法学如何推陈出新?是否应该诞生与时代相符的"新法学"?规范的法学如何进一步走向经验的法学?能否从不精确的经验法学走向定量的精确法学?这是一个永远在路上的问题。百花齐放似乎是不二回答。不管怎样,尝试并推进法律实证研究应当是永不满足的中国法律人的使命,就让时间来见证未来究竟会如何吧。

---

[78] 2016年7月3日,"中国法律实证研究的现状与未来"研讨会在成都召开。此次研讨会有来自中国法学会、中国社会科学院、香港城市大学、中国人民大学、北京大学、中国政法大学、清华大学等高校与研究机构的专家学者以及来自北京市高级人民法院、四川省高级人民法院、沈阳市中级人民法院等司法实务部门的代表共计60余人参加了研讨会。本次研讨会是全国首届跨学科的法律实证研讨会,希望以此为契机,能够形成中国法律实证研究领域的良好互动与长期合作机制。参见《中国法律实证研究的现状与未来研讨会隆重召开》,载中国法学创新网:http://www.lawinnovation.com/index.php/Home/Xuejie/artIndex/id/13731/tid/1.html,最后访问日期:2016年11月24日。

法律制度实效量化评价的基本框架

——以专利法律制度为例

屈茂辉　肖　霄*

内容摘要:法律制度运行实效往往昭示着立法预期的实现与否,因此选择一套客观的法律制度实施效果评价方法显得尤为关键。目前的评价方法可包括价值分析、规范分析与实证分析,受益于近年来实证研究范式的蓬勃发展,立足于实证研究的量化方法在法律评价中得到广泛运用,并逐步发展为主流方法。本文以专利法律制度为视角,通过对各项评价指标的得分情况进行量化分析,建立了一个量化评价的基本框架:它包括专利法运用群体对法律文本评价情况的评估模型,立法目的实现情况的评估模型,以及执法、司法等其他因素对法律效果实际影响的评估模型。为使用量化方法客观评价一项法律制度实效提供了参照。

关键词:法律制度实效　量化评价　专利制度　评估模型

法律制度被建构起来后,力图使它们有效,总是"立法者的理想追求"。①但法律制度的最终实施效果经常与

---

* 屈茂辉,湖南大学中国法治评价研究中心博士生导师;肖霄,湖南第一师范学院副教授。

① 郑永流:《法的有效性与有效的法——分析框架的建构与经验实证的描述》,载《法制与社会发展》2002年第2期,第23~40页。

制度设计之初的立法目的存在偏差,即使达到了立法预期,也存在导致这种期望实现的诸因素效用的差别。② 因此,对法律制度实施效果进行评价就变得十分必要。而且随着近几年法治评价理论的不断深入与典型实践的不断展开,对法律制度实效的评价,从先前的是否有必要更多转向到对法律实效评价方法的关注,特别是量化方法在法律评价中得到广泛的应用。如何有效评价一项法律制度?法律制度实效量化评价的一个基本框架是怎么样的?本文尝试就这些问题作些探讨。

一、法律制度实效评价方法的量化选择

法有三个层次,观念中的法、文本中的法和行动中的法,其评价方法也大致可分为价值分析、规范分析和实证分析三种模式。三种评价模式或基于法的合价值性,或基于法律规则体系逻辑上的自洽性,或基于法律经验事实分析基础上的科学性,各有侧重,各有运用。特别是近些年,随着法的实证研究方法的不断兴起和发展,法的量化方法得到了长足的应用和发展,并已成为法律的一种主流评价方法。这一现象的出现不是一种偶然,而更应是一种必然的选择。

法治实践的地域性、渐进性和具体性特征,为法律实效的量化评价提供了理论基础和实践可能。美国著名的文化人类学家克利福德·吉尔兹把法律看作一种"地方性知识"。③ 法治实践总被置于一个具体的场景,运用实证主义的研究范式把握具体的法治实现程度注定很难从宏观范围开启,而更多是从相对微观层面透视宏观范围的法治。过去几年区域法治实践已充分证明了这一

② 参见刘华:《专利制度与经济增长:理论与现实——对中国专利制度运行绩效的评估》,载《中国软科学》2002年第10期,第26~30页。

③ 参见[美]克利福德·吉尔兹:《地方性知识:事实与法律的比较透视》,邓正来译,载梁治平编:《法律的文化解释》,生活·读书·新知三联书店1994年版,第126页。

点。[④] 每个区域法治实践所呈现的不同特征，为法律实效评价的量化提供了具体的素材和评估样本，为精确评价每个区域法治实践状况提供了一种可能；同时，法治不是一蹴而就，而是一个相对漫长的过程，每一时间断面上法治的实践状况，总受到社会市场经济、民主政治、文化习俗的发展程度影响，他们之间存在或强或弱的相关性，而这种相关性本身就意味着一种数量关系的存在，量化评价就是对这种数量关系的科学揭示。最后，法治不仅是一种价值观念与理论，更有具体的规则与制度设计。国家的制定法、习惯风俗、村规民约等非正式法律制度、法律的实施机制等作为一项法律制度的构成要素，理应成为法治量化评估的客观对象，成为法治量化评估最基本的素材。

现代科学技术发展，也为法律实效的量化评价提供了物质技术条件。计算机、通信以及测量等技术的飞速发展，使原本依靠人工无法完成的资料统计和烦琐的数学演算得到了机械化操作，提高了工作效率，大大提升了数据挖掘、数据处理的能力，为获得计量方法需要的科学准确的数据创造了积极条件。现代高精尖的测量仪器的研发使原本难以测算出结果的事物变成可能；不断发展的现代测量技术和测量手段为抽象事物的度量创造了积极条件。在法学研究之中，上述物质条件使法学中大量数据的获得和分析变得便捷，这样就使对法律规则的效果预测和评价成为可能。

二、法律文本与法律实效量化评价

文本是法律规范的物质载体，对文本的分析是评估法律实效的重要环节。对法律文本的评价，主要侧重于两个方面。

1. 内在体系价值构建是否合理

法律内在价值体系构建，为辨明善法与恶法提供了一个判断的标准，体现出的是法律体系的价值性特征。对于部门法来说，其价值取向，应在遵循

④ 近年来，全国大多数省（自治区、直辖市）相继出台了推动地方法治建设的“决定”、“规划”、“纲要”或“意见”，并在国家法制统一的大框架下进行了大量具有鲜明地方特色的实践探索。“法治湖南”“法治广东”“法治浙江”等已经成为人们耳熟能详的热门词汇，地方法治作为地方发展战略的重要组成部分正逐渐成为我国法治建设乃至国家建设的重要“试验田”。参见周尚君：《国家建设视角下的地方法治实验》，载《法商研究》2013 年第 1 期，第 3～11 页。

一般法普适价值的基础上,突出本部门法的价值特征。对于专利法来说,正义、效率和创新三种价值尤为重要。正义价值赋予了专利法律制度的正当性基础,效率价值促成了专利法律体系中合理、有效的权利配置,创新价值作为专利法律制度的灵魂,专利法律制度本身就是私法领域制度创新的结果。⑤

2.外在体系结构安排是否统一

由概念、规范、制度三种要素构成的外在体系,是内在价值体系的载体,体现的是法律体系的技术性特征。体系本身就意味着整体和部分之间一种结构上的安排。对于法律体系来说,一方面在于法律基本原则的导引下,将法律概念、规范、制度相互关联地构成外在的统一整体,渗透出统一的价值标准。另一方面法律的外在体系在空间结构上,上下位法之间、同阶位法之间应保护协调和统一。

法律文本的价值、结构分析不可避免地受到分析者主观价值观念和态度的影响,但通过调查问卷的形式,可以了解到不同群体对法律文本的不同态度,在大样本的抽样和科学程序的保障下,调查结果具有一定的客观性和代表性。

下面以我国《专利法》文本为评估对象,通过对执法者、司法者、专利申请者、学者四个群体进行问卷调查的方法,来客观评价专利法文本对专利法律实施效果的影响。

表1 面向专利执法人员的问卷(ZLZF)

序号	问题	非常同意(3分)	同意(2分)	不同意(1分)	非常不同意(0分)
1	执法依据规定明确				
2	执法权限划分清晰				
3	执法保护措施有力				
4	能促进社会公平				
5	能促进资源合理配置				
6	能促进技术创新				

这份问卷面向500名专利行政人员发放,评分采用李克特量表,每题满分3分,共6题,总分18分。500份问卷得分的算术平均分为该项指标得分。

⑤ 参见吴汉东:《知识产权法价值的中国语境解读》,载《中国法学》2013年第4期。

表 2 面向专利司法人员的问卷(ZLSF)

序号	问题	非常同意(3分)	同意(2分)	不同意(1分)	非常不同意(0分)
1	裁判依据明确				
2	司法保护措施有力				
3	未有法律冲突现象				
4	能促进社会公平				
5	能促进资源合理配置				
6	能促进技术创新				

这份问卷面向500名司法裁判人员发放,评分也采用李克特量表,每题满分3分,共6题,总分18分。500份问卷得分的算术平均分为该项指标得分。

表 3 面向专利申请者的问卷(ZLSQ)

序号	问题	非常同意(3分)	同意(2分)	不同意(1分)	非常不同意(0分)
1	法律指引明确				
2	法律规定可操作性强				
3	法律保障有力				
4	能促进社会公平				
5	能促进资源合理配置				
6	能促进技术创新				

这份问卷是500名专利申请人员的电话回访,评分也采用李克特量表,每题满分3分,共6题,总分18分。500份问卷得分的算术平均分为该项指标得分。

表 4 面向专利法研究人员的问卷(ZLYJ)

序号	问题	非常同意(3分)	同意(2分)	不同意(1分)	非常不同意(0分)
1	法律概念精确				
2	法律规范指向明确				
3	法律体系协调				
4	能促进社会公平				
5	能促进资源合理配置				
6	能促进技术创新				

这份问卷面向 500 名专利法研究人员发放,评分也采用李克特量表,每题满分 3 分,共 6 题,总分 18 分。500 份问卷得分的算术平均分为该项指标得分。

无论从理论意义上,还是实践意义上,执法、司法、专利申请者、研究人员对法利法律文本的评估,都具有同等重要的作用,因此,对以上四项指标得分,赋予同样的权重,因此,对文本的评估模型为

$$Y = ZLZF + ZLSF + ZLSQ + ZLYJ$$

Y = 专利法文本对专利法律实施效果的影响得分

ZLZF = 专利执法指标得分

ZLSF = 专利司法指标得分

ZLSQ = 专利申请指标得分

ZLYJ = 专利研究指标得分

这个模型,把不同群体对专利法文本的评价进行了客观量化,其综合得分能整体反映出专利法文本在多大程度上影响专利法的实施效果。同时,对于每类试卷不同问题之间、每类试卷相互之间还可以进行进一步的对比分析。

三、立法目的与法律实效量化评价

立法目的体现的是对法律运行效果的一种预期,评估法律实效的重要一步是看法律的运行是否达到了立法者制度设计之初的立法预期。

我国专利法的立法目的规定为:"为了保护发明创造专利权,鼓励发明创造,有利于发明创造的推广应用,促进技术进步创新,适应社会主义现代化建设需要,特制定本法。"⑥事实上,经过一百多年的历史发展,专利制度立法目的从制度初始时以单纯保护权利,发展变化到保护权利与重视社会公共利益并重,即从权利本位发展到权利本位与社会本位并重的立法理念。⑦ 公共利益与权利人的利益平衡成为专利制度的立法基点。

因此,从立法预期来评估专利法律制度实效,有两个方面的重要内容:一

⑥ 《中华人民共和国专利法》第一章第 1 条。

⑦ 1883 年《巴黎公约》第 1 条第 1 款规定公约的立法目为保护工业产权。1995 年 WTO 的《知识产权协定》中确立的目的是:促进技术的革新、技术的转让与技术的传播,以有利于社会及经济福利的途径、促进技术知识的生产者与使用者互利,并促进权利与义务的平等。

是专利的设立，能否全面有效地保护专利权人的利益，推动智力创造，激励技术创新；二是从社会利益的角度，专利制度是否能对创新技术的利用提供一种机制，从而能促进一个国家或地区经济的发展。⑧

下面以某地最近十年的专利法律运行实效为评估对象，测度专利法在该地区多大程度地实现了立法目的。立法目的由激励强度和经济发展两个一级指标构成，激励强度指标包括专利规模、专利发展速度、专利投入三个二级指标；经济发展指标包括经济总体规模、经济发展速度两项二级指标。

（一）指标创建及其度量

1. 专利规模⑨

专利规模是衡量专利制度激励程度的一个重要因素。专利制度全面有效地保护专利权，会激励专利权人的创造欲望，专利申请数量会因此而增加，专利规模水平会扩大。因此，专利规模水平，可以在很大程度上体现出专利制度的完备性和有效性。具体到指标的度量，可以选择评估区域近十年内专利申请数量（比如2006～2015年），并将最近一年（2015年）的专利申请数量标准化为20分，其余历年的数量除以2015年数量作为该指标得分。

2. 专利发展速度

专利申请数量从静态的角度，描述了专利的总体规模和水平；专利发展速度则从动态角度，描述专利的发展水平。专利制度越有效，行为人专利申请欲望越强烈，专利发展的速度越快。具体到指标的度量，选取近十年历年该地区国内专利申请量的年增幅来测度专利发展速度。同样以最近一年增幅为标准，对历年数据进行标准化处理，得出历年指标得分。

3. 专利投入

不断增加专利投入，一方面可以推动专利的发展，另一方面也是专利法律保护推动社会经济发展后政府、企业一种自觉的行为。也就是说，专利投入越多，专利发展速度越快；专利制度越完备，国家、企业、个人受益越多。推动更多的专利投入，这是一个良性循环。因此，专利投入的多少与专利制度的有效性

⑧ 参见刘华：《专利制度与经济增长：理论与现实——对中国专利制度运行绩效的评估》，载《中国软科学》2002年第10期，第26～30页。

⑨ 本文在指标选取上，部分借鉴了许邦国、朱慧相关研究的评估指标。参见许邦国、朱慧：《专利制度与经济增长关系的实证研究——基于专利制度测量指标体系的协整分析与因果检验》，载《2012年度（第十届）中国法经济学论坛论文集》，第577～592页。

密切相关。可以选取近十年历年的专利研发投入经费数据作为评估数据。同样以最近一年研发投入数据为标准,对历年数据进行标准化处理,得出历年指标得分。

4. 经济发展规模

经济发展规模选取了当地的 GDP 数据。国内生产总值(GDP)是指一个国家(国界范围内)所有常驻单位在一定时期内生产的所有最终产品和劳务的市场价值。GDP 是国民经济核算的核心指标,也是衡量一个国家或地区总体经济状况重要指标。本案例选取当地近十年的 GDP 数据,并对历年数据进行标准化处理,得出历年指标得分。

5. 经济发展速度

经济发展速度反映了评估地区的经济发展动态水平,也可以在一定程度上表征专利法律保护水平的提高与经济发展是否具有相关性。具体到测度上,选取该地区历年 GDP 增速数据,最近一年数据为 20 分,以此为基准对历年数据标准化,得出具体指标得分。

(二)评估模型创建与结论

前述部分所选取的指标,按德尔菲法确定指标权重。德尔菲法(Delphi method),是采用背对背的通信方式征询专家小组成员的预测意见,经过几轮征询,使专家小组的预测意见趋于集中,最后作出符合发展趋势的预测结论。德尔菲法克服了集体决策的一些弱点,能收集各方意见,应对复杂的管理难题。

通过德尔菲法,确定上述五项指标的具体权重,则评估基本指标体系如表 5 所示:

表 5

一级指标	二级指标	三级指标(每项指标基准分为 20 分)	权重
激励强度指标	专利规模	年国内专利申请数量(ZLSQSL)	a_1
	专利发展速度	国内专利申请数量年增幅(ZLSQZF)	a_2
	专利投入	专利研发投入(R&D)	a_3
经济发展指标	经济发展规模	国内生产总值(GDP)	a_4
	经济发展速度	国内生产总值年增速(GDPZS)	a_5

评估的基本模型为

$$Y = a1 * ZLSQSL + a2 * ZLSQZF + a3 * R\&D + a4 * GDP + a5 * GDPZS$$

Y = 当地该年专利法律实效分值

ZLSQSL = 年国内专利申请数量指标分值

ZLSQZS = 国内专利申请数量年增幅指标分值

R&D = 专利研发投入指标分值

GDP = 国内生产总值指标分值

GDPZS = 国内生产总值年增速指标分值

a1,a2,a3,a4,a5 = 对应指标的权重赋值

上述评估模型,共选取了五项指标,每项指标基准分为20分,基准分总分为100分。通过数据的测算,可以测度出评估地域近十年来历年的专利法律实效分值,从而在纵向上可以观察专利法律制度在该地区的运行发展变化。同样,这一模型也可以横向对比评估同一时间横截面上不同地区专利运行实效的差别。

四、其他因素影响与法律实效量化评价

法律制度的运行实效,与立法有关,也与执法、司法、社会层面的守法对它的影响密切相关。

下面以具体实例,来探究不同因素对专利法律制度实效的实际影响。

(一)项目内容

A、B、C、D、E为经济发展水平、地理区位优势各异的五地,评估专利法律制度近五年内在各地的运行实效,多在程度上受到当地立法、行政、司法、守法等法律诸因素的影响。

(二)因变量说明

以五个不同地方的专利法律制度实效为因变量。分析采用二元Logistic回归模型。该模型要求因变量为分类变量,专利法律制度实效明显变量值为1,不明显变量值为0。

当某地国内专利申请数量第五年相对比于第一年,增幅在30%以上,视为专利法律制度实效明显,变量值为1;当增幅低于是30%时,视为实效不明显,

变量值为0。

(三)自变量选取

1. 法律文本

法律文本的具体内容,提供了规范专利法律行为的具体规则。司法裁判中,对我国《专利法》具体条款引用的数量,表明《专利法》法律文本对专利法律实效具体影响的程度。因此,选取该地区中级人民法院五年内涉及专利权的案件所有裁判文书为样本,以判决结果部分对《专利法》具体条文的引用占不同类型法源总数的比例为指标,来表征法律文本对法律实效的影响程度。

2. 行政执法

对专利的行政保护水平也影响到了专利法律制度实施效果。行政保护水平高,对专利侵权行为力度强,监管职责明晰,执法不到位的现象就会很少,专利法律运行效果就会较好。本案例选取该地区五年内专利违法侵权案件的行政查处次数为指标,表征专利行政执法的强度和水平。

3. 司法保护

通过专利权人或国家公诉人对侵权人提起民事或刑事诉讼,去追究专利侵权人的法律责任,来保护专利权人的合法权益,推动社会经济发展。司法保护选取该地区五年内中级人民法院受理的专利侵权案件数量为指标,来测度该区的司法保护水平。

4. 专利意识

专利法律制度对民众的影响,体现在民众专利法律意识的提高。当一个民众遵循法律参与法律对秩序的建构中来的时候,他对这项法律是信仰的;当一个人根据掌握的情况对法律作出“聋子的耳朵——摆设”的判断时,并以此判断指导其行为时,可以肯定,其行为选择不可能成为法律秩序和积极参与力量。⑩ 在评估的五地随机选取500名社会民众,以调查问卷中有关专利法律常识问题答对的次数为标准,来表征社会民众的专利意识。

(四)评估模型创建与结论

模型采用二元 logistic 回归分析。以专利法律制度实效为因变量,以法律文本、行政执法、司法保护、专利意识四个为自变量,用 SPSS 软件建立数据分析表格。其中自四个自变量的数值,分别为五年内法律文书法律引用占比、五年

⑩ 参见谢晖:《论法律实效》,载《学习与探索》2005年第1期,第95~102页。

内行政查处专利违法侵权案件数量、五年内法院受理专利侵权案件数量、调查问卷得分数据。

Logistic 回归方表达式如下：

$$\text{Logit}(P) = \beta_0 + \beta_1 x_1 + \beta_2 x_2 + \beta_3 x_3 + \beta_4 x_4 + \mu$$

Logit(P) = 专利法律制度实效

x_1 = 法律文本

x_2 = 行政执法

x_3 = 司法保护

x_4 = 专利意识

$\beta i(i=0,1-4)$代表估计参数

μ 代表随机误差数

选择 SPSS 回归分析中的"方程中的变量"结果输出。该结果即为 Logistic 回归系数表，表中将列出对数变换之后的回归系数 β 值。同时，表格中的显著性（P 值）揭示自变量对因变量的解释作用是否显著，当四个自变量的回归系数显著性（P 值）小于 0.01 时，说明四个回归系数均具有显著的统计学意义。

总体来说，法律实效是法律实施效果，无论这种实效的取得，是基于人们内心的自觉自愿，还是基于法律自身的强制性要求，这种实施效果都是一种客观存在，量化分析是评估法律实效的最主要方法。但是，与此同时，法律现象毕竟是一种社会现象，而非纯自然现象，价值观念、意识形态也对法律产生深刻的影响，规范分析、价值分析方法在评估法律制度时效时也必不可少。一个较为完整的法律制度实效评估框架，应是在占有大量法律运行经验材料基础之上，对上述三种研究方法的综合运用。

司法改革热点

高与低：职务犯罪二审证人出庭率研究

——以 W 中院 2011～2015 年案件为样本

罗苟新　梁　婷*

内容摘要：W 中院近五年职务犯罪二审案件出现了证人出庭申请率、同意率、实际出庭率相对高，但出庭证言对案件裁判影响率极低的现象。究其原因在于证人证言是认定职务犯罪的重要证据，而二审惯有的庭前书面证言印证及案外因素顾虑，使证人出庭仅仅成为救济权利的一种保障程序而实质不影响二审实体裁判。这不仅对外会引发上诉人及舆论对二审的质疑，对内会影响审判资源的合理使用，也有违庭审实质化改革初衷。在实践中建立针对性操作机制及落实配套保障机制应当是一种破解的探寻方向。

关键词：职务犯罪　二审证人出庭率　实证研究

党的十八届四中全会通过的《关于全面推进依法治国若干重大问题的决定》（以下简称《决定》）指出了"推进'以审判为中心'的诉讼制度改革"，"完善证人、鉴定人

* 罗苟新，西华师范大学副教授，四川大学法学院诉讼法学博士研究生；梁婷，重庆第五中级人民法院法官，感谢 W 中级人民法院及该院为调研提供支持的所有法官，感谢左卫民教授、苏镜祥博士、纵博博士对本文提出的修改建议。

出庭制度"的顶层设计,[①]如何落实证人出庭制度成为司法改革的一个重要环节。随着刑事二审案件开庭审理的推进,证人出庭成为二审庭审实践不可回避的问题。W中院早在两个证据规定[②]实施后就已开展二审开庭审理及证人出庭工作,统计其2011~2015年度裁判文书可见:五年中证人出庭基本不影响该院刑事二审案件的裁判结果,但证人实际出庭率还是在逐年递增,其中增长最明显的职务犯罪案件证人出庭率在2015年竟高达15.91%。为什么会在职务犯罪二审案件中出现这样的现象?现象背后存在什么问题?能否以庭审实质化改革去破解?本文拟基于案卷材料及统计数据等展开探讨。

一、缘起:问题的提出与样本的选择

2013年新《刑事诉讼法》实施前,"实践中证人出庭率低是一个不争的事实。公认的看法是,证人不出庭已成为控辩式刑事庭审方式改革的'瓶颈'之一"。[③] 最高人民法院曾综合统计得出在全国证人出庭率"一审刑事案件不超过10%,二审刑事案件不超过5%"。[④] 其后,有学者通过对中国法院网2011年10月至2014年11月登载的裁判文书抽样统计得出刑事案件证人出庭率仅为5%。[⑤] 可见在2013年新法实施后,没有明显改变证人出庭率低的情况。2016年"两高""三部"《关于推进以审判为中心的刑事诉讼制度改革

① 十八届四中全会《决定》的完整论述:"推进'以审判为中心'的诉讼制度改革,确保侦查、审查起诉的案件事实、证据经得起法律的检验。全面贯彻证据裁判规则,严格依法收集、固定、保存、审查、运用证据,完善证人、鉴定人出庭制度,保证庭审在查明事实、认定证据、保护诉权、公正裁判中发挥决定性作用。"

② 最高人民法院、最高人民检察院、公安部、国家安全部、司法部联合制定的《关于办理死刑案件审查判断证据若干问题的规定》和《关于办理刑事案件排除非法证据若干问题的规定》。

③ 左卫民、马静华:《刑事证人出庭率:一种基于实证研究的理论阐述》,载《中国法学》2005年第6期,第164~165页。

④ 参见毛立军:《全国政协在青海主题调研　证人出庭低症结何在》,载《人民政协报》2007年7月31日,第1版。

⑤ 胡铭教授通过对中国法院网2011年10月至2014年11月登载的共计100起刑事案件进行统计分析的结果表明,其中,有17件案件中被告方针对30项证人证言笔录提出异议,但仅有5起案件中证人出庭,参见胡铭:《审判中心主义视阈下的刑事司法改革》,载《法学研究2015年春季论坛论文集》。

的意见》中明文提出“落实证人、鉴定人、侦查人员出庭作证制度，提高出庭作证率”。[⑥] 由此可见官方也认可学界所讨论的刑事案件证人出庭率低的事实，但是该意见并没有明确二审证人出庭问题。

刑事二审是否涉及证人出庭问题？我国刑事二审的功能是全面审理，依据新《刑事诉讼法》第223条规定，对第一审认定的事实、证据提出异议的案件依法开庭审理。随着二审案件全面开庭实践的展开，证人证言作为主要定案依据的职务犯罪案件，证人出庭是否为庭审应当进行的环节？二审证人出庭与一审有何异同？有哪些值得学术讨论的问题？从典型案件的实践出发进行考察是一种可行的研究路线，位于C直辖市的W中院[⑦]的实践为本文提供了考察样本。

首先，其刑事二审案件开庭审理工作在实践中得到落实。早在2011年年初二审刑事案件开庭审理的比率就已近60%，逐年增至2015年已达80%以上，职务犯罪二审案件开庭的比例更高，从2011年的68%增至2015年95%，[⑧]为证人出庭提供了程序前提。

其次，课题组经同意于2016年6月至8月到该院进行了调研，调研方法与主要过程如下：

(1)阅卷

在该院工作人员协助下调阅该院2011年到2015年审结的职务犯罪二审案件裁判文书，并经同意进行相关数据查阅与统计。

(2)访谈

该院职务犯罪案件承办庭审判人员、书记员及内勤共25名，都实际承办过二审职务犯罪案件，[⑨]其中与课题组成员进行了交流的15名审判人员

---

⑥ 最高人民法院、最高人民检察院、公安部、国家安全部、司法部《关于推进以审判为中心的刑事诉讼制度改革的意见》第12条“完善证人、鉴定人出庭规则”明文规定“落实证人、鉴定人、侦查人员出庭作证制度，提高出庭作证率”。

⑦ W中院位于C直辖市城市中心，主管5个主城区及4个近郊县二审案件。

⑧ W中院的职务犯罪开庭率2011～2015年分别是68%、78%、94%、91%、95%，数据来源于该院该类裁判文书中“依法开庭审理终结”词项统计，后从访谈中得知在2012年《刑事诉讼法》实施前开庭的案件为检察院抗诉的案件及上诉人对案件主要事实、证据及法律适用有异议的案件，其余均不开庭；2012年《刑事诉讼法》实施后除极个别量刑争议不大的案件外均开庭审判，因此2013年开始开庭率达到90%以上。

⑨ 调研时，该院还没有实行员额制，该庭成员包括内勤、书记员都通过了司法考试并经公招入庭，在案件较多时，内勤及书记员也会承办一些案件，平时主要由审判人员承办。

中有10名接受了正式访谈。他们通过交流与受访不吝告知办案心得、传授经验,难能可贵地充分介绍了该院证人出庭实践情况;另联系到3位案件的辩护律师,其中只有1位接受了询问,访谈主要反映了审判人员的看法。

(3)问卷

除对被调查人情况以外,问卷主要包括了八个问题。⑩ 向全庭25人共发放25份问卷,收回问卷22份。由于问卷问题都需要法官陈述原因,课题组将问题同时融入了访谈提纲中,10名接受了正式访谈的审判人员,问卷原因部分由其口述,课题组人员记录后交由法官核实同意后才收回,保证答卷的完整与真实。其余12份问卷均填写了客观题而主观答题内容较少。基于此,本文仅将问卷作为访谈记录补充,后文不单独做问卷分析,所提到的该院法官认为及解释均出自于访谈笔录及问卷填写内容。

最后,通过统计⑪发现该院刑事二审申请证人出庭比例最高的是职务犯罪案件。如表1所示,该院提出申请证人出庭的二审刑事案件中,职务犯罪案件历年占一半以上且逐年上升;但职务犯罪案件总数占刑事二审案件总数的比例最高不到8%且逐年下降。如图1所示,五年以来,职务犯罪案件占刑事二审案件总数不到一成却占了申请证人出庭刑事二审案件的近六成,显然具有探究的典型性。

⑩ 问卷中的八个问题包括(注:以下问题所提"案件"均为职务犯罪二审案件):(1)您承办案件证人出庭率是多少?2012年新《刑事诉讼法》实施后比以往有无变化?为什么?(2)您认为上诉人及其代理人申请哪类案件、哪些证人出庭?原因是什么?(3)您同意证人出庭的比例多高?同意哪些证人出庭?不同意哪些出庭?原因是什么?(4)您承办的案件中证人实际出庭的比例多高?哪些证人同意后实际出庭?哪些同意后没有出庭?原因是什么?(5)您承办的案件中证人出庭后证言与庭前证言一致、不一致各占比例多高?(若还有其他情况请列出)(6)您对出庭证言是如何采信的?同庭前证言一致与不一致的当庭证言采信有何不同?原因是什么?(7)您承办案件证人出庭对案件裁判结果有无影响?如果有影响,影响定罪与量刑的比例各多大?(8)您总体上对职务犯罪二审证人出庭的态度是支持、中立还是不主张?原因是什么?

⑪ 统计的方法:依据该院刑庭提供的各年开庭审理案件材料,并用"申请""证人""出庭"为关键词,搜索上诉状及裁判文书,结合访谈中承办法官提供的线索和数据,分年累加。

表1　W中院刑事二审申请证人出庭案件情况

年度	刑事二审案件总数(件)	职务犯罪案件数(件)	职务犯罪案件占总数百分比(%)	申请证人出庭案件数(件)	申请中职务犯罪案件数(件)	职务犯罪占申请案件百分比(%)
2011	458	35	7.64	12	6	50.00
2012	685	51	7.45	16	9	56.25
2013	652	41	6.29	19	11	57.89
2014	821	46	5.60	23	14	60.87
2015	1002	44	4.39	27	17	62.96

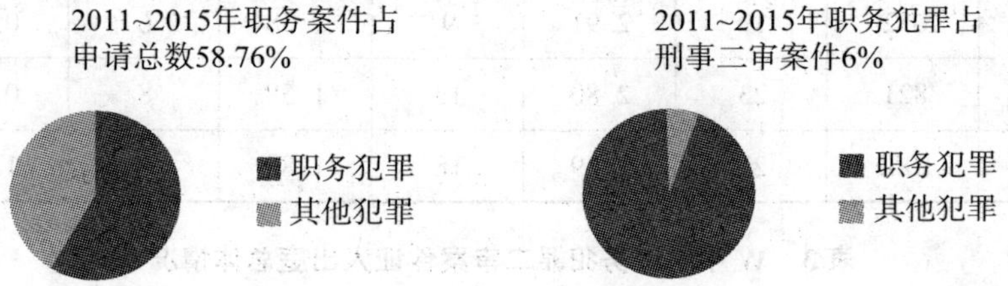

图1

二、呈现：证人出庭率的三“高”二“低”

从2011～2015年W中院刑事裁判文书来看，没有发现有检察院提出证人出庭及法院主动通知证人出庭的刑事二审案件，⑫下文都是基于对上诉方（原审被告）提出申请证人出庭案件的考察。基于此，本文根据证人出庭率在各个阶段的呈现，依次分解为申请率、同意率、实际出庭率、采信率、影响率。⑬

（一）证人出庭率的三“高”

对W中院2011～2015年度的刑事二审案件进行了总体数据统计（见表2、

⑫　已公开研究也表明检察院提出少，法院也不主动提出。

⑬　根据证人出庭率在各个阶段的呈现，依次为申请证人出庭案件占刑事二审案件总数百分比、法院同意证人出庭案件占刑事二审案件百分比、证人实际案件占刑事二审案件总数出庭百分比、出庭证人当庭证言被法院采信案件占刑事二审案件总数百分比、采信后影响裁判案件数占刑事二审案件总数百分比，为便于叙述依次简称申请率、同意率、实际出庭率、采信率、影响率。

表3)对比可见:W中院职务犯罪二审案件证人出庭案件的申请率、同意率、实际出庭率都比同期刑事二审案件总体数据高出多倍且历年递增,出现相对三"高"。

表2 W中院刑事二审案件证人出庭总体情况

年度	刑事二审案件总数(件)	申请证人出庭案件数(件)	申请案件占总案百分比(%)	同意案件数(件)	同意案件占总案百分比(%)	实际出庭案件数(件)	实际出庭案件占总案百分比(%)
2011	458	12	2.62	5	1.09	3	0.66
2012	685	16	2.34	6	0.88	4	0.58
2013	652	19	2.91	9	1.38	6	0.92
2014	821	23	2.80	13	1.58	8	0.97
2015	1002	27	2.69	18	1.80	10	1.00

表3 W中院职务犯罪二审案件证人出庭总体情况

年度	职务犯罪二审案件总数(件)	申请证人出庭案件数(件)	申请案件占总案百分比(%)	同意案件数(件)	同意案件占总案百分比(%)	实际出庭案件数(件)	实际出庭案件占总案百分比(%)
2011	35	6	17.14	3	8.57	2	5.71
2012	51	9	17.65	5	9.80	3	5.88
2013	41	11	26.83	7	17.07	4	9.76
2014	46	14	30.43	11	23.91	6	13.04
2015	44	17	38.64	14	31.82	7	15.91

1.申请率相对高

如图2所示,五年中W中院职务犯罪二审案件证人出庭申请率高出刑事二审所有案件申请率5~13倍,并自2013年始增幅更大。这与访谈中W中院刑事法官普遍感到"2013年《刑事诉讼法》实施后,上诉人动用法律手段积极,权利保障意识明显增强"相印证。

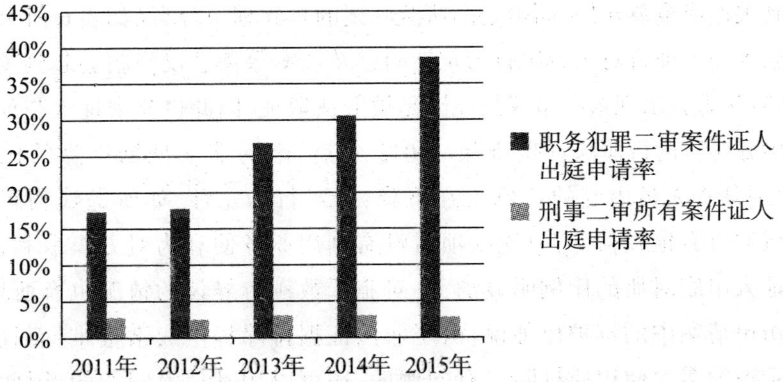

图2　W中院职务犯罪二审案件与刑事二审案件证人出庭申请率对比

通过对申请证人出庭的职务犯罪案件进行分类统计，发现受贿案所占比例最高（如表4所示），而且从2013年开始所占比例升至八成左右。被申请出庭的证人也是行贿人占比最高（如表5所示），申请侦查人员出庭的数量居其次；有个别案件出现申请看守所管教出庭的情况；还有个别案件申请贪污、徇私枉法涉及的同事、书证保管人及其他间接证人出庭的情况。

表4　W中院职务犯罪二审案件提出证人申请的案件类型

年度	提出申请案件数（件）	受贿案数量（件）	贪污案数量（件）	徇私枉法案数量（件）	其他案数量（件）	受贿案占申请案比列（%）	备注
2011	6	4	1	1	0	66.67	有一个被告人同时犯两个以上罪名情况
2012	9	5	2	1	1	55.56	
2013	11	9	2	1	0	81.82	
2014	14	11	2	1	1	78.57	
2015	17	14	2	1	1	82.35	

表5　申请出庭的证人类型及案件数

年度	申请行贿人出庭案件数（件）	申请侦查人员出庭案件数（件）	申请其他证人出庭案件数（件）	备注
2011	4	2	1	同案会出现多种类型
2012	5	3	2	
2013	8	3	2	
2014	11	2	2	
2015	13	2	2	

上诉人及其辩护人申请证人出庭，都提到了（认为）证人证言对案件审判

会起到关键或重要作用,而申请书所载阐述的具体理由分类(如表6所示),主要是认为证人证言对于解决行为定性问题及涉案数额争议问题会起到关键作用,同时认为会出现这些争议的原因是被非法取证,因此也要求证人与侦查人员都出庭对质进行非法证据排除。2013年后,因为非法证据排除的比例下降,申请侦查人员出庭的比例也在下降;而对行为定性,如所送钱物系礼尚往来或双方有债权债务,收受款项后没有利用职务便利为对方谋取利益等,要求证人出庭对质的比例明显加大,对犯罪数额持异议的情况也有所增加。有受访申请案中的辩护律师说:由于非法证据排除提供线索很难,而且同步录音录像的多次使用使排除了有问题的,还可以用其他没问题的,因此适用在减少,而自《刑法修正案(九)》及相关司法解释⑭生效后辩护点落脚于行为定性居多。⑮

表6 申请证人出庭的理由

年度	行为性质有争议(件)	涉案数额有争议(件)	非法证据排除案件数(件)	备注
2011	4	3	4	同案有多种理由
2012	5	2	4	
2013	7	4	5	
2014	10	5	4	
2015	12	5	6	

2. 同意率相对高

如图3所示,五年中W中院职务犯罪证人出庭同意率比刑事二审案件总数的同意率高出7~30倍,W中院多数刑事法官认为,一般被申请出庭的证人在一审阶段没有出庭,也没有旁听庭审,其证言又会对案件定性起到重要作用的,法官都会综合全案证据情况考虑准予其出庭。基于此,职务犯罪二审案件证人出庭同意率较其他类犯罪高很多。

⑭ 如2016年"两高"《关于办理贪污贿赂刑事案件适用法律若干问题的解释》等。

⑮ 有辩护人也有此看法,参见娄秋琴:《常见刑事案件辩护要点》(第2版),北京大学出版社2016年版,第8页。

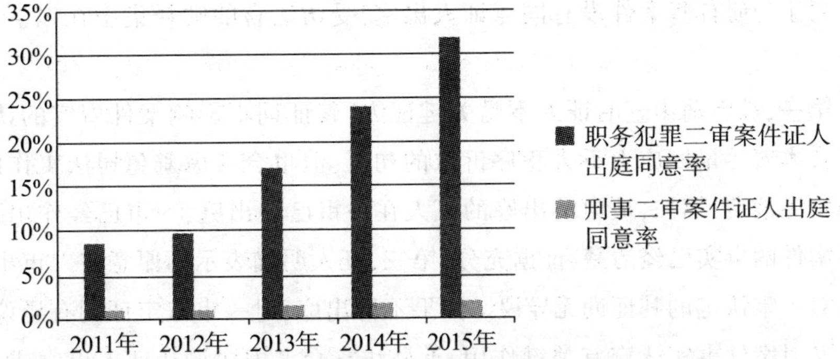

图3　W中院职务犯罪二审案件与刑事二审案件证人出庭同意率对比

职务犯罪案件涉及的证人数量往往较多，经抽样阅卷发现，此类案件涉及证人少则两三人，多则50余人，平均每案涉及证人近6人。在同意证人出庭案件逐年增加的前提下，如表7所示，同意出庭的证人总数逐年递增，但占申请出庭证人总数的比例却在逐年下降。

表7　准予出庭案件数与证人数

年度	提出申请案件数（件）	准予案件数（件）	同意案件占申请案件百分比（%）	申请证人出庭人数（人）	同意证人出庭人数（人）	同意人数占申请人数百分比（%）
2011	6	3	50	8	4	50.00
2012	9	5	55.56	15	7	46.67
2013	11	7	63.64	20	9	45.00
2014	14	11	78.57	25	11	44.00
2015	17	14	82.5	35	15	42.86

受访法官提到，上诉人申请出庭证人的数量多与案件事实的多少相关。如收受贿赂的次数越多，涉及证人尤其是行贿人就会越多，被申请出庭的证人数量就可能越多。具体到每一笔事实，一般涉及2名以上证人，其中关键证人往往仅有1人。而被申请出庭的其他证人如行贿方的会计、出纳等与受贿方的同事、亲友等往往只是佐证。在法律未限制申请证人出庭人数的情况下，上诉人会“广撒网”申请证人出庭。为合理使用司法资源，新《刑事诉讼法》实施前，有重大争议需要对质并且是法官事先询问证人愿意出庭才会同意，因此同意人数占申请人数的比例较高；新《刑事诉讼法》实施后，法官根据个案情况严守新法第187条规定的标准进行审查，因而同意出庭的证人人数比例在下降。

对于为何有些案件没有同意证人出庭,受访法官的解释集中在以下三个方面:

第一,被申请出庭的证人不是关键证人,其证词不影响案件事实的认定。尽管会本着尽量回应上诉人程序诉求的初衷,但也会考虑避免司法工作的重复与资源浪费;第二,被申请出庭的证人在一审已经出庭,一审已经作出认定并且案件的事实已经清楚,证据充分;第三,证人明确表示不愿意在二审出庭,并且对一审认定的其证词无异议。如果不愿出庭,对一审认定证词有异议,其证词又对案件事实认定有关键作用,承办法官会考虑协调让证人出庭或者召开庭前会议。

3.实际出庭率相对高

就全国范围审理的刑事案件而言,证人出庭率没有超过5%,[16]有的地方甚至低于这个百分比。[17] 而从表2、表3可见五年期间,W中院职务犯罪二审案件证人实际出庭率在5.7%~15.8%,比刑事二审所有案件实际出庭率高出5~12倍,并且2013年以后逐年递增。

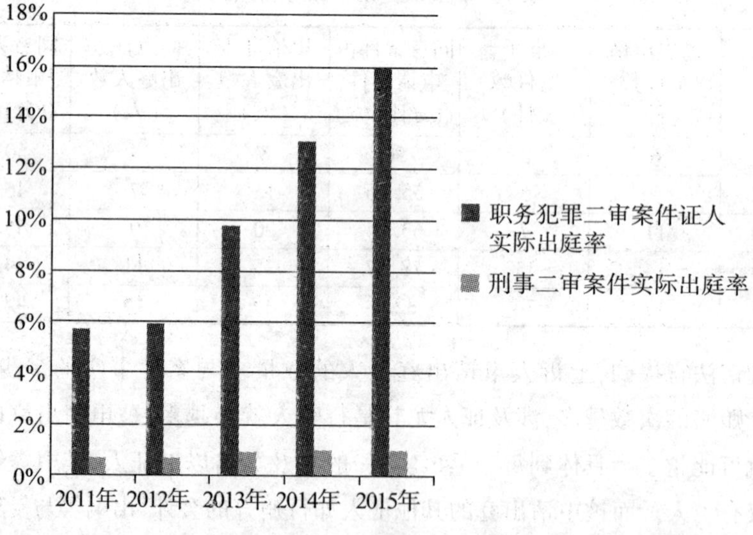

图4 W中院职务犯罪二审案件与刑事二审案件证人实际出庭率对比

---

[16] 参见陈光中:《完善的辩护制度是国家民主法治发达的重要标志》,载《中国法律评论》2015年第2期,第3~4页。

[17] 参见李婷:《司法改革背景下刑事二审庭审实质化问题思考》,载《法律适用》2016年第7期,第101~102页。

从实际出庭案件数量与证人数量占同意比例对比,如表 8 所示 2011 年法院同意出庭的证人人数与实际出庭人数相同,受访法官提到当年恰逢非法证据排除规定的出台和实施,公检法各机关对该规定的落实较为重视,且被申请出庭人员多为侦查人员,法官会在作出同意出庭之前事先向被申请出庭的证人(尤其是侦查人员)询问其是否愿意出庭,所以基本上同意的就是要出庭。随着 2013 年新《刑事诉讼法》实施,申请出庭的证人范围在逐渐扩大,侦查人员逐渐从出庭转向用情况说明等方式,但案件中的其他关键证人尤其是行贿人出庭比例上升。如表 9 所示中实际出庭证人类型中侦查人员所占比例下降,行贿人出庭比例大幅上升也对此进行了印证。

另外查阅的裁判文书记载中没有发现有强制证人出庭的案件,受访法官解释若采用强制到庭后,证人会极端反感,不配合作证,出庭效果不好,还招致证人对法院的怨气,因此该院出庭证人都是(包括法官多次做工作后)自愿出庭的。

表 8　实际出庭案件数量及证人数量占同意数量比例对比

年度	同意出庭案件数(件)	实际出庭案件数(件)	实际出庭案件数占同意出庭案件百分比(%)	同意出庭证人数(人)	实际出庭人数(人)	实际出庭证人数占同意人数百分比(%)
2011	3	2	66. 67	4	4	100. 00
2012	5	3	60. 00	7	5	71. 43
2013	7	4	57. 14	9	6	66. 67
2014	11	6	54. 55	11	9	81. 82
2015	14	7	50. 00	15	13	86. 67

表 9　实际出庭证人类型

年度	实际出庭人数(人)	行贿人出庭人数(人)	侦查人员出庭人数(人)	其他证人出庭人数(人)	备注
2011	4	0	3	1	
2012	5	1	4	0	有证人两次以上出庭,但同一人只计 1 人次
2013	6	3	2	1	
2014	9	6	2	1	
2015	13	8	4	1	

在实际出庭证人中行贿人占比逐年升高。从庭审笔录来看,出庭的行贿人都是直接行贿人,多与受贿人相识,其出庭主要是对一审认定有异议,出庭一般围绕“有没有行贿行为”、“有送礼的行为是否是行贿”、“涉案的数额是否为一审认定的数额”以及“是否被非法取证”提供当庭证言。受访法官也表示为进一步查明核实一审认定的事实及证据,庭审会围绕这些问题进行调查,将证词的证明能力固定,形成证据锁链进行印证。

(二)证人出庭率的两“低”

1.与庭前不一致的出庭证言采信率低

W中院2011~2015年证人出庭的22个案件中共37人提供出庭证言,其中15个侦查人员出庭说明取证合法性的证言都被采信;由于在侦查卷宗或一审记录中已有多份二审庭前书面证言,其他出庭的22人的出庭证言是否与庭前书面证言一致就关系到是否被采信。按照叙述的时间、地点、事项前后是否基本相同,将这22人的出庭证言分为“一致”与“不一致”两类进行统计,如表10所示:五年中与庭前一致的证言不多(仅5份),但全都被采信;与庭前不一致的较多(共17份),采信1份,其余都不采信;由此可见,W中院五年中对与庭前书面证言不一致的出庭证言采信率极低。

表10 除侦查人员外证人出庭证言采信情况

年度	与庭前一致的出庭证言份数	合议庭采信份数	采信后影响二审裁判份数	与庭前不一致的出庭证言份数	合议庭采信份数	采信后影响二审裁判份数	备注
2011	0	0	0	1	0	0	每一证人只计最后一次当庭证言,一人计一份
2012	0	0	0	1	0	0	
2013	2	2	0	2	1	1	
2014	1	1	0	6	0	0	
2015	2	2	0	7	0	0	

通过查阅证人实际出庭案件的庭审笔录,我们发现证人出庭后作证过程虽有个别细节差异,但基本过程如下:首先由主审法官核实证人身份,接下来由上诉人的辩护人进行询问,[18]出庭证人进行自然叙述;待证人叙述完,出庭检

⑱ 证人实际出庭的22个案件中,上诉人均聘请了律师作为辩护人。

察人员往往简要说明证人当庭证言与庭前侦查卷及一审证言有无异同,请法院采信与庭前一致证言,不采信不一致证言,极少反驳;而当证人当庭证言与庭前证言一致时,上诉人的辩护人也极少追问;但当庭证言与庭前证言不一致时,主审法官都会追问出庭证人为何会不一致。同时从庭审笔录来看,没有出现双方交叉询问的激烈交锋,甚至不少案件主审法官对证人的发问更多,集中在要求证人阐明证言改变的理由。

2. 采信出庭证言对裁判影响率极低

从裁判结果上来看,采信侦查人员当庭证言及与庭前一致的证人当庭证言,如下案例1所示,不影响对二审对一审判决的维持;1例与庭前证言不一致的当庭证言采信后,如下案例2所示,也只影响量刑不影响定性;其他与庭前不一致的证言,因不采纳,都不影响对二审对一审判决的维持。由此可见,证人当庭证言对二审裁判的影响率极低,近似休眠。

[案例1]出庭证言与庭前证言完全一致的认定

刘某受贿案,其辩护人二审中提交了证人张某书写的案发前已收到"包干"费退款现金2万元收据和对张某的询问笔录,拟证明该费已及时退还不构成受贿。证人张某出庭证明:写了收条,但没有收到钱(与一审出庭证言一致)。二审采信该证言,维持原判。

[案例2]出庭证言反复真实存疑影响量刑

王某受贿案,出庭证人系其中某笔1.5万元数额的行贿人张某。开庭前该笔数额只有张某书面证言与王某供述一一印证,在一审、二审开庭中被告坚决否认收过该款项,张某在二审出庭后证言在给与没给之间反复,在给了系给好处还是借款之间反复,同时也拒绝回答合议庭询问其为何反复的问题。由此二审认为其证词真实性存疑,而被告庭审否认收了该款项,由于孤证存疑而不认定该笔受贿,其影响是减少被告4个月刑期而不影响定罪。

3. 与庭前不一致的出庭证言的认定

对于与庭前不一致的出庭证言,审判法官会要求证人当庭作出为何不同于庭前证言的解释。庭审笔录显示17份与庭前不一致的证言包括:1份反复拒绝解释(详见案例2);2份叙述有异,解释支吾不清(详见案例3、4);4份翻证解释违背常理如害怕等(详见案例5);有10份翻证的解释都是认为受到了非法取证(其中只有1份提出了具体线索,详见案例6;其余庭审笔录里显示为

简单提及而没有说明)。这些情况都被认为没有合理解释而不采信,下文将结合典型案例呈现认证情况:

[案例3]出庭证言与庭前证言有异但不矛盾的认定

黄某受贿案二审中其认为证人李某证言虚假。李某到庭证实送了建房建设和转让帮助费5万元现金(侦查卷证言一致),但说不清这5万元的确切来源。二审认为李某获得项目转让资金后,根据日常生活常识能够推断行贿款来源于所获利益,而且行贿款的来源和受贿款的去向均不是法律上认定受贿成立的必要事实,不影响定案,维持原判。

[案例4]出庭证言与庭前证言数额、性质不同的认定

王某某受贿案二审中其认为只收了证人刘某2千元感谢费而非3万元不构成受贿。刘某出庭证实当时干女儿(王某某之女)考上大学送了2千元礼金而非行贿;但王某某供述没有提过女儿考大学。二人被问为何改变金额时支吾不清。二审认为侦查卷中二人证言对收送钱财的原因、地点、方式、金额等核心内容的陈述相互印证,并与其他证言形成锁链,二人均未对改变供述和证言作出合理解释,足以认定收受3万元的事实,维持原判。

[案例5]出庭证言翻证理由有违常识的认定

何某徇私枉法案二审中其认为没有收过证人李某"保护费"而不查其赌场因此不构成犯罪。李某到庭作证:其没有给何某交过"保护费";侦查卷中"开赌场后两年期间按月送钱"等证言不实;当时签字是"找不到路,公安局的人开车送非常害怕,没看记录就签名了"。辩护人还出示了7名间接证人手写"情况说明"辅证李某证言。出庭检察员认为7份辅证不符合法定证据要求,有同步录音录像证明庭前取证真实合法。二审综合全案其他13人证言,以及侦查阶段同步录音录像,认为翻供翻证均没有合理解释,不予采信,维持原判。

[案例6]出庭翻证同时申请非法证据排除的认定

刘某不服有罪判决上诉时申请涉案10名证人都出庭作证。二审法院W中院同意并通知其中关键的2名行贿人出庭作证。该2人在分别在出庭对质时,当着被告及旁听席上被告的亲友,都否定了庭前不利于刘某的证言,刘某也当庭否认庭前供述。该三人均坚持涉案

的50万元系借款而非(行)受贿款，庭前供述与证言均系非法取证。有2名侦查人员到庭说明了取证的合法性。播放同步录音录像显示：被告(包括监视居住及逮捕后共37次)涉及涉案50万元内容供述时有被疲劳审讯的个别片段；1名出庭行贿人(14次取证)涉及50万元内容证言时也有极端疲劳的个别片段，1名证人提不出非法取证的具体线索。二审认为同步录音录像显示有疲劳片段的系有瑕疵言辞而不予采信，但采用其他庭前多次没有瑕疵的同步录音录像供述及证言，能认定犯罪事实成立，维持原判。

综合以上案例可见，当出庭证言与庭前证言不一致时，没有合理解释都不被采信。其中证人常提及的非法取证因提不出线索或证据，而检察机关有同步录音录像的印证及侦查人员出庭证明(或者侦查取证合法书面说明)辅证。即使出现案例6的情况，也会因侦查实践中口供和证言及同步录音录像有多份，排除了有“瑕疵”的，还可以采信其他没有瑕疵的进行综合定案。

4.法官的经验之谈

访谈中所有法官都强调要结合个案的所有证据材料来判定出庭证言，因案而异。但15位法官中有10位都有提及以下要点：

第一，职务犯罪一般经过纪委转交检察院侦查起诉，再由一审法院开庭审理认定，侦查终结后就已经过审查起诉及法院审判2次正式司法审查程序，公诉人与法官的专业能力及工作态度是毋庸置疑的，基于该罪实体认定的特点和证据的局限，甚至有些案件一审判决前就有过请示，通常不会有错，改判可能性极小；

第二，上诉人自己也清楚其有问题，多数案件系其自供，只是基于本罪经常是自己供述与证人证言印证定罪，在一审中充分了解了指控证据后，抱侥幸心理寄希望于证人出庭支持自己翻供、辩解，也不乏滥用诉权的；

第三，基于刑事二审也要查明事实，而且新刑诉法实施后要充分保障上诉人的程序权利，法官会支持证人出庭以便能查出真相，但实体证据锁链的认定不是只看出庭证言，况且二审证人证言多可能受过污染，需要综合全案证据材料形成心证。

有法官直言：证人出庭就是法官自己累自己，让证人出庭多出一系列操作与协调，还要多写裁判内容，而实际证人出庭几乎影响不了实体认定，最好一开始就不同意。

也有承办法官表示:职务犯罪的证人与上诉人(尤其是行贿人与受贿人)有感情基础,出庭指证犯罪将陷自己于不义,要么不出庭,要么出庭翻证,但翻证又有伪证责任追究的顾虑,言语的表现就会闪烁其词。基于证人的顾虑,他更愿意在开庭前或首次开庭后,召集辩护人、证人、检察人员一起核实并做笔录;或者庭前请证人到法院核实庭前证言,书写一份说明,到开庭或再次开庭时出示笔录或者证人书写说明进行质证。通过这样操作,他发现证人翻证较少,从自由心证角度感觉证人在二审如实作证的多,比证人直接出庭更容易将证言的证明力固定下来以查出真相。

三、解释:"高"与"低"产生的原因分析

诚如前文所述W中院职务犯罪二审裁判结果受出庭证言影响程度极低,但如前文考察所示仍出现申请率、同意率、证人实际出庭率逐年增长,并且都比该院刑事二审案件总体情况高的现象,为何会高又为何会低?分析访谈内容和调查问卷可以发现高与低都有各阶段的主要因素。

(一)职务犯罪的特殊性决定了申请率相对高

1.职务犯罪定案需要证人证言

职务犯罪是一种智力型犯罪,在客观上其案发现场隐蔽,案发后很难获得现场勘查证据及相关实物证据;犯罪行为人学识、智商普遍较高,反侦查意识强,案发前身份特殊,拥有权力资源作掩护,常常会销毁实物证据如账簿等材料。[19] 并且该类案件常常缺乏直接受害自然人指证,案发多为检举或犯罪行为人自己供述。检察机关"在实践中形成了从供到证、以供促证的惯用侦查模式,不少职务犯罪案件尤其是贿赂犯罪案件,在侦查措施上致力于对人的控制,在侦查突破上注重获取口供,基本上依靠言词证据定案"。[20] 证人证言与犯罪行为人的供述印证就成为了认定犯罪的重要证据锁链。

在现有侦查手段、技术以及能力不尽完美而现行刑事诉讼法又严禁"逼""诱"获取言词证据的情况下,证人从顾虑到配合的过程中,侦查人员需要多次

---

⑲ 参见田俊勇:《职务犯罪证据的特殊性分析》,东阿县检察院微信公众号,2015年10月17日发布。

⑳ 卢乐云:《以审判为中心创新检察工作模式》,载《人民日报》2016年5月18日,第7版。

做工作、多次录证言，但证人也可能基于当时的考虑随时改变说法，言辞变动性极大，这就造成了将其稳定作为定案证据的难度，也造成了在程序上追究职务犯罪的难度。尤其是某些受贿犯罪案件多是隐蔽的现金交易，实物证据缺乏，只有靠言词证据“一对一”，即证人（行贿人）证言与（受贿）行为人供述印证来定案时，缺乏证人证言，就很难证明构成犯罪。上诉人往往寄希望于证人出庭对质以否定原判，所以在职务犯罪二审案件中申请证人出庭最多的是受贿案。

2. 证人出庭对质是辩护策略的需要

职务犯罪的证人与犯罪行为人之间大多数是“朋友”“同事”等熟人，有一定感情基础，一般不愿意出面指证犯罪行为。于是多份书面证言稳定吻合就成了侦查工作取证的重心，随后书面证言与供述记录印证就成了指控犯罪与审判定罪的证据锁链形成的中心。而这中心会因犯罪行为人出庭翻供而受到一定质疑，此情况下证人出庭对质显得非常必要。申请证人出庭对质侦查阶段形成的书面证言，并期望以二审庭审证言否定一审认定的（书面或者出庭）证人证言的证明力及证明能力，[21]推翻一审犯罪认定证据锁链，成为一审被告在上诉时的强烈期望并写进上诉状。

职务犯罪被告群体普遍法律常识强，侦查起诉期间权利保障意识也较强，家庭一般都有经济实力聘请专业律师进行辩护。对于专业律师来说，有策略地申请证人出庭也是一种达到辩护效果的路径。辩护人也会顺应上诉人的意愿向二审法院提出申请。而2013年新《刑事诉讼法》实施后，法律规定赋予了申请证人出庭更多保障，[22]因而W中院职务犯罪二审案件证人出庭申请率在2013年后明显增幅加大，随后继续不断提高，远远超过了同期其他案件。

（二）救济权利程序保障主导同意率相对高

1. 二审救济功能积极导向

刑事二审设立的主要目标就是为一审被告提供救济，职务犯罪案件由于本身的特殊性，很难采用刑事严格证据责任，因此在二审充分保障一审被告对

---

[21] 证明力是一个证据所具有的证明案件事实的能力，包括真实性和相关性两个基本侧面；证据能力是一个证据转化为定案根据的法律资格，包含取证主体、取证手段、表现形式和经受当庭质证的合法性内容。参见陈瑞华：《关于证据法基本概念的一些思考》，载《中国刑事法杂志》2013年第3期，第62～66页。

[22] 如2012年《刑事诉讼法》第61条、第62条和第63条规定了全面的证人保护制度；第188条规定了强制措施等。

一审质疑权利可以有效防范错案、疑案发生。W中院2011~2015年度审结的职务犯罪二审案件除极个别是抗诉案件外,都是上诉案件。其管辖的9个基层法院的一审职务犯罪案件总体上诉率,近五年都不断上升,到2015年接近60%。而对证据事实有异议的上诉案件中很多提出了证人证言问题,申请证人出庭的案件相对比其他类案件多,正常情况下,同意的案件也应该相对多。有调研报告也显示了这一规律,如"审判阶段,律师向法院申请证人出庭作证,接近半数的案件会获得同意,但并不以使用强制力为保障,证人是否出庭凭其自愿",[23]而W中院申请证人出庭的职务犯罪二审案件同意比例(如前文表7所示),早在2011年就达到了50%,随后逐年递增,2015年达到82.5%,可见该院法官都比较重视救济权利的程序保障。对2013年新《刑事诉讼法》实施后审理的一审案件重视程度凸显,因而在2014年又出现了最大的增幅。由于同意后法院并不会采用强制措施使证人到庭,作出同意只是对上诉人权利保障的程序回应,关键证人是否出庭还需要法官做许多工作。

2. 二审开庭奠定同意基础

1996年《刑事诉讼法》第187条规定,二审合议庭认为证据充分、事实清楚的,可以不开庭审理。除了司法解释规定死刑案件二审必须开庭外,其他案件是否开庭完全由二审法院自行决定。实践中,"以不开庭审理为原则、常态",[24]采用书面审理核实卷宗材料"印证"方式进行二审,不可能有证人出庭程序,就没有二审证人出庭的同意基础。2013年新《刑事诉讼法》实施后法院逐步全面开庭审理二审案件,开庭审理功能的发挥在于能更大程度地再次查清案件事实并核实一审定罪量刑与法律适用。开庭审理工作的落实使证人出庭有了开展的程序前提。实际上在2011年W中院就在推行职务犯罪二审的开庭审理,至2013年开始基本以不开庭为例外,开庭审理的比例都在90%以上。其依据现行《刑事诉讼法》规定及解释实行职务犯罪案件二审的全面审查和重点审查相结合进行开庭审理,证据调查在一审的基础上进行但不是简单重复。一审未出过庭的证人甚至有出过庭的,只要上诉人提出申请,综合全案看是对定案有影响的关键证人,二审合议庭成员都会在合议庭讨论过程中充分发表意见,秉持立法标准进行同意。

---

[23] 参见零点研究咨询集团《新刑诉法实施调研项目数据报告》2016年1月8日。

[24] 李长城:《论刑事二审的证据调查》,载《法学论坛》2011年第4期,第148~153页。

（三）证人意愿与法院协调促使实际出庭率相对高

1. 证人与上诉人关系主导出庭意愿

职务犯罪案件中证人与被告之间一般存在熟人甚至亲密关系，社会交往频繁，感情较深，很大一部分就是至亲挚友，证人不愿冒在关系群体中“不义”的风险，通常坚决不愿出庭指证犯罪行为。因此，一旦出庭，其基于多种考虑就会否定庭前证言。例如，在W中院实际出庭的17个反证案件中，出庭证人与上诉人案发前称“兄弟”“朋友”“干亲”的就有11例，其余6例也是案发前有多次业务或事项的合作基础。也是基于这种特殊关系，在一审裁判已经知晓的情况下，在新《刑事诉讼法》实施权利保障突出的前提下，相较于其他刑事案件，证人容易因“有义”而更愿出庭。也不排除有被辩方说服，愿意“仗义”协助被告在庭审中呈现言词证据遗漏或不严密的可能性。因而在职务犯罪二审证人出庭案件中常见实际出庭证人翻证，同时被告也翻供的情形，但从W中院二审的情况来看并没有出现过因此追究证人伪证刑事责任的个案，这也在一定程度上消除了证人“不敢”出庭作证的一种畏惧。

2. 法院协调保障证人实际出庭

2011年两个证据规定实施后，证人出庭的主要是涉及非法证据排除的职务犯罪二审案件，对于这类案件，W中院法官除了要求控方举示相应的能证实取证合法性的证据，比如同步录音录像、体检表等，还会商请控方指派侦查人员出庭。如前文法官所释，其在同意前就事先征求了侦查人员意见，同意出庭也就会实际出庭，相对实际出庭率就高。2013年新《刑事诉讼法》明确了消除证人“不愿”“不敢”作证顾虑的保障措施，W中院积极落实，对于证人证言对查清案件事实或影响案件定罪量刑起关键作用的职务犯罪二审案件，办案法官会及时通知，多次劝解及协调证人出庭，并积极落实证人出庭补助，尽量避免使用强制措施违背证人意愿迫使其出庭；对于受贿案件中的在押行贿人，法官会多方协调，保障在押污点证人及时到庭作证。可见法院的主动也在一定程度上促进了证人实际出庭率的相对提高。

（四）二审裁判机制导致证人出庭对裁判影响率极低

有学者认为刑事一审有“事实审的形式化”，“案卷笔录主义的实质化”问题，“2012年《刑事诉讼法》的颁布实施仍然没有解决该问题，使二审法院也承担事实审查负担”,[25]即便不是基于这种情况,由于法律规定刑事二审是全面审查也要涉及事实审理,只是由于新旧法对二审开庭规定的不同而在实践中呈现了不同的审查的方式。1996年《刑事诉讼法》实施期间,由于大多数刑事二审案件不开庭审理,二审法庭主要就书面材料进行证据审查做出裁判,其中“法庭审判对庭前书面证言的证明力评价很高,等同甚至高于当庭证言”。[26] 2012年《刑事诉讼法》实施后,刑事二审案件逐步开庭审理,在开庭审理情况及一审书面材料审查情况基础上作出裁判,其中证人出庭证言与庭前一致采信度高,但由于与一审认定一致不影响裁判结果对一审的维持;与庭前不一致采信度极低,因不采信也不会影响对一审的维持。由此可见新刑诉法实施后,也没有改变证人出庭不会影响二审裁判的现实,究其原因在于二审本身的裁判机制所致。

1. 与庭前不一致出庭证言难以在二审“印证”模式下采信

(1)出庭翻证难有“合理解释”证据

在职务犯罪这种以直接言词原则为核心的庭审调查活动中,证人证言对于证明案件事实起着非常重要的作用。特别是在受贿犯罪中,常出现仅有受贿人与行贿人的对合证明,使行贿人所作证言处于关键地位,却也使行贿人更易受到各种利害关系的影响,所作证言反复不同。2012年最高人民法院《关于适用〈中华人民共和国刑事诉讼法〉的解释》第78条第2款规定:“如果对翻证作出合理解释,并有相关证据印证,应当采信庭审证言;如果不能作出合理解释,而其庭前证言有相关证据印证的,可以采信庭前证言。”学者解读该规定“使得证人对其翻证的合理性承担了证明责任”;为法官提供了“对当庭证言真实性的验证要求”。[27] 那么职务犯罪二审案件出庭证人有承担证明责任的能力吗?从调研案例中出庭证人翻证的“合理解释”多为受到非法取证,但是基于侦查阶段证人尤其是污点证人的弱势,很难举出受到非法取证的具体证据或者提供明确的线索,而其他如“害怕”“记忆误差”等理由又经不起常理常识逻辑的推敲,可见证人举证能力极弱,其证言难以得到采信。这种情况与一

[25] 参见陈瑞华:《论彻底的事实审——重构我国刑事第一审程序的一种理论思路》,载《中外法学》2013年第3期,第518~519页。

[26] 龙宗智:《论书面证言及其运用》,载《中国法学》2008年第4期,第138页。

[27] 陈瑞华:《论证人证言规则》,载《苏州大学学报》(哲学社会科学版)2012年第2期,第7~8页。

审的证据认定具有相同之处,也是写进二审裁判文书的证言认定的主要内容。但实质在法官心证过程中更多的是基于庭前对一审卷宗的阅卷已形成了预判,有法官就直言:“职务犯罪的上诉人与证人哪有清白的,只是问题多大而已。”

(2)出庭证言难达庭前书面证言印证力度

由于时间长度的影响,以及一审后证人证言容易受到各种影响改变证言内容,二审出庭证言常常与一审或侦查卷宗记载证言不一致,甚至矛盾。庭审证言是否优于庭前证言?从前文法官经验之谈可见实践中是根据审理个案的情况区别对待,需要结合案件其他证据作出更能发现真相的采信判断。更利于发现真相成为法官在二审证据调查中取舍证言的一种考量。问卷调查中对于问题“二审出庭证言是否优于庭前证言采信”,22位法官中有14位认为:证人的证言在侦查环节已经很清楚了,且与其他证据能够印证,而出庭证言印证往往较弱而很难采信。看来二审法官也多赞同“越早的陈述越可能是真实,先前陈述往往比法庭证言更接近事实发生的真相,而且通常情况下几乎就是事实发生的真相。因此,先前陈述更清新、更完整也就更具有准确性”。[28] 由于职务犯罪二审案件出庭证人出庭有各种目的,并且在出庭的当时迫于上诉人、旁听亲友压力等,证言总存在非真实性的破绽或者逻辑错误,“词不达意”“言不由衷”的现象也常有。相比庭前陈述得完整、准确的侦查卷内书面证言,很难与案件其他言词证据等吻合达到印证,难以影响侦查及一审证据锁链。

2. 二审顾虑协作倾向采信与庭前一致出庭证言

职务犯罪案件由于在实践中存在由纪委交办检察机关,检察机关再按照司法程序侦查,出现上级领导下级侦查[29]后而提起公诉,侦查案卷作为法律专业人士的侦查人员制作并经更为专业的公诉人审查过,留下重大证据缺陷等

---

[28] [美]约翰·W.斯特隆主编:《麦考利克论证据》,汤维建等译,中国政法大学出版社2004年版,第495页。

[29] 参见朱新武、张云霄:《职务犯罪侦查体制改革的三个维度》,载《检察日报》2015年10月13日,第7版;陈卫东:《完善职务犯罪侦查体制的两个维度》,载《法学论坛》2008年第4期,第28~29页;王贞会:《我国职务犯罪侦查法治化探讨》,载《法学杂志》2016年第4期,第110~111页。

待法官阅卷时去发现似乎不太可能。[30] 经过一审判决及二级检察院同步审查,[31]再由二审法官还发现缺陷更不太可能。职务犯罪案件实践中的认定与法理的证据要求有差异,正如访谈中某位办案十二年的法官直言:过于强调"案件事实清楚,证据确实充分"证明标准、死扣法律条文规定的构成要件,大量的犯罪行为将难得到追究。基于这种特殊情况,该类案件往往会出现下级法院请示上级法院而定结论,其一审判决往往都是上级指导的结果。二审在没有新证据的情况下不会改变一审判决,证人出庭证言的采信也会以此为导向。

况且,近年来法院以案件改判作为一审法院考核扣分项,甚至直接影响承办法官绩效,没有意外情况发生,基于上下级法院间的指导关系,无论证人是否出庭,二审法官对证据的认定会倾向支持一审判决认定的结果。同时,近年国家加大惩治腐败力度,与检察机关分工协作,打击职务犯罪的大局观,也是法官采信证据时会慎重考虑的一种因素。

四、反思:"高""低"差异的学理评析

在历年与庭前不一致证言采信率极低与出庭证言对二审裁判影响率极低的情况下,W中院职务犯罪二审案件仍出现了相对高的证人出庭申请率、核准率及实际出庭率,这反映了上诉人救济权利保障与国家裁判权在刑事二审中的角力状态。这种状态下,证人出庭相对高的申请率承载着上诉人的高期望,法院相对高的核准率继续延续着期望值,证人实际出庭率相对高增大期望值变成现实的可能性;但即使经过了上诉人、证人、法官在内的司法人员的努力,最终在新《刑事诉讼法》实施后还是没有实质改变二审裁判的固有案卷"印证"模式与维持一审裁判机制。随着以审判为中心的庭审实质化改革的宣传与推进,程序权利保障意识将进一步增强,这种角力对抗将会更剧烈,侦查环节遗留的问题及一审事实审理的风险随着二审结果的维持转嫁,会对二审法院带

---

[30] 参见林劲松:《我国侦查案卷制度反思》,载《中国刑事法杂志》2009年第4期,第61页。

[31] 最高人民检察院发布的《关于加强对职务犯罪案件第一审判决法律监督的若干规定(试行)》(2011年1月1日生效)规定对人民法院作出的职务犯罪案件第一审判决的法律监督实行上下两级人民检察院同步审查。参见杜国伟、曹建伟:《职务犯罪案件一审判决同步审查研究》,载《华东政法大学学报》2014年第2期,第117~122页;俞德明、樊华中:《职务犯罪案件一审判决二级同步审查探析——以上海市为例》,载《华东政法大学学报》2012年第6期,第31~35页。

来强烈的冲击。

(一)引发上诉人及舆论对二审的质疑

职务犯罪案件上诉人在投入大量精力申请证人出庭后,对二审期望很高。从W中院证人出庭案例来看,上诉人及其辩护人对证人出庭后证言的证明力与证明能力的期望,与二审裁判结果的认定之间有巨大差异。这种差异的产生在于二审法官对一审案卷证据是否印证的审查判断主要是在开庭审理前或后的阅卷中形成,不是在庭审过程中形成,“无论一个证据多么确实、充分,都必须有其他证据对其印证,法官才敢于判决”。[32] 2013年《刑事诉讼法》实施前,法官自由心证主要形成于“办公室书面审判方式”,“严重依赖控方案卷中各个证据之间信息的形式印证”。[33] 在2013年新法实施后,虽然落实了职务犯罪二审案件的全面开庭审理,但并没有改变这种证据认定方式。即使在没有实物证据并且证人出庭翻证与上诉人翻供一致的某些受贿案中,庭审笔录与裁判文书均显示其也没有“证在法庭、辩在法庭、判在法庭”,[34]而是休庭后合议庭讨论形成出庭证言认证意见,开庭审结后呈报审批而认定,很少在当庭明确说明是否采信出庭证言以及理由,在裁判文书中也只是简单援引最高人民法院《关于适用〈中华人民共和国刑事诉讼法〉的解释》第78条第1款、第83条第2款的规定,说明其没有合理解释与其他(庭前)证据缺乏印证,采信庭前书面证言。这种情况下,二审在很大程度上只是重复了一审以侦查案卷印证为主的形式审判。

对于某些职务犯罪案件一审已经“在被告不认罪,证人不指证”的情况下,指控证据很难经得起“事实清楚,证据确凿”“充分排除合理怀疑”刑事证明标准的严格检验[35]的情况下,尤其是在当今以审判为中心的庭审实质化改革推行视野下,对证据要求践行“疑罪从无”的趋势下,极易引发上诉人将对一审的不信服转嫁为对二审法院的不满。由此不仅可能会给二审法院带来要求再审、

---

[32] 龙宗智:《印证与自由心证——我国刑事诉讼证明模式》,载《法学研究》2004年第2期,第113页。

[33] 朱锡平:《融合心证:对证据证明模式的反思》,载《法律适用》2015年第2期,第81页。

[34] 蒋惠岭:《重提“庭审中心主义”》,载《人民法院报》2014年4月18日,“法律文化周刊”头版。

[35] 刘莉芬:《新刑诉法实施与职务犯罪侦查面临的问题及对策研究》,载正义网:http://www.jcrb.com/xztpd/2014zt/201403/NVCGZW/EDJ/201403/t20140310_1343715.html,最后访问日期:2016年7月16日。

申诉信访的风险,还可能会进一步由于自媒体的扩散,以及裁判文书公开后内容被舆论质疑,产生"不公正的审判影响水源"的不利导向,影响二审法院的权威乃至公信力。有某些辩护律师就曾在网络撰文引发讨论,法院平息风波的教训值得引起重视。

(二)影响审判资源的合理使用

刑诉法规定刑事案件的二审是全面审理,不能局限于上诉理由。但二审的全面审理并不是重复一审,其主要是在充分保障上诉人行使其诉讼权利的前提下,对上诉人的诉求进行回应。不仅回应程序权益诉求,更应该集中人力充分查明事实真相。"不管刑事审判是否致力于实现其他价值目标,首先是发现真相的工具""真相是实现正义的基本前提"㊱"证人出庭作证,对于查明案情,核实其他证据,具有重要意义"㊲二审证人出庭不仅是解释庭前证言怎样形成,为何当庭证言就和庭前不同,其重心应该是解决在一审基础上的实体争议问题,这才是二审司法资源应投入的重心。

证人出庭工作有一系列的操作流程,包括程序权利告知—阅卷核实申请—合议同意—通知出庭—出庭对质—合议认定—写入裁判等,这其中需要支出大量的时间和人力来处理具体工作细节,甚至有时由于证人出庭时间延迟影响到审理期限的延长。法官还要协调检察院、辩护人,挤占了原本就很紧张的二审审限,甚至影响审限内无法开庭,㊳在一线法官案多人少的紧张情况下,无疑又给法官等司法人员增加了很多压力。从W中院职务犯罪案件出庭证言认定与法官实践的庭前操作来看,二审案件证人出庭证言并没有对定案起到有效的影响。如某法官问卷抱怨:就只是综合全案走程序,时间精力都耗在了预知结果的程序回应上而非实质定案重要工作。但对于此情况是否合理科学,该法官表示非常困惑。

(三)有违庭审实质化改革的初衷

庭审实质化要求以审判为中心,其核心就是打破以侦查中心为主的案卷

㊱ [美]Larry Laudan:《错案的哲学:刑事诉讼认识论》,李昌盛译,北京大学出版社2015年版,第2页。

㊲ 张军主编:《〈中华人民共和国刑事诉讼法〉适用解答》,人民法院出版社2012年版,第300页。

㊳ 李娜:《延长审限有望使二审开庭常态化》,载《法制日报》2012年4月6日,第1版。

主义,重新建立以庭审查实的证据为定案依据的规则。[39] 尽管证人出庭制度的实施是顺应庭审实质化的要求,但从 W 中院职务犯罪二审实践中对出庭证言的认证机制和认证结果看,大量的出庭证言不能得到采信。在大部分翻证翻供的案件中,法官的内心确认会不同程度地感觉证据达不到支撑案件裁判结果的"铁案"要求。受访法官在被问到"是否依据并且只依据二审开庭情况就能形成对出庭证言的内心确认"时,多数回答为否定,他们认为在庭前阅卷综合全案情况时,其实内心已经根据检察机关的指控和出庭意见、一审认定的事实、审判经验以及生活中对拥有权力资源人员行事规则(或者所谓潜规则)等常识有了倾向性的认知。这就违背了推行庭审实质化改革的初衷,更无法实现依庭审证据为定案依据的效果。

但是在调查问卷问及"是否会考虑为防范万一有错案而开庭审理案件,同意证人出庭"时,22 份法官问卷 18 份回答为肯定,并提到会出于防范而多进行大量程序工作。基于职务犯罪的特殊情况,从刑诉法解释确定言词变化"合理解释"标准到 2016 年"两高"《关于办理贪污贿赂刑事案件适用法律若干问题的解释》对一些所谓的"感情投资"也纳入受贿等规定来看,刑事程序法的规定是在弥补职务犯罪实体认定的缺陷,形成对职务犯罪严惩的机制。这种机制在 W 中院二审证人出庭实际运作过程中,倾向采信庭前证言与打击犯罪"分工协作"而否定庭审证言。尽管从同意及保障证人出庭的层面来看,法院注重程序回应,但从认证机制来看实际践行的还是以侦查中心为主的案卷主义,职权主义下的"形式印证"模式。在检察机关与法院过度强调互相配合而制约失衡现象严重的现实基础上,[40]上级法院与下级法院直接指导关系下,这种与侦查中心主义下书面处理模式相配套的"印证"证明模式,在"整体上缺乏高度规范化、充分程序化、多方参与化、外在理性化的操作机制加以支撑",[41]司法主体的单方审查与"内审比对"惯常运作缺乏证据能力审查,导致那些取证不规范、不合法的证据也可能与其他证据形成"印证"并被作为定案依据,可能导致全案

---

[39] 参见徐贤飞:《审判中心主义如何实现?》,载 http://www. chinacourt. org/article/detail/2015/01/id/1528101. shtml,最后访问日期:2016 年 7 月 16 日。

[40] 左卫民:《健全分工负责、互相配合、互相制约原则的思考》,载《法制与社会发展》2016 年第 2 期,第 26 页。

[41] 左卫民:《"印证"证明模式反思与重塑:基于中国刑事错案的反思》,载《中国法学》2016 年第 1 期,第 164 页。

事实认定发生错误,而且会“将违法取得的证据照章全收”,[42]不利于防范冤假错案的发生。

“推进以审判为中心的诉讼制度改革,客观上要求重视言词证据在庭审程序中的核心地位,确立人证调查为主线的证据调查模式。”[43]言词证据对职务犯罪定案的重要性,以及基于证人出庭对上诉人对质权保障的重要性,[44]决定了该类案件二审开庭审理中证人出庭对于事实查明的重要性。但是证人出庭后的操作却不能体现出其出庭的实际价值,即使在新《刑事诉讼法》及相关司法解释实施后,情况也没有明显改变,并且在司法资源节约及审判效率提高上还不如以往证人不出庭的审理方式,办案一线法官确实苦不堪言。

五、结语:追问下的方向探寻

正如某法官在访谈中笑称职务犯罪二审证人出庭像“合议庭及所有诉讼参与人现场表演了一场没有意义的戏”,该比拟虽不当但也道出了真谛。如果W中院的情况并非特殊个案而与其他法院具有相通性,职务犯罪二审案件中证人出庭应该达到什么样的效果?当今能否严格贯彻庭审实质化,以刑事严格证明标准审查认证出庭证言?在案多人少的紧张情况下,如何更有效处理该问题?

也许依据二审功能中证据的固定需求对案件进行繁简分流,因案而异地灵活安排证人出现在庭前或是庭中;考虑对于“合理解释”标准的把握选取典型案例做参考,以便适用中平衡类案、兼顾个案的特殊性都是当前应对的方向。而更长远的方向应当是:落实强化以审判为中心的庭审实质化改革中证

[42] 参见陈瑞华:《论证据相互印证规则》,载《法商研究》2012年第1期,第119~120页。

[43] 左卫民等:《中国刑事运行机制实证研究(五)》,法律出版社2012年版,第142~143页。

[44] 易延友:《证人出庭与刑事被告人对质权的保障》,载《中国社会科学》2010年第2期,第160~176页。

据的认证，[45]真正转变证人出庭的法院职权驱动模式为控辩双方诉权启动模式，[46]倒逼职务犯罪构成实体界定、侦查机制与其他配套机制进一步转变完善；从而在审判权独立与中立前提下准确定位证人出庭在二审中的实质价值，并在实践中建立起针对性操作机制及配套保障机制。

㊺ 参见陈卫东：《以审判为中心要强化证据的认证》，载《证据科学》2016 年第 3 期，第 264～265 页。

㊻ 参见胡星昊：《从职权启动到诉权驱动——论证人出庭模式之转变》，载《政法论坛》2015 年第 4 期，第 84 页。

“排除合理怀疑”适用效果的实证研究

——以《刑事诉讼法》修改前后共40件案件为样本

纵　博*

内容摘要：通过对“排除合理怀疑”纳入《刑事诉讼法》前后共40件案件的对比分析，可以发现“排除合理怀疑”对证明标准的实践运作带来了一些积极变化，使法官对证据的主观分析和判断“可以言说”，更有利于防止错案，也使证明标准的适用更为合理化。但同时“排除合理怀疑”的适用也存在一些问题，如部分法官对于“排除合理怀疑”的理解有偏差；“排除合理怀疑”适用的广度和深度均有所不足，并且适用中的随意性较大。为提高“排除合理怀疑”的适用效果，应从证据法和程序法方面采取若干措施，使其成为可适用性更强的证明标准。首先，应从法解释学角度对“排除合理怀疑”进行具体化阐释，以便于司法人员理解适用；其次，应注重提高法官的证据推理能力；最后，应继续推进庭审实质化改革，通过实质化的庭审从而发现“合理怀疑”。

关键词：排除合理怀疑　证明标准　适用效果

自20世纪80年代我国大规模引入西方法学理论以来，英美法中的“排除合理怀疑”成为刑事诉讼法学中的

---

* 纵博，安徽财经大学法学院讲师，法学博士。

一个热门词汇,[①]自此以后,学术界对"排除合理怀疑"在英美法环境下的成长、适用、我国引入该证明标准的可能性、与我国原有证明标准的关系等问题进行了大量的研究,使之在我国刑事诉讼法学界和实务界都广泛流行起来。在地方法院的一些文件中,开始出现"排除合理怀疑"的规定,如早在2003年,江苏省高级人民法院颁布的《关于刑事审判证据和定案的若干意见(试行)》第66条就规定:"对死刑案件应做到案件事实清楚、证据确实、充分,排除一切合理怀疑,否则不能判处死刑立即执行。"2010年,"两院三部"颁布的《关于办理死刑案件审查判断证据若干问题的规定》在司法解释层面引入"排除合理怀疑"作为证明标准的解释要素,在第33条规定:"没有直接证据证明犯罪行为系被告人实施,但同时符合下列条件的可以认定被告人有罪:……(四)依据间接证据认定的案件事实,结论是唯一的,足以排除一切合理怀疑……"2012年《刑事诉讼法》则在法律层面将"排除合理怀疑"作为"证据确实、充分"的要件之一。根据全国人大法工委刑法室的说明,之所以引入"排除合理怀疑",是因为原《刑事诉讼法》未对"证据确实、充分"的具体含义进行规定,导致实践中对此存在不同认识,因此修改后的《刑事诉讼法》总结司法解释规定和学术界的研究成果,增加了认定"证据确实、充分"的条件,进一步明确刑事案件的证明标准。[②]

近几年,学术界针对"排除合理怀疑"在我国的适用问题研究较多,主要的研究内容集中于从法官视角应如何判断案件是否达到"排除合理怀疑"的标准,其中不乏真知灼见,如有学者认为"排除合理怀疑"是以主观性标准取代客观性标准,注重从内心确信程度方面衡量法官对案件事实的主观认识;对于"合理怀疑"的内涵和形式,需要诉诸经验、理性和良心进行判断。[③] 还有学者从"排除合理怀疑"与"证据确实充分"之间的关系、与证据排除规则之间的互动、与我国审判决策机制的兼容性等方面探讨"排除合理怀疑"在我

---

① 从学术期刊所载文章来看,早在20世纪90年代初,就有学者开始对英美"排除合理怀疑"的证明标准进行较为全面的介绍,如汤维建、陈开欣:《试论英美证据法上的刑事证明标准》,载《政法论坛》1993年第4期,第77~82页;韩象乾:《民、刑事诉讼证明标准比较论》,载《政法论坛》1996年第2期,第47~50页;龙宗智:《我国刑事诉讼的证明标准》,载《法学研究》1996年第6期,第120~121页;毕玉谦:《证明标准研究》,载《诉讼法论丛》(第3卷),法律出版社1999年版。

② 参见全国人大常委会法制工作委员会刑法室:《关于修改中华人民共和国刑事诉讼法的决定:条文说明、立法理由及相关规定》,北京大学出版社2012年版,第53页。

③ 参见陈瑞华:《刑事证明标准中主客观要素的关系》,载《中国法学》2014年第3期,第187页。

国的适用问题。④ 另有学者提出,为保障"排除合理怀疑"的适用,应加强案例指导制度、公诉引导侦查制度,并理性对待印证规则。⑤ 但从现有的研究成果来看,总体而言对于"排除合理怀疑"在我国的适用都是理论分析型研究或技术型研究,而没有从实证角度研究"排除合理怀疑"对诉讼证明实践产生的影响,所以基本上学者的研究都显得是在自说自话,缺乏对司法实践需求的关注。因此,在"排除合理怀疑"纳入我国刑事证明标准已近五年之际,从实践案例角度切入,分析"排除合理怀疑"在司法实务中的适用状况及问题,是一项有意义的研究。本文拟以《刑事诉讼法》修改前后的各20件案件作为对比分析对象,从相关裁判文书的证据说理及事实认定结论中,了解实践中"排除合理怀疑"的适用情况,并总结其适用过程中存在的问题,以求为刑事证明标准的完善和适用效果的提高提供一些更贴近实际的、更具有参考性的学理支持。

一、对《刑事诉讼法》修改前后40件案件中证明标准判断的对比分析

为进行本文的研究,笔者从中国裁判文书网选取了40件刑事案件作为研究对象。因为"排除合理怀疑"的证明标准是自2012年《刑事诉讼法》修改后才正式入法的,所以在这40件案件中,20件是2012年《刑事诉讼法》修改之前审理终结的案件,20件是修改之后审理终结的案件。前20件中,有10件为法官认定"证据确实充分"并对被告人定罪量刑的,10件为法官认为证据未达到"确实充分"并宣告被告人无罪(或部分无罪)的。同样,后20件中也是有10件法官认为能够"排除合理怀疑"并对被告人定罪量刑的,10件法官认为存在合理怀疑并判决被告人无罪(或部分无罪)的。⑥

---

④ 参见杨宇冠、郭旭:《"排除合理怀疑"证明标准在中国适用问题探讨》,载《法律科学》2015年第1期,第645~656页。

⑤ 参见邵劭:《我国刑事证明标准的转向与适用》,载《证据科学》2016年第2期,第185~187页。

⑥ 案例的选取方式为:运用中国裁判文书网的高级搜索功能,前20件案件的时间阶段限定为1997年1月1日至2012年12月31日,审级、地域等均不限,输入"证据确实充分""证据不足""无罪"等关键词,在筛选结果中选取法官明确表述"证据确实充分"或"证据不确实充分"而判决有罪的和无罪(或部分无罪)的案件各10件。为了发现"排除合理怀疑"在进入《刑事诉讼法》条文之后对实践的作用和影响,后20件案件的时间阶段为2013年1月1日至今,审级、地域等均不限,输入"排除合理怀疑""合理怀疑"等关键词,在筛选结果中选取法官明确表述"排除合理怀疑"或"未排除合理怀疑"而判决有罪的和无罪(或部分无罪)的案件各10件。

对这40件案件的分析，主要是通过裁判文书进行的。从我国刑事裁判文书的总体状况来看，还远不能达到令人满意的地步，如说理不充分、论证简单、心证不完全公开等，但从这40份裁判文书中的证据及事实认定说理方面来看，或多或少法官都对心证形成过程及所依据的证据进行了一定的交代，虽不能说文书内容与法官进行事实认定的心理过程完全一致，但大体上能够反映法官对证据的判断，而那种纯粹的空洞套话、文过饰非之语较少，所以是有一定的样本价值的。因此，为发现“排除合理怀疑”纳入《刑事诉讼法》的证明标准条款后对实践的影响，下文将从《刑事诉讼法》修改前后的这40件案件中法官在裁判文书中对于证明标准判断的相关表述为依据，分析究竟“排除合理怀疑”是否对事实认定过程发挥了作用、发挥了何种作用。

（一）法官认为达到证明标准的20件案件中证明标准判断的对比分析

首先，我们将《刑事诉讼法》修改前后法官认为达到“证据确实充分”或“排除合理怀疑”的各10份裁判文书中对证明标准的相关论述进行列举和对比，以发现“排除合理怀疑”在证明标准判断的积极方面的适用情况。

表1 法官认为达到“证据确实充分”标准或“排除合理怀疑”标准的各10件案件

序号	案由	法官对证明标准判断的陈述（“证据确实充分”标准）	序号	案由	法官对证明标准判断的陈述（“排除合理怀疑”标准）
1	曾某彬抢劫案【（2012）穗中法刑二初字第56号】	被告人曾某彬参与上述七宗抢劫的事实不仅有曾某甲、曾某乙、曾某梁、邓某甲、邓某乙、曾某戊等多名同案人的供述，分别指证曾某彬参与了上述七宗抢劫犯罪并指认了作案现场，而且，同案人供述的犯罪情节亦能与多名被害人的陈述相印证，因此，证据确实充分，足以认定。	1	董某、王某琪盗窃案【（2014）雨刑二初字第94号】	经查，认定董某与王某琪于2014年4月24日下午进入本市雨花台区龙西路105号油坊新村×栋×××室共同实施盗窃，后董某单独销赃得款人民币11,600元的证据有现场勘验检查笔录、监控录像及截图、扣押清单、手机通话记录、被害人张某的陈述、证人金某的证言及被告人王某琪的有罪供述等在案证据予以证实，证据之间相互印证，且足以排除合理怀疑。

续表

序号	案由	法官对证明标准判断的陈述(“证据确实充分”标准)	序号	案由	法官对证明标准判断的陈述(“排除合理怀疑”标准)
2	李某九、陈某等走私、贩卖、运输、制造毒品案【(2012)浙湖刑初字第30号】	被告人李某九贩卖毒品的事实,有证人张某东、马某忠等人的证言,搜查笔录及照片,扣押物品、文件清单,检验报告,被告人陈某、白某的供述等证据予以证实,足以认定。	2	陈某故意伤害案【(2014)鲁刑四终字第97号】	经审理查明,陈某到案后多次供述其当晚在荣成市海滨公园拳击被害人头部,在被害人倒地后,又朝被害人头面部踢了数脚。经勘查,现场被害人血迹附近有一蓝色打火机,与陈某供述其掉落在现场的打火机特征相符,而现场血迹形态显示被害人系倒地后头部喷溅出血,与陈某供述作案时被害人的体位特征相符,因而足以确定陈某在此处作案。被害人经检验头面部两侧各有一处挫擦伤,其中左侧挫擦方向自上向下,右侧挫擦方向斜向后下,且系粗糙大平面的钝性物体擦挫作用所致,该检验意见与陈某供述穿着运动鞋踢被害人头面部的作案手段亦相吻合。……上述证据足以证实陈某踢被害人头面部的事实,且陈某已经认识到其踢被害人头面部所造成后果的严重性,根据被害人头面部两侧损伤形态相同、成因相同,未发现有其他致命伤,结合陈某作案时间、现场位置及血迹分布形态等,陈某故意伤害并致被害人死亡的事实清楚,证据确实、充分,能够排除他人再次作案的合理怀疑……

续表

序号	案由	法官对证明标准判断的陈述（“证据确实充分”标准）	序号	案由	法官对证明标准判断的陈述（“排除合理怀疑”标准）
3	林某学、陈某鹏故意杀人、故意伤害案【(2011)琼刑一终字第47号】	经查，原判认定林某学在故意杀人犯罪中实施了叫被害人林某恩开门，伙同林某靠、谢某等人持枪踹开被害人林某恩家的门闯入卧室杀人的事实，有原审被告人陈某鹏、同案人林某靠、王某邱、劳某四的供述以及证人庞某金、林某豪、林某杰的证言等证据予以证实，证据之间相互印证，足以认定。	3	贺某民、贺某等走私、贩卖、运输、制造毒品，郭某犯容留他人吸毒案【(2015)鲁刑四终字第27号】	经查，上诉人贺某民向郭某、戚某某、李某某、王某、宋某、孙某、亓某、赵某某、王某、路某某贩卖冰毒的事实，以及上诉人贺某、秦某部分参与上述行为的事实，有上述10位买家的证言及对贺某民、贺某、秦某的辨认笔录予以证实，贺某、秦某皆予以供认，贺某民亦对向其中7人贩卖冰毒的事实予以供认；贺某民虽辩解不认识宋某、孙某，但其手机通话清单证实，其与二人电话联系频繁，且大部分表现为当日通话二次，相隔一二十分钟，先被叫后主叫，一来一去，符合贺某民供述的毒品交易习惯；贺某民虽辩解不认识赵某某，但除赵某某本人的证言外，证人郭某亦证实贺某民向赵某某贩卖冰毒；贺某民向上述10人贩卖冰毒的数量，系根据现有证据能够证实的数量予以认定，总体上远少于贺某民供述的贩卖数量，体现了有利于被告人的原则；以上证据，与本案其他证据相互印证，无矛盾冲突，能够排除合理怀疑……
4	吕某杰抢劫、非法制造、买卖、运输、邮寄、储存枪支、弹药、爆炸物案，盗窃案【(2010)冀刑再终字第7号】	经查，原审被告人吕某杰持自制枪支威胁于某，将于某驾驶的面包车抢走，有被害人于某的陈述，证人张某甲、黄某甲、吕某等证人证言及现场勘查笔录，提取的物证，辨认指认笔录等证据所证实，吕某杰在侦查阶段供认不讳且与上述证据相吻合。其抢劫的事实清楚，证据确实，足以认定。	4	马某德贩卖、运输毒品案【(2014)甘刑二终字第152号】	经查，本案三名同案犯马某德、马甲、马乙的供述一致，并有查获的毒品、手机通话清单等证据相印证，能够证实上诉人实施贩卖、运输毒品的犯罪事实，以上事实已被生效的裁判文书所认定，并且上诉人供述其在云南大理的活动时间也与案发时间及同案犯的供述相吻合，能够排除合理怀疑。

续表

序号	案由	法官对证明标准判断的陈述（“证据确实充分”标准）	序号	案由	法官对证明标准判断的陈述（“排除合理怀疑”标准）
5	马某海、马某英贩卖、运输毒品案【（2011）甘刑二终字第 38 号】	经查，此起事实，上诉人马某海在侦查机关曾做过有罪供述，虽然同案人马某燕在被抓获后没有供出马某海，但在得知马某海被抓获后，又如实供述出其是受马某海指使运输毒品的事实，所供与马某海同机前往昆明的时间、在云南大理下关住宿、马某海取来毒品给其安排运输毒品路线等情节，均与马某海曾做过的有罪供述一致，能够相互印证，同时马某燕也辨认出马某海就是与其一起同居并指使其运输毒品的人。且有当场查获扣押的毒品及鉴定报告，公路客运发票、航空总局公安局提供的查询单等证据印证以上的供述，能够认定上诉人马某海指使马某燕运输毒品的事实。	5	舒某华贩卖毒品案【（2015）宁刑初字第 42 号】	经查，就现有的证据而言，证人黄某某、陈某及毒品交易时的目击证人阳某某的证言一致且能相互印证，细节均吻合，黄某某作证时因涉嫌犯罪被羁押于新宁县看守所，因此可以排除她与证人陈某、阳某某相互串供的可能，同时有辨认、指认笔录及通话详单予以佐证，形成了完整的证据锁链，达到了排除合理怀疑的证明标准。
6	谭某义故意伤害案【（2012）成刑初字第 13 号】	谭某义与杨某林因谭某义摔坏茶杯的事发生争执，谭某义用随身携带的折叠刀刺伤杨某林，致杨某林经抢救无效死亡的事实，除被告人谭某义在侦查阶段的有罪供述外，另有现场目击证人王某、张某平、王某淳、何某柱证言及尸检报告、DNA 鉴定等证据印证。该犯罪事实清楚，证据确实充分。	6	唐某华故意杀人案【（2013）桂刑一终字第 83 号】	……所以，本案作案刀具虽未提取，唐某华捅刺被害人致死的行为没有人直接目击，但证人证言和被告人供述均能证实，在极短时间和极短路程内，唐某华捅刺陆某某时伤到唐甲，后其又继续捅刺陆某某，并持刀追捕陆某某出卫生院大门外附近致陆死亡后逃跑，无证据证实另有他人对陆某某实施了行凶，综合全案证据，能够排除合理怀疑。

续表

序号	案由	法官对证明标准判断的陈述（"证据确实充分"标准）	序号	案由	法官对证明标准判断的陈述（"排除合理怀疑"标准）
7	汪某英受贿案【(2007)湖刑初字第38号】	上述证据能相互印证，本案事实清楚，证据确实、充分。……对上述事实，被告人汪某英在侦查阶段亦有供述，所供与徐某通证言、赵某奇供述能相印证，唯赵某奇供称是1999年国庆节时汪某英告诉其徐某通给了20万元，审查认为，被告人汪某英与行贿人徐某通作为收送钱财的当事双方，对涉案的55万元现金所送时间、金额、次数等细节上的陈述内容一致，赵某奇未亲眼看到钱款的交付，其所述的时间与汪某英、徐某通所讲的不一致，不足以影响对汪某英收受过徐某通55万元这一节事实的认定。	7	谢某伟、谢某根受贿案【(2013)浙刑二终字第159号】	经审理查明，原判认定被告人谢某伟受贿、谢某根行贿的事实，有行贿人叶某国、徐某岗、楼某敏及田某雨、汪某、张某祥、赵某、施某林、谢某伟、林某仙、黄某昕、林某民、汪某男等证人的证言，相关工程项目的施工合同、开标记录、中标通知书、结算审核报告、结算审定表，相关银行凭证，相关房产的购买、转让、借款合同等，恒燊公司的验资报告、档案材料、股权转让协议、注销清算报告、注销税务登记审核表，有关单位出具的谢某伟任职情况证明等证据证实，谢某伟、谢某根亦有供认在案，所供能相互印证并与前述证据反映的情况相符。……其辩护人提出原判认定该节事实未排除合理怀疑的理由亦不能成立。
8	熊某固等人贩卖毒品案【(2012)贺刑终字第91号】	经查，钟某汉、熊某固多次供述买卖毒品海洛因的事实，与查获的毒品海洛因及李杰的供述相互印证。因此，上诉人钟某汉、被告人熊某固及其辩护人的辩解、辩护意见，理据不足，本院不予采纳。	8	杨某练盗窃案【(2015)绍虞刑初字第56号】	本院认为，科学实践表明，DNA对身份识别具有唯一性及排他性，与被告人杨某练进行DNA比对的血迹是侦查机关在盗窃现场勘查过程中根据法定程序合法提取，经鉴定为被告人杨某练所留，可证实生物标本为被告人杨某练所有。……在被告人从未到过案发地的情况下，由其他人提取其血迹并从外地带至案发现场作案的可能性几乎没有。据此，可排除该血迹因其他原因被带至案发现场的可能性。被告人及其辩护人的上述辩解，本院不予采信。且在被告人与被害人互不相识的情况下，可排除被告人杨某练通过合法途径在现场遗留该生物标本的可能性，应认定该血迹为被告人杨某练在从事非法活动过程中遗留在现场。综上并结合现场勘查笔录、被害人陈述、证人证言及该血迹被发现的时间、地点在时空上与本案的高度吻合性，本案可形成相对完整的证据链，排除合理怀疑。

续表

序号	案由	法官对证明标准判断的陈述("证据确实充分"标准)	序号	案由	法官对证明标准判断的陈述("排除合理怀疑"标准)
9	杨某娃故意伤害案【(2012)西刑一初字第00139号】	……殴打伤害致死被害人黄某丁的事实,不仅有被告人杨某娃在侦查阶段的供述在卷可证,还有其子杨某的证言、相关证人证言、法医鉴定、现场勘查笔录及电话通话记录清单等证据证实,事实清楚,足以认定。	9	张某英故意杀人案【(2015)粤高法刑一终字第176号】	综合分析上述证据如下: 1. 从被害人郑某丁的死因分析,鉴定意见证明郑某丁符合生前遭受条索状物勒颈致机械性窒息死亡。 2. 本案作案工具白色绳索状物已被查获,经张某英辨认,确认是用于勒住被害人的绳索状物体,鉴定意见亦证明在该白色绳索状物上发现有被害人的STR分型;白色绳索状物上还遗留下作案人的血迹,经鉴定该血迹与张某英血迹的STR分型一致。 3. 被害人郑某丁与上诉人张某英在案发时发生肢体冲突,有相关鉴定意见予以佐证,即鉴定意见亦证明二人身体互有损伤,张某英脸部被抓伤出血,其滴落的血迹在被害人郑某丁手腕部、手指部、右手掌、案发现场多处及作案时其本人所穿衣服上(被抓获时亦还穿着)提取到,经鉴定,与张某英的STR分型一致,同时被害人郑某丁的左手指擦拭子也检出了张某英的STR分型。 4. 辨认笔录证明张某英辨认出被害人郑某丁就是被其打死的人。 5. 证人宋某证明,案发当日张某英的脸部有伤痕,并对其说:"出事了,我要回家了。"之后张某英将钥匙给其,叫其帮忙赶快将她的租房收拾后退掉,再将她本人银行卡和存折交给其帮着转到她另一个银行账号上。调取的相关银行账户交易记录亦可予以佐证。 6. 上诉人张某英的供述与上述证据能相互印证。 7. 侦查期间初期所怀疑的其他犯罪嫌疑人,通过鉴定意见比对STR分型并结合其他证据均可以合理排除。 综上所述,上述证据已经形成完整的证据链,并排除合理怀疑,足以证实上诉人张某英杀害被害人郑某丁的犯罪事实。

续表

序号	案由	法官对证明标准判断的陈述（“证据确实充分”标准）	序号	案由	法官对证明标准判断的陈述（“排除合理怀疑”标准）
10	叶某平犯运输毒品案【(2009)成铁中刑初字第60号】	本案事实清楚，证据确实、充分，足以认定。……叶某平关于不知道是毒品以及辩护人关于指控叶某平构成运输毒品罪证据不足的辩解、辩护意见，经查，叶某平系具有一定文化和社会阅历的成年人，为获取明显不等值的高额报酬，将三包可疑物藏匿于腰部，不符合正常物品的携带方式，且其辩解不合常理……	10	张某权故意杀人案【(2015)甘刑一终字第72号】	一审认定被告人张某权犯故意杀人罪、故意伤害罪的事实清楚，证据确实充分，没有合理怀疑，也没有非法证据，所有事实都有证据证明，所有证据都指向张某权杀害了被害人，证据之间相互关联，相互印证，具有客观性、关联性、合法性、排他性，能够形成完整的证据链。一是侦破过程自然合理……二是张某权杀人动机清楚，目的明确……三是证人目击张某权捅刺杀害了被害人刘某甲……四是在作案现场提取的物证上检出张某权的DNA……五是作案工具匕首查获在案……六是证人证言证明是张某权杀害的刘某甲……七是被告人张某权供述稳定。

从以上20件案件法官对证明标准的评判的对比中，可以看出在2012年《刑事诉讼法》修改加入“排除合理怀疑”因素之前和之后，在证据能否达到证明标准的判断中有下述几个共同点及不同点，共同点在于：

1. 要件事实有证据证明、证据之间相互印证是证明标准判断的重要指标。无论是对“证据确实充分”的判断，还是对“排除合理怀疑”的判断，案件中各要件事实有证据证明，且证据之间能够印证都是达到证明标准的重要判断指标。要件事实都有证据证明，是“证据确实充分”的应有之义，[⑦]也是“排除合理怀疑”的法定条件。而证据之间相互印证则是“证据确实充分”在实践运行中衍生的必要条件之一，我国的刑事证明甚至被学者称为“印证模式”，[⑧]而且印证要求也为目前的司法解释所肯定。因此，在这20件案件中法官均用一定的篇幅论证案件中的各要件事实有证据证明，以及某某证据之间能够相互印证，并据此作出“证据确实充分”和“排除合理怀疑”的判断。

---

⑦ 在我国近年的证据理论中，“证据确实充分”有四个具体要求：(1)据以定案的证据都经查证属实；(2)定罪量刑的事实均有必要的证据证明；(3)证据之间、证据与事实之间的矛盾得到合理排除；(4)得出的结论是唯一的，排除其他可能性。参见陈卫东、谢佑平：《证据法学》，复旦大学出版社2005年版，第308页。

⑧ 参见龙宗智：《印证与自由心证——我国刑事诉讼证明模式》，载《法学研究》2004年第2期，第109页。

2.对于达到证明标准的评判,主要针对的是辩方对控方证据所提出的异议。在这20件案件中,法官对于“证据确实充分”或“排除合理怀疑”的详细评判,基本上都是对辩方所提出的“证据不足”或“存在合理怀疑”的回应,只有个别案件是在辩方未对控方证据提出异议的情况下而对证明标准问题进行全面、详细评判的,如张某权故意杀人案。而在多数情况下,如果辩方未提出证据方面的质疑,法官就简单地以“某某事实有某某证据予以证实,足以认定”或“某某证据之间相互印证,能够排除合理怀疑”而草草得出结论,这当然并不意味着法官心证的形成也是如此草率,但这能够在一定程度上表明,辩方所提出的异议是法官心证形成过程中要解决的重点问题。

不同点在于如下几个方面:

1.相对于对“证据确实充分”的评判,对“排除合理怀疑”的评判中法官付诸更多的主观因素。在前10件案件中,法官论证在案证据达到“证据确实充分”的标准时,只有汪某英受贿案、叶某平运输毒品案中法官在评判时采取了一定的主观推断,在其他案件中法官均未表述任何主观因素。而在后10件案件中,除了董某、王某琪盗窃案,马某德贩卖、运输毒品案,舒某华贩卖毒品案,谢某伟、谢某根受贿案四件案件,其他案件法官在判决书中都对证据的主观判断作出了一定的表述。我国学者在分析证明标准中“排除合理怀疑”的意义时,认为其“意味着在原来客观化的证明标准中注入了一种带有主观性的证明要求”,“形成了一种客观要求与主观要素相结合的证明标准立法模式”,⑨从上述案例的对比来看,确实能够反映这一趋势,即法官的主观性因素在证明标准判断中的比重有所增加。

2.与对“证据确实充分”的评判不同的是,在对“排除合理怀疑”的评判中,法官在部分案件中已经不再追求结论的唯一性,而是“合理怀疑的排除”或“怀疑并非合理”,一定程度上化解了“结论唯一”的刚性要求。前者如陈某故意伤害案中,法官认为:“根据被害人头面部两侧损伤形态相同、成因相同,未发现有其他致命伤,结合陈某作案时间、现场位置及血迹分布形态等,陈某故意伤害并致被害人死亡的事实清楚,证据确实、充分,能够排除他人再次作案的合理怀疑。”本案中由于伤害行为与被害人死亡之间相隔六七个小时,所以陈某的伤害行为与被害人死亡结果之间存在“他人再次作案”的可能性,但法官对

⑨ 参见陈瑞华:《刑事证明标准中主客观要素的关系》,载《中国法学》2014年第3期,第190~191页。

现场勘查笔录、尸体鉴定意见、证人证言等证据进行推理,得出了“排除他人再次作案的合理怀疑”的结论。后者如在唐某华故意杀人案中,法官有如下论证:“所以,本案作案刀具虽未提取,唐某华捅刺被害人致死的行为没有人直接目击,但证人证言和被告人供述均能证实,在极短时间和极短路程内,唐某华捅刺陆某某时伤到唐甲,后其又继续捅刺陆某某,并持刀追捅陆某某出卫生院大门外附近致陆死亡后逃跑,无证据证实另有他人对陆某某实施了行凶,综合全案证据,能够排除合理怀疑。”本案中被告人唐某华持刀追陆某某到卫生院门外至陆某某死亡的过程无人目击,因此从客观真实的角度来看,并不能得到唐某华杀死陆某某的绝对唯一结论,但法官以“时间、路程极短”“无证据证明有其他人作案”为依据,认为“其他人在此极短时间作案”不能构成合理怀疑。

(二)法官认为未达到证明标准的20件案件中证明标准判断的对比分析

然后,我们可以再将《刑事诉讼法》修改前后各10件法官认为证据未达到“证据确实充分”或“排除合理怀疑”的案件中法官对证明标准的相关论述进行列举和对比,以发现“排除合理怀疑”对实践中证明标准判断的消极方面是否产生了一定影响。

表2 法官认为未达到“证据确实充分”标准或“排除合理怀疑”标准的各10件案件

序号	案由	法官对证明标准判断的陈述(未达到“证据确实充分”标准)	序号	案由	法官对证明标准判断的陈述(未达到“排除合理怀疑”标准)
1	尹某某非法经营案【(2012)潢刑初字第81号】	潢川县人民检察院指控被告人尹某某犯非法经营罪的事实仅有被告人尹某某在公安机关供述为依据,但后来被告人在庭审中对该供述予以否认。证人王某某、刘某某的证言证实了尹某某所经营家具店的部分销售情况及交易情况,在该二人证言中没有证实尹某某刷卡套现的事实。证人汪某某的证言亦没有证实尹某某刷卡套现的事实。浙江温州平阳奥特家具有限公司出具的说明仅证实该公司向尹某某所经营的家具店供应家具的情况,不能排除尹某某辩称其多渠道进货的事实,亦不能证实尹某某刷卡套现的事实	1	黄某养贩卖毒品、非法持有枪支案【(2014)防市刑一初字第18号】	被告人黄某养非法持有枪支的事实清楚,证据确实充分。到案经过、扣押物品清单证实钦州公安于2013年8月25日在钦州市一地下停车场对黄某养进行盘查时,从其身上携带的挎包查获1支手枪和10发子弹,在其所驾驶的摩托车内查获1支自制转轮手枪和6发子弹。……无证据证实从摩托车上查获的枪支为黄某养所有,无法排除合理怀疑,故本案认定被告人黄某养非法持有枪支的数量为1支。

续表

序号	案由	法官对证明标准判断的陈述(未达到“证据确实充分”标准)	序号	案由	法官对证明标准判断的陈述(未达到“排除合理怀疑”标准)
		……依照《刑事诉讼法》的规定,只有被告人供述,没有其他证据的,不能认定被告人有罪和处以刑罚……故公诉机关指控被告人尹某某犯非法经营罪的证据不足,所指控的罪名不能成立。			
2	程某敏故意杀人案【(2011)鄂刑三抗字第7号】	针对控辩双方争议的焦点,本院综合评判如下: 1. 本案原审被告人程某敏曾作过有罪供述,但纵观其供述的内容前后矛盾、不稳定。公安机关的《毒品鉴定报告》证实程某敏在案发前曾吸食过毒品,《司法精神医学鉴定结论》又证实被告人程某敏因吸食毒品存在精神障碍。不能排除被告人程某敏所作的有罪供述是其吸食毒品后所产生的幻觉,其作的有罪供述的真实性存疑。 2. 证人程某某、文某某、郑某某、肖某的证言均系传来证据,且4名证人同时又证实程某敏告知上述事实时精神状态恍惚,程、文二人还证实程某敏对是否推被害人前后说法不一致,故上述证人的证言不足以证明程某敏有杀人的行为。 3. 现场物证:0919室靠近窗户“格兰仕光波炉”纸盒上存留的与死者肖某某鞋底相似的印痕,只能证实肖某某曾在该纸盒上站过,不能证实程某敏将肖某某推下楼的事实。 4. 公安机关出具的《现场勘查笔录》《尸体检验鉴定结论》只能证实肖某某系坠楼而亡,不能证实肖某某坠楼是自己滑落还是外力推动所致。且本案的卷宗材料反映,被害人肖某某案发前曾吸食过毒品,也不能排除肖某某因精神恍惚而坠楼的可能。……本院认为,认定原审被告人程某敏将肖某某从楼上推下致死的事实不清,证据不足,指控的罪名不能成立。	2	徐某佐走私、贩卖、运输、制造毒品罪二审刑事判决书【(2014)浙甬刑二终字第170号】	对于上诉理由,经查,在案证据手机语音详单、旅馆住宿清单等证据,仅证明徐某佐从广东至宁波的在途运行轨迹,不能证明徐某佐携带毒品至宁波市的事实。故原判认定上诉人徐某佐携带毒品从广东至宁波的事实,只有上诉人徐某佐的供述,没有其他证据印证。综合本案证据,对原判所认定上诉人徐某佐运输毒品的事实不能排除合理怀疑,本院不予认定。徐某佐就原判认定其运输毒品事实不清,证据不足的上诉理由成立,予以采纳。

续表

序号	案由	法官对证明标准判断的陈述（未达到“证据确实充分”标准）	序号	案由	法官对证明标准判断的陈述（未达到“排除合理怀疑”标准）
3	王某贪污案【（2012）涉刑初字第142号】	公诉机关指控被告人王某犯贪污罪的事实不清，证据不足。具体理由是：（1）关于王某是否与陈某、张某甲协商通过行贿的方式将村集体小树登记在自己名下？……（2）关于取款情况。……（3）被告人王某自己供述承认的事实，自己是事后知道陈某等人通过给汤某雷行贿，采取将集体的小树登记在个人名下的方式获取树木补偿款的。……	3	程某华故意杀人案【（2013）鲁刑二终字第80号】	被告人程某华为与保险代理人张某长期保持不正当的男女关系，散布其妻吴某有严重心脏病的假象，并在吴某不知情的情况下，为其投保巨额人寿和意外伤害保险，虽有骗取保险的嫌疑，在修车时造成被害人死亡的严重后果，现有证据只能确定被告人程某华具有杀害吴某的嫌疑，但不能排除过失犯罪的合理怀疑，综合全案证据，不能得出被告人程某华犯故意杀人罪的唯一结论，故公诉机关指控被告人程某华犯故意杀人的罪名不能成立。
4	马某诈骗案【（2012）亳刑终字第00170号】	但根据一审审理查明事实，原判对损失款项的去向未予认定，无法确认马某对涉案款项是否具有客观上的占有行为及主观上的非法占有目的；相应地，原判列举证据亦仅能证明被害人遭受货款损失的事实，不足以形成认定犯罪的唯一结论。	4	刘某龙、张某绑架案【（2014）陕刑一终字第00066号】	综上所述，检察机关提交的证据仅能证明被害人失踪，随后其母接到勒索短信及发现被害人是被他人杀害的事实。本案中没有证据足以证明刘某龙参与犯罪。检察机关提供的证明张某涉案的证据存在矛盾、漏洞、疑点，甚至反证，诸多与关键事实相关的证据均没有达到确实、充分，排除合理怀疑的刑事证明标准。
5	马某某指控梁某某犯故意伤害罪案【（2012）安汉刑字第00051号】	本院认为，自诉人暨附带民事诉讼原告人马某某与被告人梁某某系邻里关系，本应团结友好、和睦相处。但双方却为一只鸡的喂养地点不当问题而发生争执，进而相互辱骂、相互厮抓，在相互厮抓的过程中致自诉人倒地，造成自诉人的左腿胫骨骨折。由于自诉人没有提供充足的证据证实被告人梁某某的行为构成故意伤害罪，为此自诉人马某某指控被告人梁某某犯故意伤害罪的罪名和犯罪事实不能成立，故本院不予支持。	5	任某芳故意杀人案【（2013）甘刑一终字第13号】	本院审查认为，原审判决认定上诉人任某芳犯故意杀人罪的事实，据以定案的证据主要是间接证据，欠缺直接的客观性证据。且本院针对原公诉机关指控的犯罪与证据之间存在的矛盾以及无法排除的合理怀疑，经法定程序进行了多次补充、查证。现结合基本案情，就证据与指控的犯罪存在的矛盾和疑点，综合评判如下：（1）案发时间不能确定。……（2）被害人死亡原因不明。……（3）物证不具有关联性和唯一性。……（4）不排除第三人进入现场的可能性。……（5）有罪供述与审讯录像不完整。……本

续表

序号	案由	法官对证明标准判断的陈述（未达到“证据确实充分”标准）	序号	案由	法官对证明标准判断的陈述（未达到“排除合理怀疑”标准）
					院认为，被害人确系被他杀，但原判认定其系任某芳持铁锨、打气筒击打头部致死因案发时间不能确定、被害人死亡原因无法判断、客观性物证不具有关联性和唯一性、无法排除有第三人进入杀人现场的可能性、上诉人有罪供述讯问笔录与审讯录像不完整等相关证据矛盾和疑点无法合理解释和排除……
6	宁某生职务侵占案【（2011）宁刑再终字第4号】	本院认为，原审上诉人宁某生作为和成公司的股东，在参与和成公司资产转让时，将和成公司转让款134万元打入其个人账户，并对部分转让款私自处分的事实存在。根据本案证人何某甲的证言、原审上诉人宁某生的供述、告知书及邮件等证据可以证实，原审上诉人宁某生在取得和成公司134万元转让款后，曾将该情况发函告知股东何某甲，并与其他股东在一起算过账，没有证据证明其有隐瞒和成公司已转让款和逃避公司债权债务清算的行为，不能确认原审上诉人宁某生具有非法侵占和成公司转让款的主观故意，其行为不符合职务侵占罪的构成要件，不能认定原审上诉人宁某生的行为构成职务侵占罪。	6	王某军、高某军、赵某平贩卖毒品案【（2014）方刑初字第23号】	对王某军及其辩护律师就2013年8月间驾车来方山县城外环路上（圪洞村附近），以每克380元的价格卖给赵某平5克冰毒（甲基苯丙胺）的事实认为证据不足的辩解和辩护意见予以采信，理由是对检察机关所指控贩毒行为仅有赵某平一人言词孤证，被告人不予认可，其证据不足以排除赵某平可能作虚假供述的合理怀疑，证明案件事实的证据未达到刑事诉讼确实充分的证明标准……

续表

序号	案由	法官对证明标准判断的陈述（未达到“证据确实充分”标准）	序号	案由	法官对证明标准判断的陈述（未达到“排除合理怀疑”标准）
7	吴某云、吴某玲故意伤害案【（2009）桂刑再字第16号】	本院认为，原审被告人吴某云、吴某玲与黄某某发生纠纷并有过肢体接触，黄某某右侧卵巢黄体破裂大出血确因外伤作用所致。指控原审被告人吴某云、吴某玲犯故意伤害罪存在一定的证据，但黄某某右侧卵巢的损伤与二原审被告人的行为之间存在直接因果关系的证据不具备唯一性和排他性，故指控犯罪的事实不清、证据不足。	7	徐某交通肇事案【（2015）奉刑初字第73号】	其辩护人提出被告人徐某不属于吸食毒品后驾驶车辆的辩护意见，经查，侦查机关在事故发生后，没有立即对被告人徐某进行尿检，而是于次日对被告人徐某进行尿液检测呈阳性，无法排除被告人徐某在事故发生后吸食毒品的合理怀疑，故对辩护人提出的上述辩护意见，予以采信。
8	吴某非法拘禁案【（2011）北刑初字第312号】	本案的视听资料是侦查机关从被害人曹某录音笔下载后刻录的光盘中提取，是被害人曹某称在犯罪现场用录音笔记录的声音资料，录音资料能够证实被害人曹某被语言威胁、持刀威胁、被殴打，但录音笔记录声音的时间及地点均未提及，无法确定是否是案发现场的录音，且录音笔中资料已被覆盖，无法还原，故此录音资料系存有疑点并无法与原件核对的复制品，不能单独作为认定案件事实的依据；证人李某的证言与被害人曹某的陈述不完全相符，且证人李某与被害人曹某系夫妻关系，其证言的真实性不足以完全采信；证人平宝良的证言，系传来证据，其真实性不足以采信；仅凭被害人曹某的陈述不能完全认定案件事实。综上，公诉机关指控被告人吴某犯非法拘禁罪的证据不足，指控罪名不能成立。	8	颜某某、贺某、江某盗窃案【（2014）东二法刑初字第149号】	经查，本案各被害人报失的具体财物与三被告人的供述之间存在较大的差异，但三被告人归案后一直稳定供述了实施作案的经过，对盗窃的基本过程、具体财物、销赃分赃等细节的供述也相互吻合、相互印证。在没有更充分证据的情况下，单纯采信被害人一方的陈述而否定被告人一方的供述，值得商榷。各被害人的陈述及财物凭证只能证明其拥有过该财物及财物被盗，但能否认定是本案三被告人所盗走尚存在合理怀疑，即现有证据尚不能得出排他性的唯一结论，因此，以被告人的供述认定本案盗窃数额更具有合理性……

续表

序号	案由	法官对证明标准判断的陈述(未达到“证据确实充分”标准)	序号	案由	法官对证明标准判断的陈述(未达到“排除合理怀疑”标准)
9	赵某国故意伤害案【(2012)吕刑终字第187号】	原判认定赵某戊轻伤系上诉人赵某国所致的证据不足。首先,原判认定上诉人赵某国砸伤赵某戊构成轻伤的证据仅有被害人赵某戊本人的陈述及其父赵某丁的证言,且该二人陈述赵某戊受伤的过程、情节不完全一致,不能相互印证,赵某戊陈述当时赵某国骑在其父赵某丁的身上,赵某国之母赵某丙抓着其父的胳膊;而赵某丁的证言并未提到这一情节;证人赵某甲、赵某军某证明当时赵某丙参与过厮打。其次,上诉人赵某国关于其未拿砖头砸过赵某戊,请求宣告无罪的辩解,有其母赵某丙的证言及证人赵某乙的证言相佐证:赵某国本人供述赵某戊骑在其身上,赵某丁拿砖头砸其时没砸到却砸到赵某戊;赵某国之母赵某丙证明当时赵某戊骑在赵某国身上,赵某国正反抗一翻身,赵某丁、吕某用砖头砸赵某国,不知是赵某丁还是吕某的砖头正好砸到了赵某戊的头上;证人赵某乙证明当时赵某戊将赵某国拽住并按倒在地,赵某国反抗着快起来时,赵某丁及其妻子吕某用砖头砸赵某国,转眼间赵某戊用手捂住眼睛倒在地上。上诉人赵某国及其母亲赵某丙的陈述与证人赵某乙能相互印证,证明被害人赵某戊之伤并非上诉人赵某国所致。	9	张某受贿案【(2014)皖刑再终字第00004号】	张某提供的署名陈某某的50万元借条复印件,系多次复印件,不具备鉴定条件,证人陈某某否认向张某出具过50万元借条及向张某借过此款。张某辩解先后陈述不一致,资金来源含糊不清。从借条复印件来看,“伍拾万”这几个字与前后字的间距及墨印的深浅没有与借条的其他字保持一致,落款日期上多了一个“0”,不能排除变造后复印的合理怀疑。

续表

序号	案由	法官对证明标准判断的陈述（未达到“证据确实充分”标准）	序号	案由	法官对证明标准判断的陈述（未达到“排除合理怀疑”标准）
10	赵某一、房某平、唐某伟、代某宏贪污案【（2011）青刑再字第1号】	经查，某某镇政府与湟中县城乡建设总公司签订了修建商住一体综合楼的施工合同，镇政府为建设方，县城乡建设总公司为承建方。但该房建成后因镇政府未支付建设资金，双方没有决算、没有验收及正式的交付使用手续，特别是承建方以其名义出售该房屋，镇政府不仅未予干涉，反而帮助承建方收取售房款的行为，致使铺面房权属不明，认定为镇政府所有证据不足。……检察机关抗诉关于原审四被告人非法占有镇政府所有的商用铺面房属公共财物，其行为均构成贪污罪以及犯罪数额应当以4800元/m^2认定的抗诉理由证据不足，不予支持。	10	纪某军、纪某生故意杀人案【（2013）琼刑一终字第35号】	本院认为：检察机关提交的第1项至第5项材料，来源合法，具有客观性且能证实被告人纪某军因本案曾被收容审查并被羁押的情况，符合证据的基本特征，本院予以采信。第6项材料，因该《常住人口登记表》所载明的有关信息来源不明，且在形式上不符合证据要求，本院不予采信。第7项材料不能确认被告人纪某军是否有肺结核病史，对所要证明的事实无法排除合理怀疑，本院亦不采信。

从上述这20件案件的对比来看，在“排除合理怀疑”入法前后，法官对于认为“证据不确实、不充分”或“未能排除合理怀疑”的判断有如下共同点和不同点，其中共同点在于：

1. 在这20件案件中，虽然法官除了对辩方所提出的证据异议进行评判之外，还会主动指出控方证据的不足、论证为何未达到证明标准，但法官对案件疑点的发现，均来自于案卷，主要是控方指控事实在案卷中缺乏证据证明、案卷中证据之间存在矛盾、不能确定某种案卷证据的真实性等几种情形，而几乎没有通过证人、鉴定人出庭接受询问，通过控辩双方当庭对某种新证据的举证质证而发现疑点的。这就说明在《刑事诉讼法》修改前后，案件的审理均未实现彻底的庭审实质化，法官对“证据不确实、不充分”或“存在合理怀疑”的判断均主要来自于对控方案卷的审查，而非实质化的庭审过程。

2. 无论法官认为“证据不确实、不充分”，抑或“未排除合理怀疑”，多数都是针对全案证据而言的，即认为综合全部证据未能达到证明标准，但也都存在针对单个证据的情况，即认为某个证据存在真实性、关联性问题，从而形成合理怀疑。如前10个案件中的吴某非法拘禁案，法官认为录音笔是不能与原件核对的复制品，不能作为定案根据；再如后10个案件中的王某军、高某军、赵某平贩卖毒品案,法官认为王某军贩卖5克冰毒给赵某平的事实仅有赵某平一人的言词孤证,其证据不足以排除赵某平可能作虚假供述的合理怀疑。这种情况正如有学者所言,我国的“排除合理怀疑”是与“疑点排除”的中国经验相结合的,既有针对个别证据或局部事实的“排除合理怀疑”,也有对全案证据综合判断的“排除合理怀疑”,只有在完成个别判断的基础上,才能对全案证据进行综合判断,进而得出结论。⑩

3. 在这20件案件中,法官对于心证形成中的疑点或“合理怀疑”,均未结合在案证据对疑点或“合理怀疑”的合理性进行论证。如前10件案件中的尹某某非法经营案,法官认为疑点是“存在尹某某多渠道进货的可能性”,但对在案的其他证据是否支持或反对这种可能性,却并未进行论证。再如后10件案件中的王某军、高某军、赵某平贩卖毒品案中,法官认为对于王某军贩卖5克冰毒给赵某平的事实只有赵某平一人的言词孤证,且无法排除赵某平说谎的合理怀疑,为何对于赵某平的证言有虚假的合理怀疑?难道仅因为是孤证就有虚假的嫌疑?是否有其他证据支持这一合理怀疑的成立?对此法官同样并未论证。这就让人不得不怀疑,法官所认为的这种疑点或“合理怀疑”来自何处?是否属于随心所欲的怀疑?若其他法官审理同一案件,是否就可能不会认为存在这些疑点或“合理怀疑”?因此,对疑点或“合理怀疑”的合理性论证的缺失,会导致人们对裁判结果的质疑。

而不同点在于:

1. 相比对“证据确实充分”的评判,在对“排除合理怀疑”的评判中,法官更明确地表达出其所认为的“合理怀疑”的具体内容。在前10件案件中,除了尹某某非法经营案、程某敏故意杀人案之外,其他案件法官认定案件“证据不确实、不充分”的理由都是“没有证据证明某事实”或“某证据不具有排他性或唯一性”,但都未说明这里的“排他”所指的“其他可能性”具体是什么,只有在尹某某非法经营案中法官明确说明“其他可能性”是指“尹某某辩称其多渠道进货的事实”;程某敏故意杀人案中的“其他可能性”是指“程某敏有罪供述是其吸食毒品后所产生的幻觉、肖某某坠楼是精神恍惚导致”。而在后10件案件中,大多数案件法官不仅进行了证据分析,而且明确指出案件事实存在的“其

⑩ 参见肖沛权:《论排除合理怀疑证明标准的司法适用》,载《法律适用》2015年第9期,第107~108页。

他可能性”具体所指，而这些“其他可能性”就是法官所认为的“合理怀疑”。如在黄某养贩卖毒品、非法持有枪支案中，法官认为“合理怀疑”是“摩托车上的枪支为他人所有”；程某华故意杀人案中的“合理怀疑”则为“程某华过失杀人”；颜某某、贺某、江某盗窃案中，“合理怀疑”为“丢失财物并非是三人所盗”。因此通过对比可见，在“排除合理怀疑”入法之后，法官在认定事实时敢于更明确地将心证形成中的“合理怀疑”表达于外，让当事人、公众、上级司法机关都更为清楚地了解为何案件证据未达到法定证明标准。

2. “排除合理怀疑”在实践中既针对控方证据，也针对辩方证据；既针对有利于被告人的证据，也针对不利于被告人的证据。而“证据确实充分”在实践中则通常仅针对控方证据。如在后 10 件案件中的张某受贿案中，法官认为张某提供的借条“不能排除变造后复印的合理怀疑”，该借条属辩方提供的有利于被告人的证据，但法官认为该证据同样会形成“合理怀疑”。在前 10 件案件中，未见法官认为辩方证据或有利于被告人的证据“不确实、不充分”的评判。在表 1 中的前 10 件案件中，法官对于辩方主张或证据的评判意见一般为“理据不足”“不合常理”“没有证据支持”等，而非“不确实、不充分”。可见，似乎实践中部分法官将“排除合理怀疑”一体适用于所有证据，而不进行区分。

3. 总体上看，在适用“排除合理怀疑”标准的案件中，法官对证明标准的把握比适用“证据确实充分”标准的案件似乎更为严格。在前 10 件案件中，法官认定案件证据未达证明标准的主要理由为“某某要件事实没有证据证明”，如王某贪污案，马某诈骗案，马某某指控梁某某犯故意伤害罪案，宁某生职务侵占案，吴某云、吴某玲故意伤害案，赵某一、房某平、唐某伟、代某宏贪污案等。而在后 10 件案件中，即便某一要件事实有证据证明，法官也会因“存在证据虚假的合理怀疑”“存在其他可能性的合理怀疑”而认为在案证据未达证明标准。如王某军、高某军、赵某平贩卖毒品案中，王某军以每克 380 元的价格卖给赵某平 5 克冰毒的事实是有证据证明的，即赵某平的证言，但法官认为该证言存在虚假供述的合理怀疑，所以未予认定。再如在徐某交通肇事案中，也同样有证据证明徐某极有可能吸食毒品后驾驶车辆（次日徐某尿检阳性），但法官认为存在“徐某在事故后吸食毒品的可能性”的合理怀疑，所以也未予认定。可见，在适用“排除合理怀疑”的案件中，法官对证据的评判更为严格，不仅没有降低反而提高了证明标准的实践操作要求。

二、"排除合理怀疑"的积极作用及存在的问题

从对以上"排除合理怀疑"纳入《刑事诉讼法》前后各20件案件的对比分析中可见,"排除合理怀疑"的确给我国刑事证明标准的实践操作带来了一些变化,其中有些变化是符合学者的预期的,但有些变化则是学者们没有想到的,或者与学者的预期并不一致。在主要方面,"排除合理怀疑"对我国刑事证明标准所带来的实践变化是积极的、进步的,当然不可否认的是,这一标准的具体操作还存在一些有待改进的问题。

(一)"排除合理怀疑"的积极作用

1."排除合理怀疑"使法官对证据的主观分析"可以言说"

我国学者在论及证明标准引入"排除合理怀疑"的意义时,认为这种引入对证明标准的意义在于两点:一是提供一种多元视角,即在注重证据外部印证的同时,也注重内部的"内省性",审视证据或证据体系给判断者本人留下何种印象;二是提供一种思维方法,弥补"证据确实充分"难以作为证明方法因而可操作性不足的问题,[11]在学界很多学者都持类似观点。[12] 这种观点认为引入"排除合理怀疑"使法官在证明标准的评判中付诸主观判断,显然是不符合实际情况的,因为无论在法律中证明标准如何表述,都需要法官进行主观判断,在实质上都摆脱不了主观性。但以往"证据确实充分"证明标准的问题在于,在对证据及待证事实的"客观性"强调到极致的情况下,法官即使在心证形成过程中要对证据进行一定的主观分析和判断,也不敢、不便、不愿在裁判文书中或其他公开场合陈述自己的主观判断,因为一旦公开自己的主观判断,就会使证据判断显得不客观,万一案件出现任何问题,法官就可能承担严重的裁判责任。为了避免这种职业风险,法官就将主观判断变得"不可言说",将其潜藏

---

⑪ 参见龙宗智:《中国法语境中的"排除合理怀疑"》,载《中外法学》2012年第6期,第1127页。

⑫ 参见陈瑞华:《刑事证明标准中主客观要素的关系》,载《中国法学》2014年第3期,第188页;樊崇义:《证明标准:相对实体真实——〈刑事诉讼法〉第53条的理解和适用》,载《国家检察官学院学报》2013年第5期,第7~8页;杨宇冠:《论死刑案件证明标准之完善——新〈刑事诉讼法〉实施问题思考》,载《清华法学》2012年第3期,第70~71页;卞建林、张璐:《我国刑事证明标准的理解与适用》,载《法律适用》2014年第3期,第19~21页;等等。

在列举证据以及“证据确实充分”的具文背后，甚至直接放弃坚持自己的主观判断而完全按照证据进行公式化的“客观处理”，正因如此，在很多已经披露的冤假错案中，很多案件证据从表面上看也是“确实充分”的，法官即使内心感觉仍有疑问也会作出有罪判决；而一些看似证据不那么“确实充分”的案件，法官可能对被告人实施了犯罪行为有坚定的确信，却难以顺利给被告人定罪。但这一切证明标准操作中的不合理都被隐藏在法官“不可言说”的心证之后。

但证明标准引入“排除合理怀疑”之后，法官对证据的分析就没有必要再“不可言说”，甚至是“必须言说”。因为在“证据确实充分”中，证明标准判断的关键在于“证据”，至于法官的主观判断，则不那么重要，甚至不应提倡；而“排除合理怀疑”中，证明标准判断的关键则是“怀疑”，即法官必须达到主观上没有合理怀疑的程度，所以为了向当事人、上级法官、公众表明自己根据证据达到(或未达到)排除合理怀疑的心证程度，除了列举证据、说明证据所证明的事实、说明证据之间的印证情况之外，法官还必须将自己对证据的主观分析进行说明，否则就难以说服别人何以在案证据能够(或不能)排除合理怀疑。正因如此，在上述20件法官认为达到或未达到“排除合理怀疑”程度的案件中，大多都会对根据证据而认为存在的疑点是什么、疑点是否合理、为何能够或不能排除进行一定论证，使心证过程“可以言说”“必须言说”。心证过程的“可以言说”是“排除合理怀疑”使然，但反过来，心证的言说又使控辩双方得以提高对判决的检验能力，具有对错案进行防范和纠正的隐形价值。⑬

2.“排除合理怀疑”更有利于防止错案

在“排除合理怀疑”入法之后，我国学者时常探讨“排除合理怀疑”与“证据确实充分”标准的高低问题，并且经常意见不一。有学者认为，“证据确实充分”是更高、更严格的证明标准，因为“证据确实充分”不仅要求内部性的排除合理怀疑，而且要求外部性的证据相互印证。⑭ 但也有学者认为，“证据确实充分”只是对主观信念的一种要求，与“排除合理怀疑”表述虽异，实则同理，且完全同价，并无“高下”“宽严”的区别。⑮ 还有一些学者认为“排除合理怀疑”只

---

⑬ 参见王戬：《论“排除合理怀疑”证明标准的中国意义》，载《华东政法大学学报》2015年第6期，第103～113页。

⑭ 参见龙宗智：《中国法语境中的“排除合理怀疑”》，载《中外法学》2012年第6期，第1137页。

⑮ 参见王敏远：《重新认识“排除合理怀疑”》，载《检察日报》2013年11月26日，第3版。

不过是对证明标准的主客观统一的要求,并未降低我国的刑事证明标准,而只是使之更为合理化。[16] 然而,几乎没有学者认为"排除合理怀疑"是比以往的"证据确实充分"更为严格的证明标准。但从实践中看,司法人员却认为"排除合理怀疑"较之以往的证明标准更为严格。笔者曾对一些法官、检察官进行访谈,他们都表示,以往的"证据确实充分"虽然字面上看似严格,但实际上操作中主要是看自己内心是否确信,只要各个要件能有证据证明,且自己确信被告人实施了犯罪,就可以定案。但现在的"排除合理怀疑"不仅从正面要求自己内心确信,还要求必须从反方向找出那些影响事实认定的其他可能性,并加以排除,才能最终定案,所以较之以往是更高的标准。从上述40个案例的对比中似乎也能看出这种趋向。在《刑事诉讼法》修改之前的20件案件中,法官主要是对证据能否证明犯罪各要件、能否相互印证进行论证;而在后20件案件中,尤其是认为未达到证明标准的10件案件中,很多案件都是在辩方未对控方证据提出异议的情况下,法官仍主动指出控方证据不足之处,并指出"合理怀疑"是什么,为何无法排除这些怀疑。即便在法官认为达到证明标准的10件适用"排除合理怀疑"标准的案件中,有几件案件法官也明确指出了"合理怀疑"是什么以及为何能够排除。因此,较之看似更严格但实则主要依靠法官内心建构事实的"证据确实充分","排除合理怀疑"除了要求法官从正面进行事实建构之外,还要从反面进行解构,发现证明中的薄弱环节并进行消除性检验,[17]这种正反两方面并行的证据判断,对于法官的实务操作来说,是更为严格的要求,逼迫法官必须反复回头审视事实认定的结论,找出一切可能存在的合理疑点,当然要比以往单向的事实构建更有利于避免因错误认定事实而导致错案。

3."排除合理怀疑"使证明标准的操作更为合理化

以往我国的"证据确实充分"标准过于重视证明标准的客观化,反映在事实认定必须建立在充足数量的证据、证据形成链条、相互之间印证等方面,而不重视甚至忽视司法人员的主观判断,因此,实务中一些类似于法定证据制度

---

[16] 参见魏晓娜:《"排除合理怀疑"是一个更低的标准吗?》,载《中国刑事法杂志》2013年第9期,第63页;卞建林、张璐:《我国刑事证明标准的理解与适用》,载《法律适用》2014年第3期,第20页;杨宇冠、郭旭:《"排除合理怀疑"证明标准在中国适用问题探讨》,载《法律科学》2015年第1期,第159页;等等。

[17] 参见龙宗智:《中国法语境中的"排除合理怀疑"》,载《中外法学》2012年第6期,第137页。

的残余形成了证明中的潜规则,如杀人案件必须有尸体、有作案工具等。[18] 这些潜规则在实务中导致两个极端:一是司法人员为了满足证明要求而违法取证、拼凑证据、肆意解释证据,更容易形成冤假错案,而且一旦形成错案便难以纠正;二是对于一些司法人员确信被告人犯罪,但在案证据不能达到“确实充分”程度的,就无法给被告人定罪。可见,过于偏重客观性的证明标准显然是不合理的,法官判断证据、认定事实是一个复杂的过程,除了要有一定数量的证据外,还需要进行一些“可以言说”的逻辑推理,乃至一些“不可言说”的直觉、想象、偏好等,都在发挥作用,因此,如果在证明标准方面单纯要求证据数量、形成链条、相互印证、结论唯一等能够客观外显的因素,而忽视了法官的主观因素,必然会导致不合理的裁判结果。而“排除合理怀疑”是一个主客观统一的标准,在运行良好的情况下,[19]既能最大限度地防范冤假错案,又能尽可能地避免放纵犯罪,化解了“证据确实充分”所导致的过于僵化的诸多潜规则的不合理性。从前述案例中也可看出这一变化,在法官认为证据达到“排除合理怀疑”标准的10件案件中,部分案件的审判法官已经不再追求结论的唯一性,而是着力论证何以能够“排除合理怀疑”或本案中辩方所提的“怀疑”为何不合理,而这些案件若是严格依“证据确实充分”的标准,由于结论并非唯一,可能是难以定案的,但通过运用生活经验、逻辑规则进行证据推理,却能够使司法人员对被告人实施犯罪行为形成坚定的内心确信,并且能够说服他人接受这一事实认定结论,从而使证明标准发挥勿枉勿纵的效果,具有更强的合理性。

(二)“排除合理怀疑”在实践操作中的问题

1. 部分法官对于“排除合理怀疑”的理解有偏差

从以上40件案件来看,实践中部分法官对于“排除合理怀疑”的内涵、功能、适用范围等方面的理解有所偏差,如有的法官似乎只将辩方所提出的证据异议视为“合理怀疑”;有的法官则似乎认为只要是疑问就都属于“合理怀疑”;有的法官将证据之间的印证视为“合理怀疑”的排除;有的法官将“排除合理怀疑”同样适用于辩方所举的单个证据;还有的法官将“排除合理怀疑”等同于

---

⑱ 参见杨宇冠:《论死刑案件证明标准之完善——新〈刑事诉讼法〉实施问题思考》,载《清华法学》2012年第3期,第69页。

⑲ 即在能够有效预防法官滥用“排除合理怀疑”标准的前提下,法官的“怀疑”是否合理需要客观证据支持,而客观证据也需要进行主观证成,从而形成主客观的交互作用的过程,最终判定是否存在合理怀疑、该合理怀疑能否被排除。参见张威:《论排除合理怀疑的动态界定》,载《中国刑事法杂志》2014年第2期,第71页。

“得出排他性的唯一结论”;等等。这些有所偏差的理解可能主要是由于“排除合理怀疑”入法时间较短,且属于外来词,我国法官虽对其并不陌生,但理解并不深刻。当然这种理解偏差并不一定会导致法官所办理的案件产生瑕疵,但必然会影响“排除合理怀疑”的实施效果。因此,从学理上澄清“排除合理怀疑”的确切含义、适用范围、适用方法是很有必要的。对于“排除合理怀疑”的理解来说,关键在于厘清何谓“合理怀疑”,这一点似乎较有难度,从“排除合理怀疑”的发源地英美来看,对于何谓“合理怀疑”也并无确定的答案,在司法实践中法官的指示和定义各不相同,而学者的主张同样五花八门。[20] 但能够达成一致意见的是,无论如何解释“排除合理怀疑”,这都是一个非常高的证明标准,而且它并不是要求排除一切怀疑,只是要排除确有理由、确有根据的怀疑,而非无中生有、主观臆测的怀疑。因此,应根据我国司法人员的思维习惯,将“排除合理怀疑”的主旨思想深入浅出的普及,防止因理解的偏差而影响适用。

2.“排除合理怀疑”适用的广度和深度均不足

可能正是因为法官对“排除合理怀疑”的理解和接受程度不足,导致“排除合理怀疑”的适用范围和深度均有所不足。在如上20件法官在裁判文书中明确引用“排除合理怀疑”证明标准的案件中,实际上有几个案例仅仅是对该标准的文字引用而已,并未真正适用该标准进行证据判断,至少从裁判文书中反映不出这一点,而是与以往裁判文书中“证据确实充分”标准的表述、论证方式相同,尤其是在10件法官认为达到“排除合理怀疑”标准的案件中,如董某、王某琪盗窃案,马某德贩卖、运输毒品案,舒某华贩卖毒品案,谢某伟、谢某根受贿案。在这些案件中,法官未根据“排除合理怀疑”的解构要求从反面寻找“合理怀疑”,而仅是套用以往通行的格式化语句“某某事实有某某证据证明”“证据之间相互印证”,直接过渡到“能够排除合理怀疑”的结论,因此仍是只注重正面的事实建构的思维过程,而忽视了“排除合理怀疑”通过反面解构而具有的发现错误、纠正错误功能,实际上并未真正适用“排除合理怀疑”标准。而在剩余案件中,虽然法官付诸更多的主观性因素,根据辩方所提出的证据异议或根据自己的主观判断而指出是否存在“合理怀疑”,并论证“合理怀疑”为何能够排除,但总体上看,法官对于这些“合理怀疑”究竟是否“合理”,以及为何能

[20] [美]拉里·劳丹:《错案的哲学——刑事诉讼认识论》,李昌盛译,北京大学出版社2015年版,第37~59页。

够排除这些“合理怀疑”的论证都不够深入,存在一些逻辑跳跃,说服力不足。如在贺某民、贺某贩卖毒品案中,法官认为贺某民虽不承认认识宋某、孙某(两位毒品买家),但通过他们之间的通话记录来看(当日通话二次,相隔一二十分钟,先被叫后主叫),符合贺某民供述的贩毒方式,所以仍认定这两次贩毒事实。问题在于,由通话记录反映的贺某民与二人的联系方式,能排除贺某民并未贩毒给二人的合理怀疑吗?如果说能排除的话,也仅能排除贺某民所提出的不认识二人的合理怀疑,而不能仅根据通话记录就认定贺某民贩毒给二人,因为依然存在贺某民认识二人但并未贩毒、相反是这二人提供毒品给贺某民并推卸责任给贺某民、三人共同贩卖毒品且宋和孙二人推卸责任给贺某民等多种合理怀疑,这些合理怀疑岂是通话记录所能排除的?如此认定事实并对被告人定罪,又岂能让被告人和其他社会公众信服?因此,从实践案例来看,法官对“排除合理怀疑”标准的适用范围、适用深度均不足,可能会减损“排除合理怀疑”标准的实效。

3.“排除合理怀疑”适用的随意性较大

除了适用的范围和深度之外,“排除合理怀疑”标准在实践中适用的随意性较大,类似的案件中法官对于是否存在“合理怀疑”,怀疑是否“合理”,是否能被排除的思考方式、论证方式有较大差别,导致裁判结果也大相径庭,如在贺某民贩卖毒品案与徐某佐运输毒品案中,前案法官认为根据贺某民与二人之间一来一往的通话记录可以认定贺某民贩毒给二人,能够排除合理怀疑;而后案法官则认为手机语音详单、旅馆住宿清单等证据仅能证明徐某佐从广东至宁波的在途运行轨迹,不能证明徐某佐携带毒品至宁波市,不能排除合理怀疑。可见在情节、证据类似的案件中对于是否存在“合理怀疑”的判断似乎并无客观标准可言。再如在贺某民贩卖毒品案与王某军贩卖毒品案中,前案用于证明贺某民向赵某某贩卖毒品的事实的证据除了赵某某本人的证言外,还有证人郭某的证言,因此法官认为不存在“合理怀疑”;而后案中证明王某军向赵某平贩卖毒品的证据仅有赵某平本人证言,法官则认为存在赵某平说谎的“合理怀疑”,并对此次贩卖行为未予认定,将“合理怀疑”的存在与否完全取决于证言是否属于“孤证”,而忽视了对其他证据的考虑或对证言的审慎判断(如通知证人出庭而通过询问审查证言的真实性),显然并不符合证明规律。综上可见,实践中对于“排除合理怀疑”的判断并无“一般套路”,而是近乎因人而异,甚至有些随心所欲的趋向。这种情形可能是由于在我国引入“排除合理怀疑”之初,部分司法人员认为这种证明标准就是纯粹依赖主观判断,而忽视了“排除合理怀疑”依然要建立在一定的客观证据基础上。因此,在“排除合理怀疑”的实施方面,应有一定的客观化标准,防止实践中矫枉过正而单纯强调主观判断却忽视了客观基础。

三、提高“排除合理怀疑”标准实效的证据法与程序法路径

从以上的实证分析可见,“排除合理怀疑”标准对我国刑事证明标准的实务操作带来了一些积极影响,有利于促进心证公开、防止冤假错案,但是,从实践中也发现这一标准的运用尚且存在一些问题,使其实效只能有限的发挥。出现这些问题的原因是多方面的,其一是“排除合理怀疑”入法的时间尚短,而且该标准缺乏具体化指标,所以还需一段时日司法人员才能更好地理解这一标准;其二在于我国司法人员的证据推理能力距离适用“排除合理怀疑”的要求还有一定差距,所以在适用时显得较为生硬,缺乏庖丁解牛式的证据分析;其三是由于庭审实质化依然未能完全实现,尚且缺乏适用“排除合理怀疑”的诉讼制度空间,由以上实证研究中发现的部分法官虽在裁判文书中引用“排除合理怀疑”,但证据分析与以往并无区别、部分法官对于“合理怀疑”依然缺乏论证、对证据中“合理怀疑”的发现均来自控方案卷等情况都反映出这一点,因为正是缺乏实质化庭审、法官难以真正独立裁判,才只有根据指控事实是否有案卷证据证明、证据之间是否印证来判断是否“排除合理怀疑”,而且这样也可以使事实认定结论在行政化的裁判生成机制中顺利过关。因此,为了提高“排除合理怀疑”的实效,应从证据法和程序法方面以若干措施奠定“排除合理怀疑”标准的适用土壤,使其成为更本土化、可适用性更强的证明标准。故此处从“排除合理怀疑”标准的具体化、法官的证据推理能力、庭审的实质化等几个方面对如何提高“排除合理怀疑”的实效进行探讨。

(一)“排除合理怀疑”的具体化

我国目前“排除合理怀疑”标准适用状况不甚理想的一个重要原因在于虽然《刑事诉讼法》纳入了“排除合理怀疑”,但对于如何操作该标准未置一词,所以才导致司法人员对“排除合理怀疑”理解的偏差,适用的随意性较大。因此,应将“排除合理怀疑”标准具体化,使司法人员更好地把握其内涵,实务界也有

人提出,应以指导性案例等形式加强对“排除合理怀疑”适用的示范作用,可见此举确有必要。㉑

然而,如何将“排除合理怀疑”具体化,似乎是一个不易解决的难题,因为任何案件的事实认定都存在一定的不确定性,那么何种不确定性属于这里的“合理怀疑”,何种不属于呢?正是因为这个问题的复杂性,在实行“排除合理怀疑”的英美,才会出现对“排除合理怀疑”的形形色色的解释,以及对是否应解释“排除合理怀疑”的不同态度。㉒ 美国联邦最高法院甚至都放弃了对“排除合理怀疑”进行解释的努力。㉓ 而在已有的各种解释中,最常见的却是从“排除合理怀疑”的宗教根源出发而将其解释为“良心的怀疑”“道德确信”“道德决定”等富有宗教色彩的抽象概念,㉔然而,单纯将“排除合理怀疑”付诸陪审团的“良心”“道德确信”等抽象概念,难以应对司法实践需求。英美的陪审员对“排除合理怀疑”的概念往往感到困惑,因此虽然法官可以对“排除合理怀疑”的意义进行指示,但陪审员却并未如法官所愿适用该标准。曾有学者通过实证研究发现,在间接证据对被告人有罪和无罪的证明显示可能性各占一半时,有23%的陪审员认为仍应给被告人定罪!㉕ 由此可见,即便在“排除合理怀疑”适用历史较长的英美,该标准的抽象化依然导致其适用存在很多问题。在我国,虽然刑事诉讼实行的是专业法官主导审判模式,但若不将“排除合理怀疑”标准进行相对的具体化,同样会导致该标准的适用产生若干问题。如目前有部分司法人员认为“排除合理怀疑”是降低了以往的刑事诉讼证明标准,就是容易产生的误解之一,会导致定罪的扩大化、随意化。上述20件适用“排除合理怀疑”标准的案件中,多数法官都并未对其认为的“合理怀疑”究竟是否“合理”进行论证,也反映出法官对于“合理怀疑”概念的理解可能有不当之处。

对“排除合理怀疑”标准的具体化,应当立基于一个前提,即将“排除合理

㉑ 参见潘志勇:《排除合理怀疑不等于证据确实充分》,载《中国检察官》2015年第4期,第56~57页。

㉒ 参见赖早兴:《美国刑事诉讼中的“排除合理怀疑”》,载《法律科学》2008年第5期,第165~166页。

㉓ 参见王戬:《论“排除合理怀疑”证明标准的中国意义》,载《华东政法大学学报》2015年第6期,第107页。

㉔ 关于英美法中“排除合理怀疑”的宗教起源问题,可参见[美]詹姆士·Q. 惠特曼:《合理怀疑的起源——刑事审判的神学根基》,佀化强、李伟译,中国政法大学出版社2012年版,第41~80页。

㉕ 参见肖沛权:《排除合理怀疑及其中国适用》,载《政法论坛》2015年第6期,第55页。

怀疑”与防止冤案紧密结合。从英美法系“排除合理怀疑”标准的发展历程来看,始终是将“排除合理怀疑”与避免惩罚无辜者、无罪推定原则联系在一起的,除非国家能够排除合理怀疑的证明被告人的罪行,否则就不应对任何人施加惩罚,所以“排除合理怀疑”是对国家刑罚权的诸多限制之一。这就要求无论是专业的还是非专业的裁判者,都要以质疑的眼光来审视各种证据,以防止错判。[26] 因此,英美法学者无论对“排除合理怀疑”具体内涵、适用范围的理解有何不同,但对“排除合理怀疑”标准旨在防止错罚无辜这一点却是一致赞同的。[27] 所以,我们对“排除合理怀疑”的具体化也应以防止冤案为出发点。

从规范角度看,“排除合理怀疑”标准的具体化,就是通过对“排除”“合理”“怀疑”的解释,使这几个术语的概念相对明确化,由此对司法人员的实务操作发挥指引作用,避免“排除合理怀疑”因过于主观化而成为随意裁判的遮羞布。以防止冤案为出发点,适当借鉴英美对“排除合理怀疑”的各种现有解读,并结合我国既往的证据审查判断思路以及语言习惯,可从以下几个方面对“排除合理怀疑”进行具体化解决:

1.“怀疑”的种类

美国有学者认为,“怀疑”一词在某种程度上是含混不清的,因为它既可能是一种客观的“怀疑”(如所有观察者都可能持有的怀疑,与特定观察者的内在焦虑无关),也可能是主观的“怀疑”(特定人心理上的主观状态,对行动的犹豫不决,对后果未卜的一种焦虑)。[28] 的确,在刑事证明标准中,“怀疑”究竟包括哪些怀疑是应当澄清的问题,否则就会使法官产生一些不当认识,如认为只有控辩双方提出异议的才形成怀疑,或认为只有全案证据中才存在怀疑而单个证据不存在。按照我国以往的“疑点排除”方法及“排除合理怀疑”的通常释义,“怀疑”包括以下种类,无论这些“怀疑”是控方或辩方提出的,还是法官自行发现的:

(1)客观性怀疑与主观性怀疑。客观性怀疑即证据存在的客观性疑点,无须进行主观上的复杂推理即可发现,如不同证人之间的矛盾性陈述。主观性

---

[26] See Pamela R. Ferguson, The Presumption of Innocence and Its Role in The Criminal Process, 27 No. 2 *Criminal Law Forum*. 147 - 158(2016).

[27] See Patrick Tomlin, Could the Presumption of Innocence Protect the Guilty?, 8 No. 2 *Crim Law and Philos*, 2014, p. 434.

[28] 参见[美]詹姆士·Q. 惠特曼:《合理怀疑的起源——刑事审判的神学根基》,佀化强、李伟译,中国政法大学出版社2012年版,第319页。

怀疑即证据在外观上并无疑点,但裁判者仍然在主观上认为存在的疑点,如虽然证据之间相互印证,但法官仍认为被告人不太可能是真正的罪犯。我国以往的证明标准判断过于重视客观性怀疑的排除而忽视主观性怀疑的排除,而“排除合理怀疑”则要求无论是客观性还是主观性怀疑,只要是合理的且对定罪量刑有影响,均应予以排除才能定案。

(2)单个证据的怀疑与全案证据的怀疑。单个证据的怀疑即对单个证据的真实性、关联性产生的怀疑;全案证据的怀疑即综合全部在案证据之后,对某个事实认定结论产生的怀疑。由于我们以往的刑事诉讼实践中普遍的案卷审理模式,缺乏对单个证据证明力进行有效审查的方式,久而久之对单个证据在事实认定中的作用就有所忽视,甚至有实务界人士认为“合理怀疑”不适用于单个证据的审查判断,[29]这显然是对“合理怀疑”的不当限缩。单个证据中当然也存在“合理怀疑”,尤其是那些对定罪量刑至关重要的证据,其真实性、关联性都会构成“合理怀疑”,影响事实认定的结论。所以,“合理怀疑”既包括对单个证据的判断所产生的怀疑,也包括综合全案证据产生的怀疑。

(3)逻辑性怀疑与经验性怀疑。逻辑性怀疑即证据推理中在逻辑规则方面存在的疑点,经验性怀疑即证据推理中经验性前提方面存在的疑点。逻辑性怀疑通常是证据推理中违背形式逻辑推理规则(如每个三段论只能有三个不同概念、中项必须至少周延一次、两个否定前提推不出结论等)或非形式逻辑规则(普遍使用的是加拿大逻辑学家约翰逊和布莱尔提出的,一个好的论证应符合的三个具体规则:其一,前提必须与结论相关;其二,前提必须给结论提供充分支持;其三,前提必须可接受)而产生的疑点,一般比较容易发现。而经验性怀疑则不那么容易发现,因为证据推理中多数都是以基于生活经验而产生的盖然性前提作为推理基础,[30]所以该经验前提在是否具有高度盖然性、是否能够作为推理前提方面都可能产生疑点。在证明标准的判断中,必须排除这两类怀疑,特别要注意排除以纯粹的偏见、臆测作为推理基础的经验性怀疑。

2. 何谓“合理”

相对于“怀疑”来说,何谓“合理”可能更复杂一些,因为对于事实认定来说,任何方面都可能存在怀疑,如果要求在刑事诉讼中排除所有怀疑,是根本

[29] 参见杨斌:《正确界定“合理怀疑”的内涵》,载《检察日报》2016年7月27日,第3版。

[30] 参见[美]威廉·特文宁:《反思证据:开拓性论著》,吴洪淇等译,中国人民大学出版社2015年版,第339页。

不现实的,所以只能退而求其次要求排除"合理怀疑"。然而,即便在英美,对于"合理怀疑"也并无统一定义,法官反倒习惯于告诉陪审团什么不是"合理怀疑",一个标准的指示如下:

> 所谓能够排除一切合理怀疑的证据,并非指州政府必须完全证实其指控毫无疑点……也不是说州政府必须证实其论控中的核心本质毫无任何可能怀疑的地方,完全不是这些意思……并非任何或所有疑虑都能让被告享有特权……如果你们的合理怀疑已经被排除而相信了被告的罪嫌,你们所作的宣誓要求你们必须作成被告有罪的判决。

法官更进一步强调,"合理的怀疑并非不确定的怀疑,好像骨子里就有一种莫名的疑虑,它比那种出于猜测或可能性的感受更明确"。虽然有这些指示或解释,但据此界定"合理怀疑"究竟包括哪些怀疑依然很困难,以至于美国联邦最高法院不愿对该词语进行任何解释,而下级法院法官对此颇有微词,如美国第二巡回上诉法院的乔·纽曼法官所言:"我发现这实在相当令人不安,我们竟然使用一种大家都认为越解释会越模糊的准则。"㉛

我国《刑事诉讼法》及司法解释并未对"合理怀疑"作出定义,立法说明等资料也未对其进行解释。学界对"合理怀疑"既有正面的定义,也有反面的解释。前者如"合理怀疑必须以事实为根据……必须要有证据证明,即怀疑有据",㉜"(合理怀疑)是基于推理和常识(的怀疑),而这些推理和常识必须合乎逻辑地建立在证据基础之上";㉝后者如我国台湾学者李学灯所作的列举:"(1)非任意妄想的怀疑;(2)非过于敏感机巧的怀疑;(3)非仅凭臆测的怀疑;(4)非吹毛求疵,强词夺理的怀疑;(5)非于证言无徵的怀疑;(6)非故为被告解脱以逃避刑事责任的怀疑;(7)如果属于以上各种的怀疑,即非通常有理性的人,所为合理的、公正诚实的怀疑。"㉞

因此,结合上述不同类型的解释,根据我国司法人员的理解习惯,可从以

㉛ 参见[美]亚伦·德肖维茨:《合理的怀疑:从辛普森案批判美国司法体系》,高忠义、侯荷婷译,法律出版社2015年版,第58~59页。

㉜ 参见樊崇义:《客观真实管见——兼论刑事诉讼证明标准》,载《中国法学》2000年第1期,第115页。

㉝ 参见卞建林、张璐:《我国刑事证明标准的理解与适用》,载《法律适用》2014年第3期,第18页。

㉞ 参见李学灯:《证据法比较研究》,五南图书出版股份有限公司1992年版,第667页。

下正反两方面界定“合理怀疑”中的“合理”：

(1)从反面来看，“合理怀疑”不是毫无根据、凭空想象、纯粹臆测的怀疑，也不是所有可能存在的怀疑，否则就没有任何案件能够“达到”证明标准，因为正如辛普森案件主审法官伊藤所言：“任何与人相关的事物都存在某种可能或想象的怀疑。”㉟因此，如果将“合理怀疑”等同于所有能够想象出来的怀疑，那么任何案件中的怀疑数量都是无穷无尽的，也不可能全部排除，所以任何案件也不可能达到证明标准，这一点是必然的。

(2)从正面来看，“合理怀疑”是指那些有证据支持的、有合理线索的、符合生活经验的、符合逻辑规则的怀疑，也就是说，“合理怀疑”必须有所根据。国外有学者将“合理怀疑”界定为“(被告人)无辜的合理可能性”，即“根据案件中的某种证据，或某种证据的缺失，运用理性和常识而发现的被告人无辜的可能性”，㊱这种界定强调怀疑的产生必须有证据及其推理作为依据，正如国外其他学者所指出的，“合理怀疑”并不是指所有怀疑，而是指能够有理由支持的怀疑，而该理由之所以合理是因为拥有或缺失某种证据。但无论如何，合理怀疑不是纯粹的妄想或揣测，也不能成为推脱某项艰难任务的借口。㊲ 然而，实践中常有这种情形，即司法人员只是“感觉被告人不可能犯罪”，但也没有具体的证据支持这种感觉。即便如此，也不能说这种感觉就一定是毫无根据的，因为这种感觉往往也是根据情态证据(被告人、被害人等的情态表现)、生活经验、日常情理等而形成的，所以依然是有所根据的。总之，各类怀疑都应当做到“言之有据”，才能使怀疑“合理”。

3. 如何“排除”

在英文中，“排除合理怀疑”的原词是“beyond a reasonable doubt”，“beyond”在此处是作为介词使用，指“超越”“超过”之意，㊳所以按照汉语的理解，“beyond a reasonable doubt”本义应为“已经不存在合理怀疑”的意思，我们

㉟ 参见[美]亚伦·德肖维茨：《合理的怀疑：从辛普森案批判美国司法体系》，高忠义、侯荷婷译，法律出版社2015年版，第60页。

㊱ See Arnold H. Loewy. Taking Reasonable Doubt Seriously, 85 No. 1 *Chicago-Kent Law* Review. 2010, p. 70 .

㊲ See H. Richard Uviller. Acquitting the Guilty: Two Case Studies on Jury Misgivings and the Misunderstood Standard of Proof, 2 No. 1 *Criminal Law Forum*. 1990, p. 34.

㊳ 正因如此，我国台湾地区的多数文献中，仍将“beyond a reasonable doubt”翻译为“超越合理怀疑”。参见陈志龙：《超越合理怀疑与证据证明》，载《台北大学法学论丛》2009年第3期。

是按照语言习惯而将其翻译为“排除合理怀疑”,但这里的“排除”应等同于“不存在”之意,也即对于“合理怀疑”,既可能是原本就不存在,也可能是原本存在,但后来又将其消除并达到“不存在合理怀疑”的状态。因此,如果发现案件证据原本就不存在“合理怀疑”,当然就是“排除”了“合理怀疑”,可以给被告人定罪量刑。但即便发现案件存在“合理怀疑”,也不意味着就一定不能给被告人定罪,如果能够通过证据证明、逻辑推理、经验判断而推翻“合理怀疑”,或将原本认为“合理”的怀疑重新认定为“不合理”,就是“排除”合理怀疑的过程,如果无法排除,就说明案件无法达到证明标准;反之则说明案件能够达到证明标准。

但对于“排除”,以下两个问题需要注意:

(1)虽然“排除”除了可以通过证据证明外,还可以通过逻辑推理、经验判断方式证明,但前述怀疑种类中的客观性怀疑、单个证据及全案证据的怀疑都需要以证据证明的方式进行排除;大部分的主观性怀疑也需要以证据证明方式进行排除。逻辑推理、经验判断方式可以用于排除上述逻辑性和经验性怀疑,即通过对证据重新推理而对认为存在疑点的推理过程进行验证,或重新检视用于推理的经验前提,当然这些怀疑也可以用证据证明方式排除,如提供证据证明虽然推理过程或据以推理的经验前提存疑,但结论却是真实的。所以,对于“合理怀疑”的“排除”来说,以其他证据进行证明是主要方式,而逻辑推理和经验判断只能用于排除部分推理链条和前提中的合理怀疑。

(2)控方对证据疑点进行的随意解释,不能视为对合理怀疑的“排除”。在实践中,当出现有利于被告人的疑点时,控方常作出毫无根据的解释,从而使这些重大疑点被掩盖,并导致错案。如安徽的于某生杀妻案中,在死者身上发现了不属于于某生的精液,本来这是一个能够排除于某生杀人的重大合理怀疑,但警方却单方面解释说这是于某生为混淆侦查视线而用捡到的避孕套中的精液撒到死者身上的。[39] 国外也有类似的警方任意解释证据并造成错案的例子,如美国的玛丽莲·谢普德命案中,死者丈夫萨蒙·谢普德被警方列为嫌疑人,但在现场不远的一处山丘找到了一个布袋,里面有死者家中的一些财物,这本来构成了一个其他人抢劫杀人的重大合理怀疑,但警方却解释道:这

---

[39] 参见《安徽“杀妻”冤案当事人于英生:“我从天堂坠入地狱又从地狱爬回人间”》,载凤凰新闻网:http://news.ifeng.com/a/20150123/42999810_0.shtml,最后访问日期:2015年1月23日。

是萨蒙·谢普德伪造的抢劫现场,因为真正的劫匪不会那么快就丢弃赃物![40]再如麦克马丁七人案中,被害人因被猥亵而患有淋病,但警方对犯罪嫌疑人勃纳德的体检却发现其淋病反应为阴性,也未查出其既往淋病史,所以警方解释说,因为患有淋病是丢人的,所以勃纳德可能是通过一些秘密治疗的途径治愈了其淋病。[41] 可见,对"合理怀疑"的任意解释是极其危险的,很容易导致错案。对"合理怀疑"的排除只能通过如上所述的证据证明、逻辑推理、经验判断方式,而且即便通过经验判断方式排除合理怀疑,也必须是以普遍可接受的日常经验作为前提进行推论,而不能随意以毫无根据的臆测、想象去解释证据疑点,使影响事实认定的"合理怀疑"被掩盖。

(二)注重提高法官的证据推理能力

对于证明标准的适用来说,法官的证据判断能力当然是非常重要的因素。在证据的审查判断和事实的认定过程中,证据推理是基础部分,因为事实认定的过程是依据全部证据来推导案件事实的过程,本质上是一种推理。[42] 我国的刑事证明长期以来实行所谓"印证模式",只重视证据之间的外部印证,而不重视根据证据进行的推理过程,似乎通过印证就可以完成事实认定任务。但这是一种过于理想的预设,即便案件中有相当数量的证据,甚至相当数量的相互印证的直接证据,也未必就能直接认定事实,多数情况下还要进行推理才能探知案件事实,遑论很多案件中仅有间接证据,就更需要通过复杂的推理过程才能认定案件事实。印证作为一种证明方法,主要用于解决证据的真伪问题,并不能回答如何从证据推理出案件事实的问题,甚至有些证据真伪问题都不能仅靠印证方法解决,还需要进行证据推理才能作出真伪判断。因此,对于我国法官来说,提高证据判断能力的关键在于提高证据推理能力。

从前述40件案件中法官适用证明标准的情况来看,也能反映出我国刑事法官的证据推理能力的确有待加强。如在前20件案件中,多数法官还是从"事实有证据证明"或"证据相互印证"的角度论证案件达到证明标准,对于从证据到事实之间的推理过程却极少交代;而后20件案件中适用"排除合理怀疑"的10件案件,虽然法官对于案件中的"合理怀疑"是什么作出了更为明确

---

[40] 参见[美]胡佳:《美国8大冤案》,作家出版社2007年版,第262页。

[41] 参见[美]胡佳:《美国8大冤案》,作家出版社2007年版,第357页。

[42] 参见封利强:《司法证明过程论——以系统科学为视角》,法律出版社2012年版,第320页。

的交代,但对于该怀疑是否真的“合理”却缺乏论证,同样体现出法官缺乏对“合理怀疑”的推理论证能力(当然部分法官可能是不愿将这种推理公开)。另外,法官对于案件是否达到“排除合理怀疑”的判断也有较为随意之处,如前所述,在两个情节类似的案件中不同法官对于是否能够达到“排除合理怀疑”的判断截然不同,说明至少有一位法官在证据推理方面存在问题,才会导致大相径庭的结果。因此,为了使“排除合理怀疑”标准更好地得以适用,应提高法官的证据推理能力,使法官能够更好地发现“合理怀疑”、排除“合理怀疑”。

那么,证据推理能力包括哪些方面呢?笔者认为,所谓提高法官的证据推理能力,也即要求法官能够掌握证据推理的逻辑规则,合理运用推理中的经验前提,并正确构建证据推理链条,具体而言:

1. 掌握证据推理的逻辑规则。证据推理中既要运用形式逻辑,更要运用非形式逻辑。前者包括传统的演绎逻辑、归纳逻辑、类比逻辑;后者则是近年来在逻辑学界兴起的一个新的逻辑学分支,之所以称之为“非形式”的,是因为它具有如下两个特点:(1)它不依赖于形式逻辑的主要分析工具——逻辑形式的概念;(2)它不依赖于形式逻辑的主要评价标准——有效性。非形式逻辑推理是一种非单调推理,即如果新的事实与前提没有矛盾,那么原结论可能不成立,所以也常称之为“似真推理”。㊸ 在证据推理中,形式逻辑的运用占少数,而非形式逻辑的运用占多数,因此必须在证据推理中遵循形式逻辑、非形式逻辑的推理规则,如前述形式逻辑的每个三段论只能有三个不同概念、中项必须至少周延一次等规则;非形式逻辑的相关性—充分性—可接受性规则,不遵守推理规则就可能无从发现“合理怀疑”,或者对“合理怀疑”是否能够排除作出错误判断。

2. 合理运用经验前提。在证据推理中,由于多数情形下要运用非形式逻辑,非形式逻辑推理的前提并非全称判断,而是非全称判断的似真前提,通常是基于人类共同生活而发展出的经验规则。如果在证据推理中随意运用经验前提,就会得出不当的甚至错误的结论,无法消除合理怀疑,从而影响事实认定结果。因此,只有在一定盖然性区域的经验才能作为证据推理的前提,而这个区域并无固定边界,需要由裁判者根据普遍经验、个案情况进行裁量,这就

㊸ 参见纵博:《论诉讼证明中的逻辑和经验》,载《新疆大学学报》(哲学人文社会科学版)2016年第2期,第76页。

要求法官必须具有对经验前提进行筛选的能力,能够将那些纯粹的偏见、想象、盖然性较低的个人体验等排除在经验前提之外,而仅将那些盖然性较高、广为接受的群体性经验作为推理前提,并且要求当事人在必要时对经验举证证明,从而排除推理前提方面的合理怀疑。

3. 正确构建证据推理链条。所谓推理链条,即从证据到事实之间一环扣一环的完整推理过程,之所以要求推理链条要完整,就是为了防止在认定事实过程中随意的思维跳跃,从而使证据推理环节中的合理怀疑被掩盖。这就要求法官在认定事实时必须按照推理步骤严谨思考,而不得仅凭直觉、感觉、想象简单得出结论,并且还应在裁判文书中将推理链条公开。只有在心证形成中具备完整的、公开的推理链条,才能对可能存在的合理怀疑进行全面"排查",防止在思维跳跃中使合理怀疑被遗漏。

(三)庭审实质化改革的推进

我国以往的庭审在很大程度上是虚化的,表现为举证、质证、认证、裁判方面都相当的形式化,导致审判只是对侦查的结果进行形式化检验,甚至沦为侦查结果的橡皮图章。[44] 在虚化的庭审中,"排除合理怀疑"标准是难以发挥实效的,因为在证人、鉴定人等不出庭,辩方举证不足,法官认证实行"暗箱操作"的情况下,是难以发现证据存在的"合理怀疑"的,那些可能导致错误认定事实的"合理怀疑"极易潜藏在冷冰冰的案卷中,并在庭审的快速形式化流程中被忽略。因此,为了保障"排除合理怀疑"标准的实效,必须加强庭审的实质化,[45]通过直接言词原则的贯彻、法官对控方证据进行实质性检验、举证质证及认证的实质化、证据调查程序的严格化,使法官具有更多发现"合理怀疑"的机会,从而避免错误认定事实。

目前正在进行的司法改革已经将庭审实质化作为重要内容之一,各级司法机关也在进行积极的探索,并且取得了一定的成效,从庭审实质化的改革效果来看,确实对于促进"排除合理怀疑"的实效产生了积极的作用。笔者曾经跟随导师参加过四川省成都市中级人民法院的庭审实质化改革试点工作,在一个样本案件的庭审中,由于出庭证人作出了与庭前不一致的证言,使本来难以发现的"合理怀疑"被充分呈现,也使本已看似铁板钉钉的裁判结果发生了

---

[44] 参见何家弘:《刑事庭审虚化的实证研究》,载《法学家》2011 年第 6 期,第 124 ~ 129 页。

[45] 参见肖沛权:《排除合理怀疑及其中国适用》,载《政法论坛》2015 年第 6 期,第 62 ~ 63 页。

反转,这充分体现了实质化庭审对"排除合理怀疑"实效的促进作用。但从在实质化庭审中充分发挥"排除合理怀疑"的实效这一目标来看,尚需进行以下一些努力:

首先,应完善案件分流程序和庭前准备程序。通过案件分流程序,将司法资源合理分配至控辩存在重大证据及事实争议的案件;充分利用庭前会议制度,整理证据及事实争点,使法官能够将注意力集中于有争议的证据及事实,从而更好地发现可能存在的"合理怀疑"。

其次,对举证、质证方式进行改革。在能够较为普遍地实现关键证人、鉴定人出庭之后,如何进行人证的质证是需要解决的问题,如果没有有效的人证质证程序,即便证人、鉴定人出庭,也无法有效地发现"合理怀疑"。为此,应当对证人、鉴定人询问规则、被告人讯问规则进行一定完善,在现有的轮替询问(讯问)基础上,对书面证言(口供)笔录的采纳问题进行更为严格的规范,对询问(讯问)程序及规则、共同被告人质证规则、对质规则、诱导性问题等具体规则进行更符合我国诉讼制度的改革和完善。在实物证据的举证质证方面,也应对举证质证方式、范围、证据展示的形式等进行严格规范。另外,对于各种新类型证据,如心理学证据、行为科学证据、社会学证据、统计学证据等,要设置相应的举证质证规则。通过更为严格、科学的举证质证方式,能够更有效地发现证据中存在的"合理怀疑"。

再次,要对当庭裁判作出更严格的要求。庭审的实质化要求法官必须在庭审过程中形成心证、判断是否存在"合理怀疑",因此必须要求法官当庭作出判断,防止通过开庭前或开庭后的默读案卷而形成"暗箱操作"式的心证,同时也防止通过庭后的交流、请示、汇报等审判外方式影响法官的独立心证。

复次,应当强化法官依职权调查取证,扩大审判中的证据来源。法官依职权调查取证是职权主义诉讼制度的特色,但近年来我国法官依职权调查取证有所弱化,这是不符合我国的诉讼传统及现实状况的,由于辩方在庭审阶段披露证据信息的能力不足、控方披露证据信息的客观性不足,我国更需要法官加强职权调查取证,以查明案件事实真相,从而实现积极中立。[46] 法官依职权调查取证,可以拓宽诉讼中的证据范围,更有利于发现"合理怀疑",因为对于诉

---

[46] 参见陈如超:《中国法官刑事审判时的中立类型学》,载《法制与社会发展》2011 年第 3 期,第 55 ~ 59 页。

讼中的事实认定来说,证据越多越好。

最后,要保障法官的独立裁判权。庭审实质化的关键在于法官能够独立根据庭审中对证据的直接感知而形成心证,不受他人干涉或阻碍。对于“排除合理怀疑”的适用来说,就要求独任法官或合议庭必须能够根据庭审中的举证质证过程判断是否存在“合理怀疑”,并据此进行事实认定,而不参加庭审的任何主体,不得对证明标准作出判断。这就要求必须继续推进“让审理者裁判,由裁判者负责”的司法权运行机制改革,保障法官心证的独立性,为“排除合理怀疑”的适用提供必要的独立空间。在保障法官独立行使裁判权的同时,还需要对司法责任制进行科学构建,防止不合理的、过于苛刻的责任制使法官不敢、不愿适用要付诸更多主观判断的“排除合理怀疑”标准。

中国司改上海样本成效实证评估

杨　力　彭　辉　林竹静*

内容摘要:2014 年 9 月 1 日,随着中央深改领导小组审议通过了《关于深化司法体制和社会体制改革的意见及贯彻实施分工方案》、《关于司法体制改革试点若干问题的框架意见》以及《上海市司法改革试点工作方案》,在新一轮中国司法体制改革首批试点中,上海作为唯一直辖市拉开了司改序幕。上海作为这一轮司改的先行先试地区,审慎采取"建构与试错相结合"的方案,借助于鼓励分批次改革试点,探索寻找某一改革方案获得成功的可能条件。改革三年以来,上海"货真价实"地贯彻中央改革意图,打破以往限于"两高"机制性修补所存在的障碍,取得了一系列可复制、可推广的阶段性成果。毫无疑问,作为司改首批试点的突出脚注,上海样本具有十分重要的代表和示范意义,它作为改革"尖兵"一举一动所引起的效应、累积的经验和出现的难题,极为值得做基于实证研究的全面盘点和总结。

关键词:上海　司法改革　法院　检察院　评估

---

* 杨力,上海交通大学凯原法学院教授、博士生导师;彭辉,上海社会科学院法学研究所副研究员;林竹静,上海交通大学凯原法学院博士后。上海市司法改革与成效评估重大课题项目支持。谨向上海市高级人民法院崔亚东院长、贵州省高级人民法院孙潮院长、中共上海市委政法委研究室主任施伟东、上海市高级人民法院研究室主任张新等致谢!

中共十五大报告指出："推进司法改革，从制度上保证司法机关依法独立公正行使审判权和检察权。"司改开始逐渐进入公众的视野，逐步成为人们高度关注的焦点。历经"两高"范围内多年来的机制性司改，中共十八届三中全会又提出了"深化司法体制改革，加快建设公正高效权威的社会主义司法制度"。接下来，中共十八届四中全会在党的最高决策文件中进一步提出了若干推动司法体制改革的重要举措。因此，当下司改的重要性不言而喻，且实际上已成为推动和实现国家治理体系和治理能力现代化的重要构件，随后，中国司法体制改革的总体规划、具体方案等陆续出台。2014 年 6 月，中央开始部署实施《上海市司法改革试点工作方案》；①次月，上海司改试点在全国率先开始启动。经过三年多的努力，中国司改上海样本的预设目标已经基本完成。基于这一背景，对上海司改的整体情况进行全面、中立、科学的评估，归纳和总结可复制、可推广的司改经验，无疑具有十分重大的理论和现实意义。

以下出于方便叙述起见，本课题组主要以对法院实证研究的设计思路和实施过程为主线，描绘和述评上海司改评估的全貌。在此基础上，同时对检察院司改的特殊之处进行进一步述评。评估的目的是客观反映上海司改的主要成就，归纳可复制、可推广的经验，以及提出进一步深化改革的建议。

一、上海司改实证评估的设计思路

（一）评估对象与范围

根据本课题组经过反复论证设计的《上海司法改革推进情况满意度评价指标体系》，本次司改评估主要设计了司法权力运行机制改革 B1、人员分类管理改革 B2、司法公信力建设 B3 等 3 项二级指标；让审理者裁判 C1、由裁判

---

① 2014 年 6 月 6 日召开的中央全面深化改革领导小组第二次会议审议通过的《关于深化司法体制和社会体制改革的意见及贯彻实施分工方案》，在明确深化司法体制改革的目标、原则的基础上，进一步制定了各项改革任务的路线图和时间表。中央全面深化改革领导小组第三次会议审议通过的《关于司法体制改革试点若干问题的框架意见》和《上海市司法改革试点工作方案》，对若干重点难点问题确定了政策导向。根据中央关于重大改革事项先行试点的要求，上海等六省市先行试点，为全面推进司法改革积累经验。其中，上海司法体制改革的试点方案最先出台，其担负的任务尤为繁重，相关改革方案备受瞩目。

者负责C2、司法权监督制约机制C3、司法廉洁监督机制C4、人员分类管理制度C5、法官助理体制机制C6、法官选拔任用制度C7、法官晋升机制C8、法官职业保障制度C9、法官日常考核机制C10、高素质法官培养机制C11、司法公正建设C12、司法效率建设C13、司法透明度建设C14、司法便民建设C15、司法民主建设C16、司法形象建设C17、司法能力建设C18等18项三级指标;制定独任法官、合议庭审判规则及审判人员权力清单D1,规范案件分配、裁判文书签发等审判规则D2,建立专业法官会议制度D3,完善审判委员会工作机制D4等55项四级指标。本课题组即基于这一体系架构进行评估。

(二)评估指标体系

本课题组围绕指标体系,进行过四轮的征求意见和反复修改,又邀请专家对指标体系进行了三轮论证,最终形成了本课题组的《上海司法改革推进情况满意度评价指标体系》。该评估指标体系设计的要点主要包括:

1. 指标体系特点

(1)科学性。指标体系综合运用统计学、社会学、法学等多学科理论,按照科学程式,经反复论证、数易其稿,最终形成目前版本,力求贴近和符合科学性和司法工作实际。(2)系统性。司改推进情况满意度评价指标体系采用了复合指标,是客观指标和主观指标的有机统一,能够客观反映司法工作和外部评价;指标体系所采集的评价数据,既有司法系统内部资料,又有律师群体的评价与判断,符合评估系统性要求。(3)可操作性。从理论研究角度而言,能够反映上海司改的指标很多、体系庞大,就评估实践角度而言,指标体系所选择的司改指标要符合司法改革的工作实际,要能够运用可行的方法对相关数据进行测评。因此,指标体系舍去了不符合司改工作实际及难以测量的指标,符合评估的可操作性要求。

2. 指标体系构成

本项研究以科学性、系统性、可操作性和可比性为原则,构建上海司改满意度评估指标体系。具体思路参见图1。上海司改推进情况的满意度评价指标体系由1项一级指标、3项二级指标、18项三级指标、55项四级指标构成。具体二级指标为司法权力运行机制改革B1、人员分类管理改革B2、司法公信力建设B3;具体三级指标为让审理者裁判C1、由裁判者负责C2、司法权监督制约机制C3、司法廉洁监督机制C4、人员分类管理制度C5、法官助理体制机制C6、法官选拔任用制度C7、法官晋升机制C8、法官职业保障制度C9、法官日常考核机制 C10、高素质法官培养机制 C11、司法公正建设 C12、司法效率建设 C13、司法透明度建设 C14、司法便民建设 C15、司法民主建设 C16、司法形象建设 C17、司法能力建设 C18。

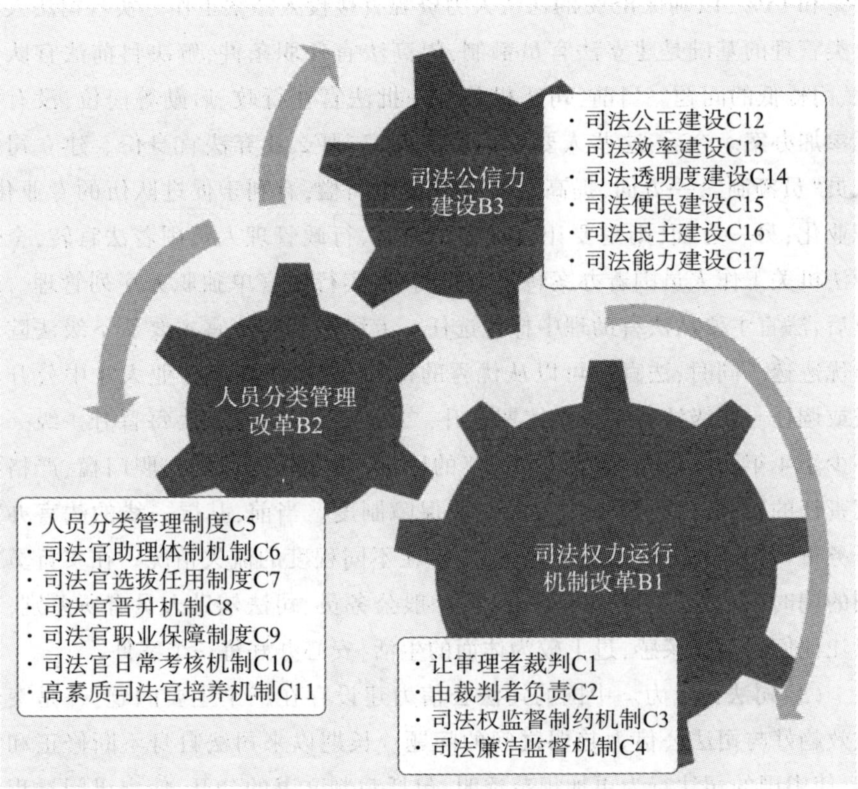

图 1　上海司法改革推进情况满意度评价指标体系

3. 指标说明

(1) 司法权力运行机制改革。司法管理体制是对如何管理司法活动及相关事务的体制设计，司法权力运行机制是对司法权配置、运行及其相互关系的制度性安排。完善司法管理体制和司法权力运行机制，是坚持和完善中国特色社会主义司法制度的必然要求。随着经济社会的快速发展和人民群众司法需求的日益增长，中国司法体制仍然存在一些不适应、不协调的问题，需要不断改革完善。司法管理体制和司法权力运行机制是司法制度的重要内容；完善司法管理体制和司法权力运行机制，是推进国家治理体系和治理能力现代化的客观要求。

(2)人员分类管理。根据试点方案,上海实行法官“员额制”,完善司法人员分类管理制度。具体是将司法机关工作人员分成三类:法官;法官助理等司法辅助人员;行政管理人员。三类人员占队伍总数的比例分别为33%、52%和15%,以确保85%的司法人力资源直接投入办案工作。实行司法人员分类管理的基础是建立法官员额制,提高法官任职条件,解决目前法官队伍大、门槛低的问题。当前,司法机关有一批法官在行政、后勤等岗位,没有实际参加办案。今后,这些人要么选择去办案,要么放弃法官身份。建立司法人员“员额制”,一方面,提高了法官的任职门槛,有利于促进队伍的专业化、职业化;另一方面,则是要让司法辅助人员、行政管理人员围着法官转,全体司法机关工作人员围着办案转。与此同时,实行法官单独职务序列管理。改革后,法官主要从法官助理中择优选任。上级法院的法官主要从下级法院中择优遴选。同时,法官也可以从优秀的律师、法律学者等专业人才中公开选拔或调任。四级法官至三级按期晋升,二级、一级择优选升,每晋升一级一般不少于4年。按照“权责利相统一”的原则,在提高法官的入职门槛、严格办案责任的同时,也要健全法官的职业保障制度。当前,基层一线的法官办案任务重,晋升渠道窄,工资待遇不高,存在不同程度的流失情况。在实行员额制的同时,合理提升法官的待遇,与一般公务员、司法辅助人员有所差别,可以让他们获得尊荣感,过上较为体面的生活,安心办好每一个案件。

(3)司法公信力。中国的司法公信力建设存在三个主要问题:一是案件质效趋好与司法公信力趋弱之间的问题。长期以来司法自身不断修正和完善,使中国的司法行为更加规范透明,包括裁判文书的公开、侦查讯问过程录像、律师会见不在场、指导性案例发布等,客观上使案件质量综合指数上升;但是,许多判决合法不合理、偶然性的冤狱平反、居高不下的涉讼信访,又在相当程度上导致了司法公信力趋弱。二是维权意识增强与权利滥用现象之间的问题。由于诉讼收费降低、立案登记制、行政诉讼法案由放宽以及经济下行的压力,导致法院受理案件的数量屡创新高;但是,当事人透支司法功利主义严重,比如,虚假诉讼、不服从裁判、规避执行、暴力抗法、以信访谋取不正当利益等。三是整体客观评价与局部主观臆断之间的问题。相较于当事人,民众对司法的整体满意度较高,但某些特定案件由于信息不对称,舆论往往呈一边倒的质疑,负能量在很大程度上影响甚至主导司法过程,表现为民众对案件事实的想当然判断,更为从众而产生沸腾的民意,选择性摘取信息和事实强行拼凑,选择以公众道德而不是法律来作为评判是非的标准等。因此,司法公信力的指数评估尤为重要,已成为司改的核心目标所在。

(4)指标确定权重。评价指标体系采用了层次分析法,确定了二级指标、三级指标和四级指标,以及法官和律师两类受访者群体之间的权重。本课题组主要征询了上海市法院系统、上海交通大学、复旦大学、华东政法大学、上海社科院法学研究所等单位的专家意见。最终获得的指标权重结果为:①二级指标权重为:司法权力运行机制改革 B1 为 31.63%,人员分类管理改革 B2 为 28.85%,司法公信力建设 B3 为 39.52%。②三级指标权重为:让审理者裁判 C1 为 26.43%,由裁判者负责 C2 为 29.41%,司法权监督制约机制 C3 为 23.25%,司法廉洁监督机制 C4 为 20.91%,人员分类管理制度 C5 为 14.36%,法官助理体制机制 C6 为 18.31%,法官选拔任用制度 C7 为 17.54%,法官晋升机制 C8 为 14.57%,法官职业保障制度 C9 为 12.23%,法官日常考核机制 C10 为 11.65%,高素质法官培养机制 C11 为 11.34%,司法公正建设 C12 为 19.67%,司法效率建设 C13 为 16.29%,司法透明度建设 C14 为 17.18%,司法便民建设 C15 为 11.35%,司法民主建设 C16 为 10.97%,司法形象建设 C17 为 9.55%,司法能力建设 C18 为 14.99%。③两类社会群体的权重为:法官为 64.05%,律师为 35.95%。

(三)调查对象的选择

毫无疑问,上海的司法体改革不同于以往,表现为一个复杂多维的动态系统工程,人们对改革的认知也必然是多元的。基于法院改革的复杂性,本次评估重点调查了法官和律师两大群体:

1.法官

广大法官是司法改革的参与者和见证者,他们直接参与了司改的各项工作,对司改的内在规律、客观状况和存在问题,都拥有比较深刻的体验和认识,因此更加能够对上海的司改进行评价和判断。同时,该类群体对司改的风险点、突破点和解决方案,常常有与管理层不一样的视角,他们的观点对于进一步完善和深化司改举足轻重。另外,法官群体还会对司改的基本定位、实现路径有“直接需求端”的话语和心理,改革设计者更贴近和掌握这种需要,将会使司改深化方案的设计更切实际和得以落地。基于这一理由,法官是本次调查的基本对象。当然,这类群体评价的不足在于,毕竟是在评估与切身利益相关的事项,不排除可能难以走出“自我评价”的天然短板;同时,毕竟个体的体验和感受又是感性的、零散的和易受情绪和周边环境影响的,因此其判断可能具有片面性和表象性。

2. 律师

法律职业共同体成员里,除了受司改影响最大的法官、检察官外,律师群体与司法机关的高频接触和交往性,决定了其从外部视角评价的客观性和中立性。有的学者指出:"人民司法逻辑对中国律师业发展的挑战,主要表现在三个方面:(1)职业教育和资格考试的大众化倾向;(2)司法为民和大调解对律师职业工作的边缘化;(3)司法行政机关与律师协会两结合的行业管理体制对律师行业自治的束缚。"②因此,律师职业群体在推动司改中的评价和功能都十分重要。截至2016年9月底,上海市的律所总数1453个;律师总数19,950人;合伙所939个;专职律师19,248人;个人所387个;兼职律师702人;外地分所126个。根据这一数据可以判断得出,上海的律师业发展水平较高,律师数、律所数和律师服务的范围和广度,都稳居全国前列。当然,由于律师处理的往往是社会最尖锐的矛盾和冲突,以及由于中国律师的地位相对不高,这一群体可能会对司改给予过高的预期,进而使他们对司改的评估标准过高。

所以,无论是法官,还是律师群体,当被列为上海司改评估的定量研究被试对象时,基于职业、角度、感知度、标准等差异性,都会呈现出独特性与局限性。课题组就是期望通过来自不同视角的评估、分析、整合与解读,尽可能体现出司法与评价的统一度,回避学界对"指标数据来源单一性"的质疑,通过这两类群体对上海司法改革的主观评价和判断(满意度、认同度等),获得多维的、较为接近实际情况的综合判断。

(四)评估实施过程

根据《上海司法改革推进情况满意度评价指标体系》的实施要求和司法改革工作特点,课题组评估的实施过程为:

1. 进行民意调查,收集主观评价数据

本次评估通过科学的调查与统计方法,运用问卷调查方式,收集法官和律师两类群体对上海司法改革的意见和态度倾向等民意调查主观评价数据。

② 季卫东等:《司法改革:制度变迁的路径依赖与顶层设计》,法律出版社2016年版,第317页。

2016年3月底，围绕指标体系内容，评估组设计《“上海司法改革推进情况满意度评价”课题调查问卷》；之后，对法官及律师两类群体进行问卷调查，并于4月底回收问卷。市民问卷调查主要采用多阶抽样的概率抽样方法，结合使用配额抽样，按高院：中级法院：基层法院＝1：2：4的比例抽取，即抽取1个高院、抽取2个中级法院、抽取4个基层法院，共发放800份，有效回收713份，有效回收率89.1%；律师主要采用简单随机抽样方法，在律协网站、律师事务所发放问卷500份，有效回收412份，有效回收率82.4%。

2. 进行工作测评，收集客观评价数据

2016年4月底，围绕指标体系的内容，评估组收集汇总2014年以来相关工作材料，分析与上海司改相关的工作数据，并进行实地走访及数据检验，验证工作统计材料客观性、准确性，分析有关司法改革的工作数据，形成上海司改测评客观评价的数据库。

二、上海司改实证评估的实施过程

（一）上海司改满意度指数

1. 样本分布状况

本研究运用SPSS统计软件对各类型受访群体进行描述性分析，样本数据来源与分布特征参见表1、表2。

表1　上海司法改革推进情况满意度调查样本构成（法官）

类别	基本指标	频数	百分比（%）	类别	基本指标	频数	百分比（%）
性别	男	375	52.6	法律职务	法官	285	40.0
	女	338	47.4		司法辅助人员	301	42.2
年龄	“90后”	73	10.2		司法行政人员	127	17.8
	“80后”	334	46.8	是否入额	是	209	29.3
	“70后”	164	23.0		否	504	70.7
	“60后”	94	13.2	亲属律师职业	是	13	1.8
	“50后”	48	6.7		否	700	98.2

续表

类别	基本指标	频数	百分比(%)	类别	基本指标	频数	百分比(%)
工作年限	1~5年	619	86.9	所在区域	黄浦	222	31.1
	6~10年	31	4.3		徐汇	3	0.4
	11~15年	14	2		长宁	101	14.2
	16~20年	15	2.1		静安	4	0.6
	21~25年	11	1.5		普陀	91	12.8
	26~30年	8	1.1		虹口	1	0.1
	30年以上	15	2		宝山	1	0.1
最高学历	硕士	310	43.5		浦东	40	5.6
	博士	37	5.2		一中院	73	10.2
	本科	354	49.6		三分院/铁分院	81	11.4
	专科及以下	12	1.7		高院	96	13.5

表2 上海司法改革推进情况满意度调查样本构成(律师)

类别	基本指标	频数	百分比(%)	类别	基本指标	频数	百分比(%)
性别	男	269	65.3	最熟悉区域机构	静安	24	5.8
	女	140	34.0		普陀	19	4.6
年龄	“90后”	20	4.9		虹口	16	3.9
	“80后”	175	42.5		杨浦	19	4.6
	“70后”	140	34.0		闵行	27	6.6
	“60后”	46	11.2		宝山	6	1.5
	“50后”	28	6.8		青浦	6	1.5
最高学历	大学专科及以下	9	2.2		松江	13	3.2
	大学本科	266	64.6		嘉定	13	3.2
	硕士研究生	129	31.3		奉贤	9	2.2
	博士研究生	8	1.9		金山	5	1.2
年收入	20万元以下	240	58.3		浦东	129	31.3
	20~50万元	127	30.8		崇明	3	0.7
	51~100万元	26	6.3		一中院	22	5.3
	100万元以上	19	4.6		二分院	13	3.2
最熟悉区域机构	黄埔	31	7.5		三分院	3	0.7
	徐汇	28	6.8		高院	1	0.2
	长宁	25	6.1				

2. 指标得分计算

问卷量表的设计除了个人背景之外有所不同，其他的问题都采用的李克特（Likert Scale）式“五点量表法”。比较而言，五点量表法更加符合人们考量和判断问题的逻辑，可以比较清晰地呈现“温和意见”与“强烈意见”之间的差异性。为了保证数据单位的一致性，课题组对指标值的范围进行了平均区间的区别，给予了逐个区间相应的分值，分值越高意味着司改受到的满意度评价水平越高。比如，指标选取“非常不满意”选项为“1 分”，选取“不太满意”选项为“2 分”，选取“一般”选项为“3 分”，选取“比较满意”选项为“4 分”，“非常满意”选项为“5 分”。各个问题的满意度分值，由各个满意度等级所对应的反馈者比例，与该满意度的等级对应的分值之间的乘积，加总计算。以“法官等级晋升采用按期晋升和择优选升相结合的方式”为例，有 33.8% 的法官对探索建立符合职业特点的法官晋升机制非常满意，45.3% 的法官较为满意，15.7% 的法官认为一般，1.0% 的法官不太满意，0.6% 的法官非常不满意，3.6% 的法官表示说不清，即可以计算出法官对探索建立符合职业特点的法官晋升机制的总体满意值为 81.78 分（$33.8 \times 1 + 45.3 \times 0.8 + 15.7 \times 0.6 + 1 \times 0.4 + 0.6 \times 0.2 + 3.6 \times 0.5 = 81.78$ 分）。具体的指标得分详见表 3。

表 3　上海司法改革推进情况满意度评价

一级指标	二级指标	三级指标	四级指标	综合权重	指标得分（法官）	指标得分（律师）
司法改革推进度 A	司法权力运行机制改革 B1（0.3163）	让审理者裁判 C1（0.2643）	制定独任法官、合议庭审判规则及审判人员权力清单 D1（0.3241）	0.0271	82.81	84.46
			规范案件分配、裁判文书签发等审判规则 D2（0.1893）	0.0158	82.03	83.58
			建立专业法官会议制度 D3（0.2125）	0.0178	82.26	80.8
			完善审判委员会工作机制 D4（0.2741）	0.0229	81.85	79.65
		由裁判者负责 C2（0.2941）	制定司法人员责任清单，在职责范围内对办案质量终身负责 D5（0.5579）	0.0486	80.2	85.25
			在司法工作中，因主观过错依法承担违法责任 D6（0.4421）	0.0411	80.79	83.03

续表

一级指标	二级指标	三级指标	四级指标	综合权重	指标得分（法官）	指标得分（律师）
司法改革推进度A	司法权力运行机制改革B1（0.3163）	司法权监督制约机制C3（0.2325）	制定关于院、庭长行使审判管理权、审判监督权的职责规定D7（0.5841）	0.0412	81.44	81.75
			规范院、庭长行使管理权、监督权的职责和方式D8（0.4158）	0.0306	81.48	81.22
		司法廉洁监督机制C4（0.2091）	建立案件廉政回访制度和廉政风险环节监督提示系统D9（0.5804）	0.0384	79.01	84.26
			健全完善“法官任职回避制度”和“一方退出”机制D10（0.4196）	0.0278	76.94	70.44
	人员分类管理改革B2（0.2885）	人员分类管理制度C5（0.1436）14.36	人员分类管理采用公开透明、公平公正、考核考试、差额择优原则D11（0.5538）	0.0252	82.2	83.08
			人员分类管理的程序性步骤公开透明D12（0.4462）	0.0203	81.51	82.28
		法官助理体制机制C6（0.1831）	制定法官助理的职责、选拔、任命等制度规定D13（1）	0.0519	79.98	80.71
		法官选拔任用制度C7（0.1754）	制定法官的准入门槛和选拔条件D14（0.4502）	0.0250	82.4	83.52
			高院、中院的法官从基层法院择优遴选D15（0.3040）	0.0169	80.89	84.7
			从优秀律师、法律学者中公开选拔法官D16（0.2458）	0.0136	75.06	83.77
		法官晋升机制C8（0.1457）	法官等级晋升采用按期晋升和择优选升相结合的方式D17（1）	0.0361	81.78	82.39
		法官职业保障制度C9（0.1223）	推动建立与法官单独职务序列配套的薪酬制度D18（1）	0.0377	82.67	83.41
		法官日常考核机制C10（0.1165）	制定法官岗位考核管理办法D19（1）	0.0358	80.3	80.76
		高素质法官培养机制C11（0.1134）	对改革后三类人员实行分类分层培训D20（1）	0.0359	81.69	82.13

续表

一级指标	二级指标	三级指标	四级指标	综合权重	指标得分（法官）	指标得分（律师）
司法改革推进度A	司法公信力建设B3（0.3952）	司法公正建设C12（0.1967）	当事人权利得到保障D21（0.3834）	0.0295	79.23	75
			法官公正办案D22（0.3157）	0.0245	79.29	73.12
			判决结果合法公正D23（0.3009）	0.0234	78.89	72.75
		司法效率建设C13（0.1629）	案件及时受理D24（0.2605）	0.0168	79.47	73.64
			案件信息及时送达D25（0.2119）	0.0136	78.99	79.33
			案件审理进度较快D26（0.2303）	0.0145	78.58	70.46
			案件执行及时D27（0.2973）	0.0191	77.29	64.38
		司法透明度建设C14（0.1718）	公众旁听D28（0.2814）	0.0181	80.49	76.76
			“12368”服务平台D29（0.3903）	0.0251	78.86	74.05
			查询案件进度D30（0.3283）	0.0211	79.5	72.62
		司法便民建设C15（0.1135）	诉讼引导D31（0.5647）	0.0253	79.55	77.05
			休息场地D32（0.4353）	0.0192	79.46	75.97
		司法民主建设C16（0.1097）	陪审员充分发挥作用D33（0.4374）	0.0192	75.6	68.55
			积极回应群众信访D34（0.5626）	0.0244	76.37	68.73
		司法能力建设C17（0.2454）	庭审驾驭能力D35（0.4015）	0.0385	77.79	76.08
			证据认定能力D36（0.3575）	0.0347	77.8	74.71
			诉讼调解能力D37（0.2007）	0.0233	77.57	73.8

3. 司改满意度指数

评价指标的计算公式如下：

$$A = \sum_{i=1}^{37} W_i D_i$$

公式中：

A——表示上海司法体制改革满意度总指数；

W_i——表示第i个指标的组合权重；

D_i——表示第i个指标的分数。

根据定量实证调研的结果，套用上述公式的计算，即可以得出各级指标相应的评估结果。在此基础上，再进一步对综合指数进行必要的分级，即又可以确定出对上海司改的满意度水平结论。课题组把上海司改的水平分为5个等级,即司改满意度水平"高",司改满意度水平"较高",司改满意度水平"一般",司改满意度水平"较低",司改满意度水平"很低"(见表4),据此,敲定了上海司改满意度目前已达到的水平等级。

表4　上海司改满意度水平等级

司改满意度水平级别	司改满意度水平数范围	司改满意度水平
Ⅰ	$80 < A \leqslant 100$	司改满意度水平高
Ⅱ	$60 < A \leqslant 80$	司改满意度水平较高
Ⅲ	$40 < A \leqslant 60$	司改满意度水平一般
Ⅳ	$20 < A \leqslant 40$	司改满意度水平较低
Ⅴ	$0 < A \leqslant 20$	司改满意度水平很低

经计算,得到上海司改满意度指数 $A = 79.5080$。据此,上海司改的满意度水平属于"较高层次"。

(二)各指标得分数据统计与分析

1.不同群体对司改各指标评价比较

本次上海司改按照中央部署,结合本市司法机关工作实际,全面、系统、深入开展司改工作,其整体脉络、主要措施、最新进展、工作亮点、取得的显著成效与不足以及未来的工作规划及时向社会公布,增强了司法宣传的效果。在深化司法改革的同时,更多倾听了广大律师群体的意见和呼声,更好争取了广大律师的理解和支持,为推进司改营造了良好的舆论环境。因此,本次实证中的两大群体对司改达成了几乎一致的判断和认知。

尽管两大群体的评价满意度基本一致,但具体到各个指标而言,两大群体评价还是有所差距的。法官比律师群体对司改满意度评价高的指标有以下一些:完善审判委员会工作机制(D4),规范院、庭长行使管理权、监督权的职责和方式(D8),健全完善"法官任职回避制度"和"一方退出"机制(D10),当事人权利得到保障(D21),法官公正办案(D22),判决结果合法公正(D23),案件及时受理(D24),案件审理进度较快(D26),案件执行及时(D27),公众旁听(D28),"12368"服务平台(D29),查询案件进度(D30),诉讼引导(D31),休息场地(D32),陪审员充分发挥作用(D33),积极回应群众信访(D34),庭审驾驭能力(D35),证据认定能力(D36),诉讼调解能力(D37)。

其中，二级指标司法权力运行机制改革B1中，法官对司法权力运行机制改革满意度评价比律师群体高的有3项，占B1全部10项指标的30%。司法权力运行是司法功能实现的具体过程，是整个司法工作的核心，是对如何管理司法活动及相关事务的体制设计，更是对司法权配置、运行及其相互关系的制度性安排。其主要内容涉及让审理者裁判、由裁判者负责、司法权监督制约机制、司法廉洁监督机制等。为此，本项改革赋予了法官极大的权力，同时也让法官承担更多的义务，比如，主动接受党的监督、人大监督、社团监督、舆论监督和民众监督，所以，法官群体对本项改革的满意度评价相对较低。

人员分类管理改革B2中，法官对人员分类管理改革满意度评价的10项指标全部低于律师。人员分类管理改革就是要突出法官在司法办案工作中的主体地位，把法院人员分为法官、司法辅助人员、司法行政人员三类，改革目标是应当分别占法院总人数的33%、52%、15%，逐步推行严格的分类管理制度，建立以法官为核心的人员科学分类管理体系，不断优化人员队伍的结构。根据改革设计的方案，改革后的法官员额绝对不能超过预先设定的比例，这样就必然产生分流、转岗甚至淘汰等比较棘手的难题，使部分法院工作人员的职业预期度有所下降，遇到一定的杂音乃至阻力也就在所难免。因此，调查中法官对人员分类管理改革的评价相对较低。

司法公信力建设B3中，法官对司法公信力建设满意度评价比律师群体高的有16项，占B3全部17项指标的94.1%；司法公信力是公众在对法院和法官的业务实施过程或业务实施结果经过长期的观察与体验后，形成的司法信任度，以及在接受社会公众的考察与检验的过程中，获得的社会说服力与感召力。所以，法官较为注重职业认同、自我实现、社会尊重，从而使司法公信力建设满意度评价的得分相对较高。

2. 从法官角度分析

（1）得分排名前十的指标分析。经统计，四级指标满意度评价得分排名前十的分别为：制定独任法官、合议庭审判规则及审判人员权力清单（D1，82.81分）>推动建立与法官单独职务序列配套的薪酬制度（D18，82.67分）>制定法官的准入门槛和选拔条件（D14，82.4分）>建立专业法官会议制度（D3，82.3分）>人员分类管理采用公开透明、公平公正、考核考试、差额择优原则（D11，82.2分）>规范案件分配、裁判文书签发等审判规则（D2，82.03分）>完善审判委员会工作机制（D4，81.85分）>法官等级晋升采用按期晋升和择优选升相结合的方式(D17,81.78分)>对改革后三类人员实行分类分层培训(D20,81.69分)>人员分类管理的程序性步骤公开透明(D12,81.51分)。

(2)得分排名后十的指标分析。四级指标满意度评价得分排名后十的分别为:"12368"服务平台(D29,78.86分)>案件审理进度较快(D26,78.58分)>证据认定能力(D36,77.8分)>庭审驾驭能力(D35,77.79分)>诉讼调解能力(D37,77.57分)>案件执行及时(D27,77.29分)>健全完善"法官任职回避制度"和"一方退出"机制(D10,76.94分)>积极回应群众信访(D34,76.37分)>陪审员充分发挥作用(D33,75.6分)>从优秀律师、法律学者中公开选拔法官(D16,75.06分)。

3.从律师角度分析

(1)得分排名前十的指标分析。经统计,四级指标满意度评价得分排行前十分别为:制定独任法官、合议庭审判规则及审判人员权力清单D1(D1,84.46分)>制定司法人员责任清单,在职责范围内对办案质量终身负责(D5,85.25分)>高、中院的法官从基层法院择优遴选(D15,84.7分)>建立案件廉政回访制度和廉政风险环节监督提示系统(D9,84.26分)>从优秀律师、法律学者中公开选拔法官(D16,83.77分)>规范案件分配、裁判文书签发等审判规则(D2,83.58分)>制定法官的准入门槛和选拔条件(D14,83.52分)>推动建立与法官单独职务序列配套的薪酬制度(D18,83.41分)>人员分类管理采用公开透明、公平公正、考核考试、差额择优原则(D11,83.08分)>在司法工作中,因主观过错依法承担违法责任(D6,83.03分)。

(2)得分排名后十的指标分析。经统计,四级指标满意度评价得分排行后十分别为:诉讼调解能力(D37,73.8分)>案件及时受理(D24,73.64分)>法官公正办案(D22,73.12分)>判决结果合法公正(D23,72.75分)>查询案件进度(D30,72.62分)>案件审理进度较快(D26,70.46分)>健全完善"法官任职回避制度"和"一方退出"机制(D10,70.44分)>积极回应群众信访(D34,68.73分)>陪审员充分发挥作用(D33,68.55分)>案件执行及时(D27,64.38分)。

(三)主要指标联列表分析

1.指标"司法改革关注度"分析

(1)从性别角度而言,男性受访者(83.81分)对司改的关注度要高于女性(82.52分),这或许与目前上海市司法机构的人员组成构成密切相关,一般而言,男性在司法机构中掌握实权的数量和比例要高于女性,所以男性对司改的关注度要高于女性。

(2)从年龄角度而言,呈现“两头高、中间低”的趋势,即年轻法官与快退休法官对司改的关注度要高于中年群体,其顺序依次为:“90后”(84.67分)>“80后”(83.68分)>“70后”(83.00分)>“50后”(82.91分)>“60后”(80.85分)。青年法官由于职业发展需要,对于能否入额非常关注,毕竟一来是自我能力的证明;二来是上海高房价,通过司法改革来增加法官收入是维持职业荣耀的重要保障。对于临近退休的法官群体能否通过入额来增加退休后收入,也是一个被高度关注的焦点,同时如果能够顺利入额也是对一辈子与法律打交道的法官的充分肯定,体现了职业荣耀。中年法官对于司法改革的动力和期望相对不足,毕竟如果通过入额来获得一定收入的增加要付出相应的投入代价,这对于中年群体的法官群体而言是一个不能承受之重,因而关注度较低。

(3)从学历角度而言,硕士学历群体关注度最高,具体数据如下:硕士研究生(85.10分)>博士研究生(83.24分)>本科(81.75分)>专科及以下(76.67分)。原因在于硕士群体是司法机关的新进力量,现在通过司法考试和公务员考试而进入法院系统的一般准入门槛就是硕士学历门槛,这就决定了拥有硕士学历的青年法官们对司法改革关注度最高,在很大程度上决定了今后的职业规划和职业发展;而博士群体一般而言在法院系统的人数不是太多,本科、专科及以下这两类群体一般而言都是“老人”,在法院系统经历丰富,历经多次改革,对改革的敏感程度有所降低,同时这两类群体都临近退休,对于能否入额的关注度不是太高。

(4)从职务角度而言,法官的关注度最高,具体数据如下:法官(84.77分)>司法辅助人员(82.57分)>司法行政人员(81.19分)。原因在于法官、司法辅助人员、司法行政人员三类群体的关注度都较高,均在80分以上,但三类群体的关注度又有所差异,具体而言,法官关注度最高,因为这类群体已经入额成功,正因为关注了才有入额行动,因而可以说,只要入额了,几乎都关注了,只有极个别资深法官干部铁定入额,因而对司法改革的关注度不高,其余系统人员几乎人人关注;司法辅助人员群体目前暂时还没有入额,司法辅助人员主要指执行员、法官助理、书记员、司法警察等,这类群体将来有可能入额,因而对司改的关注度也较高;司法行政人员的关注度相对较低,由于即使成功入额,并不意味可以轻松,年复一年的案件积压工作,对入额司法人员来说也是一个沉重负担,如果没有通过司法考试,或者说即使通过司法考试但不愿意承担过大的工作压力,从事司法行政工作也是一个不错的选择。

(5)从是否入额角度而言,已入额的高于未入额的,具体数据如下:已入额(85.84分)>未入额(82.10分)。原因在于已入额受访群体要高于未入额群体,一些不符合入额条件的受访者可能会对司改不予以关注,拉低了未入额群体的评价满意度。

2. 指标"最关注司法改革领域"分析

总体而言,受访者对于司改关注度的领域高低顺序依次为:薪酬>人员分类>司法责任>司改效果>省级以下人财物统管>其他。

(1)从人员分类角度而言:①以性别为区分度,男(25.33%)对人员分类关注度高于女性(23.08%);②以年龄为区分度,中年受访群体对人员分类关注度最高,具体数据分布如下:"70后"(28.05%)>"60后"(26.60%)>"80后"(23.65%)>"90后"(20.55%)>"50后"(16.67%);③以司法工作年限为区分度,中青年受访者对人员分类的关注度越高,具体数据分布如下:21~30年(31.58%)>11~20年(31.03%)>10年以下(24.15%)>31年以上(6.67%);④以学历为区分度,硕士研究生群体对人员分类的关注度最高,具体数据分布如下:硕士研究生(25.16%)>专科及以下(25.00%)>博士研究生(24.32%)>本科(23.45%);⑤以职务为区分度,司法行政人员对人员分类的关注度最高,具体数据分布如下:司法行政人员(29.92%)>司法辅助人员(25.25%)>法官(20.70%);⑥以是否入额为区分度,未入额群体对人员分类管理的关注度要远远高于已入额群体,具体数据分布如下:未入额(28.57%)>已入额(13.88%)。

(2)从省级以下人财物统管角度而言,受访者对此关注度不是太高,是否统管与受访者的切身利益并无直接关联,因而受访者普遍对此关注度与其他改革内容而言并不是太高。具体来说:①以性别为区分度,男(6.67%)对省级以下人财物统管关注度高于女性(6.21%);②以年龄为区分度,越年轻受访者对省级以下人财物统管的关注度最高,数据分布如下:"90后"(8.22%)>"80后"(6.89%)>"50后"(6.25%)>"70后"(5.49%)>"60后"(5.32%);③以司法工作年限为区分度,工作时间越短受访者对省级以下人财物统管的关注度最高,数据分布如下:10年以下(6.92%)>21~30年(5.26%)>31年以上(0.00%)>11~20年(0.00%);④以学历为区分度,学历程度越低群体对省级以下人财物统管的关注度最高，数据分布如下：专科及以下（8.33%）>硕士研究生（7.42%）>本科（5.93%）>博士研究生（2.70%）；⑤以职务为区分度，司法行政人员群体对省级以下人财物统管的关注度最高，数据分布如下：司法行政人员（7.87%）>司法辅助人员（6.31%）>法官（5.96%）；⑥以是否入额为区分度，未入额群体对省级以下人财物统管的关注度高于已入额群体，数据分布如下：未入额（7.94%）>已入额（2.87%）。

3. 指标"司法改革的总体满意度评价"分析

司改必须坚持以提高司法公信力为尺度，当好司法公正的排头兵。根据上文分析，尽管本市司改的整体满意度较高，但各个群体对司改的满意度有所差异，根据分析可知：①从性别角度而言，男性对司改满意度要高于女性；②从年龄角度而言，年龄越大者，对司改的满意度越高，具体数据分布为："50后">"60后">"70后">"90后">"80后"；③从工作年限来看，工作年限越长者对司改的满意度最高，数据分布为：工作年限31年以上>工作年限10年以下>工作年限21~30年>工作年限11~20年；④从学历角度而言，学历越低者对司改的满意度越高，数据分布为：专科及以下>本科>硕士研究生>博士研究生；⑤从人员分类角度而言，法官最为既得利益群体（收入增长最多群体），其对司改的满意度最高，数据分布为：法官>司法行政人员>司法辅助人员；⑥从是否入额角度而言，已入额群体对司改的满意度要高于未入额群体。

4. 指标"改革前后，您工作内容、要求、标准、难度是否有变化"分析

除了看到司改对其中各个参与者的改变，课题组也注意到各个不同群体对司改变化的感受度是有差异的。实证数据显示，①从性别角度而言，男性（63.17分）对"改革前后，工作内容、要求、标准、难度有变化的评价"高于女性（58.46分）；②从年龄角度来看，年龄越大者对"改革前后，工作内容、要求、标准、难度有变化的评价"越高，数据分布为："50后"（63.96分）>"80后"（61.62分）>"60后"（60.74分）>"70后"（60.43分）>"90后"（57.26分）；③从司法工作年限角度而言，从事司法工作年限越长者，对"改革前后，工作内容、要求、标准、难度有变化的评价"最高，数据分布为：31年以上（63.33分）>10年以下（61.28分）>11~20年（57.59分）>21~30年（52.63分）；④从学历角度而言，学历越低者对"改革前后，工作内容、要求、标准、难度有变化的评价"最高，数据分布为：专科及以下（63.33分）>硕士研究生（61.77分）>本科（60.65分）>博士研究生（55.95分）；⑤从职务角度而言，从事审判一线工作

的法官对"改革前后,工作内容、要求、标准、难度有变化的评价"最高,数据分布为:法官(62.21分)>司法行政人员(61.34分)>司法辅助人员(59.57分);⑥从是否入额角度而言,已入额群体(63.64分)对"改革前后,工作内容、要求、标准、难度有变化的评价"高于未入额群体(59.82分)。

5. 指标"辞职想法"分析

近年来,上海法官辞职数量有所增加,其中原因很多,主要是长期以来把法官按照公务员来管理,行政职级晋升机会少,很多优秀法官在待遇上得不到提升,而一些律师或者公司的法务部门待遇优厚,这可能在一定程度上成为法官辞职的诱因。但是,课题组还看到,随着依法治国的推进,全国对律师、法律顾问的需求大大更加,法官离职后的其他职业替代性较强也是法官辞职的另一诱因。正在进行的司改对法院进入员额内的法官收入水平,按高于普通公务员43%的比例安排,并向一线办案法官倾斜。此外,上海还将分步实施法官延迟领取养老金政策。继续试行基层女法官延迟5年至60周岁领取养老金。不担任领导职务的二级高级法官延迟至62周岁,一级高级法官延迟至63周岁领取养老金,待纳入员额管理的法官选升展开后再行实施。这些举措加大了法官职业的含金量和吸引力。根据调查显示,各类群体对于辞职并不抱有过多的想法,各类群体的辞职意愿得分几乎均在50分以下,说明受访者对于司改充满了信心,数据分布为:①从性别角度而言,男女辞职意愿相当,男性为50.08分,女性为50.92分;②从司法工作年限角度而言,最年轻群体的辞职意愿最为强烈,最年长者的辞职意愿最低,具体为:10年以下(50.86分)>11~20年(47.58分)>21~30年(46.84分)>31年以上(40.67分);③从学历角度而言,学历较低者的辞职意愿最为强烈,学历较高者的辞职意愿并不太强烈,具体为:本科(53.52分)>专科及以下(50.56分)>硕士研究生(50.08分)>博士研究生(47.5分)。

调查进一步发现,想要离开的原因各种各样,所占比从大到小顺序依次为:薪酬过低(34.0%)>职业前景不佳(21.2%)>工作压力大(19.6%)>没有职业尊荣感(14.3%)>领导干预案件审理(0.5%)>用人选人不公平(4.5%)>司法环境差(5.9%)。从职业前景来看,10年以下法官有较为强烈的离职想法,这类法官主要是未入额法官和法官助理。

(四)司改满意度与制度落实情况评价比较

目标的科学合理设定是政策构成的基本要素,而实现目标的唯一途径,则是政策构成的基本要素的贯彻执行。从本质上来讲,政策的运行就是由政策制定、政策执行、政策控制、政策评估等环节组成的全生命周期过程,政策运行的质量又依赖于政策目标和实现方法的水平。基于此,课题组认为政策实施的核心在于政策目标和实现方法。没有据以判断实施的目标,实施就无所谓成功或失败。实施成功的正确标准,在于是否忠实了既定的政策目标,即政策目标达成的程度。基于这一理念,课题组通过受访者对司法制度的满意度评价与制度落实情况评价进行比较分析,试图描绘出司改落实的基本状况(见表5)。

表5 司改满意度与制度落实情况评价比较

四级指标(若干)	制度满意度评价	制度落实情况评价
制定独任法官、合议庭审判规则及审判人员权力清单 D1	82.81	71.12
规范案件分配、裁判文书签发等审判规则 D2	82.03	73.57
建立专业法官会议制度 D3	82.26	72.58
完善审判委员会工作机制 D4	81.85	73.83
制定司法人员责任清单,在职责范围内对办案质量终身负责 D5	80.2	71.85
制定关于院、庭长行使审判管理权、审判监督权的职责规定 D6	81.44	72.7
规范院、庭长行使管理权、监督权的职责和方式 D7	81.48	72.67
健全完善"法官任职回避制度"和"一方退出"机制 D8	79.01	76.94
人员分类管理采用公开透明、公平公正、考核考试、差额择优原则 D9	82.2	73.11
人员分类管理的程序性步骤公开透明 D10	81.51	73.63
制定法官助理的职责、选拔、任命等制度规定 D11	79.98	73.29
制定法官的准入门槛和选拔条件 D12	82.4	74.77
高、中院的法官从基层法院择优遴选 D13	80.89	73.55
从优秀律师、法律学者中公开选拔法官 D14	75.06	68.65
法官等级晋升采用按期晋升和择优选升相结合的方式 D15	81.78	72.32
推动建立与法官单独职务序列配套的薪酬制度 D16	82.67	64.45
制定法官岗位考核管理办法 D17	80.3	71.93
对改革后三类人员实行分类分层培训 D18	81.69	72.29

由表5可见,司改满意度与制度落实情况较好,但其中有三个点值得关注:第一个点是"从优秀律师、法律学者中公开选拔法官D14",制度满意度与制度落实情况均不是太高;第二个点是"推动建立与法官单独职务序列配套的薪酬制度D16",制度满意度较高,但制度落实情况不佳;第三个点是"健全完善'法官任职回避制度'和'一方退出'机制D8",制度满意度不是太高,但制度落实情况最佳。

(五)回归分析

在模型1中,将司法权力运行机制、审理者裁判、司法责任制、法官廉洁监督制约、人员分类管理、法官助理、法官选拔任用机制、法官晋升机制、法官职业保障、法官日常考核、法官培养机制、人财物统管、司法公信力建设、司法公正、司法效率、司法透明建设、司法便民建设、司法民主建设、司法能力建设19个维度的解释变量纳入模型;模型2将模型1中没有通过显著性检验的变量予以剔除;在模型3中,加入了控制变量,包括受访者的性别、年龄、学历、职务、司法工作年限、是否入额、所在系统、所在区域、上海司改关注度、亲属律师职业、关注领域、辞职想法、司改变化等;在模型4中,把模型3中未能通过显著性检验的变量加以排除,就可得出对应的优化模型。回归的结果见表6。模型1至模型4都比较好地通过了异方差、方程显著性等计量经济学的检验。进一步分析表6,就可得出如下结论:

表6　计量模型的回归结果

指标	模型1	模型2	模型3	模型4
司法权力运行机制D1	0.070 (1.337)	0.079* (1.805)	0.032 (0.653)	
审理者裁判D2	−0.002 (−0.038)		0.025 (0.485)	
司法责任制D3	0.015 (0.278)		−0.032 (−0.634)	
法官廉洁监督制约D4	−0.005 (−0.251)		0.002 (0.086)	
人员分类管理D5	0.219*** (3.985)	0.235*** (4.956)	0.196*** (3.698)	0.248*** (5.652)
法官助理D6	0.084 (1.295)		0.087 (1.433)	

续表

指标	模型 1	模型 2	模型 3	模型 4
法官选拔任用机制 D7	-0.098 (-1.308)		-0.063 (-0.896)	
法官晋升机制 D8	-0.032 (-0.488)		0.011 (0.178)	
法官职业保障 D9	-0.009 (-0.154)		-0.046 (-0.813)	
法官日常考核 D10	0.006 (0.087)		-0.031 (-0.504)	
法官培养机制 D11	0.076 (1.243)		0.073 (1.273)	0.080* (1.726)
人财物统管 D12	0.077 (1.457)	0.094** (2.037)	0.063 (1.260)	
司法公信力建设 D13	0.140*** (2.970)	0.152*** (3.543)	0.086* (1.929)	0.126*** (3.206)
司法公正 D14	0.018 (0.288)		0.038 (0.646)	
司法效率 D15	0.018 (0.267)		0.010 (0.154)	
司法透明建设 D16	-0.004 (-0.052)		0.017 (0.261)	
司法便民建设 D17	-0.118* (-1.911)	-0.120** (-2.216)	-0.117** (-2.022)	-0.097* (-1.924)
司法民主建设 D18	0.146** (2.476)	0.164*** (3.295)	0.093* (1.680)	0.112** (2.400)
司法能力建设 D19	0.007 (0.124)		0.009 (0.182)	
性别			0.127* (1.731)	
年龄			0.023 (0.512)	
司法工作年限			0.013* (1.935)	0.011* (1.856)

续表

指标	模型1	模型2	模型3	模型4
学历			-0.005 (-0.118)	
职务			-0.001 (-0.015)	
是否入额			0.127 (1.095)	
亲属律师职业			-0.007 (-0.027)	
所在系统			0.031 (0.369)	
所在区域			0.004 (0.760)	
上海司改关注度			0.100** (2.165)	0.105** (2.378)
关注领域			0.074*** (3.219)	0.077*** (3.604)
司改变化			0.220*** (7.920)	0.224*** (8.384)
辞职想法			-0.086*** (-2.772)	-0.075*** (-2.592)

注:表中括号内数值为该回归系数的t统计值;***、**、*分别表示该系数在1%、5%、10%的水平上显著。

1.在四个模型中,“人员分类管理D5”“司法公信力建设D13”“司法便民建设D17”“司法民主建设D18”4项指标都通过了显著性检验,占到总数的21.1%。这一结论说明,受访被试对于上述因素的认识是影响本市司改满意度的主要因素,“人员分类管理D5”“司法公信力建设D13”“司法民主建设D18”三个因素与本市司改满意度呈现显著正相关关系,“司法便民建设D17”因素与上海司改满意度呈现显著负相关关系。数据表明,上海地区不少法官的工作状态是“5+2”“白+黑”,案多人少的矛盾引发了一系列严重问题,主要表现为:大量的案件涌进法院,法院付出的司法成本日益沉重;精力牵扯过多,知识难以更新;片面追求高结案率、高调解率,案件的质量无法保障;长时间负荷工作,法官的身心健康受到损害。从这个角度而言,“司法便民建设D17”因素与上海市司改满意度呈现显著负相关关系。

2. 指标"司法权力运行机制 D1"和"人财物统管 D12"在模型 2 中通过了显著性检验,但加入受访者个性特征变量后的模型 3 和模型 4 中没有通过显著性检验。这表明,"司法权力运行机制 D1"和"人财物统管 D12"是影响上海司改的重要因素,但不同背景受访者对"司法权力运行机制 D1"和"人财物统管 D12"的重视程度,存在不同认识。

3. 在四个模型中,"司法权力运行机制 D1""审理者裁判 D2""司法责任制 D3""法官廉洁监督制约 D4""法官助理 D6""法官选拔任用机制 D7""法官晋升机制 D8""法官职业保障 D9""法官日常考核 D10""法官培养机制 D11""人财物统管 D12""司法公正 D14""司法效率 D15""司法透明建设 D16""司法能力建设 D19"等 15 项指标,均未通过显著性检验,占总数的 78.9%。因此,这些因素尽管是上海司改的重要内容,但它们主要是依靠体制内的刚性约束机制推进,给予的合理解释是,司改不可能从一开始就面面俱到,而是有待不断改进。

4. 从个性特征来看,"司法工作年限""上海司改关注度""关注领域""司改变化""辞职想法"五个变量均显著。这表明个性特征是影响上海司改的重要因素。具体来看,"受访者司法工作年限越长""受访者对司改关注度越高""受访者关注领域越聚焦""受访者认为司改变化越大"的群体对司改满意度越高,受访者辞职想法越强烈者对司改满意度越低。"性别""年龄""学历""职务""是否入额""亲属律师职业""所在系统""所在区域"八个变量均不显著。这表明来自不同年龄、不同性别、不同职务、不同学历、是否入额、亲属是否从事律师职业、不同系统和不同区域的受访者对上海司改的认识没有显著差异,表现较一致性的统计学特征。

三、上海法院司改进一步完善的空间

基于以上实证数据的分析,上海法院司改值得进一步完善之处包括:

第一,上下级法院和横向法院之间的员额应更科学合理配置。司改的员额制改革基调是不增加一个政法编,它意味着只能是法院工作人员的存量盘整和结构优化。上海前期的改革方案是"以编定额",即以"政法编"和"文员编”作为计算基数,确定入额的法官比例为法院总人数的33%。但是,区域内上下级法院、横向法院之间的地理状况、人口密度、审级、以往五年实际工作量、整体案件数量、辅助人员配置、现有人员年龄和能力、不同内设部门之间的工作均衡度、办案保障条件等,都有很大的差异性。因此如何科学测算,在以编定额的基础上,逐步使用更合理的员额配置测算方法,尤为重要。

第二,原来的法官因员额所限而暂时未入额者需要妥善安置。法院进行分类管理将会有一部分不符合要求的法官分流、退出,如何界定未入额法官的身份,他们是享有审判权的人员还是只是司法辅助人员,是不是未入额的法官就“一刀切”地转任为法官助理,这些问题都值得科学合理考量和设计。毕竟人员分类管理后,法院人员分为入额者、辅助人员和司法行政人员三大类,辅助人员又包括助理、书记员、司法警察、司法技术人员等。客观上,原来接受过人大任命的法官降格转任为助理后,心理上必然会有落差,需要密切予以关注。

第三,审判辅助人员的人才队伍建设应设定更合理的预期。法官助理的配比既应考虑办案团队的构建,又应为未来有序入额设计合理的规模。在此基础上,是否还可以更进一步考虑“雇员制”的审判辅助岗位的设计,即不仅书记员等一般性辅助岗位可以采取“雇员制”,而且包括肩负诉讼保全、庭前听证、主持调解、事实查明、争点筛选、起草裁判文书等更多职责在内的法官助理,也可考虑引入“雇员制”,培养与分流“双轨制”并存,为法官遴选保留适当的法官助理比例即可。

第四,司法责任制与法律监督的平衡点还可以进一步厘清。司法责任应坚持责任的谦抑性,在允许范围内贯彻落实改革的责任;坚持责任的合理性,找到社会防卫和人权发展结合之处;坚持责任的比例性原则,责任的过分强调和权力的过分给予同样会带来负效应,需要寻找到最佳的平衡点。对此应进一步理顺审判权、审判管理权和审判监督权之间的关系。事实上,审判权的“独立”行使不等于“不要监督”,“去行政化”同样不等于“不要审判管理”。没有司法权力行使的监督制约,办案质效就可能会下滑,甚至产生新的司法不公和腐败。

第五,司改的制度执行力在未来改革中有待加强。进一步推动司改,有赖于揭示更多改革背后更深层次的难点和症结。比如实证研究结果显示,“从优秀律师、法律学者中公开选拔法官D14”指标的制度满意度与制度落实情况均不是太高;“推动建立与法官单独职务序列配套的薪酬制度D16”指标的制度满意度较高,但制度落实情况不佳。这种情况相当程度上源于改革之前的不少局部地区补贴过度,导致改革之后的薪酬上升幅度不显著,甚至少数地区还有回落,让这部分原来的既得利益群体的改革获得感不强。此外,"健全完善'法官任职回避制度'和'一方退出'机制 D8"指标的制度满意度不是太高,但制度落实情况又最佳。

第六,部分法官的综合素养不能完全适应形势和任务的需要。司改后法官的权力更大,责任更大,对法官的素质要求将更高。但在现有的法官队伍中,部分法官素质及能力与所要承担的法定司法职责和日益繁重的司法任务还有差距。入额法官和法官助理有部分相对从事司法经历较短、办案经验不足,仍然亟待提升。因此,需要进一步健全和完善法官的选拔、遴选和交流机制,健全和完善以培养法官的政治素质、法律素质、专业素质、职业操守等为重点的法官培养机制。

第七,部分指标得分与上海司改满意度呈现显著负相关关系,司改满意度有待提高。正如上面的数据所述,截至 2016 年 7 月 27 日,2016 年新收超过 2 万件基层法院排名前十的法院中,上海地区法院占据 3 席位,分别是第 1 位的浦东新区法院新收 78, 472 件,旧存 11, 657 件,总收案 90, 129 件;第 6 位的闵行区法院新收 33, 006 件,旧存 6041 件,总收案 39, 047 件;第 10 位的徐汇区法院新收 31, 618 件,旧存 4489 件,总收案 36, 107 件。以往的案多人少问题,仍有待进一步寻找破解路径。

第八,法官的合法权益保护尤其是人身权益保障机制有待健全。近年来,侵害法官权益的情况较多,法官的权益保护保障制度尚未建立,相应权益保护情况不容乐观。实证研究显示,侵害法官人身权益事件包括:①对法官精神的侵害。受访者表示,曾经遭当事人遇言语辱骂的,超过 88%;骚扰、威胁,40%;跟踪,27%。②人格、名誉的侵害。侮辱、诽谤,73%;发布不实信息,63%;贬低法官名誉,63%,还存在向纪检部门不实举报情况。③对法官身体的侵害。推搡、围堵,52%;伤害、杀害,20%。④对法官住宅、隐私的侵害。非法获取、公布联系方式、住址等私密信息,30%;侵入住宅,10%。⑤对法庭秩序的损害(同时侵害法官公权力和私权利)。哄闹、冲击法庭,65%;携带危险物品进入法庭的,20%。⑥妨碍法官执行公务(法院外调查、保全、执行等)。干扰、阻碍法官执行公务,近 50%。⑦对法官财产和人身权益的侵害。不少案例中存在利用虚假视频敲诈勒索的情况。

四、上海检察司改的实效评估

(一)上海检察司改的主要亮点

检察院与法院的司改有不少共性,然而在实现目标的具体路径上,又区别于法院审判权的典型司法属性,检察机关行使的检察权既有司法属性,又有行政属性,还有监督属性,权力范围比法院更广。有司法性就要相对独立,有行政性还需要上命下从,需要检察一体。正是由于检察权的"复合权属"特点,与法院相比,检察院司改具有自身的特殊规律,主要包括:

1. 办案组织构建体现检察特质。在检察权司法属性与检察一体要求的共同作用下,检察办案组织架构要比法院审判组织更具层次性与复杂性。目前,与法院经由立法明确的独任与合议庭审组织方式相比,检察机关的司法办案组织在立法层面还没有明确规定。上海市高级人民检察院《意见》规定的"独任检察官"与"检察官办案组"该如何设置和运作,两种办案组织的人员、案件分配应如何根据检察履职需要、案件类型及复杂难易程度进行设置,许多具体的问题尚未在实践中达成共识。考虑到检察权的"复合性",上海检察机关在设置办案组织时没有简单照搬法院模式,片面强调独立性与扁平化,而是要保证检察办案组织的构建既符合司法一般规律,又符合检察一体要求与检察职业特点。

2. 检察办案权限设置体现检察特质。一方面,权力清单设置体现检察履职多样性。检察办案的职能多元导致检察官办案的方式多样。比如,刑检办案呈现的中立判断特质,职务犯罪侦查呈现的主动调查、程序启动特征,诉讼监督集中体现的基于公共利益履职的客观公正义务,使检察权履行兼具司法与行政特征。不同业务部门检察官的办案职责权限,需要以权力清单方式分别明确。另一方面,权力清单设置兼顾检察独立与检察一体。虽然检察官与法官在履职上都有独立性要求,但两者在独立性程度上区别较大。由于检察权属的复合性,检察官权力行使的独立性无法像法官一样彻底。检察官的相对独立,一方面体现在职权范围内相对独立办理案件,独立作出案件处理决定,独立承担司法责任;另一方面体现在检察一体制下检察长统一领导检察机关司法办案工作,可以行使"职务收取"和"职务移转"权,检察官对检察长的指令应当服从。换言之,合理划分检察办案权限,厘清职责界限,必须从“检察官独立办案”与“法官独立审判”等权力行使的内在差异入手,在改革中准确把握检察特质。

3. 办案监督制约体现检察特质。检察机关由于职务犯罪侦查、刑事检察、法律监督等各个业务部门办案在行为性质与方式方法上存在较大差异,不同检察业务无法“折算”或量化到同一尺度进行评价,难以适用简单划一的办案监督方式,在进行归责确认时也存在责任区分复杂,难以简单适用“审理者裁判、裁判者负责”的方式进行归责的问题。因此,在完善诸如案件分配、审核机制,案件流程管理,联席会议制度、案件质量评查、司法责任评鉴等各项检察办案监督制约机制时,也必须一并考虑司法规律与检察特质。在具体制度设置上,不仅体现与法院的共性一面,也要有别于法院,需在尊重检察特质的前提下,适度司法化。

(二)上海检察司改的主要路径

上海检察司改总体上按照“组织—职权—监督—责任”的路径进行,首先健全检察人员管理与办案组织设置,在此基础上明确检察人员职责权限,优化内外部监督制约,进而完善司法责任追究与豁免。改革试点的推进思路是“围绕主轴,层次推进,各有侧重”。

1. 以规范检察权运行为主轴。上海全市各试点院陆续出台的系列改革制度均以规范检察权运行为工作主轴,针对落实检察机关司法责任制进行大胆探索和具体落实。比如,宝山区院制定《检察官直接办案的规定(试行)》,对检察官办理案件的类别、方式、数量、保障、管理和责罚等作出统一规定;市二分院及浦东、黄浦等区院分别出台司法责任评鉴的实施细则,进一步完善司法责任评鉴工作程序、结果运用等内容。青浦区院区分不同部门不同岗位确定权力清单内容,将办案权限、岗位职责、目标任务和廉政风险明确落实到人。虹口区院制定《司法办案行为外部监督评价工作细则(试行)》,完善司法办案外部监督制约方式,系列改革配套措施均围绕规范检察权运行的展开。

2. 阶段性有序推进改革。上海检察机关非常重视对阶段性改革经验与成果的及时总结、分析与深化。以工作细则为例,其既是对上海市高级人民检察院相关意见的细化落实,也是上海检察机关在总结前期检察人员分类管理、检察官员额制、规范检察权运行等改革试点可复制、可推广的经验做法基础上的深化总结。基于此,市检察院各主要业务部门又分别制定了本条线全市三级院的检察官权力清单。各分院、区县院再结合本院工作实际,制定实施意见或方案,对贯彻落实细则提出具体要求,并根据本院改革试点工作推进情况,及时制定或修改完善相关配套制度。因此,检察改革体现了由点到面,逐层推进的改革方式。

3.统分结合、各有侧重。上海检察改革试点从一开始就充分体现了"统分结合、各有侧重"的特点。作为全国率先启动改革试点的省(市)一级检察机关,2014年上海市院选择市二分院、闵行、宝山、徐汇区院首批开展检察改革先行试点。一方面,四家试点单位按照中央司改确定的任务要求,全面、系统推进改革。另一方面,各试点检察院也均结合自身工作实际,有所侧重。如闵行区院选择主任检察官制度为改革重点、宝山区院以分类管理为工作重心、徐汇区院特别重视检察监督制约机制完善、市二分院在试点中着力探索如何从基层院检察官中择优遴选等。落实司法责任制工作开展以来,各试点检察院也均在各自试点基础上重点突破。如2016年闵行区院出台的《闵行区人民检察院关于独任检察官制度的实施办法(试行)》,就在总结原有主任检察官制度的基础上,选择针对独任检察官与检察官办案组在不同业务部门的设置模式,有侧重地深化探索。

(三)上海检察司改的成效评估

完善检察机关司法责任制主要涉及检察人员管理、检察办案组织建设、办案职责权限设置、司法责任认定与追究、司法办案监督制约等改革措施。

1.检察人员管理制度

检察人员尤其是检察官,是检察机关落实司法责任制的首要对象。完善检察人员的分类管理与职业保障,妥善处理检察业务与行政工作之间关系,建立科学合理的检察人员分类管理制度,选拔任用、考核与保障制度,是完善检察机关司法责任制的前提。上海的做法包括:

(1)推进检察院工作人员的分类管理。队伍分类管理,不仅是为适应检察机关的执法办案和检察队伍健康发展的实际之需,而且也是检察司改的切入点和重点难点。改革之前,上海检察机关大致有近20%的人大任命的检察官不在业务部门,业务部门中也有不少检察官并未实际办案。员额制改革启动后,上海检察机关的入额比例被确定为总人数的33%。员额制确定和分类改革实施后,检察官按照专业职务序列实行管理:实行检察人员分类招录与管理、建立检察官遴选和公开选拔制度、明确检察官岗位设置。进入员额管理的检察官全部配置在办案岗位。各级院侦监、公诉、未检、反贪、反渎、民行、监所部门的检察官足额配备;社区、案件管理、控告申诉、预防、法律政策研究部门的检察官从严控制,按照规定岗位和数额配备;业务部门的综合岗位以及办公室、政治部、行政装备、纪检监察等司法行政部门不配备检察官。

(2)健全检察官职业保障。检察官的职业保障,主要包括薪酬待遇和身份保障两个方面。职业的身份保障包括:办案权,晋升权,非经法定原由不得免职、降级和辞退等。上海市已完成检察官职务等级的"套改",初步建立了检察官专业职务序列,检察官等级与行政职级脱钩。检察官的等级晋升,采取按期晋升、择优选升相结合的方式,明确检察官在年度考核中称职,达到规定年限就可以晋升到上一等级,将检察官等级作为检察官管理和确定薪酬待遇的基础和依据。同时,为确保入额后的检察官依法独立公正行使检察权,上海检察机关在检察官管理、业绩考核与职业培训方面,也推出了配套性的改革措施,比如,检察官岗位说明书、检察官司法档案、案件评查及案件督导等;建立检察官研修制度,提升检察官司法专业素能。

2. 检察办案组织构建

办案组织是检察机关司法办案的载体。以 2016 年 1 月工作细则的正式实施为分水岭,上海的检察办案组织建设经历了以主任检察官办案组为基本办案组织形式,到独任检察官、检察官办案组并存互补的过程。目前,上海检察机关实行"独任检察官"和"检察官办案组"两种办案组织形式。

独任检察官是由一名检察官和检察官助理、书记员组成的办案组织。独任检察官必须具备独立行使检察权的职业素养和专业能力,在进入员额的检察官中产生。独任检察官的部门配置与检察办案的司法属性、经办案件数量呈正比例关系,与办案难度及案件重要程度成反比例关系。如批捕、起诉等刑事检察部门检察官办案的司法属性较强,办理案件适用刑事速裁和简易程序的案件数量较多且不断增加,这些部门一般均以独任检察官作为常态化的办案组织形式。反之,反贪、反渎等职务犯罪侦查部门检察官办案的行政属性和团队属性较强,"上令下从"特点明显,办理案件数量较少,实践中一般少设或不设独任检察官;同样,监所、民行等诉讼监督部门办案往往涉及相关部门纠正错误、堵漏建制等重大事项,独任检察官很难单独胜任,因此这些部门一般也会根据办案实际少设或不设独任检察官。

检察官办案组由三名以上检察官和若干名检察官助理、书记员组成,办案组负责人为主任检察官。针对检察机关履职差异性较大的特点,区分合议制办案组、专业化办案组、专案办案组和团队制办案组四种类型。在设置形式上,为淡化司法办案行政化色彩、有效整合内设机构、加强检察业务管理和专业化建设,除专案办案组为临时组建以外,专业化办案组、团队制办案组、合议制办案组参照法院合议庭的设置模式,相对固定设置。目前,对于四种类型的检察官办案组在各检察业务部门间的实际配置及运作,上海的做法是:①批捕、起诉等刑事检察部门,根据案件相对集中的特点,目前主要设置未成年人、金融和知识产权、职务犯罪、外国人犯罪等若干专业化办案组。②反贪、反渎等职务犯罪侦查部门办理案件,更多需要团队的分工配合协作,主要配置检察官履职关系更为紧密的团队制办案组,以确保侦查工作效率和执行力。③监所、民行等诉讼监督部门办理抗诉、纠正违法意见、重要检察建议等重要监督事项,引发相关部门效应较大,主要配置合议制办案组,由多名检察官共同合议决定重要监督事项,确保监督权行使的民主性、合理性。④除上述三类办案组以外,根据部分特别重大案件跨区域、跨领域或者具有重大社会影响的特点,检察长可以决定临时组建专案办案组,组织下级院、不同办案部门的检察官组成办案组,共同办理案件。

试点以来,上海检察机关各分院、区(县)院根据办理案件的复杂性、难易度、类型和区域特点等情况,对独任检察官、检察官办案组两种组织形式进一步完善。比如,在刑事检察部门,原则上授权独任检察官办理一般案件,检察官办案组办理重大、疑难、复杂案件;在职务犯罪侦查部门,由检察官办案组行使案件侦查权;在二审检察部门、民行部门根据案件性质和难易程度,由检察官办案组或独任检察官独立承办案件,其他业务部门原则上不设检察官办案组,由独任检察官独立办案。闵行区院对独任检察官办案实行专业化与均衡化相结合,对于开设赌场、妨害公务、金融知识产权、交通肇事、职务犯罪、涉毒、涉食品药品安全的等案件实行相对集中办理,其他类型案件则按照均衡化的原则加以分配。宝山区院在公诉科10个办案组中专门设立2个办案组办理速裁案件,实现案件繁简分流,进一步提高办案效率。浦东新区院公诉一处设立办理涉黄赌毒犯罪、法轮功、涉外国人犯罪、强制医疗以及重大暴力恐怖犯罪五个办案组,侦监处设立了涉外国人犯罪、污染环境类犯罪、食药品犯罪案件三个办案组,浦东新区院张江分院设立了涉高科技犯罪(计算机犯罪)办案组,公诉二处设立办理知识产权、金融犯罪、职务犯罪案件三个办案组,并成立了办理重大金融犯罪案件的专案组。其他分院、区县院也根据工作实际,分别设置了职务犯罪、毒品犯罪、网络犯罪、航运犯罪等专业化办案组,实现了专业化案件由特定的独任检察官或检察官办案组相对集中办理。

3. 办案职权配置与司法责任落实

(1)进一步扩大对检察官的授权。上海检察机关采取依据业务部门特点,按序列分类制定的方式,根据统一制定的检察官权力清单,除了重大办案事项决定权(不批捕、不起诉、撤回起诉等),一般办案职权均授权独任检察官或检察官办案组行使。具体做法包括:①在权力清单中规定,除了应由检察长或检察委员会行使的重大职权,其他的职权均可授权其他检察官或主任检察官行使。主任检察官行使的是案件审核权,不得改变检察官的决定;业务部门负责人只是从事业务管理,不再对个案具有审批权。②针对不同层级检察院和业务部门在办理案件类型、疑难复杂程度等方面特点区别授权。刑检部门办案量大、司法属性强、时间要求高,为了提高办案效率和减少办案环节,刑检部门对检察官给予了更多授权,比如,相对不捕,追加或变更起诉等决定权;诉讼监督部门办理的监督事项,则适当扩大授权,除了提出抗诉和再审检察建议等重大事项,其余职权均可授权检察官行使。改革后,检察官办案职权进一步扩大。如市检察一分院规定的主任检察官、检察官职责权限,业务权限清单涉及各类办案主体职责权限共 156 项,其中检察官办案职权有 93 项,占总数的 59.6%。与主诉检察官办案责任制下主诉检察官办案职权占职权总数的 38.9%相比,检察官办案职责权限比重上升 20%。奉贤区院将诉讼法规定由检察长行使的 67 项权力中的 38 项权力授权检察官行使,比例高达 56.7%,其中将不起诉等 12 项办案事项决定权充分下放给刑事检察部门检察官行使,授权力度更大,检察官司法办案的主体地位更加突出,刑事检察部门、诉讼监督部门检察官的办案权力得到实质性下放。

(2)明确各类检察人员职责权限。①要求检察长既要直接办理一定数量的重大案件,又要运用好案件决定权、审核权和法律文书签发权行使检察长职权。2016 年 1 ~ 6 月,全市各级院检察长、副检察长直接办理案件 252 件,在办案中直接承担审查案件事实和证据材料、讯问犯罪嫌疑人、出席法庭等重要办案职责。同期审核案件 5498 件,决定案件 7297 件,通过行使案件审核权、决定权,全面加强对司法办案工作的领导和指导。目前,上海检察机关中已有 13 个试点检察院出台了检察长直接办理案件的具体规定,结合工作实际对办案类型、办案方式和数量标准等作出具体细化。如市二分院以正面清单方式设置检察长、检委会、检察官的办案权限,并逐项对照宪法、人民检察院组织法、检察官法和诉讼法,以及《人民检察院刑事诉讼规则》等司法解释,共对125项检察长、29项检委会和96项检察官的办案权限进行了配置。②清晰界定检察业务管理和行政管理边界。主任检察官作为检察官办案组的负责人,除亲自办案外,主要负责对组内承办案件进行指挥、组织和协调,确保办案效率和案件质量。在不同的办案部门,主任检察官的职责有所区别,在刑事检察部门主要负责组内检察官独任承办案件的审核职责,在职务犯罪侦查部门主要负责侦查活动的组织、指挥职责,在诉讼监督部门主要负责主持讨论决定以人民检察院名义提出的监督事项。业务部门负责人从过去侧重于行政管理转变为以司法管理为主,减少行政审批,更多发挥其对案件质量进行监督管理的作用。例如,对一类案件的法律政策问题组织开展研究,对存有争议的重大、疑难、复杂案件召集检察官联席会议进行讨论,对独任检察官和主任检察官承办决定的案件及相关文书进行审核把关等,减少对检察官司法办案的直接干预。③合理界定检察官与检察官助理、书记员的职责关系。检察官对其所承办的案件,在职权范围内具有决定权,不受任何其他行政干扰。检察官助理在办案组织中接受检察官的指导,协助参与办案。除完成必要的办案辅助工作之外,也承担较为重要的办案职责,比如,检察官首次讯问后的复核性讯问,阅卷及提出意见,协助收集、调取和核实证据,现场勘验和检查等;书记员应当承担案件登记、收转、记录、送达等办案职责。另外,检察官享有对助理和书记员的考核权。

(3)区分各类检察人员办案的司法责任。按照"谁办案谁负责、谁决定谁承责"的原则,健全办案归责制度。比如,区分检察长/副检察长决定和审核案件责任,改变检察官决定的承担司法责任,未改变检察官决定的仍由检察官承责;区分不同办案组织形式的检察官的司法责任,检察官办案组团队承办和合议决定的案件,由主任检察官和检察官共同承责;区分检察官和检察辅助人员的责任界限,除了违法违纪,依据检察官要求参与办案,司法责任由检察官承担。此外,上海检察机关还建立、健全个案评鉴制度,规定对案件被宣告无罪,国家赔偿,被认为是冤、假案的等8种情形,组织开展个案评鉴,决定是否应当追究检察官责任。

4.办案监督制约机制

强化对司法办案的监督制约,是在授予检察官更大办案权力、突出检察官办案主体地位的情况下，加强案件质量管理，确保检察官依法公正行使检察权的重要保障。上海分别从案件审核、流程管理、司法责任评鉴及司法公开等方面，对完善司法办案监督制约作出全面规定。

（1）建立案件审核制度。目前，上海部分试点检察院已在逐步探索实行刑检部门的负责人、主任检察官分别对检察官办案组、独任检察官承办案件进行审核的工作机制。刑检部门的主任检察官对组内检察官独立承办的案件进审核，业务部门负责人对本部门主任检察官和独任检察官承办的案件审核。除了检察长审核案件可直接改变案件处理决定，业务部门负责人、主任检察官无权直接改变检察官的决定。经审核后未改变检察官决定的，司法责任仍由检察官承担。

（2）完善案件分配制度。上海试点采取了随机分案为主、指定分案为辅的案件分配机制，刑检部门基于兼顾专业分工的前提，以随机分案为主，重大、疑难、复杂案件可由业务部门负责人指定分案；职务犯罪侦查部门以指定分案为主；监督部门积极推进监督事项案件化的办案方向，完善立案标准和办案程序。此外，部分试点院开始探索实行审查逮捕、审查起诉案件由案管部门随机分配至独任检察官或检察官办案组办理，确保检察官办案工作的相对均衡；市检察院的案管部门也正在研究制定案件分配相关规定，对随机分案、指定分案的案件范围、分案方式以及变更分案程序等作出细化规定。

（3）完善办案流程监管。上海各试点院依托上海市高级人民检察院统一业务应用系统，在案管部门设置专职的监控员，客观全面记录检察官办案信息和实现全程动态监控。除了加强重点案件质量评查，对于不起诉或撤案的、捕后不诉、影响定性、跨幅度量刑等案件，予以严格审查。上海已初步建立起综合管理信息平台，将统一业务应用系统的数据资源整合成指标体系，给予全过程的数据抓取、机器学习和信息整合，取得了较好的成效。

（4）完善外部监督制约。上海市高级人民检察院组织检察业务专家、人大代表、政协委员、科研院校专家学者等组成司法责任评鉴委员会，对检察官办案可能存在重大问题和违法违纪问题进行评鉴，确认检察官是否存在过错责任或违法违纪行为需要承担相应责任，确保司法责任界定和追究的公开、公正。同时，各级院还依托 12309 检察服务平台，进一步深化司法公开工作，案件程序性信息、已生效法律文书及时通过网上平台提供公开查询，对存在社会危险性争议的逮捕案件、拟作相对不起诉处理的案件、羁押必要性审查等案件实行公开审查,确保检察权公开透明规范行使。

(四)进一步司改的重点难点

1. 检察人员管理中存在的难点

(1)检察官员额制改革的独特关注。作为实现检察官专业化、职业化的重要手段,员额内检察官的名额相当有限。目前,上海各试点院均不同程度出现大量符合条件的助理检察员、回归办案一线的检察员排队等待入额现象。与此同时,由于多数业务部门中实际办案检察官人数较改革前大幅下降,员额内检察官承受的办案压力骤增,一些试点院出现现有检察官员额配置难以满足实际办案需要的情况。此外,随着薪酬改革、工资福利的逐步到位,还出现未入额人员思想稳定问题,司法行政人员职业发展问题等亟待解决。

(2)检察官管理考核的提升空间。一是检察官办案业绩难以量化考核。检察办案工作是高度复杂的逻辑与经验思维的复合体,区别于简单的"流水线"作业,无法像计件工人一样,对检察官的劳动进行简单的计量、排序与对比。不仅是不同业务部门之间工作无法横向对比,即便是同一业务部门内部,随机分配的案件其实际工作量也存在极大差异。尤其在团队制办案、合议制办案模式下,职务犯罪侦查及法律监督部门的独任检察官和检察官办案组办案强调团队协作,整体配合,在这些部门,业绩考核要真正公正有效地量化到人非常困难。二是传统条线考核与检察官业务考核难以有机融合。传统的基层院考核主要以条线部门为单位进行考核,对检察官的业务考核则主要是个体考核,两者在办案业绩的考察上侧重点不同,考核标准、方式等方面存在较大差异,在考核导向上甚至出现截然相反的情况。③

2. 办案组织构建中的难点

(1)办案组内主任检察官是否相对固定设置。目前,多数试点院的观点是主任检察官相对固定,理由是经过员额制改革后,检察官队伍虽然实现了一定的精英化,但在一段时期内检察官的办案能力和水平仍然参差不齐,如果"随案而生"主任检察官,可能会对案件质量产生不利的影响。从有效组织办案和

③ 如公诉部门追诉、抗诉等工作在部门考核中占据比重较大,但检察官需要承担较大的办案风险,且在办案业绩与司法责任评价上体现不多,导致检察官履职的动力不足;未成年人刑事检察部门需要额外承担大量的社会综合治理、项目创新等案外工作,这些工作无法作为司法办案在业绩评价中得以体现,削弱了检察官的工作积极性;控申部门考核中规定开展公开审查可以加分,但检察官可能需要承担更多的办案风险和压力,因此往往倾向于"多一事不如少一事",等等。

进行司法管理的角度,主任检察官应相对固定。实践中也有另一种声音,即认为主任检察官应当“随案而生”,从上海市高级人民检察院关于主任检察官的定位理解,凡是进入员额的检察官都可以作为主任检察官带领检察官办案组办理重大、疑难、复杂案件。

(2)主任检察官选任标准与程序更精准设计。目前,上海在试点中尚未对主任检察官的任职资格、任命程序、在入额检察官中的占比等作出明确细化的规定。2015年,试点主任检察官制度的七个院共任命主任检察官263名;部分试点院规定主任检察官应严格掌握质量和标准,从具有10年以上检察工作经历或具有市级以上“三优一能”等业务能手称号的检察员中择优选任,原则上按检察官总数的三分之一配备,如闵行区院任命的26名主任检察官中,具有市级以上业务能手称号的占50%,但也有部分试点检察院尚未开展主任检察官选任工作。有部分试点院以内部指定的方式确认若干主任检察官,但一直未以组织名义进行任命。部分院仍然根据各自情况和原有工作模式,沿用主诉、主办检察官带领办案组办案,或由业务部门负责人或指定检察官作为负责人领导团队办案,或由入额检察官两两协作办案等方式开展办案工作并承担办案责任。主任检察官选任工作停滞不前,一定程度上影响了检察办案组织的正常构建和运行。

(3)独任检察官的选任问题。独任检察官作为办案组织形式之一,在上海市高级人民检察院《意见》中已经得到明确,但对于独任检察官如何产生,在办案中如何运行,实践中仍出现分歧意见,有的试行院认为:独任检察官就像检察官办案组中的主任检察官一样,需要有正式的任命程序,入额检察官并非当然的独任检察官,选任产生独任检察官也较符合目前整个检察官队伍的办案能力现状。有的试点院则暂时不另设独任检察官职位,仅作为办案制的一种方式,即独任检察官是入额检察官,在授权范围内同样依法独立行使检察权,并独立承担办案责任。因此,所有入额检察官在独立办案时都是独任检察官。

3. 办案职权配置中的难点

(1)权力清单的更合理设置。一是实践中对办案权力的界定存在较大的分歧。除职务犯罪侦查、批捕、起诉、诉讼监督等一线办案业务外,对其他非诉讼化的办案业务,如职务犯罪预防、国家赔偿、司法救助、涉罪未成年人帮教等,如何界定办案权力仍然存在认识上的分歧。二是权力清单有待进一步调整或细化,现今的职权划分存在模糊点。上海《权力清单》虽然对全市三级检察院检察长(副检察长)或检察委员会、检察官(含部分主任检察官)的办案权力做了全面的规定,但大部分为三级院共性的权力,对于不同层级院办案中的一些特有问题,仍需进一步调整完善。如对于如何界定“重大、有影响案件”的标准,市院相关业务部门的权力清单并未作出明确界定,给分院、基层院办理相关审查逮捕、审查起诉案件的权限设置带来困扰。三是不同业务部门、不同岗位的检察官、检察官助理的职权和责任界定不明确,检察长、检委会和部门领导与检察官的关系有待进一步厘清。尤其是改革前的助理检察员和书记员在被统一任命为检察官助理后,两者的具体职责范围尚需进一步明确。④ 同时,一线业务部门经检察长授权办案的检察官助理与检察官工作任务、压力相近;综合业务部门检察官与检察官助理工作内容趋同、分工不明显,都成为检察机关司法责任制实际落实过程中的模糊点。

(2)办案职权的更合理行使。部分检察院考虑到检察官的办案能力与司法责任制的要求存在相当差距,对不诉、不捕案件办案权限,暂不下放至检察官。也有些检察官虽然被授予较大的办案权力,但实际上却怠于行权,逃避责任。有的检察官习惯于传统的三级审批办案机制,⑤为减轻办案风险和压力,逃避办案责任,对一些原本属于检察官职权范围内的案件,在没有认真细致研究案件事实和证据的情况下,通过改变案件定性意见的方式提请三级审批,转移案件决定权和司法责任。检察官被授权而怠行权,反过来也造成主任检察官、部门负责人过多介入实体办案,司法管理压力过大。

4.办案监督制约中的难点

(1)随机分案的合理性。一是大量疑难复杂案件都会开展提前介入工作,案管部门在案件分配过程中对此并不掌握情况,信息不对称容易造成分案后检察官与提前介入的检察官不一致,办案责任难以界定。二是刑事检察部门根据办案需要设立专业化办案组,但案管部门对案件并不熟悉,囿于现有人员状况也无法开展实质性审查,难以作出科学合理分配。⑥ 三是案件本身疑难复

---

④ 当前办案实践中,检察官助理分为两类,一类是原具有助检员身份的检察官助理,对这一类助理经授权后其可以行使检察官职权,但对其在授权后的职权范围目前尚没有明确规定;另一类是没有助检员身份的检察官助理,这一类助理不能行使检察官职权。

⑤ 三级审批办案机制是指由案件经办检察官提出处理意见,由部门负责人审核,检察长(分管副检察长)决定的传统检察办案模式,是检察权运行行政化的集中体现。

⑥ 调查发现,正是因为这一原因,部分检察院暂仍由部门负责人承担分案工作。如徐汇区院拟待案管部门具备统一分案条件后改由案管部门统一分案。

杂程度情况不同,无法单纯以办案数量来衡量检察官的工作量,且检察官会承担较多办案以外的工作,相较于业务部门负责人而言,案管部门无法准确掌握检察官工作量的实际情况。四是目前检察官办案能力水平不一,履职责任心也各有差异,随机分案既不利于保障办案质量,也容易造成法律适用的不统一。

(2)案件审核中的正当性。一是审核层级过多,审核范围过广问题。一些试点检察院在案件审核中存在主任检察官、部分负责人、分管检察长等诸多层级,且审核的范围几乎涉及所有的案件。由于基层检察院刑事检察部门的绝大多数案件均由检察官独立决定,每案必审使案件数量较大部门的负责人深陷案件审核工作无法抽身顾及其他。一些试点院对于业务部门负责人、主任检察官是否应对全案进行审核存在分歧。如在刑事检察部门,对书面审查的理解是只审查起诉书还是审查起诉书和审结报告存在疑问。二是在审核方式上,对审核应当实质审查还是形式审查把握不准。有试点院担心如果只是形式审核,则并不能发挥实际上的案件质量把关作用;如果实质审查,则混淆了审核与审批,与改革前的办案模式并无实质不同。三是在审核责任承担方面。对于审核应尽到何种程度的注意义务才可以免除监督管理责任,以及何谓"案件存在明显瑕疵应负监督管理责任"的判断标准,实践中较难把握。⑦

(3)流程监管中的优化性。从目前的试点来看,通过流程监控进行同步监督尚未完全实现。如案件质量评查仅限于每季度进行质量分析,而个案评鉴仅针对严重违法行为,缺乏日常性的流程监控机制,监督的及时性还需要强化。流程监控虽然主要依托统一业务应用系统进行,但流程监控员并非只是承担具体的事务性工作,在该岗位上应当配置办案经验丰富、在业务上具有权威性和公信力的优秀检察官,然而案管部门的检察官员额配置较少,职业保障上略显不足,且案件分配、质量评查和司法责任评鉴等履职任务日趋繁重,与现有队伍状况之间的矛盾日渐突出,目前尚无法配置优秀的检察官到流程监控岗位上,对司法办案活动的同步监督尚未完全发挥作用。

(4)司法追责中的精密性。在构建与完善检察官司法责任体系方面,存在

⑦ 按照现有审核制度的设计,除分管检察长直接改变原拟处决定的需要承担司法责任外,其他审核均由检察官承担责任,而审核者不承担责任。没有责任的审核很难起到应有作用。同时,也使普通检察官和具有审核权限的有职务的检察官(领导)之间存在责任承担上的不平等:领导可以无责,检察官却必须承担责任,导致普通检察官对此规定不认可,认为目前所谓的审核就是将原先的审批改头换面,仅仅免除了领导的责任。

重追责、轻豁免的问题。目前,我国检察官司法责任豁免规则在立法上仍是空白。免除检察官司法责任情形的规定过于粗疏,有待完善。

2014 年 9 月 1 日,基于上海市司法改革试点的工作方案已经得到了中央深改领导小组的批准,首批试点中上海作为唯一直辖市拉开了司改序幕。作为至今仍是唯一被中央肯定的中国司改样板,上海司改以“影响司法公正”“制约司法能力”的主要问题为逻辑出发点,围绕破解现实中的体制性和保障性难题,采取先易后难的方式渐次稳步推进。因此,评估上海样本更适宜以“阶段性目标”而非“定在性目标”为标准,将上海落实推动司改三年以来的价值立场、基本思路、机构变化、配套制度、资源配置、角色分工等核心要素,体系化构建成一个比较完整的结构,基于对司法规律的认知,进行客观为主、主观为辅的评估,为进一步后续改革规划和建议提供坚实基础。值得提醒的是,上海司改作为首批试点,仍是与上海的社会经济发展相适应的改革,即使已获得了中央的高度肯定,仍不宜以“先进”之类的字眼给予评价。毕竟全国其他地区与上海地区可能存在的实际状况不平衡,会导致上海司改试点经验难以被全面复制,改革的区域差异性存在是完全合理的。因此,改革三年以来的上海样本评估和分析,更多是上海的成就、共识、经验和问题,课题组也意图归纳和总结其中部分的可复制、可推广经验。当然,既有关系全盘改革成败的共性议题,也有上海类似区域应予优先关注的特殊议题。

五、上海司改的总体评价

(一)第一阶段上海司改的要点评估

根据中央顶层设计,司改第一阶段覆盖四大任务:推动司法人员分类管理和员额制、实行省以下司法机关人财物统一管理、健全司法人员职业保障制度、完善司法责任制。上海高度重视四项改革的全面统筹和系统推进,同时也结合上海工作实际与改革难易程度有所侧重。

1. 司法人员分类管理和员额制改革全部完成。该项改革在上海的司改中居于基础性地位,上海司改的最早员额改革试点方案采取了扩大意义上的“以编定额”,即以政法编和文员编之和为计算基数(这与全国其他省份只以政法编为计算基数有所差别),规定了在五年的改革过渡期内,所有人员按照入额法官和检察官、法官助理和检察官助理、其他司法行政人员的33%、52%、15%的配比进行分类管理,目标是把85%左右的司法人力资源投放到办案业务一线,实现了职权合理分工与有效配置;在此基础上,又进一步结合法院和检察院层级的不同职能、法院和检察院内部不同职能部门的职能性质差异、案件类型的不同权衡、案件的实际数量、司法辅助人员的配置、办案保障条件以及所在行政辖区的人口、经济、社会等综合情况之需,对纵向上下级法院和检察院之间、横向不同辖区的法院和检察院之间的员额配比,进行了更为科学合理的调整,测算出法官和检察官年均最大办案量,做到以实际工作量确定员额,最大限度地发挥了法官和检察官的价值。

在此基础上,上海司改在员额改革上推出了岗额适配定岗、入额和遴选机制、员额动态管理、员额退出机制为四大部件的全过程结构化实施方案。包括:①以分类定岗启动入额。设定入额的门槛条件,以公平公正、分期分批、差额择优为要点,借助于认定和考核两种方式,把初选名单提交市法官、检察官遴选(惩戒)委员会遴选荐任,再由经由权力机关任命后完成分类定岗。根据上海司改已完成的员额改革情况,入额法官和检察官的比例基本控制在27%左右,为以后的持续改革留下了必要空间,又遴选出了符合改革目标又兼顾实际状况的员额队伍,使员额改革在上海波澜不惊,实现了平稳过渡。②入额后的绩效动态管理机制。上海司改的员额法官和检察官并不是入额后的终身制,而是在改革之初尚未入额时就确立起了绩效动态管理和退额机制。根据入额法官、检察官的岗位绩效考核办法,建立起了绩效考评积分规则、个人承办案件考评积分细则、办案质效考评积分细则、司法作风考评积分细则、司法调研考评积分细则等测算方法,体现出司改贯穿的渐次思维和员额队伍的不断优化调整。③建立起比较完善的法官、检察官助理体制,不再任命助审和助检,而是增设了法官、检察官助理且占比审慎控制在16%左右,已充分考虑到未来入额的空间和梯队建设的稳步性。④探索和建立符合职业特点和司法规律的法官检察官遴选机制,提高职业的准入门槛和选拔条件,分别从高校和律师公开选拔各一名三级高级法官和检察官,以期形成常态化的社会公开遴选机制。

2. 司法权运行机制和司法责任制改革全方位推进。该轮司改的两大目标之一是“去行政化”,集中体现为司法职权的优化配置、权限划分和追究责任等运作机制的改革。①上海方案推动了审判权运行机制上“让审理者裁判、让裁判者负责”的改革。削减了院长和庭长的行政性权力，加大专业活动的权重；重新定位审委会，矫正“多头处理一案”“集体会议审判”之类的弊端；改变超越制度的监督机制，明确审判权之间的相克性。当然，司法责任制要求法官对审理的案件从头到尾进行审判，可能又会削弱司法监督而滋生腐败。因此，上海方案坚持了责任的谦抑性和比例性原则，毕竟过分强调责任与过分给予权力的后果是相同的。②上海检察院的改革成就，在于针对检察机关岗位种类多、差异性大的特点，为不同级别、不同岗位设定了权力清单和岗位说明；构建起独任检察官、检察官办案组两种办案组织形式，探索“扁平化”的内部机构大部制改革，明确了决定权、审核权、监督管理权的职权定位和责任归属；落实检察权运行的监督制约机制，比如，充分发挥检委会和检察长的监督作用、完善办案组织内部的制约监督机制、加强办案案件的流程监控、建立起案件质效审核制度和针对个案的评鉴机制等，其中又重点对检委会进行了专业化改造，借助于将检委会划分为金融知识产权犯罪、网络（计算机）犯罪等若干专业小组，以及改进案件讨论方式，强化了检委会的司法属性；同时，又在推动检务公开，规范减刑、假释、保外就医程序，以及在推进人民监督员制度上，[8]重点着力且取得一系列成果。

3. 薪酬增长和省以下司法机关人财物统管改革到位。区别于以往的改革，此次司改的最大特点在于“系统集成性”，就是强调主体改革与配套改革同步推进。上海在试点中深刻认识到了此次司改的全局性，在市委领导下高度强化部门之间的协同配合，改革效果显著。①作为各方关注焦点的薪改增幅全部落实到位。作为配套改革的重点，上海经过反复讨论和报请中央批准，已建立起与司法人员分类管理相衔接的薪酬制度，员额制入额人员、法官和检察官助理、司法行政人员的薪酬同比平均上浮50%、20%、10%，目前三类人员的薪改增幅已落实下发到位。②为了解决“去地方化”，上海坚决落实省以下司法机关人财物统一管理。在“人”方面，形成了全市法官、检察官“统一提名、分级

⑧ 2014年，最高人民检察院启动人民监督员制度改革试点工作，为积极贯彻落实最高人民检察院、司法部联合下发《深化人民监督员制度改革方案》，上海市人民检察院制定并下发《上海检察机关关于深化人民监督员制度改革若干意见》等文件。自2015年以来，按照最高人民检察院《关于实行人民监督员制度的规定》，人民监督员对检察机关办理自侦案件中拟不起诉、拟决定撤销案件等“七种情形”实施监督。

任免”的省级统筹局面，[⑨]以司改单位决策和学者两种成员来源类型，稳健成立了法官、检察官遴选(惩戒)委员会，首聘15名委员，包括7位专门委员和8名专家委员，[⑩]在市高级法院、市检察院设立办公室，主要职能包括遴选、择优选升和对严重违纪惩戒。在“财”和“物”的方面，以上海为单元的司法机关经费统一管理和资产统一管理机制初步建立，“收支两条线”的格局被固化下来，各级法院、检察院收取的诉讼费、罚金、没收财产和追缴赃款赃物上缴市级国库，区县法院、检察院全部列入市级预算单位，所有资产也转入市相关部门，由市级财政和相关部门统一提供物质和供应保障。不过，在上海司改第一阶段确定的四项重点改革任务中，这一改革的难度最大，涉及利益链条长、职能部门多、分配机制繁杂，至今还未最终落地。

(二)第二阶段上海司改的要点评估

第一阶段的上述四大任务落实完成后，目前上海司改已顺利进入第二阶段。要点在于跨行政区划的司法机构调整、推动审执分离体制改革、强化司法的人权保障制度以及深化多元化纠纷解决机制。

1. 多头试点司法与行政辖区相分离的机构性改革稳步推进。推动“两个辖区”的分离，是摆脱司法地方化的要点之一。在改革的第一阶段，上海就已经开始该项结构化改革：根据跨行政区划法院的设置框架，2014年12月28日，依托上海铁路运输中级人民法院，上海设立了上海市第三中级人民法院，与上海知识产权法院合署办公，负责审理案件的范围包括：以市级政府为被告的一审行政案件、以市级行政机关为上诉人和被上诉人的二审行政案件、市检三分院提起公诉的案件、由上级法院指定管辖的其他案件；而经中央批准重新组建设立的知识产权法院，依法审理知识产权民事、行政案件。另外，上海以全国首个自贸试验区试点为契机，又设立了不同于普通派出法庭建制的自贸区法庭。该法庭设立后，依据中国(上海)自贸区范围的不断扩张，实质上形成具有进一步司法深改试验田性质的“飞地”，而且逐步形成了风险预警、专业化审判、多元化解、便利诉讼、外国法查明等符合该区域特点的审判权运行体制和

⑨ 具体来说，就是区县法院领导干部，由市高级法院党组提名，两院政治部会同区县党委组织部、政法委共同推荐考察并征求区县党委意见后，按干部管理权限和有关程序依法任免。其他法官的法律职务由市高级法院党组根据遴选、惩戒委员会提供的建议名单统一提名，并由各级法院院长按照法定程序提请同级人大常委会依法任免。

⑩ 专门委员分别由市委政法委、市委组织部、市纪委、市人大内司委、市公务员局、市高级法院和市检察院等单位的分管领导担任，专家委员则从资深法学专家、业务专家和律师代表中择选。

机制。接下来在改革的第二阶段,上海则又把重点放在了跨行政区划法院的"集中管辖",尤其是在2016年把四个基层试点法院的行政庭"整建制"统一收编到上海铁路运输法院,以及把破产、公司清算、环境和生态、食药监督和及覆盖了铁路、航空、水路、城市轨交等在内的大交通运输类案件,也都统一集中交给该院管辖,充分激活了原来铁路运输法院在"涉铁"案件中的跨区域性、流动性所累积的办案经验优势,让该院正在循序渐进地过渡和转型走向新型的专门法院,为进一步探索最纯正意义上"摆脱司法地方化"的跨行政区划法院设立奠定了坚实的基础。

2. 民事执法的审执分离改革初步探索采取了深化内分的模式。中共四中全会决定明确提出了"推动实行审判权和执行权相分离的体制改革试点",不过,到底是采取"彻底外分"还是"深化内分"仍然争议不绝。毫无疑问,彻底外分当然符合审执分离的宗旨,并且可以使法院专司审判职能,但现阶段彻底外分的代价太大、条件不成熟。正是在选择审执分离的模式时需要考虑这些现实问题,上海司改审慎采取了"深化内分"的改革模式,只是把执行裁判权从执行机构中分离出来,单独设立"执行裁判庭"。这一方案既肯定了以往法院执行机构在内部分设了执行审查庭、执行实施庭的改革成就,又抓住了审执分离的目的在于破解以往审执合一的弊端:法院职能不能有效发挥,以及法院裁判无法有效执行。可以说,目前上海的深分内分的审执分离方案强调的正是以解决上述弊端为核心,尤其是以执行难为问题导向,同时又不会降低执行效率,效果明显。⑪ 同时还要看到,该项改革方案仍未解决的问题包括:深化内分的改革方案不能改变"重审判、轻程序"的习惯,执行人员也很难转变原先存在的审判思维;执行员依然没有法定的任职门槛,导致了人员构成复杂,业务素质和专业能力难以保证,不能有效应对现在繁重的执行案件,以及走向更加精细化、专业化的难题;另外,不少法院因为案多人少、人手不够,而又让法官兼任执行员,致使法官不能专司审判,工作负担依然很重。

3. 以强化人权司法保障落实修订后的刑诉法和防范冤假错案。一方面,上海法院和检察院以推动审判公开、检务公开、裁判文书公开等为契机,提出了"公开是原则、不公开是例外"的原则,充分保障公民的知情权、参与权、表达权

---

⑪ 2016年推行该项改革以来,上海法院实际执行率61.8%,同比上升8个百分点,初执标的清偿率42.18%,同比上升13个百分点,正在努力把上海打造成为全国执行环境最好的地区。

和监督权,已使近年来的上海司法透明度指数位于全国前列。[12] 同时,司法过程的改革除一以贯之坚守以往的疑罪从无、罪刑法定、非法证据排除等规则之外,更加突出了被告人、辩护人在取证来源、方法、主体合法性调查的配套性机制建设,重点下力气杜绝会严重影响司法公信力的刑事冤假错案发生。另外,根据全国人大及最高人民法院的授权,上海法院的刑事速裁试点效果总体良好,试点以来超过九成的速裁案件能在10月内审结,当庭审判率高达99%以上,一审服判息诉率也达到近96%。另一方面,上海法院、检察院在依法保障被告人权利上,充分保护被告人获得辩护的权利,落实法定的指定辩护和法律援助力度,基本实现了对可能判处三年以上有期徒刑的案件辩护全覆盖;检察机关的贪渎部门在讯问全过程做到实施不间断的同步录音录像;刑事申诉的复查制度也在逐步走向完善。而在依法保障律师执业权利上,检察机关增设了阅卷室以及探索开通网上阅卷方式,并且在审查搜捕听取意见、附条件不起诉听证、取保候审和不起诉宣告、知识产权权利义务告知示范文本、抗诉和提抗文本的评查上都有所创新。

4. 以推动多元化纠纷解决机制和加强诉调对接、小额诉讼落实新《民事诉讼法》。早在中央"两办"下发《关于完善矛盾纠纷多元化解机制的意见》后,上海法院就及时出台了地方版的多元化纠纷解决机制改革意见,把调解放在前所未有的位置,尤其在诉调对接机制上有所突破,比如,主张调审适当分离、建立特邀调解组织,设立委派和委托调解程序,而且加强了行政调解、商事调解、人民调解、司法调解、行业调解等的联动机制,还在民商事纠纷中立评估机制、无异议调解方案认可机制、民事小额诉讼调解前置、无争议事实记载机制等,先行先试进行了突破性"探索",效果显著。同时在拓展调解案件的类型上,不仅覆盖传统的物业纠纷、劳动争议、家事纠纷、交通事故赔偿、医疗纠纷、消费者权益问题、环境纠纷等其他的一般性民事纠纷,而且出于应对地域性的案件类型多元化和精细化趋向,上海在引导和推动法院乃至社会机构的调解朝专业化方向发展不断探索,甚至还在专业性调解的主体、程序、社会效果、效益、社会干预等多个维度进行了立体化构建,培育出了上海经贸商事调解中心这样的品位高、专业强的高水平调解机构,得到了最高人民法院周强院长的充分

---

⑫ 国家"2011计划"司法文明协同创新中心所公布的2014年、2015年《中国司法透明度指数报告》显示,上海连续两年的司法透明度名列第一。

肯定,在全国独树一帜。可以说,上海经验为2016年6月28日最高人民法院出台的《关于人民法院进一步深化多元化纠纷解决机制改革的意见》,提供了相当的实践基础。

(三)上海司改三年的整体性评价

不同于以往司改以技术性、形式性、程序性为特点的“机制性”改革,首批试点的上海“体制性”司改经过三年的先行先试和攻坚克难,已取得了一系列的突出成就。做到在确保司改不犯颠覆性错误的基础上,不唯经验与权威,不偏听与偏信,不盲从与跟风,避免以往机制性改革随意性大、偶然性强、配套性缺位等问题,以“建构与试错结合”为出发点,前期改革经验得到了外部的高度评价,解决和突破了不少关系到全盘成败的难题。

1.改革基于整体性推进而又实现了重点上的突破。上海司改立足于地方经济社会发展状况,全面推进过程中的亮点包括:对地方治理波及效应、法官检察官员额制、法官检察官选任问题、遴选委员会运行机制、人财物省内统管框架、推动司法预算独立、两区适当分离以及司法责任制等,去地方化和去行政化的两大目标初步实现。在此基础上,上海司改又在落实司改主要维度的关键议题上不断有所推进。比如,以编定额与以案定额的有机结合、员额的动态管理和退出机制、遴选书面考试效力的延长、遴选委员会的功能适度放大、从高校教师和律师中遴选法官检察官、领导职数过多的入额难题、领导入额后又不名义办案、审委会和检委会讨论个案比例大幅度降低、取消审判长会议制度、释放专业法官会议的决策咨询功能、主任检察官制度的探索、上下级法院和检察院的办案团队差异化构成、领导干预案件留痕和问责、法官和检察官助理的合理配比、入额的法官和检察官与助理之间的职责分工、执行裁定庭的设立、薪酬上涨的测算基数和边界、律师执业权的更大程度保障、司法责任的容错和终身问责、裁判文书说理改革、梳理案管办与惩戒委员会之间的关系、检察院的内设机构大部制改革、预备或候补法官机制、法官年均最大办案量的测算、前瞻性考虑中长远继续减额、法院检察院的大数据与人工智能信息化工程等,改革重点之多、覆盖面之广、解决问题之准、改革力度之大,颇令人称道。

2.改革基于开拓性创新而又保证了试点阶段的层次推进。结构化司改的根本目标是提高司法公信力,从本质上所体现的是司法机关被认可、信赖的力量和效力。上海除了整体和重点推动司法改革,还在构建全国唯一法院提出的司法公信力指数上实现了重大突破,从公正高效的裁判结果、影响公正的体制和机制障碍、司法人员能力和素质、司法透明度和民众法律信仰等维度，确定了指数构建的对象和指标，根据“关键字段”的设计通过大数据抓取和识别司法信息系统中的去噪声后数据，配之权重和运算方法，得出有数据支撑的司法公信力指数结果。而在指数评估的试点阶段，上海在指数设计上充分考虑数据可得性、推广可行性和权威可靠性等因素，指数树结构设计了三级61个指标，全部可以较易从现有结构化后的数据库中抓取获得，包括审限内结案率、简易程序适用率、上诉率、抗诉案件维持率、行政机关负责人出庭应诉率、院庭长人均办案数、法官与辅助人员配比、当庭裁判率、法官直接裁判率、庭审直播数、公开开庭率、廉政投诉办结率、违法违纪数等。以上的绝大部分数据都可以从上海法院质效评估数据和司法公开评估数据中直接选取，而涉及其他职能部门的，如庭审、文书、案件优秀率等，则由高院相关部门分别采集后由研究室汇总，违法违纪数由纪检监察部门提供，体现了司改在公信力指数构建上逐次推进的显著特征。

3. 改革基于中央底线而又拓展了地方司改的能动空间。上海的司改牢牢守住了改革底线，比如，员额制设计绝不因改革而增加一个政法编、入额比例封顶33%又守住当下27.6%的入额进度、刑事和行政和解机制试点审慎推行、提出大数据的司法绩效科学评估标准、估堆量刑与必减主义之上的量刑模式规范化构建、人民陪审员在事实与法律审分离状况下的探索、立案登记制的困境及坚持不过滤原则的案多克难、滥诉和虚假诉讼等行为的刑法规制与克制、鼓励裁判文书说理与审判偏离度分析、破解执行难的审执体制内化分离与执行裁定庭的设立等。同时，率全国风气之先的上海司改方案又能做到在不少环节上发挥能动性，为探索改革空间提供了极为有益的经验。比如，绩效考核不惟统计办案量，而是综合考虑案件数量、办案条件、不同权重、装备条件、路途远近、办案人员等实际条件，建立起科学的测算标准；同时，又鉴于法院与检察院之间的区分，尤其是检察机关内部不同职能部门之间的工作量测算巨大差异，分类设计和精准计算，不仅为员额动态配置提供依据，而且为破解案多人少的难题，实现省级以下人财物统筹提供了更为可靠的基础性支撑。

4. 改革基于司法环境构建而又融入了地方治理共识。地方性知识不仅包括正式地方性的特定制度安排，在中国还包括带有历史延续色彩的各种“朝议”“清议”“以论执政”“处士横议”“公议”“民议”“世论”等，它们杂糅在一起相当程度上构成了地方治理共识的基石。客观上这种区域之间发展的不平衡,不可避免地造成了司法发展的不平衡,所以改革应立足于"发展阶段性特征"。[13] 可以说,上海三年以来的司改是依据了当地的现实风险、社会基础、资源配置、制度成败、成本效益和实施条件,评估和甄别不同选项之后所形成的结果,最为突出的就是表现在对试点短期内不断加剧的"案多人少"难点的有效回应。[14] 值得关注的是,上海的司改审时度势,借力了诉调对接平台从单一平面的衔接向多元立体的服务功能转变、上海市政府2015年1号课题的"行政治理条权下沉改革"、行业性纠纷解决机构在上海走向监管松绑的门槛准入、中国(上海)自由贸易试验区的国际惯例接轨及随之商贸调解上位、新建的特邀调解员和专家调解员从零散差异向系统整合,以及推动在法院内部进一步"扁平化"的审判组织改革,让法官助理的岗位职能得以进一步释放,让入额的法官逐步回归以审判权为核心功能等的功能改造,有效地以"区域司法环境软实力的提升"破解"案多人少"困局。

六、上海司改的基本逻辑

那么,改革的阶段性成果与获得了面上向好评估的上海司改试点样本,其背后的基本逻辑以及可复制和推广的经验是什么?回应这一问题,将会关系到进一步深改的政治定性、法律澄清和功能定位。上海司改试点的逻辑是坚持了从不同层级和地区的司法工作实际出发,尤其尊重来自基层的改革首创,鼓励在改革措施、创新突破点上积极探索,分层、分类提出实施方案,不搞"齐步走、一刀切"。在此基础上,又立足于司改不仅是要解决上海的问题,还把着力点放在为全国提供可复制、可推广的经验,即以试点和成果能不能复制和推广作为试点成功与否的重要标志,取得了很大成就,有些改革甚至取得了历史性突破,具有里程碑意义。归纳起来,三年以来上海司改的内在逻辑主要包括以下几个方面:

---

[13] 徐子良:《地方法院在司法改革中的能动性思考》,载《法学》2010年第4期,第154页。

[14] 上海司改三年以来,上海面临的整体经济下行压力、深水区改革的攻坚克难、产业结构的升级转型,已让各类矛盾及纠纷发生的概率迅速攀升;同时,法院的诉讼收费低位徘徊、立案登记制施行、审级管辖权下沉、诉讼案由逐步放宽,又使进入上海法院的案件数量同比陡增30%~50%。因此,上海试点司改后的员额大幅缩编、审判团队配比尚未完全到位、法官助理的综合素质尚待提高等,导致了"案多人少"的压力加剧。

(一)改革的系统集成与综合配套

2017年2月6日,中共中央政法委书记孟建柱对上海司法改革给予了高度评价,敲定了上海下一阶段应推动“综合配套改革试验区”,以系统集成的方式进一步深化司改。司改的根本目标是回应司法公信力存在的三个悖论。一是案件质效趋好与司法公信力趋弱之间的悖反问题。三十多年以来的司法进步尤其是源自于20世纪90年代末期在“两高”范围内的机制性改革,历经四个五年司改纲要贯彻实施,已使中国司法体制和机制的完善取得了巨大成就,包括但不限于:法院裁判文书的逐步公开、侦查讯问全过程的录音录像、律师辩护权及其他合法权益的保障、刑事量刑的规范化、裁判文书说理、指导性案例分批发布等,客观上使案件质量的综合指数不断上升。⑮ 但许多裁判合法不合理、刑事冤假错案平反的偶然性和居高不下的涉诉信访,客观上又使司法公信力趋弱。二是当事人维权意识增强与权利滥用现象之间的悖反问题。基于经济下行压力依然很大、法院诉讼收费标准降低、立案审核制改为立案登记制、行政诉讼法的起诉案由大幅度放宽,以及司法审查的标准从合法性走向合理性,当事人选择以诉讼解决纠纷的成本和意愿增强,在相当程度上使法院受理案件的数量不断攀升。其中,又不可避免地存在比较严重的当事人透支司法的功利主义趋向,比如,虚假诉讼、不服从裁判、规避执行、暴力抗法、以信访谋取不当利益等。三是整体客观评价与局部主观臆断之间的悖反问题。相较于当事人,民众对司法的整体满意度较高,但不排除某些特定案件中由于信息不对称,舆论往往呈一边倒的质疑,负能量在很大程度上影响甚至主导司法审判,比如,民众对案件事实的想当然判断、更易从众而沸腾的民意、选择性摘取信息和事实及强行拼凑、选择以公众道德而不是法律来作为评判是非的标准等。可以说,上海的三年司改从解决“去地方化”“去行政化”的员额制、省级以下人财物统筹、以审判权为中心的运行机制改革、司法责任制为切入点,但又能从更深层次的回应和解决以上的三大司法公信力为目标,推动了以编定额与以案定额的员额敲定方案、跨行政区划法院的试点、上海市高级人民法院司法公信力指数、建设数据法院和智慧法院、诉调对接机制的不同审级差异探索、审判权力运行机制整体工作方案、建立律师合法权益保障机制等一系列的

---

⑮ 参见张保生、张中、吴洪淇等:《中国司法文明指数报告(2015)》,中国政法大学出版社2016年版,第9~13页。

综合配套改革,收效显著,可复制性和推广强。

(二)改革立场的非依附性与自主性

上海作为全国三批司改的首批试点,何以能成为至今唯一获得中央深改领导小组批准肯定的方案,关键在于在这场全局性、触动根本利益的体制结构改革过程中,上海司改准确地理解了目前的问题状况,通过梳理盘点和仔细分析当下中国司改的变迁规律和风险识别点,抓住改革症结点,抱持清晰的改革目标,以可贵的改革探索自主性,不依附或屈从于改革必然遭受的各方压力,圆满实现了改革前一阶段的目标。比如,改革之框架是员额制不能增加一个政法编,全国省级单元必须控制在39%的入额比例,而上海除了严格自加压力控制在33%的入额比例外,面对案多人少情况加剧的局面,还借助于大数据与人工智能,首创案件权重系数,设计法官不同岗位的最大办案量模型、测算法官年度有效办案时间和单个案件平均时间等,探索对法官年均最大办案量的科学测算框架和工具,形成了比较科学合理的指标体系,为动态调整员额、增补辅助人员提供了科学依据。又如,面对员额制施行后的薪酬改革到位问题,既要应对来自其他国家机关工作人员的横向比较压力,又要正确对待上海基层法院在改革之前加上地方性补贴后,原来的平均薪酬标准较上级司法机关普遍存在倒差的纵向压力,还要防止改革而可能出现的工作脱节或人员流失等现象。上海司改坚决做到薪酬增量部分自所在司法机关启动司改决定之日起算,省级统筹增量部分按时到位、原来的地方专项性补贴一律取消的“断腕”式推进,坚决执行中央薪酬基数的计算口径,对以往的上下级和地区之间的差异不予考虑,让司改不依附而自主。再如,面对入额法官和检察官的长聘任职资格与案件质量控制之间的平衡,上海司改的员额制并非误传的入额终身制,而是从改革之初就自主设计了已入额法官和检察官的周期性绩效考核退出机制。在此基础上,又在整体上海区域内根据下辖的不同行政区划的人口密度、审级、以往五年法官实际工作量、辅助人员配置、办案保障条件、年龄、能力、部门分布、工作均衡度,设定了不同法院和检察院的员额,为全国司改中的员额制制度设计提供了科学依据和坚实基础。

(三)改革进程的均衡性和适度性

区别于以往“两高”主导的司法改革,这一轮包括上海试点在内的司改最大特点,就是覆盖链条长、涉及范围广、触动利益深,许多改革的举措都是中华人民共和国成立后前所未有的深改。因此,“改革突进”与“均衡适度”的精准程序和速度分寸把握，就显得格外重要。上海作为首批试点，改革力度之大，到位程度之深，已得到党和国家领导人的高度评赞，不少改革举措可圈可点。其一，面对原来人大任命过的法官、检察官，因为员额所限或逐次入额的改革步伐而暂时难以入额者，设立了五年过渡期，其间原来人大任命的未入额法官、检察官依然可以依法行使职权，正确处理了改革与法律框架之间的关系，实现了改革的平稳过渡，收益甚好且已被当成可复制的重要经验。其二，正确处理"认定"与"考核"入额的关系，上海的司改并非让已实际上作为办案骨干的助理审判员、助理检察员"全体卧倒"重来，而是鼓励长期坚持在一线业务岗位达8年者以"认定"入额，相当程度上防止了办案骨干和后备队伍的流失，同时，又对非一线岗位但有能力者，给予入额机会，且对非一线岗位的不宜从事业务者，坚持不占额，尤其领导带头，比如，政治部主任、纪检组长、研究室主任、案管办主任等不入额。其三，办案组织的团队设计既考虑优化办案职权和资源配置的改革目标，又已顾及改革之初的实际队伍建设情况。比如，上海司改后的法院办案组织在人力配置上采取的是基层法院"一审一组一书"或"二审一助一书"，上诉法院采取"二审一助一书"。入额法官依据改革目标应当负责法律审和裁判文书的审核，法官助理依岗位职责应负责立案、保全、听证、事实审和初步裁判文书起草等业务环节。根据以上的办案组织配备和职责分工，上海把法官助理的占比合理设定在16%，比例不宜过高和过低。不宜过高，是为了保证适当降低今后入额的难度；不宜过低，则是为了保证入额后备梯队的足量供应，周全而恰如其分地做到了改革的均衡与适度。

七、上海司改的可复制经验

上海司改的定位不仅是要解决上海的问题，而且是把着力点放在为全国司改提供可复制经验。三年以来，上海司改在第一、二阶段取得了许多阶段性成效，不少改革甚至取得了历史性突破，具有里程碑意义。比如，司法人员分类管理改革，员额制改革，司法人员助理制度改革，司法人员单独职务序列及薪酬制改革，司法责任制改革，全国首个跨行政区划法院、检察院（上海三中院、上海三分检）和全国首批知识产权法院（上海知产法院）的建立等。这些改革举措已获得中央深改领导小组、中央政法委和"两高"的充分肯定。调研中，受访者对评估指标满意度较高的原因在于,本市司法改革工作在市政府、市政协及社会各界、相关部门的大力支持下,按照试点先行、于法有据、先易后难、稳步推进的改革思路,有步骤、有重点、有秩序地推动改革,并取得了阶段性成效,受访者在改革中受益,对改革成效给予了充分肯定和支持,因而真心拥护改革,这也是进一步推进改革的原动力。本市推进司法改革的主要做法如下:

(一)完善法官/检察官独立办案责任制

以审判权为中心的诉讼构造改革,关键是"让审理者裁判、由裁判者负责",其实质又是以问责制来倒逼和回归到应然意义上的"合议制""独任制",让审判主体清晰化,进而可以清晰地问责。司法责任制是司改之要害所在,上海司改以审判权为中心,建立和完善独任制、合议庭办案机制,落实"让审理者裁判";以权责统一为原则,建立和完善了独任制、合议庭办案责任制,落实"由裁判者负责"。在此基础上,又把"放权与监督结合起来",毕竟司法体制和改革的方向是赋予法官和检察官更大的独立性和自主性,为了防止滥用裁量权的事态,上海司改进一步加强了责任制,以免落入"传统承包责任制"的窠臼。基于这一原理和规律,上海司改以审判和检察管理权、审判和检察监督权为保障,健全和完善了内部机构之间的监督制约机制。通过改革,审判和检察工作中不同程度存在的审判分离、权责不明、请示汇报、层层审批等行政化问题正在得到解决,权责统一和清晰的司法权力运行机制基本建立。改革后全市法院直接由独任法官、合议庭裁判的案件比例为99.9%,依法提交审委会讨论案件的比例有了极大幅度的下降。

(二)落实员额制推进人员分类管理改革

推进人员分类管理改革,实行员额制管理,在司法体制改革中居于基础性地位。按照33%的员额比例,仅全市法官就有730人不能入额。因此,推动该项改革难度极大。上海司改严格控制员额使用,以双向选择、公开透明、公平公正、考核考试、差额择优为原则,制定了法官和检察官入额采取"以考核为主、考试为辅、择优确认",助审员入额采取"以考核考试相结合的方式、择优遴选"的实施办法,经过双向选择、业绩能力考核考试、差额遴选等九个程序性步骤,平稳完成了人员分类定岗任务,实现了预期目标。

客观上判断员额制改革成败的主要标准在于:不因改革而导致业务骨干过度流失甚至出现"断层",同时不因改革而出现案多人少情况加剧甚至出现"脱节"。上海历经多次博弈后的最终做法,是把员额制法官和检察官的薪酬上调50%,这在现有条件下已是难能可贵。只是考虑到改革之前的上海地区基层法院和检察院从地方接受补贴的标准参差不齐,使“一刀切”后的50%薪酬上涨,在各个区县院的力度存在很大差别,个别区县院还出现了“倒挂”,即司改后的薪酬反而低于上涨后的收入标准,更不要说薪酬上涨相对于其他法律职业成员的巨大差异性。目前的变通做法是取消上海基层地方的专项性补贴,暂时保留了一般性补贴,以避免改革或多或少抵消了的加薪预期。在此基础上,上海司改实际上已经考虑需要在简单的薪酬上调、办案补贴之外设计出具有多样化的、具有长期效果的激励机制,例如,实行累进成比例递增的薪酬制、推迟法官和检察官的退休年龄、为持续工作十年以上的法官提供优厚待遇等,以增强职业尊荣感。

(三)着力破解执行难顽症

2016年3月,为了进一步贯彻中共四中全会提出的要求,最高人民法院明确提出要在2~3年时间内基本解决“执行难”这一痼疾。[16] 强调通过大力推进执行体制改革,规范执行行为,强化执行措施,加强信用惩戒和提高执行信息化水平,目标在于建立权威、科学的无财产可供执行案件的退出和恢复执行机制,提高有财产可供执行案件在规定期限内的标的金额到位率、实际执结率,推动让执行难问题得以更好解决。随后的6月2日,上海法院被最高人民法院确定为基本解决执行难工作重点推进地区。显然,上海司改在解决第一阶段结构性的四大问题之后,进入司改第二阶段的重点之一就在于“如何解决执行难”。无疑,同样包括了上海在内的全国法院执行工作距离民众的期待要求还有较大差距,仍面临突出问题。2016年3月15日,最高人民法院发布《2013年至2015年人民法院执行工作报告》,指出了有六大难题困扰了法院执行,包括:相当一部分有履行能力的被执行人逃避、规避甚至抗拒执行;占较大比例的被执行人无财产可供执行;有的执行人员存在消极执行、现阶段人民法院执行手段仍不够完善;部分执行案件财产处置变现难度加大;少数人员或部门干预执行的现象仍有发生;客观上存在拖延执行和选择执行现象。

针对执行难问题,上海司法机关提出了破解的总体思路,就是借助于各种跨区域执行协作机制、接通全国法院执行查控系统、健全司法拘留被执行人疏导工作机制、加大失信被执人的边控和限制奢侈消费等有效措施,使被执行人

---

[16] 参见最高人民法院《关于落实“用两到三年时间基本解决执行难问题”的工作纲要》。

抗拒执行、规避执行等现象被有效遏制,人民法院选择性执行、拖延执行、消极执行、乱执行和外界干预执行的现象逐步消灭,通过严格的认定标准,以及令人信服的识别方法,实事求是地把无财产可供执行案件排除在"执行难"的案件范畴之外,重点保障有财产可供执行案件绝大部分得到高效和及时执行。改革主要包括:

1. 构建起与相关机构的"点对点"执行信息共享与联动。继最高人民法院与中国人民银行下发《关于人民法院查询和人民银行协助查询被执行人人民币银行结算账户开户银行名称的联合通知》后,上海法院与相关商业银行以此为契机,在人民银行上海总部以及上海银监局的支持下,利用现有的网络资源,探索建立了电子化的"点对点"集中查询机制。即由高院与商业银行之间建立信息交互系统。高院收集各级法院通过内网提交的查询需求后,汇总、打包经过技术处理后,再通过"专线"推送到相关商业银行等金融机构,采取技术手段从银行数据库中提取相关信息后,再通过内网分发给各级法院。案件承办法官使用该系统足不出户即可收到需要的信息。改革以来,该项措施迅速拓展到了房地、银联、证券、机场、铁路等更广的范围,[17]同时,又开通与最高人民法院的"总对总"机制,成为最高人民法院第一批全国"总对总"系统开通的法院之一,极大地便利了上海法院对被执行人在全国范围内的信息获取和执行力度。借助于这一方式的查询,节约了法院、银行等相关机构的查询或协助查询成本,不仅实现了低碳环保,而且正是借助于这种统一规范的流程操作,上海法院的查询工作更趋规范,相关机构的协助查询工作更趋一致,有助于减少工作差错和争议。

2. 构建起"常规与专项""强化与规范"的执行格局。一方面,上海法院既强调让执行中的"一打三反"走向常态化,加大以保全促执行的力度,畅通被执行人及其财产发现渠道,尤其是提升涉民生执行案件的执行力度,比如,上海

---

[17] 上海法院相继与银行、房地、银联、证券、机场等开通"点对点"集中查询,加大财产查询力度,共查询银行13,271,131人次,查询房产270,791人次,查询工商152,270人次,查询银联13,595人次,查询证券134,218人次,查询机场93,034人次。

基层法院的反规避执行多元化举措;⑱又积极开展破解"执行难"的各种专项治理行动,加大对规避、抗拒执行行为和失信被执行人的惩治力度,比如,涉党政机关执行积案清理、执行工作"五查"专项整治、集中打击拒执犯罪专项行动等,2015年,上海法院共追究刑事责任17人,司法拘留663人,限制出境2141人次,限制高消费4.38万人次,公布失信被执行人信息4.3万余例,采取以上措施后,共有1.2万件案件被执行人慑于压力主动履行生效裁判确定的义务,"执行难"得到了一定程度的缓解。另一方面,上海法院既关注强化执行机构优化建设,创造性地将以往分散在各承办人以及院信访办等处的来访处理、咨询答疑、材料收转、建议投诉等功能收归一体,实现了执行工作受理、督办一体化,立案、接待一体化,咨询、答疑一体化,有效整合了本院以及辖区法院的相关资源,提高了资源的使用效率,比如,上海市一中院设立了执行事务中心;⑲

---

⑱ 青浦区人民法院采取的多项反规避执行措施主要包括:(1)责令被执行人申报财产。对所有新收案件及选取的重点案件,凡未采取财产保全措施或在执行中控制财产的案件,以《青浦区人民法院报告财产令》的形式责令被执行人在规定期限内如实申报财产,如被执行人逾期不报告、虚假报告的,坚决采取罚款、拘留等强制措施。(2)限制被执行人高消费及出境。严格按照最高人民法院《关于限制被执行人高消费的若干规定》等相关规定,通过电视台、报纸、街镇执行公告栏等渠道,定期发布《青浦区人民法院限制高消费令》,发动广大群众协助法院对被执行人高消费的行为进行全方位监督,依托社会力量督促被执行人及时履行义务。对于试图出境规避执行的被执行人,由法院积极联络公安部门及时实施边控。(3)加大对拒执行为的惩处力度。对有协执义务但是拒绝执行的案外人,实施罚款等惩处措施,如对百般拖延不协助理赔的保险公司实施罚款。密切联系检察、公安等部门,对于有财产拒不执行的情节恶劣的被执行人,坚决追究其刑事责任。(4)建立执行联动威慑机制。青浦区人民法院通过与青浦区工商局、房地产交易中心等单位签署了协助执行备忘录,不断扩大协助执行主体、扩展协助执行内容,在法院与协助单位之间建立健全较为完善的联系沟通、信息通报反馈等联动机制,深挖财产线索,增强执行力度,确保执行到位。

⑲ 上海市第一中级人民法院执行事务中心成立以来,共受理上海市第一中级人民法院及辖区法院执行信访及投诉905件,其中306件具有交督办内容的信件被转交处理,296件得以有效化解;共接听电话投诉和咨询653件(次),接受预约承办法官申请147人次,转递书面材料279件,以中心六人的人员配备,这在以前是很难实现的。中心成立至今,执行信访化解率达到97%,辖区法院执行来访量同比下降33%,网上信访量下降32%,上海市第一中级人民法院在市委、人大等机关执行信访量同比下降94%,进京执行信访量下降67%。一是有效化解了执行长接待日信访过于集中问题。上海市第一中级人民法院执行庭以往的庭长、执行长固定日接待,因时间较短,造成当事人集中来访,不仅使接待庭长、执行长的工作量过大,而且质量也难以保证,中心成立后,常态化的接待很好地解决了该问题。二是有效提高了当事人的满意度,大大降低了重复信访的比率。例如,金山法院七十余名集团案件当事人曾持续来访,经法官耐心接待,释明法律,借助巡回研判平台,指导、协助金山法院妥善解决了该案,现在该案当事人已停止上访。三是解决了法官难找的问题,防止了因找不到人而越级上访。如徐某和许某因辖区法院不给其立案,向中心信访,接待法官及时指出了其生效法律文书不具备执行内容和材料欠缺等问题,告知其通过正当途径获得执行立案,避免了其聚众闹访,越级上访。

又积极探索执行的规范化流程建设,将案件的执行过程分解成执行接待、财产查控、研判管理、强制执行等环节,由不同的执行法官或执行组在各自的流程环节各司其职,各负其责,改变了以往的"一人一案"执行模式,消除了案件承办法官个人自始至终掌握案件执行进展及决定执行结果的弊端。[20]

3. 根据中央部署全面和审慎地深化推进执行体制的改革。世界上各国的审执分离已成为一种普遍模式,其实质是将执行审查权(执行裁决权)与执行实施权由不同主体行使。中国正在进行的执行体制改革中,法院内部审执分立已是共识,但是如何进一步优化执行审查权与实施权,更为彻底地实现两者分离已成为亟待回答的问题。毕竟随着司法活动的频繁,在执行过程中涉及权利义务判断和分配的情况越来越复杂,过分追求两者的彻底分离势必会影响执行效率。目前,上海法院采取的是"有限分离"的方式,成本较低,改革幅度也较小,但改革的结果不一定令人满意。然而,采取彻底分离的方式,又取

[20] 长宁区人民法院围绕分权制衡理念,加强执行流程的规范化建设,包括:(1)专业化执行接待。专设执行接待组,配备了具有国家二级心理咨询师资格的法官专门负责案件执行前端的具体工作,为执行案件当事人答疑解惑,全面公开执行流程和执行过程,全方位接受当事人的监督,确保了执行工作的公开透明。当事人第一时间即可掌握案件执行动向以及执行流程各阶段的有关信息,较大程度上减少了当事人因找不到执行法官,不了解案件进展情况而产生的信访投诉。(2)集约化财产查控。设置专门的财产查控组,集中开展对被执行人财产的调查和依法控制工作。案件经过执行接待未有结果,即移交财产查控组,由专人负责对被执行人的银行存款、证券投资、房地产、机动车辆、股权等实施全面查控。对财产查控实行专业化分工,有效地提高了对类案的查控技能,使查控财产更加深入细致,查控到的财产则更具有针对性和价值性,保障了当事人权益的及时兑现。(3)动态化研判管理。执行流程各阶段都会发生一些需要研判解决的问题。执行长联席会议采用不定期的动态研判管理方式,在查明被执行人的履行能力和财产情况后,随时举行会议讨论、研究各类疑难复杂案件,提出下一步执行对策,督促相应的执行程序在规定期限内完成。通过将执行决策权由以往的承办法官个人掌握转移到执行庭全体管理层,有效防范滥用执行权和利用执行权进行权力寻租等行为的发生。(4)协同化强制执行。通过执行流程改革涤除了执行法官个人行为,实行以执行组为执行单位进行组织化、小分队化执行的做法,既便于集思广益制定较为周密的执行预案,弥补个人执行思路不够缜密、个人力量的单薄及执行过程中突发事件应对难问题,同时又树立了法律权威,提高了执行效率,减少腐败和执行行为不当的风险。(5)信息化流程监控。探索执行流程改革过程的同时,注重纳入信息化管理手段。积极争取区有关部门的支持和指导,开发了执行流程信息管理软件,通过新技术的运用进一步提高执行效率,也为更直观了解流程运转情况、完善新模式中各个执行环节的绩效考核管理提供了条件。(6)科学化考核管理。执行流程改革后,原有的通过收结案数、执行到位率、初执清偿率、中止终结率等对法官个人进行量化考核的办法已不再适用。为此,该院选取必要数据,提出了绩效考核管理办法的初步设想。考核采用世界通行的平衡积分卡考核方式,即根据不同阶段的工作性质设定分值,以完成的工作量、具体工作质量等计算出分值比,然后按照高院现行的绩效考核办法计算出执行庭庭室人均绩效,最后以人均绩效乘以该分值比得出个人的绩效。

决于法院对于执行改革的意向,以及司法行政机关是否作好接收、有能力承担并能高效运行的准备,否则绝不可轻举妄动。当然应肯定的是,以往审执分离改革已取得成效,审判权和执行权不断深度分离,分离的层次逐步提高,二者的界限不断分明,执行人员、机构和程序的独立色彩越来越浓。但是,更为彻底的外分成本代价很大,因为将执行权从法院分离,涉及三大诉讼法和法院组织法、法官法的重大修改,尽管可以通过制定"强制执行法"一步到位地解决问题,但立法周期可能长达数年,这期间执行权从法院分离的合法性问题将难以解决。另外,两种权力的外分还会导致执行效率的降低,因为执行实施所产生的多种争议,可能反复需要执行裁判权发挥作用,执行案件一旦在执行机构和法院之间往返,执行实施和争议处理的效率都将严重滑坡,还会加重当事人的负担。

(四)加强检察监督和完善预防犯罪体系

作为改革的执行者,上海的地方检察改革试点不是抛开顶层设计既定的改革框架搞"面"上的单兵突进,而是更多地着力于通过加强统筹协调,在全面贯彻中央司改框架意见的前提下,在完成了前期第一阶段的结构性改革后,又进一步对于检察机关作为法律监督机关,在打击犯罪之时还要更加强调的预防犯罪这一领域内尚待完善的重点问题做"点"上深入,为全国深化司改积累了经验。

1. 在检察官依法独立行使检察权之上建立起内外部监督。探索建立符合检察办案规律的办案组织,它对于实行专业分工和有效组织办案都具有十分重大的意义。其实早在司改之前的 2011 年,上海检察机关就探索了闻名于全国的"主任检察官制度"。作为一个荣誉和资历的符号,主任检察官不仅是资深和优秀检察官的样板和代表,而且还是检察办案组织的管理和组织者。同时,探索不同部门的责任制模式,公诉和侦监等刑检部门推行检察官负责制,实行基于主任检察官办案组之上的专业化分工;批捕部门实行专业化和分片区的相互结合,公诉部门则是将金融、知识产权、职务犯罪、未成年人犯罪和简易程序案件等,归口并入专业化的办案组,既解决了专业分工又保证了办案量的均衡。在此基础上,落实检察官办案责任制,打破了原来检察机关的传统管理模式,基于检察官依法独立行使检察权,建立起内外部的高效监督制约机制。包括:完善办案组织内部的监督制约机制,在维护检察官司法主体地位和司法独立性的同时,解决行政化审批方式的弊端,遵循司法办案的规律;发挥检察长和检委会的监督作用,特别是对审查决定抗诉的提起以及一类问题等重大监督事项;进一步加强案件办理的流程管控,让上海的检察监督体系初步形成。

2. 强化检察监督制度尤其是诉讼中的法定程序性的监督。上海司改三年以来,检察机关的公诉部门针对办案中发现的漏罪漏犯共建议侦查机关追诉1361人,追诉后提起公诉1225人;共提出抗诉84件117人,上级支抗44件64人,法院决定改判或发回重审48件71人,采纳意见率为76.57%。各级公诉部门通过建立线索专项检查机制、完善追诉档案制度、强化部门联动等方式扩大追诉线索,提高追诉到位率。全市共向公安机关发出书面《纠正违法通知书》并得到回复采纳144份,召开公检联席会议48次。发出刑事再审检察建议书52份(件),法院决定再审9件,自行纠正35件;针对法院审判工作中存在差错和一类问题,发出诉讼监督检察建议书65份,纠正违法通知书27份,工作通报21份,回复率均为100%。此外,各级公诉部门还针对公安机关违法取证问题、取证不到位、办案程序违规以及部分案件实体问题处理瑕疵等,制发诉讼监督检察建议书80份和一类问题通报169份,均得到回复,取得了较好的监督效果。三年来,全市民行部门共受理裁判结果监督、审判人员违反法定程序及执行监督共计3947件,抗诉及向法院制发检察建议共计302件。

3. 聚焦和加强对社会反响强烈、风险高发点的重点监督。除了一般预防性监督,上海检察还在深化司改进程集中对若干重大社会关注的隐患或风险问题予以立体化监督。(1)面对社会反响强烈问题,比如,面对上海出现大量租用退休职工的医保卡,以代配药为名,套取医保药品及贩卖牟利,嫌疑人之间已呈现出家族化甚至地方化倾向,严重威胁到了医保基金和医药监管制度的安全,市检二分院向社保机构发出高质量检察建议,提出完善"代配药"制度,建议定点"代配药"医疗机构和"代配药专门窗口",实施"代配药"实名制和备案制;加大对"地下药品市场"的整治力度。建议严厉整治收购药品的源头,建议完善医保、卫生、药监等行政管理部门与公安司法机关的协作机制,形成打击地下药品市场的工作合力;建立药品管理方面的专门网络数据库,统一完善全市医疗机构的录像监控系统。(2)面对风险高发点问题,比如,面对上海崇明长兴岛云聚江南造船、中海工业、振华港机、上海船厂等多家海洋装备企业,职务犯罪持续高发,崇明检察机关为了缓解预防资源不足的供需矛盾,紧扣行业特点,采取分批分次预防,同时建议国企在职务犯罪多发的招投标、设备采购、材料验收、竣工验收以及工程款支付领域,积极探索引入信息化管理机制。

八、进一步深化上海司改的建议

上海司改的定位不仅是要解决上海的问题,而且是把着力点放在为全国司改提供可复制经验上。三年以来,上海司改在第一、二阶段取得了许多阶段性成效,不少改革甚至取得了历史性突破,具有里程碑意义。目前上海司改正处于第二阶段,以下出于探索及研究之需将对这一阶段分别指向法院和检察院改革的"新兴奋点"给予重点评估。当然,上海的司改试点绝不是短期内一蹴而就的。2017 年 2 月 6 日,中共中央政法委书记孟建柱考察上海司改后,提出了下一步上海深化司改的三项重点任务,包括:对上海的司改经验进行总结、尝试推动司改综合配套实验区、设计防止刑事冤假错案的实施机制。归纳起来,下一步上海优化司改的要点包括:

(一)加强司改的系统集成性

1. 扩大地方法院、检察院改革对拉升地方软实力的辐射力。其中的关键议题在于,改革在击破原来司法依赖于地方保护主义的同时,如果能进一步将地方司改着眼于改善区域性的司法环境,那么,同样也应让地方司法机关基于不违背中央统一部署和上位法的前提,充分结合地方实际,推出更为适宜的改革举措,甚至允许对立法未明之处先行提出指导意见。退一步来说,即使这可能会产生对同一问题在衡量尺度上的程度性区别,抑或在操作程序的判断上出现差异性,不过,只要区别和差异是透明公开的,就既能供应更多的理性选择,又能倒过来促进地方政府治理水平的不断提高。

2. 基层司法机关转型。本市应充分利用已有资源,优先依托铁路基层司法机关建设跨行政区划基层司法机关。具体而言,(1)先行试点,依托铁路运输基层司法机关,在部分区县先行试点开展特殊案件集中管辖。(2)调整案件管辖范围,由地方高级司法机关指定铁路基层司法机关集中管辖试点区县的一审特殊案件,探索建立行政区划与司法辖区相分离的特殊案件管辖制度。经试点取得经验后,再分步在全市推开。(3)增加铁路基层司法机关政法专项编制,从地方法院遴选、选调骨干法官,加强对铁路法院原有法官教育培训,完善改革配套保障机制,推动铁路基层法院转型。目前,广州、南京等地铁路运输基层法院已集中管辖所在市全部一审行政案件,上海铁路运输司法机关已试点集中管辖所在市四个区的行政案件。

3. 在中央统一部署下配合推动司法改革成果法律化。中央深改小组发布的“司改试点框架意见”、“深化司改意见和分工方案”、“上海试点方案”和“设立知识产权法院方案”,依然还是党的决策文件或临时机构文件,需要权力机构的授权,抑或事实予以追认而作出“认可”的决定。同时,改革涉及的省级人财物统管、员额法官的任免、法院的政法和文员编制、经费纳入省级抑或国家预算、跨行政区法院和检察院的设立等一系列要点,待改革走向成熟后,又会必然涉及基本法律的重大修改。同时值得关注的是,改革的风浪依旧很大,许多的深改方案要运行很长的一段时间之后才能得以印证,因此司改成果的法律化依然步履维艰。

4. 中级法院转型方案。(1)推动铁路运输司法机关转型为直辖市跨行政区划中级司法机关。目前,广州、郑州铁路运输中院已集中管辖所在市全部行政案件。北京、上海依托铁路运输法院,已加挂牌子成立北京四中院、上海三中院,集中管辖行政案件、跨地区的重大环境资源保护案件、重大食品药品安全案件等特殊案件。(2)在直辖市内集中管辖后,利用原铁路运输中级司法机关管辖周边省市的跨省管辖格局,探索跨省管辖特殊案件。例如,上海可以以长三角一体化协同发展为契机,探索江浙沪皖四地普通基层法院管辖的特殊案件集中后上诉至上海三中院的跨省上诉管辖模式,为跨区划法院利用原有铁路司法机关跨区划管辖优势管辖特殊案件创造经验。

(二)进一步落实司法责任制

落实司法责任制是当前深化司法改革中的核心任务,关系到司法权运行是否顺畅、高效,是否符合司法规律,对完善权责明晰、权责统一、监督有序、制约有效的检察权运行机制意义重大。在下一阶段的改革试点工作中,还需要进一步加强统筹协调,不断完善各项改革配套制度和机制,增强制度设计的科学性、合理性和可行性。

1. 完善法官/检察官管理与考核。①探索法官/检察官员额动态管理。通过员额的动态管理,使入额法官/检察官在各级院、各办案部门之间实现动态调配、双向选择、交流引导,妥善解决人员结构较好与结构较差的法院/检察院之间、市区与郊区院之间、办案压力大的法院/检察院与办案压力小的法院/检察院之间、上级院与下级院之间,以及各级院内部“一、二、三”线业务部门之间的员额配置矛盾。②设立法官/检察官管理办公室。与法官/检察官遴选办公室合署办公,作为对法官/检察官日常管理机构,将法官/检察官管理纳入制度化轨道。③设置个性化、专门化的法官/检察官业务考核指标体系。遵循司法办案规律和司法工作特点,建立以履职情况、办案数量、办案质效、司法技能、外部评价等为主要内容的法官/检察官业绩评价体系。改变目前以业务条线为主导的部门考核机制,在指标设定、考核导向上与司法责任制改革进行有效衔接,区分不同层级院、不同业务部门法官/检察官的工作性质和岗位职能特点,科学设置业务考核指标。㉑

2. 完善司法办案组织形式。继续立足司法办案工作实际,完善独任司法官和司法官办案组两种办案组织形式的适用范围、人员组成、运作方式,根据刑事检察、职务犯罪侦查和诉讼监督等不同业务类型特点,最大限度地发挥好独任司法官、专业化司法官办案组、团队制司法官办案组、合议制司法官办案组等不同组织形式的办案职能,形成符合不同司法业务特点的基本办案组织单元。(1)建议明确入额司法官具有当然的作为独任司法官承办案件的资格。员额内司法官只要经过案件分配程序受指派办理特定案件,即成为承办该案件的独任司法官。对独任司法官不再另行设置任职条件。(2)进一步完善主任司法官的任职条件、选任程序,明确退出机制。通过完善案件审核机制、司法官联席会议制度等,最大限度地发挥主任司法官对司法官办案组的管理监督与组织领导作用。(3)合理解决法院/检察办案组织的人员配备问题。进一步提高办案部门司法官助理、书记员的人员比例,按照规定比例配置司法官办案组和独任司法官的辅助人员,针对目前书记员配比不足的现状,在加大辅助文员招录力度的同时,进一步明确司法官助理可根据需要履行书记员职责的履职规定。

3. 细化完善司法官权力清单。根据实践中出现的新情况、新问题,及时修订完善各检察业务条线的权力清单,进一步提高办案职权配置的科学性、合理性。细化"重大、有影响案件"的认定标准,可以综合案件类型标准、刑期标准、

㉑ 原闸北区人民检察院(现为静安区人民检察院)已先期做了较有成效的探索。该院在充分发挥定量评价积极作用的同时,将定性评价引入考评机制,对不宜量化考评的内容进行定性分析,分别从通用业务数据、特色业务数据、考核业务数据中各选三分之一显性数据,并综合市院案管通报、案件质量评查、流程监控督查共四类监控数据作为检察官业绩评价数据,保证业务评价的客观性。

意见分歧标准来分别设定,体现分层分级的针对性、适应性。同时,细化不同办案主体的办案权力,在目前仅规定检察长(副检察长)或检察委员会、检察官(含部分主任检察官)办案权力的基础上,进一步细化检察官办案组承办案件时主任检察官与组内检察官的权力界限、检察官与检察官助理的权力界限。然后,准确把握办案权力与办案职责之间的关系,进一步明确国家赔偿、司法救助等非诉讼化办案业务的权力属性及具体配置。当然,还要加强不同业务部门同种办案权力授权的协调性,如金融等部门与侦监、公诉部门审查逮捕、审查起诉工作中的相关办案权力,以及散见于各个诉讼监督部门但具有共性特征的监督事项决定权。此外,合理配置检察官办案职权,进一步扩大对检察官的授权以合理、适度、可控为原则。如对于相对不捕、存疑不捕等不具有终结案件效力,且案件质量仍有后续诉讼环节把关的检察办案决定权,可结合司法实践实际情况,授权检察官行使,但对于决定初查、决定追捕、追诉犯罪嫌疑人、报请第三次延长侦查羁押期限、对疑难复杂案件第三次延长办案期限、对民事行政监督案件决定跟进监督等重要的指挥办案、监督管理职权建议仍应由检察长行使。

4. 健全对检察官办案的监督制约。通过事前防范、事中监督和事后督查相结合、放权与限权相结合、流程监督与实体监督相结合,有效防范案件质量风险。充分发挥案管、研究室、纪检监察部门的职能作用,完善办案各环节之间、办案组织之间的制约机制,强化流程监控、质量评查、个案监督、检务督察相结合监督机制。主要包括:(1)健全案件分配机制。尝试将网络信息技术与大数据分析运用于案件分配。通过计算机自动抓取案件关键信息,对案件类型、办理难易度等进行归类,同时在对检察官办案经验、专长、负荷等数据进行智能分析的基础上,实现案件与办案检察官的最优配对。(2)完善案件审核机制。司法改革的目的是建立审、定、责合一的司法责任制,实现检察办案的司法化。要制定科学、合理、符合司法改革需要的案件审核机制。

5. 完善司法责任追责豁免制度。结合检察改革工作实际,对司法责任界定与追究作进一步明确和细化。尽快制定与完善检察官司法责任豁免制度。包括:(1)进一步明确界定"错案"。"错案责任"应当在加以限定的前提下理解,错案结果必须与检察官的司法渎职行为并存,才能作为追究检察官司法责任的正当化事由。(2)准确界定司法过错与司法瑕疵。避免因追责过严打击检察官的办案积极性等。(3)细化不同检察主体的责任豁免规定。司法责任豁免权原则上应为在检察办案中行使"司法判断权能"的检察官享有。显然,不同检察业务部门检察官履职的司法属性强弱是有区别的。如批捕、公诉工作要求检察官"依法裁断",而履行职务犯罪侦查的检察官更多时候是"奉命从事"。同时,由于检察官独立是在检察一体原则下的相对独立,检察官办理简单案件时的独立决定,与复杂案件情况下案件承办与决定权相分离,检察官所应承担的司法责任及应享有的司法责任豁免范围与限度也有所区别。(4)明确检察官司法责任豁免的程序。责任豁免是追责的反面,设立检察官司法责任豁免程序,应在当前有关司法责任追责程序的基础上进一步细化设定。

(三)巩固人员分类改革成果

1.加强法官/检察官序列的配套制度建设

(1)选拔机制。构建职业品德、专业知识、实践经验三位一体的法官培养与选拔标准。比如上海法院目前正在推行的考试加考核的选拔方式,以此圈定第一批法官。法官选拔考试应由法官遴选委员会组织,可通过笔试、面试、考察等多种方式结合使用。本课题认为,司法审判业务对于法官的逻辑推理能力、法律专业素养以及生活经验常识都有着较高的要求,法律专业素养不仅要看学历学位,还应当考察参选对象从事审判工作的年限、专业素养、公正性、文书写作等各方面的工作能力。但是应当注意,经验并不能与年龄资历画等号,也不能简单机械地把经验和行政级别、法官等级画等号,可能资深法官在社会生活经验、沟通和协调能力上确实强于年轻法官,但这并不绝对,因此在选拔法官时应当注意将各项因素综合衡量考虑,不能偏重一端。同时,考虑到各级法院工作重点的差异,各级法院对法官的选任标准也应有所差别偏重,比如基层法院选拔法官应当更偏重于纠纷的协调解决能力、社会沟通能力,而中、高级法院选拔法官应当更偏重于法律专业能力和学术理论素养,因为中、高级法院的裁判将对基层法院产生一定的示范作用,尤其是高院的裁判,可能成为某一类案件在将来相当长时期内的指导。

(2)考核机制。应当以工作业绩为主要元素,实现考核指标的科学化。在法官/检察官考核机制上,应进一步改革目前的司法绩效考核制度,科学设置绩效指标体系,使考核能切实遵循司法规律。此外,可以探索建立法官业绩档案信息管理系统,通过对法官个人的基本情况、法官工作的质量和效率以及个人职业修养等方面的表现和能力,形成完整记录和反映法官工作业绩的台账,及时地、动态地反映法官的审判质量与审判效率,并以此作为法官职位升迁的重要依据。

(3)晋升机制。应当改革目前与行政级别挂钩的模式,强化法官职业资格等级体系,对于法官员额内包括院长、副院长、审判委员会委员、庭长、副庭长等法官,应不再使用单独行政级别。在此基础上,探索法官的职业资格等级与待遇保障体系之间的挂钩,规范化法官职业等级上升的清晰条件,只要法官的职业能力、审判年限等达到预设标准,就可实行法官职业等级的逐次升格,逐步实行法官待遇保障的法治化和制度化,终而保障法官独立行使审判权不受司法行政的不当干预。

(4)惩戒机制。应当在法院内设立专门的监察惩戒部门,制定惩戒标准,严格执行惩戒纪律。在惩戒措施方面,可以考虑在其他公务员适用的惩戒措施之外,探索设立体现法官职业特点的惩戒措施,比如警告、罚款、强制调离、降级、撤职以及免除法官职务等。

2. 完善法官助理的配套制度建设

美国大法官霍姆斯说过:“法律的生命不在于逻辑,而在于经验。”法官审判经验的获得需要在长期的审理案件中获得,因此,如何妥善引导未入额法官参与到司法体制改革的事业中来,如何精准定位未入额法官在法院中的角色,如何合理安排未入额法官协助办案,应当以顶层设计和底层构建相结合的方式来解决。

(1)明确法官助理制度的相关规范。作为全国首先推进司法改革试点的法院,上海法院在创新制度和落实改革方面具有更优的决心与能力。在尚无全国统一层面的制度规范的情况下,上海市高级人民法院可以先行制定相关规范,为法官助理制度改革提供更为准确的依据与更有预期性的前景。制定规范应当注重以下四个方面:①在对法官助理制度现行状况进行科学评估后,对不足之处进行深入分析,广泛听取建议,在调研基础上作出全面具体的规范。力求规范具有针对性、可操作性与前瞻性。②合理确定法官助理的配备比例,就不同层级法院、不同业务庭室的现实需要,制定适当比例的法官助理配备标准。③明确法官助理的工作职责,涉及的相关司法程序要适当作出修改,以便于与法官助理的职责进行对接。④明确法官助理的职业发展路径,将法官助理制度作为整个司法改革规划中的重要部分予以考虑,而非仅为法官助理设置临时性、过渡性的政策,避免部分优秀法律人才因法官助理岗位前景不明朗而离开岗位。

(2)合理确定法官助理的工作内容。上海法院审判业务庭的法官助理的工作内容与书记员无异,综合部门的法官助理的工作内容又与司法行政人员相当。这一方面有违法官助理制度设置的初衷,未能有效缓解法官办案压力、提高案件审判质效,另一方面也不利于法官助理的成长。因此,需要在规范层面细化法官助理的工作内容,在实践层面配备充足的书记员,以确保法官助理在较短时间内熟悉书记员的工作内容及诉讼程序等事务后,能够从书记员工作中抽身出来,协助法官或在法官指导下单独进行质证、勘验、调解、草拟文书、研究法律问题等审判辅助工作。

(3)畅通法官助理的职业上升渠道。以上海法院2015年新招录的法官助理为例,该批法官助理仅知晓在转正五年后可能有资格参加法官入额考试,中高院的法官助理通过法官入额考试后应当去基层法院任职。但是,上述告知内容并无规范性文件予以明确,仅是各法院于招录时对司法改革举措的一种预期。从规范层面固定并畅通法官助理的职业上升渠道,既有利于法官助理尽早对自己的职业予以合理规划,也有助于各单位制定对法官助理的培养计划。尤其应当注重两方面:①法官助理进入法官员额应当满足的条件与资格,包括任职期限、业务水平、考核指标等,为法官助理提供可预期的职业发展时间表;②上下级法院的法官助理流动情况,例如在一直担任法官助理的情况下,基层法院的法官助理是否可以遴选至中高院任职,如果可以,其条件和程序为何?又如,若法官助理进入法官员额后需在其他法院任职,法官与法院双向选择的机制该如何操作等。畅通法官助理的职业上升渠道需要各方面规范和机制的相互配合,使人员的资源配置得到最优化。

(四)合理配置司法职权和资源

1. 推动侦羁分离制度改革。目前,看守所主要作为侦查阶段的羁押场所,由同级公安机关管理,看守所对侦查机关的讯问活动缺乏有效的监督。近年来,曝光的大量刑讯逼供案件主要发生在看守所。可以列入综合配套性试验改革的思路是,根据侦查权与羁押权的分权与制约原理,应当将看守所的管理移交到司法行政部门管辖。唯有如此,才能从根本上解决刑讯逼供。在此基础上,还要在运作机制上给予进一步地保障,比如,重案讯问的全程录音录像制度、刑讯争议的举任责任倒置、侦查人员只能在看守所提审、警察必须在法院开庭时出庭作证等。

2. 刑罚执行权统一化改革。长期以来,中国的刑罚执行权由法院、公安机关和司法行政机关分别行使。死刑、罚金刑、没收财产刑的执行由法院负责,管制、拘役、缓刑和余刑一年以下的有期徒刑的执行由公安机关负责,而死缓、无期徒刑、余刑在一年以上的有期徒刑的执行则由司法行政机关的监狱负责。刑罚执行权的分头行使,不利于统一管理和监督,增加了刑罚执行成本,而且导致执行的标准和尺度存在较大差异性,因此,将刑罚执行权归建到司法行政机关统一行使,应当成为上海下一步综合性配套改革试验区的可选项。

3. 民事执行实施权的分离改革。新《民事诉讼法》明确区分了执行裁判权和执行实施权的分离。上海司改出于稳健而选择了"深化内分"的方案,在法院内部增设了执行裁判庭。但是,仍归属于执行局的执行实施权从本质上作为司法行政职权,毕竟与审判权是两种完全不同性质的权力。两种权力的行使具有不同的特点和规律,司法实践中两种权力的混同,在相当程度上导致了执行难。因此,基于法院的民事执行体制所存在的角色冲突,从原机关分离出执行实施权是比较理想的。这样,可以避免由法院自己执行自己裁判的尴尬,而且更为重要的是,可以更综合地调动更多执行资源,更有效解决执行难。

4. 法院的庭前程序监督权改革。当下的侦查、起诉、审判的职能分工流于形式,特别是"审前程序"缺少独立的司法裁判,此时遭受不公正对待的公民难以获得有效的司法救济。既然缺少审前的当事人权利救济机制,又缺少追诉过程的司法审查机制,那么改革的关键就在于,建立起以司法裁判为核心的"审前诉讼构造"。法院可主动发起对审前的所有活动(侦查合法性、起诉和不起诉决定、当事人合法权利救济等)进行司法审查,同时当事人也可以向法院起诉,引发法院的程序性裁判。

5. 取消检察机关的批捕权改革。根据《刑事诉讼法》规定,批准逮捕权分别由法院和检察机关行使,绝大多数情况下是由检察机关的侦查监督部门行使。但是,即使反贪反渎部门已经或即将从检察机关中分离,归建到监察部门,检察机关中的以批捕权行使而进行的侦查监督,也不符合以审判权为中心的诉讼构造改革,而且仍未摆脱裁判员与运动员双重角色的诟病。因此,取消检察机关的批捕权,统一由法院作出决定,不仅符合国外通行做法,也更易理顺和清晰定位检察机关的角色。

6. 强力推动民事速裁程序改革。上海司改已经进行的速裁程序改革,不仅适用于刑事案件,也被适用于一般民事案件,但效果不理想。因为民事速裁程序的设计方案是"尊重当事人主动选择",而主动选择速裁又意味着当事人主动放弃上诉权，案件审理一裁终局。在司法实践中，上海当事人主动选择速裁的案件量不足10%，收效不明显。同时，法院中绝大部分的案件事实简单、法律适用清晰，速裁程序难以推动在相当程度上透支了大量司法成本，导致了案多人少矛盾加剧。其破解之道在于，可以试点将交通肇事案件、保险理赔案件、不涉财产的家室案件、小额诉讼案件，纳入综合配套实验区内，乃至强制推行民事速裁程序。

（五）推动司法大数据和信息化建设

1. 推动司法大数据结构化和基础建设。司法信息化建设，已成为司改进入配套集成改革的深水区不可回避的核心内容。但是，目前中国的大数据研究起步较晚，甚至只是在2012年前后才出现了成果量快速上升的趋势；同时，大数据研究成果又集中在图书情报学、经济学、管理学、新闻和传播学等领域，法学领域的高质量研究成果很少，其中涉及司法大数据的研究成果更少，目前，中国法院在司法大数据的实践已领先于研究。而在司法大数据“产业链”上涉及数据挖掘、数据处理、数据分析和研究三个领域内，多数法院仍待把噪声很大的非结构化数据进行去噪处理，完成数据的结构化和基础建设。包括：司法大数据高效认知和应用界面的顶层设计方案、以服务于个案处理为主和服务于司法管理为辅的“决策树”建立、文本挖掘和技术的甄别、粗糙集和聚类分析等方法的敲定、司法大数据的机器学习和人工智能实现方式、数据和结果的亲和力与可视化问题处理等。

2. 加强公安、司法和狱政机关数据共享。避免“数据孤岛”，是司法大数据未来必须克服的重点难点。目前，中国尚未对数据的产权进行法律意义上的清晰界定，由此带来了数据收集、使用上的不少难题。比如，司法机关可以出具调查令，向政府职能部门等收集办案所需要的数据，但是否有权利以办理个案为由，而向已声明只负责交易数据的新兴产业数据交易平台收集数据；狱政部门的减刑假释数据又是否能够为审判机关无边界的在裁定过程中全透明使用；以审判权为中心的诉讼构造改革，是否意味着法院可以向检察机关和公安机关索取办案所需的各类数据，甚至直接对侦查和审查起诉过程的所有侦查、讯问、证据等数据进行程序性监督审查。因此，走出数据割裂而产生的困境，实现相关部门之间的数据共享，这是推动司法过程透明和公信力的重要保障。

3. 建立和完善司法过程的大数据应用系统。目前，全国范围内上海、贵州、海南、浙江、福建等地的司法大数据建构模型和数据应用位于前列。从功能上看,司法大数据可以帮助法官提供法律、法规、标准和类似案例的索引和推送,以人工智能方式向法院提供裁判决策建议;可以实时分析案件的审理情况,让绩效管理实时掌握案件进度,可以分析案件的审判偏离度,大幅度提高案件的实时监控;从证据角度又可以自动识别纸质的资料,以及自动检测证据资料;甚至还可以做到模拟司法过程,对相似案件的结果进行统计,用数据说话;可以提供司法过程的透明指数,以及测算司法机关和法官、检察官的年均最大办案工作量,为员额和其他资源的合理高效配置提供依据。

4. 重点突出司法大数据,提高司法公信力功能。司法大数据不仅可以向办案人员提供规则和类似案例,以及通过机器学习和人工智能对部分简单案件提供自动生成的裁判结果作为决策参考,而且更关键的是可以为司法公信力提供有效保障。比如,判决时提醒偏离度,对判决结果实时预警;同步展示相似案例统计,规范判决结果,达到同案同判;而对于偏离度大的案件,则系统会实时预警,案件管理部门实时监督。借助于这样的方式,不仅可以让当事人借助于模拟办案系统对司法结果有一定的预期,而且提供相似案件的办案结果,以数据佐证,提高了司法公信力。

5. 从认知学角度提升司法大数据的亲和力和可接受性。在“立案系统”,法院与公安、检察和监狱系统的数据对接,更可能采集更为全面的案件数据,能够实现全面智能化而非人工信息的采集;在“审判系统”,大数据带来了智能审判辅助、证据分析、案例分析、智能生成裁判文书、审判全程数据采集;在“管理系统”,则表现为案件数据采集、绩效管理方式更新、基于大数据的成本管理。由此可见,司法大数据的应用将会渗透到司法的全过程。但是,懂技术的人不太懂应用,需求侧的懂应用的人又不知道该如何从大数据的视角提出需求,这是大数据研究和应用当下面临的尴尬。因此,从认知学角度,让与司法大数据有更密切关联的法官、检察官、司法辅助人员、管理层和民众之间,建立起更具有亲和力和可接受性的界面,尤为关键。

寻一个平衡支点：从冤错案件的刑事被害人诉求中再造新型国家赔偿责任研究

——以11个改判无罪国家赔偿典型个案为分析样本

杜　茜*

内容摘要：为贯彻中央政法委《关于切实防止冤假错案的规定》以及最高人民法院《关于建立健全防范刑事冤假错案工作机制的意见》，全国各地掀起了刑事冤错案件纠错的浪潮。刑事无罪改判对"疑罪从无"等刑事司法理念的贯彻以及国家赔偿制度对于冤错案件中刑事被告人权利的救济，彰显着司法的文明、进步。然而，在办理S省贾某国家赔偿案及对全国同类型案件进行研究的过程中，笔者发现：这类案件往往暴露出因冤错纠正耗时太长，错过追缉真凶最佳时机，导致依附于求刑权的刑事被害人①一方的诸项诉求难以实现的问题。而从司法现状看，对刑事错案导致的刑事被害人受法律保护的诸项诉求落空的诉讼救济制度，在我国尚属空白。本文试通过对包括贾某案在内的11个典型个案进行法理与实证

* 杜茜，四川省高级人民法院赔偿办书记员。

① 本为便于区分，文中"刑事被害人"专指刑事案件中的被害人一方，后文不再特别说明。

分析,创设出一种新型的国家赔偿责任形式,[②]期望能在冤错案件纠正后刑事被害人权利的诉讼救济与刑事赔偿中传统国家赔偿责任之间建立一种动态的平衡机制。

关键词:冤假错案　刑事被害人　国家赔偿　诉讼救济制度

有犯罪必有被害,有被害必有救济。

——西方法谚

引　言

刑事被害人在刑事诉讼程序中拥有独立的诉讼地位和各项受刑事法律制度保护的实体性、程序性权利。这些权利是与刑事法律制度"惩罚犯罪""维护社会公共秩序"的法益保护功能[③]相适应的。然而,刑事错案被"纠错",必然会引发其原先曾经实现的诸项诉求落空。这种落空,刑事错判难辞其咎。如果对刑事错判导致的刑事被害人诉求的落空进行救济,则更能体现国家赔偿制度的权利救济核心理念。[④] 笔者认为,在刑事错案被纠正后,应该由错案制造机关来为刑事被害人因为错判而遭受的"二次伤害"承担国家赔偿责任。

② 本文将笔者创设的以刑事被害人为赔偿请求人的国家赔偿责任称为新型国家赔偿责任,而既有的以刑事被告人为赔偿请求人的国家赔偿责任称为传统国家赔偿责任。

③ 参见苏永生:《论我国刑法中的法益保护原则——1997年〈中华人民共和国刑法〉第3条新解》,载《法商研究》2014年第1期,第93页。

④ 参见杨临萍:《切实尊重和保障人权》,载《人民司法》2013年第1期,第4页。

一、刑事错案改判后刑事被害人诉求何去何从:贾某案简要综述反思及11个典型个案折射出的司法现实

(一)贾某案[⑤]简要综述及反思

1. 案例综述:关于贾某重审改判无罪案及国家赔偿案

2006年,D市辖区内某山村一对夫妇中毒身亡。犯罪嫌疑人贾某被警方抓获。2008年,D市中级人民法院一审以故意杀人罪判处被告人贾某死刑,缓期二年执行,剥夺政治权利终身,并判决被告人赔偿附带民事诉讼原告人丧葬费、交通费、误工费共计1万余元。同年,S省高级人民法院作出维持原判并核准的裁定。后经发回重审、申诉复查,D市中级人民法院以事实不清、证据不足于2014年判决宣告贾某无罪并且不承担民事赔偿责任。至宣告无罪之日止,贾某被限制人身自由达2000余天。贾某获释,而该案真凶依然不明。

2014年,贾某以重审无罪赔偿为由,向S省高级人民法院申请国家赔偿。最终赔偿请求人贾某与赔偿义务机关S省高级人民法院达成赔偿协议,S省高级人民法院赔偿委员会作出国家赔偿决定,决定一次性支付贾某人身自由赔偿金及精神损害抚慰金共计70余万元。同时,原刑事附带民事诉讼中已实际支付给刑事被害人的民事赔偿款项面临返还。

2. 反思:刑事被害人从刑事诉讼中延伸出之诉求的诉讼救济路径在错案改判后断裂

贾某案是S省发生的典型的因“存疑”而改判无罪并对原刑事被告人进行国家赔偿的案件。此案反映出的重要问题是:刑事被害人在刑事诉讼中的惩凶需求、民事赔偿诉求因为错案改判被打断,原有的诉讼救济路径断裂。在贾某案的有罪判决中,关于被告人的死缓判决是对刑事被害人惩凶需求的满足,而关于由被告人支付民事赔偿金的判决则是对于其民事赔偿诉求的满足。改判无罪后,不仅惩凶需求落空,曾由被告人支付的民事赔偿金也面临

---

⑤ 参见四川省高级人民法院(2014)川刑终字第473号刑事附带民事裁定书、四川省高级人民法院(2015)川法赔字第1号国家赔偿决定书。

返还的局面。而该案从案发到最后的无罪宣判,中间间隔长达8年之久。从刑事侦查"及时性""高效性"的一般规律来看,命案侦破率往往从最初案发的72小时开始往后逐渐递减。⑥ 等到改判无罪之时,早已错过了继续侦查、搜集关键性证据、排查真凶的最佳时机。相比于罪案对刑事被害人造成的"一次伤害",这种错案改判则对刑事被害人权利造成了"二次伤害"。而对于这种二次伤害,从我国目前的司法现状来看,除却有限的、尚处于摸索试行阶段的国家司法救助制度⑦之外,其实并无行之有效的诉讼类救济途径。而其余的社会救助机制则尚缺乏行之有效的法律规制,不能解刑事被害人燃眉之困。

如果把被改判无罪的刑事被告人与刑事被害人分别置于错案纠正这一"支点"的两侧,这一支点往被告人一侧的倾移,必将导致处于另一对向位置的刑事被害人诉求的轰然落地、粉身碎骨。而这种局面,显然是以权利救济为其核心理念的国家赔偿制度所应尽量避免的。

(二)基于11个典型个案关键性指标的实证分析:刑事被害人亟待诉讼救济的司法现实及可资参考的经验价值

导致错案被揭发的原因是多种多样的,并非所有的错案必然会引发刑事被害人诉求落空的问题。那么,就很有必要对哪种错案才须追究这种新型国家赔偿责任进行研究。由于现有国家赔偿案件审理中对于赔偿请求人(原刑事被告人)与赔偿义务机关间是否成立国家赔偿责任势必要进行"定性",并通过这种定性来对"错案"进行最后的司法确认,所以,通过既有的国家赔偿案件倒查相对应的刑案的关键性指标,并继而确立赔偿义务机关与刑事被害人之间的新型国家赔偿责任,不失为一种研究的捷径。笔者选取在全国范围内产生重大影响的内蒙古呼格吉勒图案等11个典型个案来进行定量考察,每一个案均以已经确认赔偿义务机关侵权并决定向原刑事被告人支付赔偿金为必要条件。

---

⑥ 参见谭伟文、李建光、黎秀锋:《浅论命案侦破黄金时间于提高破案率之意义与价值》,载《公安研究》2012年第12期,第32页。

⑦ 参见最高人民法院《关于加强和规范人民法院国家司法救助工作的意见》,法发〔2016〕16号。

表1　11个典型改判无罪案及对应国家赔偿案数据统计*

编号	案件	罪名	生效有罪判决判处主刑	民事诉讼提起情况	改判无罪类型（再审/重审）	改判无罪理由	有罪判决生效到改判无罪间隔时间	真凶是否得到追诉	改判无罪后被害人惩凶意愿表达情况（信访/缠讼）	原刑案被告人是否获得国家赔偿	刑事被害人的民事赔偿是否被履行	刑事被害人获得的民事赔偿在改判无罪后返还情况及对返还安排的接受度	刑事被害人是否获得诉讼外救济
1	四川贾曰方案	故意杀人罪	死缓	刑事附带民事诉讼	重审改判无罪	存疑无罪	6年	否	缠讼	是	是	已返还，对返还安排接受度低	否
2	内蒙古呼格吉勒图案	流氓罪、故意杀人罪	死刑	未提起	再审改判无罪	真凶出现	8年	否（真凶翻供）	缠讼	是	不涉及	不涉及	否
3	浙江张辉、张高平案	强奸罪	（张辉）死缓；（张高平）有期徒刑	刑事附带民事诉讼	再审改判无罪	真凶出现	8年	真凶另案中被处决	无	是	是	已返还，对返还安排接受度高	10万元司法救助
4	海南陈满案	故意杀人罪、放火罪	死缓	单独民事诉讼	再审改判无罪	存疑无罪	6年	否	信访	是	是	未返还（家庭困难）	否
5	湖北佘祥林案	故意杀人罪	有期徒刑	未提起	重审改判无罪	刑事被害人归来	6年	无须追诉	不涉及	是	不涉及	不涉及	不涉及

* 案件相关信息来自裁判文书网及对相关办案人员的问卷式调查访谈。

续表

编号	案件	罪名	生效有罪判决判处主刑	民事诉讼提起情况	改判无罪类型(再审/重审)	改判无罪理由	有罪判决生效到改判无罪间隔时间	真凶是否得到追诉	改判无罪后被害人惩凶意愿表达情况(信访/缠讼)	原刑案被告人是否获得国家赔偿	刑事被害人的民事赔偿是否被履行	刑事被害人获得的民事赔偿在改判无罪后返还情况及对返还安排的接受度	刑事被害人是否获得诉讼外救济
6	云南钱仁凤案	投放危险物质罪	无期徒刑	未提起	再审改判无罪	存疑无罪	13年	否	信访	是	不涉及	不涉及	否
7	河南赵作海案	故意杀人罪	死缓	未提起	再审改判无罪	刑事被害人归来	7年	无须追诉	不涉及	是	不涉及	不涉及	不涉及
8	山东陈世江案	故意杀人罪	死缓	刑事附带民事诉讼	再审改判无罪	存疑无罪	4年	否	信访+缠讼	是	是	已返还,对返还安排接受度低	否
9	重庆童立民案	故意杀人罪	死缓	单独民事诉讼	重审改判无罪	存疑无罪	3年	否	缠讼	是	是	未返还(家庭困难)	否
10	湖南滕兴善案	故意杀人罪	死刑	未提起	再审改判无罪	刑事被害人归来	15年	无须追诉	不涉及	是	不涉及	不涉及	不涉及
11	云南孙万刚案	故意杀人罪	死缓	单独民事诉讼	再审改判无罪	真凶出现	5年	是	无	是	是	已返还,对返还安排接受度高	否

1. 表1反映出的司法现实

第一，从案涉罪名及监禁时间看，都为重罪且被告人被羁押、监禁的时间特别长。第二，从改判无罪方式及间隔时间看，再审改判无罪8件、重审改判无罪3件；从有罪判决生效之时到最终被改判无罪的间隔时间特别长，五年以下的只有2件，五年到十年的7件，十年以上的2件。第三，从改判诱因看，因纯粹的存疑无罪改判的有5件，真凶出现引发的改判3件，刑事被害人归来引发的改判3件。第四，从真凶是否得到另案追诉看，真凶出现的有2件得到追诉，1件因真凶翻供等原因而未得到追诉；刑事被害人归来情形下的3件无须追诉；存疑无罪的5件均未得到追诉。第五，从涉民事赔偿情况看，刑事附带民事诉讼3件，单独的民事诉讼3件，该6件涉民事赔偿部分均已经实际得到履行，在被统计案件中占比约为54.5%；改判后4件案件的民事赔偿金已返还；改判后2件案件的民事赔偿金未返还，原因均为刑事被害人家庭困难。第六，从刑事被告人获得国家赔偿的情况看，均已获得了国家赔偿。第七，从刑事被害人获得诉讼外救济的情况看，仅有1个案件获得司法救助。

2. 可资参考的经验价值

第一，存疑无罪改判等不同改判因由对刑事被害人诉求落空的影响程度不同。如果排除掉“刑事被害人归来”这种不会导致继续的刑事追诉和民事赔偿的特殊情形，剩下的“真凶出现”和“存疑无罪”实际上都会使本已得偿所愿的刑事被害人诉求继续处在一个不确定的状态。其中，纯粹的“存疑无罪”即因为事实不清、证据不足，不能根据现有证据得出唯一排他性有罪结论的无罪改判，实际上等同宣告刑事被害人的诉求落空。而“真凶出现”也分为两种不同情形：第一种情形，真凶已经处于刑事追诉程序之中且证据呈现出确实充分、足以作出唯一的排他性有罪结论的态势，这种情况下刑事被害人在原案中已经落空的诉求有即刻在新案中获得实现的现实可能性；第二种情形，真凶的出现只是触发原案再审、重审改判的诱因，对原案被告人的无罪改判仍然是以“存疑”的理由来作出的。在后一种情形下，在新案的追诉中未必能对所谓的“真凶”作出有罪的认定，刑事被害人的诉求仍然处于不确定能否实现的状态。这样看来，往往只有在纯粹的“原发性”的存疑无罪改判情形下，[⑧]才会最大限度地导致刑事被害人的诉求落空。

---

⑧ 指区别于真凶出现诱发再审、重审，最终以“存疑”为理由进行的无罪改判。

第二,涉民事赔偿部分在无罪改判后对赔偿金的处置是个必须被关注的问题。以上典型个案中,刑事附带民事诉讼或者单独的民事诉讼的赔偿金都已被实际兑现。而无罪改判作出后,被兑现的民事赔偿金就失去了其合法依据,刑事被害人须返还。

而综合第一、第二的经验来看,刑事被害人的惩凶需求、民事赔偿诉求落空后,若是新的真凶得到另案追诉或者获得司法救助金,则其对于改判结果的认同度高,对返还民事赔偿金安排的接受度也高,反之则低并且信访、缠讼概率高。

第三,国家赔偿决定的作出是对刑事错判的最终司法性确认。关于刑事错案的认定,目前学界存在不同的判定标准,争议颇大。然而,从国家赔偿案件的角度来审视刑事错案的问题,可以明确的一点就是:作为赔偿义务机关的法院一旦在国家赔偿案件中被决定赔偿,其错判的行为就获得了司法上的终局性确认,这也为笔者其后提到的刑事被害人基于刑事错判的传统国家赔偿案件终结而提起新型国家赔偿申请作了铺垫。

二、新型国家赔偿责任契合"构成要件论"[⑨]:由身为错案制造者的国家承担刑事被害人诉求落空的国家责任的法理依据

成立传统国家赔偿责任的构成要件为:侵权机关、侵权行为、损害后果及侵权行为与损害后果之间存在因果关系。这也是学界普遍认可的通说。笔者认为,在现有国家赔偿责任的构成要件架构下讨论由刑事被害人作为赔偿请求人的新型国家赔偿责任在法理上的合理性问题,不失为研究的捷径。而实际上,这种新型国家赔偿责任确实也符合传统国家赔偿责任的基本构成要件:

(一)侵权机关的存在:身为原刑事错案赔偿义务机关的法院

按照刑事赔偿有关赔偿义务机关确定的"后置吸收"原则,[⑩]原刑事被告

---

⑨ 李全昌:《论国家赔偿责任的构成要件与免责事由》,载《法律适用》1996年第4期,第7页。

⑩ 竺咏华:《对我国刑事赔偿义务机关现状的思考》,载《重庆科技学院学报》2012年第12期,第39页。

人提起的国家赔偿案件的赔偿义务机关是作出错误生效有罪判决的法院。而涉及刑事被害人的新型国家赔偿责任,其国家赔偿诉求的指向与原刑事被告人诉求的指向是同一的,都是作出错误生效有罪判决的法院。

(二)侵权行为的存在:法院实施了侵害刑事被害人权利的行为

这里有一个非常有意思的现象,刑事被害人在刑事案件中的诉求虽然表面上看来是被作出无罪改判的法院"剥夺"而导致落空的,但却并不应当由作出无罪改判的法院来承担致害后果。这根本上的原因在于:无罪改判因其合法性与正当性根本不具备法律上的可责性。而追根溯源,还是因为之前有那么一个错误的有罪判决在那里,并导致了刑事被害人的诉求"得"而复"失"。所以,不难理解,实质上的侵权行为还是由作出生效有罪判决的法院来实施的,并且,这种侵权行为早在有罪判决作出的时候就已经存在了,只是它被"揭发"而坐实是在无罪改判并引发传统的国家赔偿之后。

(三)刑事被害人遭受的损害后果存在:惩凶需求、民事赔偿诉求落空

自20世纪以色列法学家门德尔松最早提出对刑事被害人进行补偿的主张以来,在英美法系诸多国家早已成立了各种致力于研究和开展对刑事被害人进行诉权保护和诉讼救济的专门性机构。而我国现行刑事诉讼法将刑事被害人的诉讼地位由过去的诉讼参与人提高到当事人的地位,形成了区别于过去刑事诉讼中"三方诉讼构造"的"四方诉讼构造"的理论转变,[11]其独立的诉求已不容忽视。因此,刑事诉讼中诉求的落空即为损害后果。

1.外化为检察院求刑权的刑事被害人的惩凶需求落空

刑事诉讼中求刑权的重要内涵必然包含刑事被害人对于惩戒凶手的基本"报应性"需求,[12]只不过这种需求是通过国家机关的公诉行为来行使的。刑事诉讼实务中,刑事被害人这一诉求实现的实效如何,当然地成为考量对刑事被害人权利救济实效的重要指标。而错判最重要的不良后果之一,就是导致这种惩凶需求因为错判的耽误而变得难以实现。

2.归属于刑事被害人的民事赔偿诉求落空

这个更不难理解,在刑事附带民事诉讼或者单独的民事诉讼中,刑事被害人作为原告而获得的民事赔偿金会因为无罪改判而面临"回转"的局面。

---

⑪ 田思源:《犯罪刑事被害人的权利与救济》,法律出版社2008年版,第10页。

⑫ 参见杨正万:《论刑事被害人诉讼地位的理论基础》,载《中国法学》2002年第4期,第166页。

(四)刑事被害人遭受的损害后果与侵权机关的错判之间存在因果关系

换言之,就是法院的错判导致刑事被害人诉求落空。关于这个问题,笔者认为首先必须要厘清刑事被害人的惩凶需求、民事赔偿诉求在客观上的"实现不能"与因为错判而被"延误""切断"的区别,因为后者才是本文要探讨的应当由国家承担赔偿责任的情形。为便于理解,这里与非刑事司法赔偿的既有规定进行比较探讨。我国《国家赔偿法》第38条规定:"人民法院在民事诉讼、行政诉讼过程中,违法采取对妨害诉讼的强制措施、保全措施或者对判决、裁定及其他生效法律文书执行错误,造成损害的,赔偿请求人要求赔偿的程序,适用本法刑事赔偿程序的规定。"依据目前实务界对该条文的通行解读,违法保全或错误执行并造成损害后果是被纳入国家赔偿范围的。而对因为法院的保全行为、执行行为导致损害后果的可责性,前面冠以了"违法"或"错误"的限定。反言之,一个合法的、被正确实施的保全或执行,它即便不能得偿所愿,也不至于产生相应的国家赔偿责任。把这一概念换算到本文所探讨的错判导致刑事被害人诉求落空的损害后果上来,就不难得出这样的结论:为正当程序所认可和接纳的法院裁判结果,不一定必然导致刑事被害人的惩凶需求、民事赔偿诉求得以实现,毕竟刑事诉讼程序中可以左右裁判结果的法律意义上的变量太多,在此毋庸多言。然而,因为一个已经被无罪改判和国家赔偿决定验证了其错误性的判决而导致的刑事被害人诉求的不能实现,显然与前述正当程序认可下的合法判决导致的不能实现是应当被完全区别开的。简言之,无罪改判下的不能实现,是因为法院的错判而引发的,自然有获得国家赔偿的理由。或者,我们假设这样的一种状态:时空流转,错判没有发生,一切回到判决即将作出时的那个当初,裁判者严格地秉持"疑罪从无""正当程序""非法证据排除"等刑法基本理念,牢牢揪住那导致错判的若干"疑点"不松手,毅然决然地将疑点的利益归于被告,作出无罪的判决,而不是惯性思维地将一个自己内心早已"意定"为有罪的被告人科之以本不该有的刑罚。那么,最初的无罪判决作出后,可能会产生如下程序上的结果:无罪释放、继续侦查……这些结果无疑可以给予刑事被害人一个继续实现诉求的机会,并且这种机会因为其"及时性"而具备了实质上的积极意义——侦查的最佳时机很可能不会被错过,不会被延误,许多关键性的物证尚能被收集,关键证人还未下落不明,真凶或许尚在人世。而这些有助于帮助刑事被害人诉求实现的机会却因为错判而被浪费殆尽,刑事被害人的期求往往只能寄托在

真凶自己出现这一低概率的事件上。用一个关系图来形象化展示:

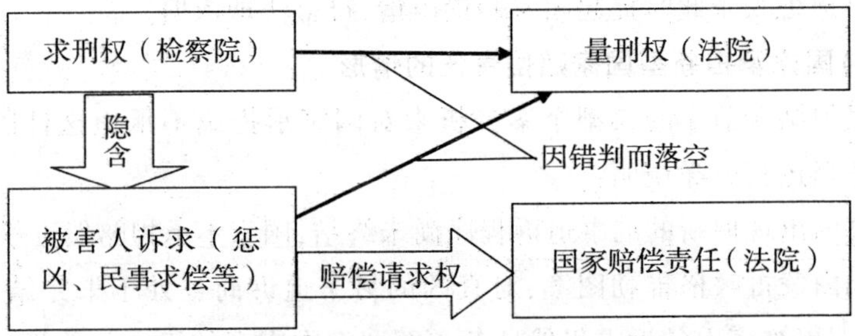

图1　新型国家赔偿责任产生关系

三、构建落空之诉求的诉讼救济制度:着眼于保障刑事被害人因错判而受损之权利的新型国家赔偿责任

[**立法建议1**]人民法院在刑事诉讼过程中,因改判无罪对刑事被害人造成损害的,刑事被害人有申请国家赔偿的权利。赔偿请求人要求赔偿的程序,适用本法刑事赔偿程序的规定。

以下对这种新型国家赔偿责任的几个关键性问题进行说明。

(一)赋予刑事被害人在传统国家赔偿案件终结后提起新型国家赔偿申请的权利

[**立法建议2**]刑事被害人在原刑事被告人提起的国家赔偿案件终结后,可向同一赔偿义务机关提起国家赔偿申请。

刑事被害人提起国家赔偿申请的时间节点:旧案终结。理由在于,国家赔偿作为对公权力侵权行为的最后一道救济程序,[13]意味着应是当事人穷尽了一切其他诉讼救济程序后,才能采取的一种"终局性"诉讼救济方式。所以,有必要将刑事被害人提起国家赔偿的时间节点确定为旧案终结。这里的旧案终结,是指传统的由改判无罪的刑事被告人提起的国家赔偿案件终结。如此设置的程序性考虑在于,改判无罪国家赔偿案件作出的决定赔偿的裁

[13] 参见李景春:《刑事赔偿中对财产权的实质救济》,载《山东审判》2013年第2期,第103页。

判,实际上是对刑事被害人诉求落空的一个实质上的司法确认和终局性评价。刑事被害人于此时提起国家赔偿申请,符合法理依据。

(二)国家承担新型国家赔偿责任的情形

这里须结合前文的典型个案分析来对国家承担或不承担这种国家赔偿责任的情形进行分类说明:

1. 真凶出现但新的刑事追诉程序尚未终结,国家不承担赔偿责任

例如内蒙古呼格吉勒图案,对真凶的另案追诉尚且处于未完结状态,这意味着,刑事被害人的诉求仍然具备在新刑案中实现的极大可能性。这种情形往往发生在真凶出现导致旧案刑事被告人被宣告无罪的案件中,旧案被告人被宣告无罪实际上是基于新案的把握性极高的有罪认定而作出的。其暂时受损的权利不必通过国家赔偿这种终局性的方式来进行弥补。

2. 原案宣告无罪且进行了国家赔偿,即使对原案同一被告人的刑事侦查程序又重新启动,刑事被害人仍可以获得国家赔偿

这种情形主要发生在"存疑无罪"的情况下,也是本文所探讨的新型国家赔偿责任尤其要关注的一种应当被赔偿的情形。因为并不是绝对意义上的无罪,所以实际上表明原刑案中的许多关键性证据都存在疑点,不足以作出唯一的有罪判断。而从前述典型个案的实证分析来看,这种情形下,即便宣告无罪后又启动了继续侦查的程序,但往往因年代久远,错失侦查良机,原先存在问题的证据、出现断裂的证据链基本已经无法通过搜集新证据来进行有效的"补强",想要再次将被"疑罪从无"的原被告人入罪已经基本丧失了现实可能性。因此,理应支持刑事被害人提出的国家赔偿请求。

3. 原案宣告无罪后真凶不明,新的刑事侦查程序尚未终结,刑事被害人从新的刑事侦查程序启动后两年期满之日起提起的国家赔偿可获支持

这种情形主要是指新证据出现导致原案被告人被证实不可能为真凶,如不具备作案时间、不具备作案条件等。这与前面"存疑无罪"的情形存在本质差别。可以被认为是绝对的无罪的情形。在这种情形下,真凶依然没有出现,新的侦查程序开始进行。与最高人民法院、最高人民检察院《关于办理刑事赔偿案件适用法律若干问题的解释》中对于"刑案从挂"的相关规定相适应,被认定为"终止追究刑事责任"的条件满足时,其提起国家赔偿的申请应予支持。这样设置,也是从保护刑事被害人诉求的角度出发,避免出现类似刑事被告人申请国家赔偿被无限期"从挂"的情形出现。

(三)赔偿义务机关的确定:与原刑案被告人提起的国家赔偿申请指向一致,为作出生效有罪判决的法院

关于赔偿义务机关确定的理由,在前文已有详述,此处不再赘言。此处仅就赔偿义务机关确定过程中尤其需要注意的问题进行强调。

[**立法建议3**]法院在作出生效无罪改判时,同时向刑事被告人和刑事被害人告知各自提起国家赔偿的时间、赔偿义务机关,并进行相关程序问题的释明。

关键在于法院的告知、释明义务。刑事无罪改判宣告时,作出该判决的法院须向刑事被害人告知提起新型国家赔偿的相关事宜并进行必要的释明。实践中,因为存在再审无罪、重审无罪等不同情形,所以宣告无罪的法院与作出生效有罪判决的法院(赔偿义务机关)并非总是同一法院。这种情况下,需要尤其注意向刑事被害人释明为何作出无罪判决的法院却不是赔偿义务机关。因为,在刑事被害人的观念里,或许仍然存在法院改判刑事被告人无罪是对犯罪分子的放纵,己方诉求的落空应当由改判无罪的法院来承担责任的观念。在这种情况下,法院的告知、释明工作显得尤其重要,不仅可以对刑事被害人下一步的国家赔偿申请提供正确导向,还可以避免引起许多不必要的继发性矛盾。

(四)赔偿义务机关的赔偿范围:应紧扣刑事被害人因国家侵权行为遭受的损害来进行赔偿

在这种新型国家赔偿案件中,如前文所述及,作为赔偿义务机关的法院所侵害的仅仅是刑事被害人因为错判而落空的惩凶需求、民事赔偿诉求的实现。所以,根据侵权责任承担与侵权损害后果相适应的基本原理,[14]法院也仅仅针对这两方面内容来进行赔偿:

1. 对民事赔偿诉求落空的赔偿。此部分较容易解决,可直接参照在原刑事附带民事诉讼或者单独的民事诉讼中获得的赔偿金来进行支付。因为改判无罪后,刑事被害人获得的民事赔偿是需要返还给原刑事被告人的。从诉讼便宜性的角度考虑,如果已经返还,则由赔偿义务机关向刑事被害人支付该部分返还的费用;如果没有返还,则判决无须返还,由赔偿义务机关直接向原刑事被告人支付。

---

⑭ 参见李开国:《侵权责任构成理论研究》,载《中国法学》2008年第2期,第38页。

2. 对惩凶需求落空的赔偿。这是赔偿的难点所在。刑事被害人的惩凶需求依附于检察院所持有的求刑权,本不具有直接的求偿性,但因考虑到案件办理的社会实效问题,又不能完全忽视其重要性。而如前文所述,法院的错判也的确从客观上导致了惩凶需求难以再次实现的损害后果。所以,笔者认为,适当地对这部分损害进行赔偿是有必要的。因为这部分实际损害很难进行物质量化,且前面民事赔偿部分对刑事被害人的赔偿也已经尽了基本赔偿义务,那么,不妨将涉及惩凶需求落空的这部分赔偿设定为带有补偿性质的赔偿。其计算期间起于原有罪判决生效之日,终于无罪判决生效之日,计算方式参照刑事赔偿中人身自由赔偿金的计算方式。

(五)赔偿义务机关的免责情形及举证责任

[**立法建议4**]赔偿义务机关主张依据《国家赔偿法》第19条第1项、第5项规定的情形免除赔偿责任的,参照原刑事被告人一方提起的国家赔偿案件中免责的认定结果办理。

根据我国《国家赔偿法》以及最高人民法院、最高人民检察院《关于办理刑事赔偿案件适用法律若干问题的解释》中关于赔偿义务机关对于赔偿请求人(原刑事被告人)提起的国家赔偿的免责情形及举证责任的规定,这些规定也同样适用于刑事被害人提起的国家赔偿申请。其理由在于,对原刑事被告人赔偿的免责等于是阻却了赔偿义务机关有罪判决行为的可责性。既然其行为不具有可责性,那么对于刑事被害人来说,这种可责性也同样是不存在的。失去了可责性,也就失去了由国家承担该种情形下的国家赔偿责任的基础。这一项其实与前文所述的须有针对原刑事被告人的决定赔偿的国家赔偿裁判在先才能提起新型国家赔偿责任的制度设计是吻合的。

综上所述,这里探讨的新型国家赔偿责任的架构,是力图在被改判无罪的刑事被告人、刑事被害人及赔偿义务机关之间,形成一个以赔偿义务机关为中心的动态平衡关系。这种平衡,不仅仅体现在新型国家赔偿申请提起的程序性规则和理论根基、现存案件实据上,更是考量了三者之间不可被忽视的案件处理实效。只要实现了这种针对双方的诉讼救济的平衡,使因为错判造成的刑事被害人诉求落空,同样如刑事被告人那样得到赔偿,也就实现了在同一个错判案件中均有受损的两方之权益的平衡救济。唯有如此,国家就改判无罪刑事错案而承担的国家赔偿责任才算完整。

结　语

国家赔偿,作为公民权利救济的最后一道司法屏障,其权利救济的理念是永恒的。法院刑事错判导致的对刑事被害人刑、民事权益的侵害,有理由被纳入国家赔偿的责任范围。这也许是一种对既有诉讼秩序的挑战,但笔者宁愿把它看作拓展国家赔偿权利救济疆域的开山之笔。从保护刑事被害人被国家机关侵害之权利的角度看,完全值得被尝试。

部门法专论

多重杀人犯罪动机测量模型的创建与检验

曾 赟*

内容摘要：我国的多重杀人犯罪虽然绝对数量较少，但因为其实施手段的残忍和造成伤害的巨大，给社会带来了极其恶劣的影响，因此寻找防止多重杀人犯罪的对策应当成为理论界的应有职责。而实践表明，科学创建多重杀人犯罪动机测量模型对于侦破和防止此类犯罪意义重大。本文抽取了347件多重杀人犯罪案例，采用对案例内容进行逐一编码的方式，提炼出了犯罪现场、犯罪行为、犯罪过程、被害人状况和犯罪人生平境遇五项测量模型的自变量；并通过对样本案例的经验分析，归纳出了追求刺激和快乐型、追求利益型、心怀愤恨型以及权力和信仰型四种犯罪动机的测量模型因变量。最后通过多项logistics回归分析创建了多重杀人犯罪动机测量模型，以此测量多重杀人犯罪中四种犯罪动机的概率大小。

关键词：多重杀人　犯罪动机　回归分析　测量模型

多重杀人是指多个犯罪事件或单个犯罪事件中故意或者有预谋地杀害三人或以上的暴力犯罪，包括系列杀人

---

* 曾赟，浙江工商大学师范学院教授。

和特大杀人两个子类型。[①] 据我们抽样调查,自2000年始,我国单独个体多重杀人明显高于共同犯罪人实施的多重杀人,且呈明显上升趋势。[②] 基于典型个案分析,我国多重杀人犯罪虽然绝对数量较少,但其中一些案件给社会和人们带来的巨大破坏和痛苦却极为严重。例如,2016年甘肃乐县景古镇杨改兰杀害子女案中亲母杨改兰残忍杀害4个未成年子女,尔后自杀,其给社会和家庭带来的伤痛也许永远难以抚平。又如,甘肃白银高承勇案中高犯自1988年5月至2002年2月14年间共实施强奸杀人犯罪11起,杀害11人。直至2016年,距其首次犯罪之日起28年后,方被侦查机关抓获。高犯作案手段极其残忍,犯罪过程中不仅实施强奸、杀人犯罪,而且还有刀割生殖器等摧残、侮辱尸体行为,其犯罪行为在甘肃白银一度引起公众恐慌。基于此,寻找有效防止多重杀人犯罪对策遂成为刑事法学研究的应有之义。实践表明,科学创建多重杀人犯罪动机测量模型对于防止多重杀人犯罪来说有非同寻常的意义。因为一旦查明杀人凶犯的作案动机,那么侦查机关就能确定案件侦查范围和及时锁定嫌疑人,从而可以有效防止杀人凶犯再次实施犯罪;实务部门亦可根据杀人凶犯的作案动机制定有效的犯罪预防对策。鉴于此,首先,采用整群抽样、多阶抽样方法抽取多重杀人犯罪案例347件;其次,在梳理相关文献资料的基础上,基于对347件多重杀人案例的经验分析,提出四种不同的犯罪动机类型;最后,通过多项logistics回归分析创建多重杀人犯罪动机测量模型。

一、样本来源和模型自变量数据编码

为实证测量多重杀人犯罪动机,我们采用整群抽样与多阶抽样方法,从

---

① 犯罪事件个数的计量主要包括单位时间和单位距离两项标准。美国弗吉尼亚大学法学院教授帕克·埃利奥特·迪茨(Dietz)将24小时设定为计量犯罪事件的单位时间。质言之,24小时之内无论有多少起杀人犯罪均为一个犯罪事件。就两起杀人犯罪之间距离标准的设定而言,因难以对其加以清晰界定,故有学者主张剔除这一标准,而仅采用单位时间标准。See Park Elliott Dietz, Mass, *Serial and Sensational Homicides*, 62(5) *Bulletin of the New York Academy of Medicine*, p. 479.

② 通过对所抽取的347件多重杀人案例分析,2000~2009年10年间,单独个体多重杀人案例共83件,共同犯罪人实施的多重杀人案例共68件;2010~2016年7年间,前者共45件,后者共27件。

百度百科“刑事案件”名录中抽取自1980年至2016年发生的多重杀人案例名369件。③ 然后通过搜索百度网站和中国知网上有关多重杀人犯罪方面的纪实报道和论文,在删除相同案例名后,共收集多重杀人案例34件。经上述两种方法,共收集403件多重杀人案例名。对于所收集的403件多重杀人案例名,通过检索百度和中国知网中有关文献,逐一收集每件多重杀人案例的详细内容。案件内容收集完毕后,经初步整理,删除了56件内容无法查实的案例,保留了347件数据资料齐全的案例。在此基础上,采用多阶抽样方法从347件多重杀人案例中整群抽取由单独个体实施的多重杀人案例181件。之所以选取181件单独个体实施的多重杀人案例作为分析样本是因为自2000年始,由单独个体实施的多重杀人犯罪明显高于共同犯罪人实施的多重杀人犯罪,且单独个体实施的多重杀人犯罪呈上升趋势。根据描述统计,2000~2009年10年,单独个体实施的多重杀人案例共83件,共同犯罪人实施的多重杀人案例共68件。就此而言,单独个体多重杀人案件样本具有代表性。对所收集的181件单独个体实施的多重杀人案例材料,采用文本分析法对案例内容逐一进行编码。④

首先,采用开放式编码方法提取首犯时间等34个概念范畴。在34个概念范畴中,变量的类型包括四种:一是离散型变量,如首犯时间等;二是连续型变量,如第一次犯罪所处刑期等;三是二分类变量,如性别等;四是多分类变量(名义变量),如犯罪位置等。由于所创设多分类变量的不同水平无法穷尽事物自身所有范围,因此需要研究者对其进行持续编码。质言之,我们需要根据新的案例内容持续增加多分类变量的不同水平,从而最终形成接近穷尽事物所有范围的编码表。例如,对于犯罪位置这一概念范畴,如果某个多重杀人案发地为矿井,则就需增加“矿井”这一编码。通过开放式编码方法得到的34个概念范畴,包括:①首犯时间;②犯罪时间;③犯罪季节;④犯罪位置;⑤犯罪区域;⑥被杀害人数;⑦财产损失;⑧作案工具;⑨尸体处置;⑩犯罪手段过程;⑪犯罪行为过程;⑫行为性质;⑬犯罪动机;⑭动机行为;⑮被害

③ 参见 http://baike. baidu. com/link? url = 14ArMHqBNQu1An2f3D-YcmDVSh _ VIXoKrD-RIytSWzm-Zs3DPQDRLiscTBIjxLNLqUmLjkGN _ oGDJ1TyAgsUVlc4bZzKROZoP1RWm _ fWnCTgawHJS8MamI4-p_JfuqZP,最后访问日期:2017年4月3日。

④ 关于编码方法的详细论,参见曾赟:《犯罪学中定性与定量研究》,载《山东警察学院学报》2015年第3期,第98页。

人性别;⑯被害人生理特征;⑰被害人社会特征;⑱被害人与犯罪人关系;⑲纠纷类型;⑳犯罪人性别;㉑犯罪人民族;㉒犯罪人出生日期;㉓犯罪人文化程度;㉔犯罪人职业;㉕犯罪人婚姻;㉖犯罪人早年生平境遇;㉗犯罪人成年生平境遇;㉘犯罪人情感支持境况;㉙是否神病史;㉚自杀史;㉛犯罪前科次数;㉜第一次罪名;㉝第一次刑期;㉞第一犯罪时间。

其次,采用主轴编码方法提取抽象程度更高的范畴,以确定现象及其属性的维度。通过对34个概念范畴的进一步提炼,得到犯罪时间等14个抽象程度更高的主范畴。基于客观观察,从数据初步处理分析结果出发,我们搁置了一些数据资料不够完整的主范畴,而只提取其中6个主范畴作为创建多重杀人犯罪动机模型的因素指标,具体包括:①犯罪现场;②犯罪行为;③犯罪过程;④犯罪动机;⑤被害人状况;⑥犯罪人状况。其中犯罪动机为多重杀人案例模型的因变量,余则均为自变量。

最后,为系统处理诸范畴之间的关系,我们采用重点编码方法,通过经验概括与理论抽象,将其中5个自变量主范畴所涵盖的因素指标转换为具有统计意义的分类变量,由此得到13项预测指标。兹就5个主范畴名下13项预测指标的数据来源说明如下:

1. 犯罪现场

就犯罪现场这一主范畴而言,我们仅选取犯罪地点、犯罪工具和尸体处置3项因素指标。犯罪地点因素指标属于无序多分类变量,包括8个不同水平:①火车站、广场、城门口、银行门口、岗亭、街道、马路、村落等人群密集地区;②被害人家(办公室、宿舍);③犯罪人家(办公室、宿舍);④菜地、玉米地、果园、防空洞等荒郊野外;⑤街道、马路、院落、村落等偏僻处;⑥招待所、茶馆、饭店、电影院、寺庙、敬老院等公共服务设施;⑦网吧、游戏厅、酒吧、红灯区等敏感地区;⑧出租车、地铁、电车、火车、船只、飞机等公共交通设施。从经验出发,将上述诸编码重新规整为:(1)密集区,涵盖①、⑥、⑦、⑧4个水平;(2)被害人或犯罪人家(办公室、宿舍),涵盖②、③2个水平;(3)偏僻区,涵盖④、⑤2个水平。

犯罪工具因素指标属于无序多分类变量,包括以下8个不同水平:①钝器;②锐器;③枪支;④爆炸物、易燃物;⑤毒物;⑥绳子等细长物;⑦交通工具;⑧未使用凶器、凶械等。基于对刑事案件状况的分析,上述诸编码可重新规整为:(1)凶器,涵盖①、②2个水平;(2)枪支;(3)公共危险物品,涵盖④、⑤、⑦3 个水平;(4)未使用任何凶器等,涵盖⑥、⑧2 个水平。需要说明的是,犯罪人使用随身携带的布料、皮带等物品作案被视为未携带凶器、凶械作案。

尸体处置因素指标属于无序多分类变量,包括 6 个不同水平:①尸体在犯罪现场;②埋尸;③藏尸;④分尸;⑤焚尸;⑥抛尸。基于对案件事实的分析,上述诸编码可重新规整为:(1)尸体在犯罪现场;(2)埋尸、藏尸或者尸体部分在犯罪现场,涵盖②、③、④、⑤4 个水平;(3)尸体不在犯罪现场,涵盖⑥水平或其他。

2. 犯罪行为

犯罪行为这一主范畴涵盖目的行为、手段行为 2 项因素指标。目的行为因素属于无序多分类变量,包括 12 个不同水平:①强奸;②抢劫;③盗窃;④放火;⑤投毒;⑥猥亵;⑦绑架;⑧爆炸;⑨盗窃、抢夺、抢劫枪支、弹药、爆炸物;⑩劫持;⑪故意伤害;⑫其他。需要特别说明的是,此处中的目的行为是指除故意杀人行为之外的其他犯罪行为。根据描述统计,181 件单独个体多重杀人案例中仅有故意杀人行为的案例共 62 件,约占样本总量 34.3%;既有强奸行为,又有抢劫行为的案例共 21 件,约占样本总量 11.6%;有强奸行为的案例共 32 件,约占样本总量 17.7%;有抢劫行为的案例共 56 件,约占样本总量 30.9%。基于前述,目的行为这一多分类变量可重新规整为:(1)强奸;(2)抢劫;(3)其他,涵盖③~⑫等 10 个水平或只有犯罪行为的故意杀人案例。需要说明的是,既有犯罪行为,又有抢劫行为的案例,本次调查中均将其列入强奸行为案例中。

手段行为因素指标属于无序多分类变量,包括 13 个不同水平:①绞杀;②扼杀;③钝器重击;④锐器刺戳;⑤割喉;⑥砍头;⑦电击;⑧毒杀;⑨枪击;⑩纵火;⑪爆炸;⑫锐器砍杀;⑬驾车冲撞。基于对所收集案例的经验分析,上述诸编码可以重新规整为:(1)绞杀扼杀,涵盖①、②2 个水平;(2)暴力凶杀,涵盖③、④、⑤、⑥、⑦、⑫6 个水平;(3)恐怖袭击,涵盖⑧、⑨、⑩、⑪、⑬5 个水平。

3. 犯罪过程

犯罪过程主范畴属于无序多分类变量,包括以下 24 个水平:①折磨、拷打;②殴打;③拘禁、捆绑;④塞、堵(嘴)、蒙蔽(眼);⑤威胁被害人;⑥用刀戏谑刺划;⑦多次用力砍杀;⑧用力穿透目标;⑨切割生殖器;⑩损毁生殖器;⑪切挖腹部;⑫切挖胸腔;⑬切挖面部(眼睛);⑭奸尸;⑮食被害人身体部位;⑯喝被害人血;⑰切割乳头;⑱火烧阴毛;⑲切挖心肺;⑳解剖尸体;㉑侮辱、摧残尸体;㉒烹尸;㉓鸡奸;㉔扒光衣物。基于对所收集案例的分析,上述诸编码可重新规整为2项二值变量:(1)是否折磨、摧残被害人,将①~⑧、㉓、㉔等设定为"是",其余各项设定为"否";(2)是否侮辱、毁损尸体,将⑨~㉒设定为"是",其余各项设定为"否"。

4. 被害人状况

对被害人状况这一主范畴,我们选取被害人生理—心理状况、被害人社会状况2项因素指标。就被害人生理—心理状况而言,根据描述统计,181件多重杀人案例中被害人为智障者、年老疾病者、儿童、少年等心智未达成熟者的案例共49件,约占样本总量27.1%。基此,采用二值编码方法,将被害人生理—心理状况这一多分类变量转换为"被害人心智是否未达成熟"二值变量。

被害人社会状况因素指标属于无序多分类变量,包括17个不同水平:①妓女;②独行妇女;③受骗妇女;④求职妇女;⑤其他独行者;⑥乘客;⑦旅客;⑧顾客;⑨家庭成员;⑩雇员;⑪雇主;⑫警察;⑬居民;⑭同村、同事;⑮朋友;⑯生意合作者;⑰亲戚。基于对所收集案件的经验分析,上述诸编码可重新规整为:(1)易受攻击群体,涵盖①~⑤5个水平;(2)社会公众,涵盖⑥、⑦、⑧、⑫、⑬5个水平;(3)熟人,涵盖⑨、⑩、⑪、⑭、⑮、⑯、⑰7个水平。

5. 犯罪人生平境遇

犯罪人生平境遇这一主范畴包括个体早年生平境遇、成年生平境遇、情感支持境况和前科状况4项因素。根据描述统计,181件单独个体多重杀人案例中个体早年时期遭遇疾病、父母一方或双方去世、父母离异、遗弃、虐待、身体缺陷、孤独、贫穷等不幸事件的案例共31件,约占人样本总量17.1%;个体成年时期遭遇解雇或解雇威胁、同所爱的人分离、离异、破产等不幸事件的案例共29件,约占样本总量27.1%;个体情感长期得不到安放的案例共50件,约样本总量27.6%;犯罪人有犯罪前科的案例共57件,约占样本总量31.5%。基于描述统计,采用二值编码,4项无序多分类变量可分别转换为个体早年是否遭遇不幸、成年是否遭遇不幸、情感是否长期得不到安放和是否有犯罪前科4项二值变量。

二、多重杀人犯罪动机模型因变量的分类

根据案例对犯罪动机进行理论抽象和经验概括既是创建多重杀人犯罪动机模型的前提,也是准确、及时侦破案件和提出有效预防对策的前提。以多重强奸杀人犯罪为例,如果在侦破案件过程中将之简单规整为劫色杀人,那么我们就难以全面洞悉现杀人凶犯的作案动机,也因此难以及时、准确侦破案件和有效预防犯罪。在诸如2006年浙江平阳董某语系列变态杀人案中,董犯在杀害被害人后,还对被害人尸体进行奸淫(奸尸),则凶犯杀人的动机显然不是劫色杀人。⑤ 根据美国南佛罗里达州大学精神病学与行为科学系韦德·迈耶斯博士的分析,强奸杀人犯罪可区分为两种不同的动机类型:一是性兴奋引起的变态杀人,二是权力和控制,即通过对被害人性侵和杀伐来满足其控制和占有欲望。⑥ 美国前华盛顿州总检察长办公室主任罗伯特·开普尔等区分了强奸杀人四种不同的动机类型:一是权力—宣称型,即通过性侵犯和杀伐来宣称一种对被害人任意处置的权力。二是权力—确认型(power-reassurance murderer),即在性侵犯过程中,如果得到被害人的求饶,因其权力欲望得到满足而可能不杀死被害人;反之,则杀之。三是愤怒—报复型。四是愤怒—兴奋型。⑦ 英国伯明翰大学凯文·克尔等在论及强奸杀人动机时区分了杀人灭口等类型。⑧ 基于前述不同分类,有奸尸行为的案件中杀人凶犯的动机应为性兴奋引起的变态杀人。这类杀人凶犯一般为系列杀手,且具有强烈的反社会人格障碍特征。

对于多重杀人犯罪动机的分类,美国学者罗纳德·霍尔姆斯(Ronald M.

---

⑤ 2007年6月8日,浙江省金华市中级人民法院一审判决认定董某语犯故意杀人罪、抢劫罪、强奸罪、侮辱尸体罪,依法判处死刑,剥夺政治权利终身。

⑥ See WC Myers, DS Husted, ESMS Mark, ME O'Toole, *The Motivation Behind Serial Sexual Homicide: Is It Sex, Power, and Control, or Anger?* 51(4) Journal of Forensic Sciences, 2006, pp. 900 - 907.

⑦ See R. D. Keppel & Richard Walter, *Profiling Killers: A Revised Classification Model for Understanding Sexual Murder*, 43 International Journal of Offender Therapy and Comparative Criminology, 1999, pp. 417 - 437.

⑧ See Kevin J. Kerr, Anthony R. Beech, David Murphy, *Sexual Homicide: Definition, Motivation and Comparison with Other Forms of Sexual Offending*, 18 Aggression and Violent Behavior, 2013, p. 6.

Holmes)和斯蒂芬·霍尔姆斯(Stephen T. Holmes)区分了系列杀人犯罪四种不同的动机类型,包括:权力—控制型;幻觉型(visionary)、使命型、享乐型(hedonistic)。其中享乐型涵盖性欲(lust)、刺激和物质享受(comfort)三种形态。[9] 同时他们还区分了特大杀人犯罪五种不同的动机类型:一是门徒型,其动机表现为取悦于其所认定的"神授权威"式的"领导者",并遵循领导者的指令杀人。一般地,门徒型杀人凶犯往往是邪教组织的成员,他(她)们为实现邪教组织的目标而杀人。二是家庭杀人。由于该类杀人凶犯经常感受到孤独和无助,而其又往往将这种孤独和无助归咎于家庭成员,故其屠杀家庭成员的动机是向家庭成员发泄心中的愤怒和不满。三是伪理性型谋杀(set-and-run killers),其动机表现为复仇或追求物质利益,其人格特征表现为反社会人格障碍。例如,为获得保险金或为杀死仇人,他们不惜采用爆炸、纵火等极端犯罪手段来实现其犯罪目的。[10] 四是伪勇士型(pseudo-commandos),其声称希望通过杀戮来改变社会,但实际上他们对社会怀有根深蒂固的仇恨;有些杀人凶犯的动机还表现为对被害人占有和控制的权力欲念。五是心怀愤恨的雇员。该类特大杀人凶犯在开始时往往以特定被害人为对象,但随后则表现为任意杀戮。其动机一般为:试图通过杀害来纠正其所认为的因解雇而遭遇到的不公正。[11]

霍尔姆斯关于多重杀人犯罪动机的分类虽然具有独创性,但不足之处也较为明显:其一,系列杀人和特大杀人各自类型中相互之间存在交叉重叠现象。例如,系列杀人凶犯在灭绝边缘群体时(使命型)却享受了因为征服而带来的刺激(享乐型);伪勇士型特大杀人凶犯声称其杀伐的目的是改变社会,然其所杀害的被害人却是他的前同事(心怀愤恨的雇员)。其二,系列杀人和特大杀人各类型之间亦存在明显的交叉重叠现象。一方面,一些系列杀人犯罪动机类型其实更符合特大杀人犯罪。例如,系列杀人凶犯西奥多·卡钦斯基(Theodore Kaczynski)声称其杀戮的目的是解除人们免受技术的奴役(使命型),但是依据其人格和动机特征,凶犯卡钦斯基无疑应归属于特大杀人中的

---

⑨ D. V. Canter & N. Wentink, *An empirical test of Holmes and Holmes's Serial Murder Typology*, 31(4) Criminal Justice and Behavior, 2004, pp. 488 – 515.

⑩ Ronald M. Holmes and Stephen T. Holmes, *Understanding Mass Murder: A Starting Point*, 56 Fed. Probation, 1992.

⑪ Ronald M. Holmes and Stephen T. Holmes, Murder in America (second edition). Thousand Oaks, California: Sage Publications, Inc., 2001, pp. 70 – 77.

伪理性型和伪勇士型类别中。[12] 另一方面，一些特大杀人犯罪动机类型同时也符合系列杀人犯罪。其三，系列杀人和特大杀人上述各类型无法涵摄多重杀人犯罪动机的不同表征。

为克服上述问题，我们基于对 181 件单独个体多重杀人案例的经验分析，归纳了多重杀人犯罪四种不同的动机类型：①追求刺激和快乐型；②追求利益型；③心怀愤恨型；④权力和信仰型。基于对行为性质的不同评价，同一种犯罪动机可以体现为不同的行为。具体来说，多重杀人犯罪的动机行为包括：①变态杀人；②强奸重罪杀人；③抢劫杀人；④套保杀人；⑤抢劫重罪杀人；⑥恐怖袭击；⑦报复杀人；⑧疯狂滥杀（精神病人）；⑨伪理性型；⑩家庭杀伐型。以追求利益型犯罪动机为例，其动机行为可体现为强奸重罪杀人、抢劫杀人、套保杀人和抢劫重罪杀人四种不同类型。

（一）追求刺激和快乐型

以追求刺激和快乐为动机取向的杀人犯罪，其行为性质往往表现为变态杀人。通过描述统计，181 件单独个体多重杀人案例中犯罪动机为追求刺激和快乐型的共 30 件，占样本总量 16.6%，其动机行为均表现为变态杀人。通过对 30 件追求刺激和快乐型犯罪动机案例的经验分析，该犯罪动机类型又可区分为性欲—变态型和权力—刺激型两个子类。显然，我们所提出的追求刺激和快乐犯罪动机类型同韦德·迈耶斯博士关于系列强奸杀人犯罪动机的分类相似，也同霍尔姆斯关于享乐中的性欲、刺激二种犯罪动机形态相似。

1. 性欲—变态型。该类系列杀人凶犯一般具有暴力幻想症，而其动机则表现为性满足，即便在将被害人杀死之后，性满足仍然是其关注的焦点。例如，凶犯在将被害人杀死之后再实行奸尸，即为此种类型的犯罪。除此之外，诸如杀人之后进行肢解或者食肉等亦为此类犯罪的典型行为。例如，在 2006 年浙江平阳董某系列杀人案中，凶犯在杀害 6 名被害人后均实施了奸尸行为。又如，甘肃白银高某勇案中犯罪人在实施强奸、杀人犯罪后还残忍地实施刀割生殖器等摧残、侮辱尸体行为。

2. 权力—刺激型。该类凶犯通过对被害人生与死的控制来寻求刺激，通过强奸被害人来寻求性满足。对于具有这一动机要素的杀人凶犯来说，杀人

---

⑫ 西奥多·卡钦斯基（Theodore Kaczynski）在近 18 年时间内通过邮寄等方式实施了 16 起爆炸，共致 3 人死亡、23 人受伤。他在 1995 年的一份声明中声称，科学和技术进步将不可避免地会导致人类自由的毁灭，因此认为那些促进经济增长和技术进步的人应当受到惩罚。

是一种表达,而非为一种工具性的。他们不仅对杀人行为本身感到欣慰,而且在被害人发出尖叫声和乞求怜悯时极为兴奋。他们将被害人捆绑起来是为了看见他们无法挣脱的无奈;他们强奸、毁伤、鸡奸或贬损被害人是为了感觉自己的优越。例如,2006年佳木斯宫某柏系列变态残杀儿童案中犯罪人将未成年儿童诱惑至自己住处威胁后将被害人杀害。⑬ 又如,2001年湖北武汉段某诚系列变态杀人中段犯在采用锐器刺杀被害人过程时一听到被害人的喊叫声,就感到无比兴奋;被害人的悲叫声不停,他的刀就不停。相较于性欲—变态型犯罪动机类型,具有权力—刺激犯罪动机的杀人凶犯对杀人行为本身感到兴奋和愉悦,但一旦被害人死亡,则不再表现出任何兴趣。一般地,该类杀人凶犯在杀人过程中还常伴有对被害人的折磨等附属行为。

(二)追求利益型

以追求利益为动机取向的多重杀人犯罪,其行为性质主要表现为四种不同类型:强奸重罪杀人、抢劫杀人、套保杀人、抢劫重罪杀人。181件单独个体多重杀人犯罪案例中犯罪动机为追求利益型的共40件,约占样本总量22.1%,其中强奸重罪杀人案例5件,抢劫杀人案例26件,套保杀人案例2件,抢劫重罪杀人案例7件。该类犯罪动机同霍尔姆斯所区分享乐型中的第三种形态,即物质利益型相类似,也同其所区分伪理性型相类似。一般地,犯罪人所追求的利益表现为物质利益,包括通常意义上的抢劫杀人和套保杀人两种形态。套保杀人主要发生在特大杀人场合,例如,2002年大连"5·7"北航飞机张某特大纵火杀人案中张犯为套取保险利益,制造了骇人听闻的"5·7"空难事件,致使机上103名乘客和9名机组人员全部遇难。犯罪人所追求的利益也表现为获取一种诉讼上的非物质性利益,即通常意义上的杀人灭口(重罪杀人)。犯罪人在实施劫取财物、强奸、杀人等行为后,将被害人、证人或者可能的证人杀死。例如,1995年聂某斌案中,被告人聂某斌的作案动机即被一审法院认定为灭口,即重罪杀人。⑭ 需要说明的是,根据现有数据,强奸杀人案件中的重罪杀人凶犯一般为系列杀人凶犯。质言之,如果司法部门在案件办理过程由有合理理由排除聂某斌实施系列杀人犯罪,那么此类错误和类似悲剧就可以避免发生。

---

⑬ 2006年7月13日,佳木斯市中级人民法院以故意杀人罪、威胁儿童罪判处宫某柏死刑。

⑭ 参见河北省石家庄市中级人民法院(1995)石刑初字第53号刑事附带民事判决书。

(三)心怀愤恨型

以发泄愤恨为动机取向的多重杀人犯罪,其行为性质表现为恐怖袭击、报复杀人、伪理性型和家庭杀伐四种类型。显然,我们所提出的心怀愤恨型犯罪动机类型涵盖霍尔姆斯所区分的家庭杀人、伪理性型和心怀愤恨的雇员三种类别。心怀愤恨型是多重杀人犯罪案件中较为常见的一种动机类型。据统计,181件多重杀人案例中犯罪动机为心怀愤恨型的共98件,约占样本总量54.1%。

1.恐怖袭击。基于对181件多重杀人案例的经验分析,触发恐怖袭击的愤恨体现为一种个人冤屈,这种冤屈来自于个体感觉到自身或其所爱的人遭受到来自政府的不公正对待。⑮ 个体出于纠正冤屈动机,在某个单独的瞬间或者一段时期内实质上单独实施或计划实施的,针对人身的杀害或伤害,或者针对重要基础设施的重大损害行为是一种恐怖主义行为。⑯ 因此,一些校园攻击、特大杀人等暴力犯罪即为一种恐怖主义犯罪。根据描述统计,个人冤屈恐怖袭击案例共36件,约占样本总量19.9%,占恐怖袭击犯罪样本总量87.8%。一些单独个体实施的恐怖袭击犯罪给社会和家庭造成了极度的伤害。例如,2013年福建厦门公交车陈某特大自杀式纵火杀人案造成47人遇难,2008年上海杨某特大袭警杀人案造成6名警察死亡。类似案件还有2010年福建南平郑某特大杀人案⑰、2012年广西平南镇吴某特大杀人案⑱、2016年宁夏银川公交车马某特大纵火杀人案等。⑲

2.报复杀人和家庭杀伐。报复杀人常因情感纠葛、邻里纠纷、劳务纠纷、债务纠纷等矛盾和冲突引起,家庭杀伐则一般由情感纠纷引发。据统计,181件单独个体多重杀人案例中报复杀人共51件,约占样本总量28.2%,家庭杀伐共8件,约占样本总量4.4%。杀人凶犯的杀戮对象往往为特定的熟人,如

---

⑮ 参见曾赟:《论独狼恐怖主义犯罪的构成要素》,载《政法论坛》2016年第5期,第14~24页。

⑯ Theodore Gordon, Yair Sharan, Elizabeth Florescu, *Prospects for Lone Wolf and SIMAD Terrorism*, 95 Technological Forecasting & Social Change, 2015, pp. 234 - 251.

⑰ 2010年3月23日,凶犯郑某出于个人怨愤,在福建南平市实验小学门口手持砍刀连续砍杀,致8名生死亡,5名学生重伤。

⑱ 2012年9月21日,凶犯吴某出于个人怨愤,在路经红苹果午托居民屋时,看见一群正要出门去学校的儿童,便冲入屋中,见人就砍,致3名儿童死亡,13名儿童受伤。

⑲ 2016年1月5日,凶犯马某因为债务纠纷,在银川市公交公司301路公交车上实施纵火,致17人死亡。

妻子(前妻)、孩子、老板、同事等。比如在2008年河北保定柴某特大杀人案中,柴犯因宅基地、建房等邻里纠纷而将被害人一家老少共10人全部杀害。又如在2010年江西吉水周某特大杀人案中,周犯因嗜好赌博,致夫妻经常吵架。某日,在其同妻子争吵后,为泄愤,持柴刀先后将10岁的女儿、80岁的母亲、妻子和4名邻居及一名湖南籍民工共8人砍死。人们不禁会问:为什么报复杀人和家庭杀人凶犯在杀死特定愤恨对象的同时,还将其他非怨恨对象或者社会中的非特定对象杀死?对此,精神病学家希尔福特·弗拉泽尔(Shervert Frazier)用"代理谋杀"(murder by proxy)这一理论术语来解释。⑳ 他认为,个体之所以在杀死离异或者让其愤恨的妻子时还将其孩子或其他家属成员全部杀死是因为他将孩子等看成妻子的一个延伸;同样地,个体之所以将无辜的前同事杀死是因为他将被害人与解雇他的老板相等同。当然,对于2016年宁夏银川公交车马某特大纵火杀人等案件,还可以用反社会人格障碍理论来解释。在这些具有反社会人格障碍的杀人凶犯看来,其所遭遇到的困顿应由某些特定类别的人或社会来负责。他们对社会有很深的偏见,这种偏见几乎使其达至疯狂的境地,以致其认为唯有通过杀戮报复社会才足以平息心中愤恨。

3. 伪理性型。伪理性型杀人凶犯的作案动机既可以是发泄心中的愤恨,也可以是追求利益。据统计,181件多重杀人案例中伪理性型犯罪案例仅3件,约占样本总量1.7%,说明我国伪理性犯罪案例较为少见。一般来看,伪理性型犯罪不同于一些自杀式恐怖袭击或家庭杀人凶犯之处在于:前者往往利用所掌握知识和技巧有计划地在犯罪结果发生前逃离犯罪现场,而后者则往往在犯罪事件中自杀身亡。例如,在2005年河南鄢陵何世亚特大长途汽车爆炸杀人案中,何犯为达到杀妻、继而与他人结婚的目的,自制爆炸装置,并雇佣梁某在一辆长途汽车上制造爆炸,致11名无辜乘客死亡。然而一些特大家庭杀人案件中杀人凶犯在杀死自己亲人后往往自杀身亡,如甘肃乐县景古镇杨某兰杀害子女案。

(四)权力和信仰型

以权力和信念为动机取向的多重杀人犯罪,其行为性质体现为恐怖袭击

⑳ See James Alan Fox and Jack Levin, *Multiple Homicide: Patterns of Serial and Mass Murder*, 23 Crime & Just, 1998, p. 445.

和疯狂杀人两种形态。所谓疯狂杀人是指在单个犯罪事件中,有两个或以上犯罪地点,且多个杀人犯罪行为之间没有情绪冷却期的犯罪。[21] 通过描述统计,181 件多重杀人案例中权力和信念型犯罪仅 13 例,约占样本总量 7.2%。基于对 181 件案例的经验分析,权力和信念型犯罪动机又可区分为权力—控制、权力—使命和幻觉—信念三个子类。

1. 权力—控制型。在我国,权力—控制型犯罪往往表现为一种恶霸式的疯狂杀人行为。例如,在 1999 年贵州威宁周某系列杀人案中,犯罪人周某任意杀死本村 12 名村民,还公然在被害人丈夫面前实施强奸,其权力和控制欲望的恶性膨胀致使其人性丧失殆尽。又如,在 1991 年黑龙江秦某明系列杀人中秦犯杀害与其有私情的妇女的理由竟然是:敢向男人勒索钱财的女人一定要杀掉。当然,权力—控制型犯罪有时候也表现为一种恐怖袭击。例如在 2001 年山西晋中胡某海特大杀人案中胡犯在多次举报被害人相关问题而又均未得到回复后将其所认为有问题的被害人几乎全部杀害。这种情况在国外一些案例中亦较为常见,如西奥多·卡钦斯基恐怖袭击案。[22]

2. 权力—使命型。该类凶犯的动机为:为让社会更美好,他们不得不将其所认为的没有价值的人或者不想要的人从这个世界中铲除,如将妓女或者无家可归的人杀死等。例如,在 1985 年陕西商县龙某系列杀人案中龙犯自称将智障者杀死是为民除害。[23] 又如,在 1996 年广东高要市要西村杜某琼系列恐怖投毒杀人案中,杜犯声称为国家人口平衡,竟然残忍使用投毒方法致使 18 人无辜遇害。

3. 幻觉(visionary)—信念型。该类凶犯与现实断裂,有些情形中该类凶犯声称根据神灵、魔鬼、天使或者上帝的声音而杀死特定的人。例如,在加利福尼亚州圣克鲁什市的赫伯特·马伦(Herbert Mullen)系列杀人案中,他声称遵循一个想象的声音而杀人。这个声音告诉他:为避免地震,需要用人作为牺牲品。在另一些情形中杀人凶犯则可能为精神病人或者精神障碍者因幻

[21] John E. Douglas, Ann W. Burgess, Allen G. Burgess, and Robert K. Ressler, *Crime Classification Manual*, John Wiley & Sons, Inc, 2006, p. 96.

[22] 西奥多·卡钦斯基在冗长的陈述中声称,其杀人目的是拯救人们免受技术的奴役。然而他在劳斯安格斯的威胁性骗局,对自己有关新闻的着迷,试图在国家最有名的报纸上吸引人们注意,诸如此类无不说明其杀戮的真实动机更多是为了控制社会舆论的焦点关心。

[23] 1985 年陕西商县龙某系列杀人案中,凶犯龙某共杀害了 48 人,其中大部分并非其所称的呆傻、残废人。

觉或者错误的信念而疯狂杀人。例如,在2006年陕西石泉邱某华特大杀人案中,[24]邱犯因幻想其妻与铁瓦殿内主持有私情,便持斧头等凶器将殿内10人杀死,然后转移尸体,剜被害人眼球、心肺、脚筋。[25]

三、多重杀人犯罪动机模型的创建及检验

多重杀人犯罪动机因素为无序多分类变量,因此创建多重杀人犯罪动机测量模型时可考虑采用多项 logistics 回归分析法。根据上文,多重杀人犯罪动机因素涵盖四个不同水平,包括:追求刺激和快乐型(P_1)、追求利益型(P_2)、心怀愤恨型(P_3)、权力和信念型(P_4)。如上文所述,多重杀人动机因素涵盖的四个水平是在实证分析所抽取的181件多重杀人案例和综合国内外文献资料基础上得出的,因此动机因素的四个水平应基本穷尽了案件事实的各维度。为科学创建多重杀人动机测量模型,我们考虑采用以下步骤:首先,为拣选出对犯罪动机分类具有显著影响的因素指标,将犯罪现场、犯罪行为、犯罪过程、被害人状况和犯罪人生平境遇五个主范畴名下各因素作为自变量,分别创建五个多项 logistics 回归模型;其次,将拣选出的因素指标作为自变量,创建多重杀人犯罪动机测量模型;最后,通过交叉列表分析,检验多重杀人犯罪动机测量模型的准确性。

(一)犯罪动机测量指标的拣选

犯罪现场主范畴涵盖犯罪地点(x_1)、犯罪工具(x_2)和尸体处置(x_3)3项多分类变量。将x_1、x_2、x_3作为自变量,犯罪动机多分类变量作为因变量,通过多项 logistics 回归分析,创建犯罪现场动机测量模型。经检验,模型根据数理统计原理,-2倍对数似然值越小,模型拟合度越好。基此,说明自变量x_1、x_2、x_3的加入对模型具有统计学意义。模型的 Nagelkerke R^2为0.485,说明模型拟合度一般。根据犯罪现场动机测量模型的似然比检验结果,x_1($p=0.000$)、x_2($p=0.017$)、x_3($p=0.001$)对多重杀人犯罪动机分类具有显著

[24] 此案判决中有权机关未对邱犯进行精神疾病鉴定。此案审理中,就是否邱犯进行司法精神病这一问题曾有各种不同观点。根据相关媒体报道,邱犯有偏执狂症状。

[25] 王晓:《我主审的邱兴华案》,载百度文库:https://wenku.baidu.com/view/a7d11ac4b14e852458fb5716.html,最后访问日期:2017年8月31日。

影响。

犯罪行为主范畴涵盖犯罪目的行为(x_4)、犯罪手段行为(x_5)2项多分类变量。将x_4、x_5作为自变量,犯罪动机多分类变量作为因变量,通过多项logistics回归分析,创建犯罪行为动机测量模型。经检验,模型的-2倍对数似然值为59.791,明显小于只有常数项的模型-2倍对数似然值(=223.665),说明模型具有统计学意义;Nagelkerke R^2为0.662,说明模型拟合度好。根据模型似然比检验结果,x_4($p=0.000$)对多重杀人犯罪动机分类具有显著影响,x_5($p=0.135$)不具有显著影响。

犯罪过程主范畴涵盖是否摧残、折磨被害人(x_6)和是否侮辱、损毁尸体(x_7)2项二值变量。将x_6、$x_7$2项二值变量作为自变量,过多项logistics回归分析,创建犯罪过程动机测量模型。在模型建构中,当加入x_7时黑塞矩阵(Hessian Matrix)有意外的奇异性,故将其排除模型之外,仅保留x_6这一自变量。经检验,Nagelkerke R^2为0.103,说明模型拟合度极差,模型不具有统计学意义。根据模型的似然比检验结果,x_6($p=0.001$)对多重杀人犯罪动机分类具有显著影响。

被害人状况主范畴涵盖被害人心智是否未达成熟(x_8)、被害人社会状况(x_9)2项分类变量。将x_8、$x_9$2项分类变量作为自变量,通过多项logistics回归分析,创建被害人状况动机测量模型。经检验,Nagelkerke R^2为0.270,说明模型拟合度较差。根据模型的似然比检验结果,x_9($p=0.000$)对多重杀人犯罪动机分类具有显著影响,x_8($p=0.299$)不具有显著影响。

犯罪人生平境遇主范畴涵盖个体早年时期是否遭遇不幸(x_{10})、成年时期是否遭遇不幸(x_{11})、情感是否长期得不到安放(x_{12})和是否有犯罪前科(x_{13})4项二值变量。将上述4项因素指标作为自变量,通过多项logistics回归分析,创建犯罪人生平境遇动机测量模型。在模型建构中,当加入x_{10}、x_{11}时黑塞矩阵有意外的奇异性,故将其排除模型之外,保留x_{12}、x_{13}2项自变量。经检验,Nagelkerke R^2为0.250,说明模型拟合度较差,模型所具有的统计学意义不强。根据模型似然比检验结果,x_{12}($p=0.016$)、x_{13}($p=0.000$)对多重杀人犯罪动机分类具有显著影响。

综合上述,基于多项logistics回归分析方法,共拣选出了犯罪地点(x_1)、犯罪工具(x_2)、尸体处置(x_3)、犯罪目的行为(x_4)、是否摧残、折磨被害人(x_6)、被害人社会状况(x_9)、个体情感是否长期得不到安放(x_{12})和是否有犯罪前科(x_{13})共8项因素指标作为创建多重杀人犯罪动机测量模型的自变量。

(二)多重杀人犯罪动机测量模型的创建

将上文拣选出的x_1、x_2、x_3、x_4、x_6、x_9、x_{12}、x_{13}共8项分类变量作为自变量,将多重杀人犯罪动机分类作为因变量,通过多项logistics回归分析方法,创建多重杀人犯罪动机测量模型。在模型建构过程中,根据模型的似然比检验值,逐步删除对因变量不具有显著影响的因素指标。经两次逐步回归后,依次删除x_6($P=0.328$)、x_2($P=0.195$)2项对因变量不具有显著影响的因素指标。根据表1,x_1($P=0.000$)、x_3($P=0.000$)、x_4($P=0.000$)、x_9($P=0.000$)、x_{12}($P=0.001$)、x_{13}($P=0.000$)共6项因素指标对因变量具有显著影响。经检验,多重杀人犯罪动机测量模型的Nagelkerke R^2为0.845,说明模型的拟合度很好;模型的-2倍对数似然值为105.121,明显小于只有常数项的-2倍对数似然值(=362.757),说明模型在加入自变量后明显具有统计学意义。

表1 似然比检验

效应	模型拟合标准	似然比检验		
	简化后的模型的-2倍对数似然值	卡方	df	显著水平
截距	1.05102	0.000	0	0.000
x_1	134.551	29.430	6	0.000
x_3	132.185	27.064	6	0.000
x_4	183.008	77.887	6	0.000
x_9	135.976	30.855	6	0.000
x_{12}	121.894	16.774	3	0.001
x_{13}	131.265	26.144	3	0.000

注:卡方统计量是最终模型与简化后模型之间在-2倍对数似然值中的差值。通过从最终模型中省略效应而形成简化后的模型。零假设就是该效应的所有参数均为0。

因为省略效应不会增加自由度,所以此简化后的模型等同于最终模型。

对于多分类logistics回归,模型会首先定义因变量的某一个水平为参照水平,其他水平与其相比,建立"水平数-1"广义logit回归模型。如前文所述,多重杀人犯罪动机因变量设有4个水平,取值分别1、2、3、4,对于x_1、x_3、x_4、x_9、

x_{12}、x_{13}6 个自变量可拟合 3 个广义 logit 回归模型。如前文所述，多重杀人犯罪动机的四个水平基本穷尽案件事实，同时根据概率论与数理统计原理，应当有 $P_1+P_2+P_3+P_4=1$。依照模型的参数估计，权力和信念型(P_4)为参照水平。通过 spss18.0 统计软件，模型的运算结果如下：

1. 估算 4 个模型的值

$$\ln\left(\frac{p1}{p4}\right)=4.535+0.360*(x_1=0)+6.375*(x_1=1)-8.477*(x_3=0)-2.254*(x_3=1)+2.730*(x_4=0)+4.374*(x_4=1)+8.816*(x_9=0)+5.398*(x_9=1)-3.244*(x_{12}=0)-6.162*(x_{13}=0)$$

$$\ln\left(\frac{p2}{p4}\right)=2.272+3.128*(x_1=0)+7.549*(x_1=1)-6.044*(x_3=0)-1.726*(x_3=1)+4.268*(x_4=0)+7.085*(x_4=1)+6.416*(x_9=0)+1.487*(x_9=1)-1.037*(x_{12}=0)-6.205*(x_{13}=0)$$

$$\ln\left(\frac{p3}{p4}\right)=3.555+4.772*(x_1=0)+6.916*(x_1=1)-2.696*(x_3=0)-0.827*(x_3=1)-1.116*(x_4=0)-1.874*(x_4=1)+2.617*(x_9=0)+1.759*(x_9=1)-3.543*(x_{12}=0)-2.172*(x_{13}=0)$$

$$\ln\left(\frac{p4}{p4}\right)=0$$

2. 计算每一类的概率值

$$P(\text{类别})=\frac{\exp(gi)}{\sum_{i=1}^{n}\exp(gk)}$$

假设被观察对象某一多重杀人犯罪发生在被害人家中($x_1=1$)，被害人尸体部分不在犯罪现场($x_3=1$)，根据犯罪现场分析，犯罪人对被害人有强奸行为($x_4=0$)，被害人长期从事性交易工作($x_9=0$)；根据犯罪调查，犯罪人情感长期得不到安放($x_9=0$)，且有犯罪前科($x_9=0$)，则该件多重杀人犯罪动机为追求刺激和快乐型(P_1)；追求利益型(P_2)；心怀愤恨型(P_3)；权力和信念型(P_4)的概率分别为

$$g_1=\ln\left(\frac{p1}{p4}\right)=4.535+6.375-2.254=8.656$$

$$g_2=\ln\left(\frac{p2}{p4}\right)=2.272+7.549-1.726=8.095$$

$$g_3=\ln\left(\frac{p3}{p4}\right)=3.555+6.916-0.827=9.644$$

$$g_4 = \ln\left(\frac{p4}{p4}\right) = 0$$

$$P_1 = \frac{5744.51}{5744.51 + 3278.04 + 15428.91 + 1} = 0.23$$

$$P_2 = \frac{3278.04}{5744.51 + 3278.04 + 15428.91 + 1} = 0.13$$

$$P_3 = \frac{15428.91}{5744.51 + 3278.04 + 15428.91 + 1} = 0.63$$

$$P_4 = \frac{1}{5744.51 + 3278.04 + 15428.91 + 1} = 0.01$$

通过上述运算,上述情形中犯罪动机为追求刺激和快乐型的概率为0.23,为追求利益型的概率为0.13,为心怀愤恨型的概率为0.63,为权力和信念型的概率为0.01。据此,被观察案例的杀人动机很可能为心怀愤恨型。

中美证券法公共执行机制比较研究

——基于监管机构投入产出的实证分析

徐文鸣　朱良玉[*]

内容摘要：证券法的公共执行机制一直是"法律与金融"理论探讨的热点问题。本文收集了2011年至2015年中美两国证券监管者执法投入和产出的数据，对比分析了美国"多头执法"模式和我国"集中执法"模式。从投入角度来看，我国证监会执法投入呈现上升趋势，但仍然面临资源投入不足、配置不合理、执法人员缺乏激励等问题。从产出角度来看，虽然证监会通过向证监局分权，显著增加了公共执法的强度，但是我国证券违法者被定罪的概率和受到的处罚力度仍处于较低水平。可以通过引入经济激励机制、提高公众监督水平、增加罚没收入的返还力度等措施，提高我国公共执法机制的效率。

关键词：法律与金融　公共执法　监管投入和产出　"集中执法"模式　"多头执法"模式

---

* 徐文鸣，中国政法大学法与经济学研究院讲师，研究方向为法律与金融、法律的实证分析；朱良玉，中国政法大学法与经济学研究院研究生，研究方向为法律与金融。本文获得"中国政法大学青年教师学术创新团队支持计划（16CXTD09）"的资助。

一、问题的提出

推进股票发行注册制是现阶段证券市场改革的重要举措之一。注册制改革将提高市场配置资源的效率,降低准入门槛,①弱化中国证监会(以下简称证监会)承担的在事前(ex ante)保护投资者的职责。考虑到证监会是"垄断的"证券法执行机构(monopolistic law enforcer),为了维护证券市场稳定,其工作重心应当转变为在事后(ex post)执行证券法,威慑潜在的违法违规行为。现有对证监会执法活动的实证分析,多从时间序列的角度,探讨其执法产出的变化。② 本文通过系统收集证监会及其派出机构和美国证监会(SEC)在2011~2015年的执法投入和产出,对比当下全球市值最高的两个证券市场的监管者实施证券法的情况。③ 通过横向对比中美监管者的执法行为,本文试图回答下列问题:我国证券法公共执行的产出是否不足?执法产出不足的原因究竟是监管者主观上被监管俘获,还是客观资源投入不足和配置不合理?如果问题主要是由于激励扭曲造成的,可以过哪些制度设计提高公共执法的效率?

---

① 蒋大兴:《退隐中的"权力型"证监会——注册改革与证券监管权之重整》,载《法学评论》2014年第2期,第39~53页。

② 如根据刘燕和吕玉梅的统计数据,证监会在1993年至2012年共作出685份行政执法决定,年均约为35件(参见刘燕、吕玉梅:《我国上市公司财务造假行政处罚实践(1993—2002)述评》,载中央财经大学金融服务法研究中心等编:《金融服务法咨询报告》2012年第7期)。而张舫和李响将证监会的处罚决定分为声誉罚、财产罚、资格罚和市场禁入四类,通过对比数据发现对违法主体惩戒作用较小的声誉罚,证监会的执法强度较大;而会对违法主体产生实际威慑的,如资格罚和市场禁入措施,证监会的执法力度较小(参见张舫、李响:《对证监会执法强度的实证分析》,载《现代法学》2016年第1期,第173~183页)。缪因知对证监会事后执法情况进行了系统的梳理和分析(参见缪因知:《政府性证券监管批判及与民事诉讼之权衡》,载《交大法学》2015年第1期,第142~158页)。

③ 参见中国证券监督管理委员会编:《中国证券监督管理委员会2015年年报》,中国财政经济出版社2016年版,第15页。

二、中美证券法公共执行模式

跨国实证研究显示公共执行作为外部治理的重要机制，与证券市场的发展存在显著的正相关关系。④ 但是各经济体由于政治、历史和文化的差异，证券法执法模式存在显著的区别。本章主要对比中国证券法的“集中执法”模式和美国证券法的“多头执法”模式。

（一）中国证券法“集中执法”模式

我国证券法采取“集中执法”模式，证监会在事实上（de facto）行使排他的剩余立法权和剩余执法权，⑤对全国证券市场实行集中统一监督管理，并有权力直接作出行政处罚。⑥ 证监会的监管活动承担着威慑违法违规行为的职责，维护证券市场健康运行和发展。⑦ 但是，作为“垄断的”执法者，证监会的执法活动主要受到两方面的批评：第一，执法强度较弱，无法有效威慑违法违规行为；⑧第二，存在选择性执法问题，有政治影响力的企业受到处罚较轻。⑨

考虑到监管资源的有限性，证监会将对轻微违法行为的调查和处罚权进一步委托给38家证监局和交易所。该项制度安排可以有效利用地方监管者的信息优势，并降低监管干预的时滞。⑩ 证监局负责监管辖区内的证券市场

---

④ Howell E. Jackson and Mark J. Roe, Public and Private Enforcement of Securities Laws: Resource-Based Evidence, 93 *Journal of Financial Economics*, 2009, pp. 207 – 238.

⑤ 运用不完全契约理论分析剩余立法权在证监会和法院之间配置问题的论文，参见黄韬：《为什么法院不那么重要——中国证券市场的一个观察》，载《法律和社会科学》（第9卷），法律出版社2012年版，第63~110页。

⑥ 财政部负责实施《会计法》和相关会计准则，但在本文的抽样期间其执法产出并不高。

⑦ 陈甦、陈洁：《证券法的功效分析与重构思路》，载《环球法律评论》2012年第5期，第10页。

⑧ 如内幕交易类违法案件，证监会对个人内幕交易行为的罚款数额上限为30万元，对单位的最高罚款数额为60万元。基于相关行政处罚决定书的实证分析显示，证监会的罚款数额较低，未能达到“过罚相当”的原则。参见王启迪：《内幕交易罚款数额影响因素的实证研究——基于证监会21份行政处罚决定书的整理》，载《行政法学研究》2011年第4期，第115~128页。

⑨ 政治关联程度会显著影响投资者法律保护的执行效率，参见许年行、江轩宇、伊志宏、袁清波：《政治关联影响投资者法律保护的执法效率吗？》，载《经济学（季刊）》2013年第2期，第373~406页。

⑩ 董安生：《中国资本市场改革法律问题研究》，载《甘肃社会科学》2008年第5期，第51~56页。

参与者,主要履行以下四项基本职责:第一,对辖区有关市场主体实施日常监管;第二,防范和处置辖区有关市场风险;第三,对证券期货违法违规行为实施调查、作出行政处罚;第四,对证券期货投资者进行教育和保护。[11] 证监局在2011年之前只享有施加非行政处罚的权力,且并未积极参与证券法实施。然而此后,证监会开始鼓励他们实施证券法,并试点将行政执法权下放给上海、广东和深圳三地的证监局,[12]并在2013年10月,证监会进一步将作出行政处罚的权力下放至所有的证监局。[13]

证券交易所主要负责监督上市证券的交易和信息披露义务人的披露行为。虽然依据《证券法》,交易所是自律管理的法人,但在很大程度上仍受到证监会的控制。例如,证券交易所的总经理由证监会任命,因而交易所实施证券法规很难与证监会的政策目标相冲突。交易所虽然不享有施加行政处罚的权力,但是可以施加非行政处罚,如口头或书面警示、要求限期改正或限制交易等。[14] 非行政处罚会给上市公司带来显著的声誉成本。[15] 此外,依据《证券法》,交易所还可以暂停和终止发行人的股票上市交易。[16]

此外,证监会和证监局的处罚决定还可能导致被处罚人承担民事责任。根据最高人民法院在2003年颁布的《关于审理证券市场因虚假陈述引发的民事赔偿案件的若干规定》(以下简称《虚假陈述若干规定》),投资者因虚假陈述提起民事赔偿诉讼,需要满足行政前置程序。[17] 而证监会和证监局的处罚决定即可以作为满足行政前置程序的依据。但是,由于投资者只能提起单独或共同诉讼,民事诉讼并不能有效赔偿投资者的损失,对违法违规行为的边际威慑力有限。[18]

---

[11] 参见《中国证监会派出机构监管职责规定》第5条。

[12] 位于这三个省市的上市公司的数量最高。参见程金华:《中国公司上市的地理与治理——对证券市场行政治理的再阐释》,载《证券法苑》2010年第2卷,第54~85页。

[13] 参见杜卿卿:《证监会全面下放行政处罚权》,载《第一财经日报》2013年9月30日,第A16版。

[14] 参见《深圳证券交易所自律监管措施和纪律处分》(2016),第10条。

[15] Benjamin L. Liebman and Curtis J. Milhaupt, Reputational Sanctions in China's Securities Market, 108 *Columbia Law Review*, 2008, pp. 929 - 983.

[16] 《中华人民共和国证券法》第55条、第56条。

[17] 《虚假陈述若干规定》第6条。对损害赔偿计算的相关分析,参见郭锋:《虚假陈述侵权的认定及赔偿》,载《中国法学》2003年第2期,第93~97页。

[18] 对投资者陷入集体行动困境的实证分析,参见 Wenming Xu, Reforming Private Securities Litigation in China: The Stock Market Has Already Cast Its Vote. 45 *International Review of Law and Economics*, 2016, pp. 23 - 32。

(二)美国证券法"多头执法"模式

美国证券法采取"多头执法"模式,SEC、司法部、[19]美国金融业监管局(Financial Industry Regulatory Authority, FINRA)、州检察长(state attorneys general)[20]以及"企业家式的律师"(entrepreneur lawyers)都可以独立实施证券法。[21] SEC是主要执行证券法的公共机构,拥有广泛的执法裁量权和监管工具。[22] 但是,其执行部(enforcement division)必须通过向联邦法院提起民事诉讼,或向SEC内设的行政法官提起行政程序,[23]请求司法机关向违法违规行为人施加相应的处罚。法律执行是SEC的主要任务,由执行部[24]和11个派出机构负责(regional offices)。

SEC的处罚活动同样容易受到政治关联的影响。首先,SEC作为独立监管机构,不受总统和其他行政机关的制约。[25] 但是,其执法活动会受到国会专业委员会的影响,包括负责监督SEC工作的美国参议院银行、住房和城市事务委员会(U. S. Senate Committee on Banking, Housing, and Urban Affairs)和美国众议院金融服务委员会(U. S. House Committee on Financial Services),以及

---

[19] 司法部主要负责对违法行为人提起刑事诉讼,参见Wilson Meeks, Corporate and White-Collar Crime Enforcement: Should Regulation and Rehabilitation Spell an End to Corporate Criminal Liability, 40 *Columbia Journal of Law and Social Problems*, 2006, pp. 77 - 124。

[20] 美国《1996年全国性证券市场改善法》(*National Securities Markets Improvement Act of* 1996)明确授权州一级别的监管者,提起针对上市公司欺诈行为或经纪商从事的与证券相关违法行为的诉讼,参见Amanda M. Rose and Larry J. LeBlanc, Policing Public Companies: An Empirical Examination of the Enforcement Landscape and the Role Played by State Securities Regulators, 65 *Florida Law Review*, 2013, pp. 395 - 442。其中较为著名的案件如纽约州前检察长Eliot Spitzer起诉证券经纪商。Spitzer通过调查发现证券经纪商允许某些客户违法进行逾时交易(late trading)和择时交易(market timing),并据此提起诉讼。被诉的经纪商因此支付了超过十亿美元的罚金。

[21] Amanda M. Rose, The Multienforcer Approach to Securities Fraud Deterrence: A Critical Analysis, 158 *University of Pennsylvania Law Review*, 2010, pp. 2173 - 2231;对上述执法者产出数据的分析,参见Howell E. Jackson, Variation in the Intensity of Financial Regulation: Preliminary Evidence and Potential Implications, 24 *Yale Journal on Regulation*, 2007, pp. 253 - 291。

[22] 洪艳蓉:《美国证券交易委员会行政执法机制研究:"独立"、"高效"与"负责"》,载《比较法研究》2009年第1期,第21 ~ 34页。

[23] 对SEC内设的行政法官制度的分析,参见郭雳:《美国证券执法中的行政法官制度》,载《行政法学研究》2008年第4期,第116 ~ 122页。

[24] 1972年8月,SEC才整合了分散在交易和市场部、公司金融部和投资管理部的执法权力,建立了执行部,负责SEC的执法行活动。Paul Atkins and Bradley Bondi, Evaluating the Mission: A Critical Review of the History and Evolution of the SEC Enforcement Program, 13 *Fordham Journal of Corporate & Financial Law*, 2008, pp. 367 - 417.

[25] 席涛:《法律、监管与市场》,载《政法论坛》2011年第3期,第47 ~ 65页。

负责拨款的美国参议院拨款委员会(U.S. Senate Committee on Appropriations)和美国众议院拨款委员会(U.S. House Committee on Appropriations)。为了向专业委员会证明SEC工作的高效率,在其财年结束前(每年9月),它都会大幅度提起执行程序,以增加每年的执法产出。㉖ 其次,那些向任职于上述委员会的国会议员捐款的企业,受到SEC执法处罚的概率更低。㉗ 最后,对于那些游说支出较高的上市公司,SEC处罚其欺诈行为的概率也更低。㉘

另一个重要的公共执法者是独立的自律监管组织FINRA。SEC在2007年7月批准,美国全国证券商协会(National Association of Securities Dealers)和纽约交易所(New York Stock Exchange)的会员监督、执法和仲裁部门合并成立FINRA。该机构的雇员规模约为3500人,主要监管对象是证券经纪商,监管目的是保证其公平诚信经营。㉙ 虽然FINRA在名义上是自律监管组织,但是其在权限范围内已经获得了规则制定权、执法权和审判权,行为模式更像半政府监管机构。㉚ 在2016年,FINRA共作出了1434件惩戒性处罚(disciplinary actions),施加了超过1.7亿美元的罚金,并要求违法行为人向受侵害的投资者归还了约2800万美元的违法所得。㉛

美国证券法私人执行机制并未受到公共执法的制约,也就是说,受损害的投资者可以直接向联邦法院提起民事诉讼,请求损害赔偿。由于不存在前置程序,美国的证券集团诉讼市场非常活跃,私人执行机制承担着威慑潜在的违法行为和赔偿投资者损失的双重职能。㉜ 在2016年,投资者共提起了270件联邦证券集团诉讼,与2015年相比增长了44%。㉝ 其中,有25家上市公司作为被告,约占上市公司总数的3.9%。㉞ 但是,由代理律师主导的证券

㉖ Urska Velikonja, Politics in Securities Enforcement, 50 *Georgia Law Review*, 2014, pp. 17-41.

㉗ Maria Correia, Political Connections and SEC Enforcement, 57 *Journal of Accounting and Economics*, 2014, pp. 241-262.

㉘ Frank Yu and Xiaoyun Yu, Corporate Lobbying and Fraud Detection, 46 *Journal of Financial and Quantitative Analysis*, 2011, pp. 1865-1891.

㉙ FINRA, FINRA 2015 Year in Review and Annual Financial Report, p. 12.

㉚ William A. Birdthistle and Todd M. Henderson, Becoming a Fifth Branch, 99 *Cornell Law Review*, 2013, pp. 1-69.

㉛ https://www.finra.org/about.

㉜ John C. Coffee, Law and the Market: The Impact of Enforcement, 156 *University of Pennsylvania Law Review*, 2007, pp. 229-311.

㉝ Cornerstone Research, Securities Class Action Filings: 2016 Year in Review (2016),第5页。

㉞ Cornerstone Research, Securities Class Action Filings: 2016 Year in Review (2016),第10页。

集团诉讼,由于律师追求其自身的利益最大化,会引起过度威慑市场参与者的负面影响(over-deterrence)。[35]

通过上述分析可以看出,虽然中美两国证券法的执行模式存在一定的差异,但是证监会和 SEC 作为公共实施机制的主要发起机构,在保证证券市场稳定方面都发挥着核心的作用。而监管机构的执法能力依赖于其拥有的资源,下一部分将通过比较证监会和 SEC 的预算和雇员规模,展示中美证券监管投入的差异。

三、中美证券法公共执行的监管投入

监管的资源投入直接影响其执法产出和证券市场的发展,与市场参与者的守法程度正相关。[36] Jackson 和 Roe 提出从监管机构的预算和雇员规模两个维度衡量监管投入,[37]本部分收集了证监会和 SEC 在 2011 年至 2015 年的相关数据,试图从时间序列的角度比较中美两国证券市场监管投入的规模。

(一)证监会和 SEC 的年度预算规模比较

表 1 比较了证监会和 SEC 在 2011 年至 2015 年的预算投入。A 栏报告了证监会的年度预算规模。[38] 根据 A 栏第一列的数据,2011 年证监会的年度预算约为 1.2 亿美元,此后逐年快速增长,至 2014 年其预算增速放缓。5 年间证监会的平均年度预算约为 1.4 亿美元,年均增长率为 7.39%。考虑到数据的可比性,A 栏第三列还使用上市公司年度总市值作为分母,对证监会的年度预算进行标准化处理。近 5 年内,我国股票市场每百万美元的市值中,平均约有 31.21 美元用于支付监管成本。标准化的年度预算在 2014 年和 2015

---

[35] Amanda M. Rose, Reforming Securities Litigation Reform: Restructuring the Relationship between Public and Private Enforcement of Rule 10b-5, 108 *Columbia Law Review*, 2008, pp. 1301-1364.

[36] 对于 1946~2010 年 SEC 的预算投入和被监管者守法行为的时间序列分析显示,预算投入的增长提高了参与者的守法程度,参见 Tim Lohse, Razvan Pascalau and Christian Thomann, Public Enforcement of Securities Market Rules: Resource-Based Evidence from the Securities and Exchange Commission, 106 *Journal of Economic Behavior & Organization*, 2014, pp. 197-212.

[37] Howell E. Jackson and Mark J. Roe, Public and Private Enforcement of Securities Laws: Resource-Based Evidence, 93 *Journal of Financial Economics*, 2009, pp. 207-238.

[38] 证监会报告的年度预算规模包括了本级预算和 38 家派出机构预算。

年快速降低的原因在于股票市场处于牛市区间。证监会支出的分项数据显示,年度预算用于支持证券法实施的比例并不高。以2015年为例,证监会年度预算表中,分项“金融支出”(科目编码217)共计9.2亿元人民币,约占总预算的92%。其中子分项“金融部门监管支出”(科目编码21702)共计3亿元人民币,仅占当年总预算的30%。在这30%的年度预算支出中,还包括用于“从业人员资格考试”的约1.5亿元人民币预算(占总预算的约15%)。

表1 2011年至2015年证监会和SEC的年度预算

年份	A栏(证监会预算)				B栏(SEC预算)			
	年度预算(千美元)	年度预算增长率(%)	标准化预算(每百万美元市值)	标准化预算增长率(%)	年度预算(千美元)	年度预算增长率(%)	标准化预算(每百万美元市值)	标准化预算增长率(%)
2015	159,430.69	3.25	19.47	-24.28	1,712,826	10.47	68.33	16.03
2014	154,412.58	-1.14	25.71	-34.98	1,550,513	10.56	58.89	0.92
2013	156,186.97	16.33	39.55	8.91	1,402,477	13.46	58.35	-11.87
2012	134,266.10	12.39	36.31	3.72	1,236,057	-27.86	66.21	-39.56
2011	119,468.42	6.13	35.01	25.28	1,713,531	7.59	109.56	18.89
平均值	144,752.95	7.39	31.21	-4.27	1,523,081	2.84	72.27	-3.12

注:1.证监会年度预算数据来源于2010~2015年《中国证监会部门预算》;SEC年度预算数据来源于*SEC Agency Financial Report: Fiscal Years* 2010-2015。

2.证监会的年度预算单位为人民币,利用世界银行报告的人民币兑美元的年度汇率转换为美元。2010年至2015年人民币兑美元的年度汇率分别为6.77,6.46,6.31,6.20,6.14和6.23,数据来源见http://data.worldbank.org/。

3.“标准化的年度预算”使用中国和美国股票市场的上市公司的市值作为分母进行标准化,数据来源见http://data.worldbank.org/。

表1的B栏报告了SEC年度预算规模,该数据从SEC年报披露的预算来源表(statement of budgetary resources)处获得。根据B栏第一列展示的数据,2011年SEC的年度预算超过17亿美元,但在次年缩减了近30%至约12.4亿美元。此后逐年增长,至2015年重回前期最高值约17.1亿美元。5年间SEC的平均年度预算约为15.2亿美元,年均增长率约为2.84%。㊴ 考虑到数据的可比性,B栏第三列还使用美国国内上市公司总市值作为分母,对SEC的年度预算进行标准化处理。5年内美国股票市场每百万美元的市值中,平均约有

㊴ 证券市场频发的丑闻成了SEC预算增长的催化剂,为了执行《多德-弗兰克法》,SEC的2010年年度预算增长了约60.4%。

72.27 美元用于支付监管成本。标准化的年度预算呈现逐年递减的原因在于，美国股票市场迅速从次贷危机中恢复，总市值快速增长。

SEC 的预算支出存在三个显著的特征。第一，预算的主要部分是支付给雇员的工资和福利。例如，人力成本的支出占 2010 年全年预算的 70%。[40] 第二，预算主要支持直接与证券法实施相关的项目（program），包括执法项目（enforcement program）和守法检查项目（compliance inspections and examinations），这两个项目的投入约占 SEC 总支出的 55%。[41] 在 2011 年至 2015 年，证券法实施项目投入从 6.3 亿美元增长至 8.6 亿美元，5 年间增长了约 38.8%。[42] 第三，SEC 的支出增加了支付给"吹哨人"（whistleblower）的奖金。[43] 在 2014 年和 2015 年，投资者保护基金向"吹哨人"分别支付了 2800 万美元和 2500 万美元。[44]

（二）证监会和 SEC 的年度雇员规模比较

监管机构的雇员数量和专业程度是其人力资本的重要体现。特别是对于证券监管机构，其监管活动的专业性较强，需要大量受过系统训练的雇员从事调查、取证和执法等工作。考虑到中美两国的人力成本存在显著差异，表 2 报告了证监会和 SEC 的雇员规模。根据 A 栏第一列的数据，证监会的雇员数量总体呈现逐年增长的趋势，年均增长率约为 3.75%。在 2015 年出现了小幅回落，基本稳定在 3100 人左右。其中 38 家派出机构的雇员约占总数的 75%，监

---

[40] Boston Consulting Group. U.S. Securities and Exchange Commission: Organizational Study and Reform, 2011, p. 52.

[41] SEC 将其预算支出与四个战略目标相挂钩。其中，"促进遵守和执行联邦证券法"列为最重要的战略目标，安排了总额高达 9.549 亿美元的预算。其他三个战略目标和预算安排分别为："建立和保证有效的监管环境"（1.691 亿美元）"促进投资获得决策所需信息"（2.136 亿美元）和"通过统筹人力、信息和金融资本提高证监会的绩效"（2.46 亿美元）。See SEC. Agency Financial Report: Fiscal Year 2015, 2015, p. 49.

[42] SEC. SEC Agency Financial Report: Fiscal Years 2009 - 2016.

[43] "吹哨人"是指那些向监管者或上级报告与组织中非法或者不诚信行为相关联信息的个人。他们是法律执行的重要信息来源，可以帮助监管者节约执法成本。SEC 根据《多德 - 弗兰克法》的要求，在 2011 年建立了"吹哨人"办公室。《多德 - 弗兰克法》从两方面改善了既有的"吹哨人"规则，以鼓励知情人向监管者提供信息。一方面，它加强了反报复的机制；另一方面，强制监管者支付货币奖励，奖励一般占对被告施加货币罚款的 10% ~ 30%，参见 Caroline Dayton, An Empirical Analysis of SEC Enforcement Actions in Light of the Dodd-Frank Whistleblower Program, 12 *NYU Journal of Law & Business*, 2015, pp. 215 - 256。

[44] SEC. SEC Agency Financial Report: Fiscal Years 2015.

管资源向基层集中。[45] 考虑到市场规模的区别,A栏第三列利用我国国内上市公司数量对证监会的雇员规模进行标准化处理,平均每家上市公司对应1.18名监管人员。但是标准化雇员数量持续下降,5年年均减少2.44%。被监管对象的数量增长明显快于监管机构雇员规模的增长。

表2 2011年至2015年证监会和SEC的雇员规模

年份	A栏(证监会雇员规模)				B栏(SEC雇员规模)			
	雇员数(人)	雇员数增长率(%)	标准化雇员数(每家上市公司)	标准化雇员数增长率(%)	雇员数(人)	雇员数增长率(%)	标准化雇员数(每家上市公司)	标准化雇员数增长率(%)
2015	3097	-2.21	1.10	-9.61	4301	3.64	0.98	3.35
2014	3167	-0.50	1.21	-5.22	4150	3.16	0.95	-1.31
2013	3183	10.10	1.28	10.32	4023	6.29	0.96	4.30
2012	2891	5.32	1.16	-1.10	3785	-1.53	0.92	0.12
2011	2745	6.03	1.17	-6.61	3844	2.56	0.92	5.22
平均值	3017	3.75	1.18	-2.44	4021	2.82	0.95	2.34

注:1.证监会年度雇员规模数据来源于2010~2015年《中国证券监督管理委员会年报》;SEC年度雇员规模数据来源于*SEC Agency Financial Report: Fiscal Years* 2010-2015。

2."标准化雇员数"分别使用在中国和美国股票市场上市的国内公司的数量作为分母进行标准化,数据来源见http://data.worldbank.org/。

证监会监管能力的另一个重要体现是其雇员的人力资本。截至2012年年底,证监会及证监局2891名工作人员中约97.5%具有本科学历,其中拥有硕士以上学历的雇员占76.1%,博士占16.4%。[46] 从教育背景上看,相关工作人员都受过一定的专业训练。但是,证监会面临有经验的工作人员流失的风险。相关统计数据显示,2014年全年,证监会约有30名处级以上干部离职,投身市场机构。[47] 流失有经验的工作人员可能会降低证监会的监管效率。

B栏第一列展示了SEC的雇员规模,其呈现逐年递增的趋势。在2015年SEC的雇员总数达到最高峰4301人,年均增长率约为2.82%。考虑到市场规

---

[45] 中国证券监督管理委员会编:《中国证券监督管理委员会2015年年报》,中国财政经济出版社2016年版,第11页。

[46] 中国证券监督管理委员会编:《中国证券监督管理委员会2012年年报》,中国财政经济出版社2013年版,第7页。

[47] 王红茹:《证监会2014年30名处级干部离职》,载《中国经济周刊》2015年第14期,第48~49页。

模的区别,B栏第三列利用美国国内上市公司数量对SEC的雇员规模进行标准化处理,平均每家上市公司对应0.95名监管人员。标准化雇员数呈现持续上升的趋势,5年年均增长2.34%,监管机构雇员规模的增长与上市公司数量的增长相匹配。SEC的工作人员主要从事法律执行、违法行为调查和信息披露审查等工作。根据美国政府问责署(Government Accountability Office)2008年的报告显示,受雇于执行部的工作人员为1117人,约占SEC雇员总数的三分之一,其中50%为调查律师。[48] SEC同样注重积极提高雇员的专业性。一方面,其工作人员都受过系统的专业训练。例如,84%的雇员获得了本科以上的学位,其中约500人获得硕士学位,超过50人获得博士学位。[49] 另一方面,SEC也积极避免流失有经验的员工,以提高其监管效率。SEC雇员的平均服务年限为十年,40%的员工服务年限超过十年。[50] 根据披露的相关数据,SEC在2009年就已实施了更具有竞争力的薪酬制度,以吸引顶尖的人才。[51]

(三)小结

虽然证监会预算规模的年均增长率远高于SEC,但是其绝对预算仅占SEC绝对预算的10%左右。而经过证券市场总市值标准化后,虽然这一比例有所提高,但也仅为43.2%。有限的预算规模可能还面临资源错配的风险,预算支出用于证券法律法规执行的比例可能更低。由此可见,我国证券法实施的资源投入严重不足。此外,证监会保持着与SEC相似的雇员规模。如果考虑上市公司数量的差异,证监会标准化的雇员规模甚至略高于SEC。证监会有限的预算和规模较大的监管人员必定导致人均预算投入偏低,监管人员通过正规渠道获得的货币激励有限。[52]

四、中美证券法公共执行的监管产出

根据贝克尔对犯罪行为预期成本和收益的分析,法律法规对违法违规行

---

[48] United States Government Accountability Office, Greater Attention Needed to Enhance Communication and Utilization of Resources in the Division of Enforcement, 2009, pp. 17 - 18.

[49] SEC. SEC HR Database (2010).

[50] SEC. SEC HR Database (2010).

[51] SEC. 2009 Performance and Accountability Report (2009).

[52] 人均预算投入等于预算规模除以雇员规模,证监会的人均预算投入约为SEC的13%。

为的威慑力主要由被定罪的概率和处罚的力度决定。[53] 本章将对比分析证监会和 SEC 在 2011 年至 2015 年的年度执法产出和处罚力度,考察两国证券法威慑力的差异。从前述对证券法实施投入的分析来看,我国绝大部分的监管资源都集中在证监局,因而本部分对我国监管者执法产出的统计同时考虑了证监会和证监局的产出。[54]

(一) 证监会、证监局和 SEC 的年度执法产出

证券监管者的执法产出决定了潜在违法违规行为被发现的概率。图 1 展示了证监会及证监局和 SEC 的年度执法产出,图形的高度表示当年产出的数量。从图中可以看出,我国证券法公共执法产出增长较快。在 2010 年证监会和证监局仅作出 123 项处罚决定,而到 2015 年二者的执法产出已经达到 241 项,五年间增长了 96%。证监局的执法活动是我国公共执法产出高速增长的主要动力,现在已占我国公共执法产出总量的五分之三。[55] 这一现象是由于证监会通过向证监局分权,创建了竞争机制,导致其执法产出出现高速增长。2010 年,证监局仅作出 55 项处罚决定。2010 年年底证监会试点向广东、上海和深圳三地的证监局下放行政处罚权,鼓励证监局积极实施证券法。[56] 2012 年证监局执法产出增长最为明显,与 2011 年相比增加了近两倍。其中,广东证监局执法产出增加了 1067% (从 3 项增长至 35 项)、上海证监局执法产出增加了 550% (从 2 项增长至 13 项)、深圳证监局执法产出增加了 88.89% (从 9 项增长至 17 项)。之所以分权改革的效果到 2012 年才显现出来,是由于证监局调

[53] Gary S. Becker, Crime and Punishment: An Economic Approach, 76 *Journal of Political Economy*, 1968, pp. 169 - 217.

[54] 证监局执法产出的信息主要从"国泰安"整理的上市公司公告处获得,参见 http://www.gtarsc.com/。本文收集的数据可能低估了证监局处罚的数量。如果证监局的处罚对象不包括上市公司或与上市公司相关的人员,那么在"国泰安"的数据库中将不会收录此类处罚。

[55] 执法产出最高的七个地方证监局分别是:广东证监局(68 个)、上海证监局(62 个)、河南证监局(55 个)、深圳证监局(52 个)、江苏证监局(42 个)、四川证监局(40 个)和山西证监局(38 个)。这七个地区也是上市公司数量较多的省市。对证监局参与证券法实施的实证分析,参见 Wenming Xu, Jianwei Chen and Guangdong Xu, An Empirical Analysis of the Public Enforcement of Securities Law in China: Finding the Missing Piece of the Puzzle, *European Business Organization Law Review*, 2017 Forthcoming。

[56] 根据联邦主义理论,证监会向证监局下放实施证券法的权力,将为其执行证券法提供强激励。这是因为地方官员如果在证券监管执法领域的"锦标赛"中获胜,将提高其晋升的概率。对联邦主义和地方官员的晋升"锦标赛"模式的讨论,参见周黎安:《中国地方官员的晋升锦标赛模式研究》,载《经济研究》2007 年第 7 期,第 36 ~ 50 页。利用联邦主义理论分析证券发行制度改革的讨论,参见沈朝晖:《论证券法的地方竞争体制》,载《北方法学》2013 年第 3 期,第 63 ~ 73 页。

查取证需要时间,因而其产出的显著增长出现了时滞。

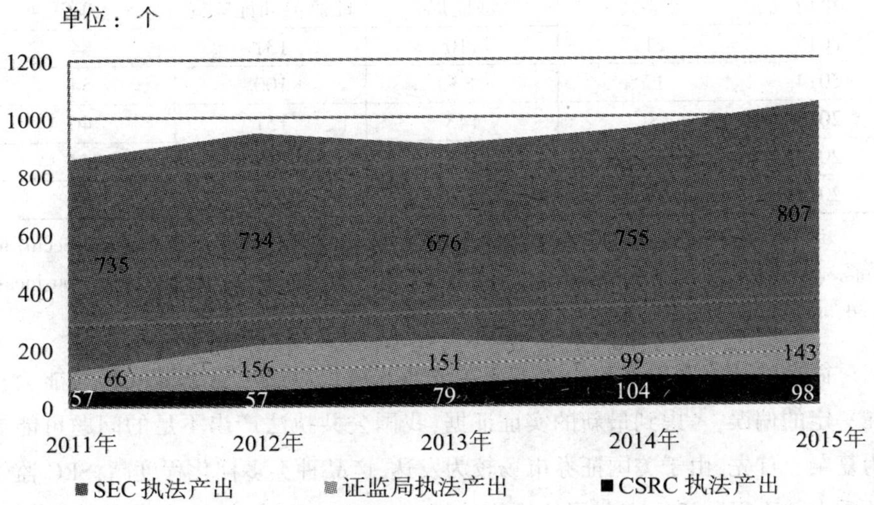

图1　CSRC、证监局和 SEC 年度执法产出数量

注:1. SEC 执法产出数据的来源于其年鉴。参见 *SEC Agency Financial Report*: *Fiscal Year* 2011 – 2015。

2. 证监会执法产出数据来源于其官方网站。参见 http://www.csrc.gov.cn/pub/newsite/。

3. 证监局执法产出数据来源于"国泰安"。参见 http://www.gtarsc.com/。

SEC 执法产出处于较高的水平,并呈现稳步增长的趋势。在 2010 年 SEC 提起了 735 项执法诉讼,在 2015 年提起 805 项执法诉讼,达到其产出最高点,五年间增长了 9.8%。从绝对数量来说,证监会和证监局的执法产出少于 SEC 的百分之三十。如果考虑到中美两国证券市场规模的差异,以上市公司数量对监管者执法产出进行标准化处理后,该比例则上升至百分之五十。如果进一步仅考虑监管机构对上市公司的处罚,中美之间的情况出现了反转。表 3 以处罚对象有无上市公司为标准,细分了中美两国证券法公共执法的产出。虽然 SEC 的执法产出总量远超证监会和证监局,但是 SEC 针对上市公司的处罚数量远低于证监会和证监局,仅占其年度执法产出的 10% 左右。

表3 处罚对象含有上市公司的执法产出数量

年份	证监会	证监局	证监会和证监局	SEC
2015	21	110	131	84
2014	17	83	100	54
2013	8	143	151	40
2012	16	153	169	44
2011	13	64	77	51

注:证监会和证监局的产出数据由笔者整理得出;SEC的产出数据参见:Securities Enforcement Empirical Database,http://www.law.nyu.edu/centers/pollackcenterlawbusiness/seed/analysis。

简单地从宏观数据对比中美证券法公共执行对违法行为的威慑可能会存在一定的偏误,考虑到最新的实证证据,我国公共执法产出不足的问题可能更为复杂。首先,由于美国证券市场较为发达,产品种类多样化程度高,SEC监管的重点并不局限于上市公司的违法违规行为。[57] SEC在2015年的执法数据显示针对证券经纪商(broker-dealer)、投资公司和投资顾问(investment advisors/investment companies)以及市政证券和公立养老金(municipal securities and public pensions)三类违法违规行为的处罚数量分别占处罚总数的15.4%、15.6%和9.9%。[58] 而证监会和证监局的监管工作重心仍集中于上市公司。其次,由于SEC的执法工作受到美国参议院和众议院专业委员会的监督,其为了增加其年度预算,倾向于利用执法难度较低的案件虚增执法产出数量。例如,2015年SEC的执法产出中,违规申报案件(delinquent filing)[59]和后续处罚案件(follow-on proceedings)分别约占其年度执法产出的16.4%和20.82%。[60] 最后,美国证券法"多头执法"模式为威慑违法犯罪行为提供了多重保险,特别是

---

[57] SEC主要查处上市公司虚假陈述行为,约占处罚总数的40%。参见http://www.law.nyu.edu/centers/pollackcenterlawbusiness/seed/analysis。

[58] 证券经纪商、投资公司和投资顾问以及市政证券和公立养老金三类违法违规行为的数据。参见http://www.law.nyu.edu/centers/pollackcenterlawbusiness/seed/analysis,最后访问日期:2017年2月28日。

[59] 违规申报案件的定义,参见https://www.sec.gov/divisions/enforce/delinquent.htm,最后访问日期:2017年2月28日。

[60] 对该问题的分析,参见Urska Velikonja, Reporting Agency Performance: Behind the SEC's Enforcement Statistics, 101 *Cornell Law Review*, 2015, pp. 901-980。违规申报和后续处罚的相关数据,参见http://www.law.nyu.edu/centers/pollackcenterlawbusiness/seed/analysis,最后访问日期:2017年2月28日。

以证券集团诉讼为代表的私人执行机制。“垄断的”执法者所面临最为严重的问题在于选择性执法问题，[61]而私人执法机制可以在公共机构不作为的时候，发挥替代作用。[62]

(二)证监会和 SEC 施加处罚的力度

决定证券法威慑力的另一个因素是违法行为被发现后所受到的处罚大小。证券市场参与者从事违法行为一般期望获得经济利益，因而货币处罚是威慑此类违法活动的重要监管工具。图 2 展示了在 2011 年至 2015 年，证监会收缴的罚没收入和 SEC 施加的货币处罚，二者皆呈上升趋势。[63]

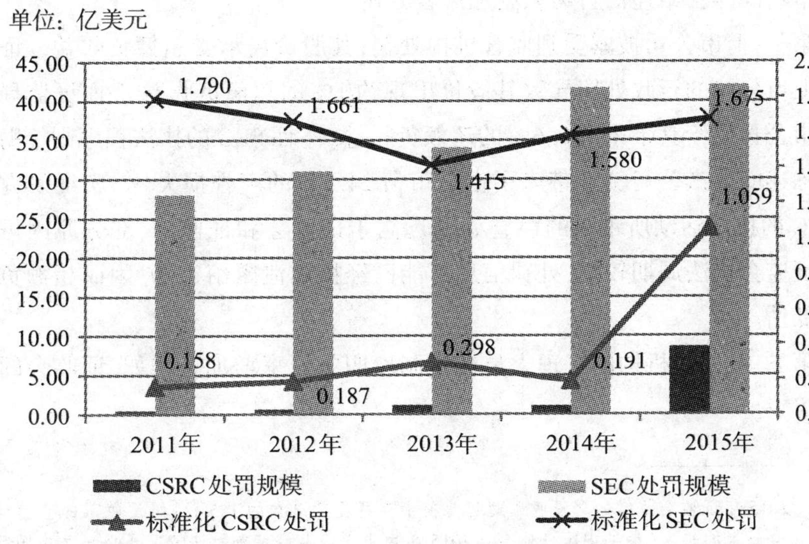

图 2　证监会和 SEC 施加的年度货币处罚

注：1. SEC 施加的年度货币处罚数据来源于其年鉴。参见 *SEC Agency Financial Report: Fiscal Year* 2011 – 2015。

2. 证监会施加的年度货币处罚来源于其年报。参见《中国证券监督管理委员会年报 2011 年—2015 年》。

---

[61] William M. Landes and Richard A. Posner, The Private Enforcement of Law, 4 *Journal of Legal Studies*, 1975, pp. 1 – 46.

[62] 美国集团诉讼与 SEC 公共执法的产出存在一定的重叠，并且存在 SEC 处罚的集团诉讼，原告获得的损害赔偿数额更大，参见 James D. Cox, Randall S. Thomas and Dana Kiku, Public and Private Enforcement of the Securities Laws: Have Things Changed Since Enron, 80 *Notre Dame Law Review*, 2004, pp. 893 – 907。

[63] SEC 施加的货币处罚主要是由返还违法所得(disgorgement)和罚款(fine)构成。

SEC 在 2011 年施加的返还违法所得和罚款数额总计 28 亿美元,而在 2015 年则达到 42 亿美元,5 年间增长了 50%。证监会在 2011 年共收缴罚没收入 5400 万美元,而在 2015 年则收缴了 8.67 亿美元,5 年间增长 1510.02%。[64] 虽然在 2015 年发生了巨额增长,证监会的罚没收入仅占 SEC 年度货币处罚的 20%。如果用中美证券市场的市值对两国监管机构货币处罚进行标准化处理,证监会与 SEC 施加的货币处罚之间的差距显著缩小。特别是在 2015 年,证监会的罚没收入已经接近 SEC 当年货币处罚的 70%。[65]

直接的货币处罚仅是监管机构执法活动给违法行为人带来的成本之一,证券市场同样会给违法行为人施加声誉处罚。

第一,上市公司披露受到监管机构处罚,其股价会承受超额负收益。证监会对上市公司的行政处罚导致其股价出现约 1% 的超额负收益,[66]而证监局处罚上市公司会给其带来约 0.6% 的超额负收益。[67] 而 SEC 的执法程序则给财务虚假陈述的上市公司额外带来了占其市值 24.5% 的声誉损失。[68] 实证研究显示 SEC 的执法活动所带来的声誉处罚远高于证监会和证监局,部分原因可能在于证监会执法周期较长,处罚信息可能已经提前泄露给市场,因而超额负收益被低估。

第二,被处罚机构的管理人员被强制离职的概率增加。例如,证监会的行

---

[64] 2015 年证监会收缴的罚没收入超过此前十年罚没款总和的 1.5 倍,罚没收入的高速增长显示证监会政策的转变(参见中国证监会:《2015 年度中国证监会稽查执法情况通报》,载中国政府网:http://www.csrc.gov.cn/pub/newsite/zjhxwfb/xwdd/201601/t20160115_289929.html,最后访问日期:2017 年 10 月 10 日)。但是,证监会的政策转变可能会面临较高的诉讼风险,并且缺乏制衡(check and balance)。

[65] 另一个因素可能进一步缩小了该差距,SEC 每年收缴的货币处罚仅占其施加处罚规模的一半。例如,SEC 在 2014 年施加了总计 41.66 亿美元的返还违法所得和罚款处罚,但仅收缴了 21.09 亿美元,参见 Urska Velikonja, Reporting Agency Performance: Behind the SEC's Enforcement Statistics, 101 *Cornell Law Review*, 2015, pp. 901 – 980。

[66] Gongmeng Chen, Michael Firth, Daniel N. Gao and Oliver M. Rui, Is China's Securities Regulatory Agency a Toothless Tiger? Evidence from Enforcement Actions, 24 *Journal of Accounting and Public Policy*, 2005, pp. 451 – 488.

[67] Wenming Xu and Guangdong Xu, Understanding Public Enforcement of Securities Law in China: An Empirical Analysis of the Enforcement Outcomes of CSRC's Regional Offices, Available at SSRN (2017): https://ssrn.com/abstract=2912606。

[68] Jonathan Karpoff, Scott Lee and Gerald Martin, The Cost to Firms of Cooking the Books, 43 *Journal of Financial and Quantitative Analysis*, 2008, pp. 581 – 611.

政处罚增加了上市公司的审计师和 CEO 的离职率,[69]而 SEC 的执法程序导致约 93.4% 的被采取执法措施的管理人员被上市公司开除。[70]

第三,涉案的中介机构的议价能力、市场份额等都会显著下降。例如,经证监会处罚过的审计师事务所,其开发新客户的能力下降,并且接受财务报表表现质量较差客户的概率更高。[71] 而当承销商公布受到 SEC 调查后,次年其市场份额平均下降了 50%,其承销的证券首日折价率也会显著上升。[72]

证券监管者施加的第三类处罚是市场禁入,即通过禁止违法者在未来从证券市场获得的收入,来威慑潜在的违法行为。由于市场禁入对被处罚者的惩戒较为严重,监管者并未频繁作出此类处罚。在 2011 年至 2015 年,证监会一共作出 69 份市场禁入决定,共涉及 126 人。平均每十份 SEC 的行政处罚决定,即伴随针对三人的市场禁入决定。市场禁入同样是 SEC 重要的监管工具。根据《萨班斯法》第 305 章,SEC 可以禁止违法者担任公众公司的高管和董事,[73]并且无须向联邦法院起诉,而可以直接在行政程序中请求行政法官发布市场禁入处罚。[74] 一项针对 SEC 和美国司法部在 1978 年至 2006 年发起的共计 788 份执法程序的实证分析显示,约 30% 被定罪的违法行为人受到市场禁入的处罚。[75]

(三)小结

总体来说,无论是以违法者被定罪的概率,还是监管者施加的处罚力度衡量,违法行为在我国证券市场受到的威慑远低于美国。不过本部分对相关数据的分析表明,我国公共执法效率正在逐步提高。一方面,证监会通过向证监

---

[69] Gongmeng Chen, Michael Firth, Daniel N. Gao, and Oliver M. Rui, Is China's Securities Regulatory Agency a Toothless Tiger? Evidence from Enforcement Actions, 24 *Journal of Accounting and Public Policy*, 2005, pp. 451 - 488.

[70] Jonathan Karpoff, Scott Lee and Gerald Martin, The Consequences to Managers for Financial Misrepresentation, 88 *Journal of Financial Economics*, 2008, pp. 193 - 215.

[71] 李晓慧、曹强、孙龙渊:《审计声誉毁损与客户组合变动——基于 1999—2014 年证监会行政处罚的经验证据》,载《会计研究》2016 年第 4 期,第 85 ~ 96 页。

[72] Randolph Beatty, Howard Bunsis and John Hand, The Indirect Economic Penalties in SEC Investigations of Underwriters, 50 *Journal of Financial Economics*, 1998, pp. 151 - 186.

[73] Sarbanes-Oxley Act § 305.

[74] Renee Jones, Unfit for Duty: The Officer and Director Bar as a Remedy for Fraud, 82 *University of Cincinnati Law Review*, 2013, pp. 439 - 464.

[75] Jonathan Karpoff, Scott Lee and Gerald Martin, The Consequences to Managers for Financial Misrepresentation, 88 *Journal of Financial Economics*, 2008, pp. 193 - 215.

局分权,显著增加了公共执法的强度。另一方面,证监会增加了对违法行为人施加的罚没处罚,显著提高了货币处罚的威慑力。

五、结论和政策建议

对比分析证监会和SEC监管投入和执法产出可以看出,我国证券法公共执行机制主要面临以下几方面的不足。

第一,虽然我国公共执法产出在逐年提高,但绝对数量和相对数量仍然较低,无法有效威慑证券市场的违法行为。执法产出不足的部分原因在于缺少资源投入和配置不合理。证监会的雇员缺乏执行证券法的激励,其人均预算投入仅占SEC的13%,且大部分预算并未用于与执法相关的项目。为了解决执法预算不足的问题,可以考虑通过引入经济激励,允许证监会留存一定比例的罚没收入,作为机构运行的预算,增加其执法动力和执法产出。[76]

第二,作为"垄断的"公共执法者,证监会存在较高的选择执法风险。从短期来看,可以通过提高其信息披露的水平,引入公众监督,降低监管俘获的成本。从长期来看仍需要引入替代性的"保险机制",当证监会选择不执法时,有其他主体可以执行证券法。美国集团诉讼制度即被视为"私人检察官"(private attorney general),补充公共执法不足。[77] 但是,我国现阶段的制度基础并不具备移植集团诉讼的条件。在我国引入集团诉讼制度,实际上是将一部分执法权从证监会手中转移给证券律师和法院。而法院与证监会相比,在专业判断能力和抵御监管俘获能力两方面,并未显现出明显的优势。

第三,证监会将货币处罚仅视为一种威慑犯罪行为的工具,忽略了其补偿投资者损失的功能。如果罚没收入并未通过其他渠道返还给投资者,实际上

---

[76] Lemos and Minzner 指出对公共执行的分析忽略了经济激励对执法者的影响,并指出为公共机构提供一定的经济激励将显著增加执法产出,参见 Margaret Lemos and Max Minzner, For-Profit Public Enforcement, 127 *Harvard Law Review*, 2013, pp. 853 – 913。

[77] John Coffee, Understanding the Plaintiff's Attorney: The Implications of Economic Theory for Private Enforcement of Law through Class and Derivative Actions, 86 *Columbia Law Review*, 1986, pp. 669 – 727.

相当于监管者增加了证券市场的税收负担。SEC 的货币处罚收入即通过建立公平基金(Fair Fund),赔偿受侵害投资者的损失。在 2002 年至 2013 年,公平基金共支付了 144.6 亿美元的赔偿。[78] 因而,如果证监会将部分货币处罚作为损害赔偿支付给投资者,可以弥补现阶段证券民事诉讼制度的不足,提高受侵害投资者的赔偿比例。

---

[78] Urska Velikonja, Public Compensation for Private Harm: Evidence from the SEC's Fair Fund Distributions, 67 *Stanford Law Review*, 2015, pp. 331 - 395;邢会强:《内幕交易公平基金制度的构建》,载《证券法律评论》2016 年第 00 期,第 247 ~ 261 页。

法律管制、道德风险与暴力冲突：清代债务命案研究

陈志武　林　展　彭凯翔*

内容摘要：本文利用清代刑科题本中的命案记录，对民间借贷特别是高利贷中借贷双方的关系进行了定量分析。研究表明，在借贷交易纠纷引发的命案中，随着利率的升高，贷方死亡的可能性也随之增加，这与传统"高利贷剥削"论和放贷者"超经济强制"假说的推断相反。而对利率的分析发现，贷方死亡的概率越大，利率越高。这说明如果忽视契约执行时可能的交易冲突所要求的风险回报，人们可能难以完整解释民间借贷的高额利率。同时，本文发现，对"高利贷"的道义批判及基于此的司法管制很可能带来借方的"道德风险"，并加剧了借贷纠纷中的极端冲突。

关键词：高利贷　超经济强制　道义经济　刑科题本

一、引言

随着金融改革的推进，对民间金融特别是高利贷的认识再次引发关注。越来越多的学者和企业家认为，对高利贷和

* 陈志武，耶鲁大学管理学院教授；林展，清华大学社会科学学院经济研究所博士研究生；彭凯翔，河南大学经济学院教授。

高利贷放贷者的误解和打击是民间金融发展的重要障碍。[①] 这种误解主要在于将高利贷[②]和“剥削”等同起来,认为放贷者是剥削阶级或恶棍,认为消灭高利贷的办法就是打倒放贷者,禁止民间金融。对高利贷的误解和批评由来已久,影响广泛。因此,我们有必要从根本上认清高利贷的真实成因。本文的立意在于利用清代刑科题本中的命案,重新认识民间借贷特别是高利贷中借贷双方的关系。

在中国历史上,很少有明确反对收取利息的记载,主要的讨论在于收取多高的利息是合理的。对借贷双方之间的关系,也少有文献强调贷方对借方的超经济强制力。将高利贷与剥削和超经济强制等同起来的观念在20世纪30年代才逐渐成为主流,原因主要是两方面,一是当时农村经济衰退,高利贷被当作导致农民生活困难的重要原因;二是随着反封建运动的开展,高利贷被认为是封建剥削的手段。[③] 受马克思政治经济学的影响,当时的很多学者和革命者基于道义判断,将高利贷与租佃关系、雇佣关系和贸易一起都当作剥削,而不是根据借贷市场的供求关系、借贷风险对资金价格即利率的形成机理进行研究分析。

共产党自建立革命根据地开始,就与这四项剥削进行了长久的斗争。具体到高利贷,在土地革命时期、抗日战争时期,都实行了废除高利贷和减租减息的政策。但对高利贷者的打击使得农民借债困难、金融停滞,影响农民的生活、生产。[④] 党组织很快注意到这个问题,也采取了一些纠正的措施,但基于高利贷是剥削这一判断,仍然对民间借贷采取了诸多限制。在对高利贷的限制和打击屡屡受挫之后,一些对民间借贷现实情况了解较多的领导人比如邓

① 参见许小年:《为地下钱庄翻案》,载《理财》2012年第4期,第9页;茅于轼:《重新认识高利贷》,载《农村金融研究》2006年第9期,第61页;陈志武:《反思高利贷与民间金融》,载《新财富》2005年8月号;张化桥:《高利贷平反昭雪》,载搜狐博客:http://zhanghuaqiao.blog.sohu.com/178362457.html,最后访问日期:2013年7月13日。

② 关于“高利贷”,并没有明确的定义,学者一般将月息3分(3%)以上的利率当作高利贷(黄冕堂1990,第480页;方行1994),但正如彭凯翔等(2008)说明的那样,利率并不是标准商品的价格。不考虑资金的机会成本、风险补偿和交易成本就难以说明利率高低的含义。

③ 参见丁达:《中国农村经济的崩溃》,上海联合书店1930年版;朱其华:《中国农村经济的透视》,中国研究书店1936年版;王寅生:《高利贷资本论》,载中国农村经济研究会:《中国土地问题和商业高利贷》,中国农村经济研究会出版社1937年版。

④ 参见李金铮:《内生与延续:近代中国乡村高利贷习俗的重新解读》,载《学海》2005年第5期,第124~130页;苏少之、常明明:《建国前后人民政府对农村私人借贷政策演变的考察》,载《中国经济史研究》2005年第3期,第61~65页。

子恢,开始主张“借贷自由”,不再自上而下对利息进行限制,对债权人也进行保护。除了借贷自由,邓子恢还提出了雇佣、租佃和贸易自由,合称“四大自由”。[⑤]

但是伴随农业合作化的推进,四大自由受到批判,被认为是资产阶级的纲领。[⑥] 随着集体化的加速,四大自由全部被取消。改革开放之后,中国由计划经济转向市场经济,当年邓子恢提倡的四大自由,其中三项逐步实现了,只剩下“借贷自由”这一项,还受到诸多的限制。尽管在学术界和实业界众多人士的呼吁下,民间借贷的政策管制出现了很大的松动,但对民间借贷的限制仍然众多,比如超过银行利率四倍的借贷仍然被认为是非法的。[⑦]

这些限制之所以仍然存在,对高利贷成因的误解是其主要原因之一。这种误解出现在各种著作之中。比如罗涵先、傅筑夫、薛暮桥、黄冕堂等,都认为高利贷是一种剥削,对社会只是造成危害。[⑧] 在比较权威的一些经济、法律类百科全书中,对高利贷的解释都是将其当作一种剥削。中华人民共和国成立以来编写的很多地方志,常常将解放以前的借贷都描述为罪恶的高利贷加以谴责。很多法学家更是以“高利贷是剥削”为理由主张高利贷要入罪。[⑨]

除上述学术著作外,文艺作品为人们对高利贷产生误解也起了推波助澜的作用。以《白毛女》为例,其故事本是虚构的,[⑩]但经过长期的巡演,使很多人认为历史上的高利贷就是黄世仁与杨白劳之间的关系。在一些讨论高利贷的文章中,更是直接将这一虚构的例子用来当作证据使用。[⑪]

遣责高利贷的学者认为利率之所以能超过地租等资产回报率,是因为放贷者通过封建特权垄断了生产资料从而垄断了财富。这些学者认为,高利贷要求的利息通常都超过了借方的偿还能力,当借方的生存受到威胁时,契约

---

⑤ 王丰:《邓子恢与“四大自由”》,载《中共党史研究》1995年第6期,第72页。

⑥ 王丰:《邓子恢与“四大自由”》,载《中共党史研究》1995年第6期,第73~74页。

⑦ 参见最高人民法院《关于人民法院审理借贷案件的若干意见》,载人民网法律法规库:http://www.people.com.cn/item/flfgk/gwyfg/1991/113207199141.html.,最后访问日期:2017年4月15日。

⑧ 参见罗涵先:《什么是高利贷》,新知识出版社1955年版;傅筑夫:《中国经济史论丛》(下册),三联书店1980年版,第545~546页;黄冕堂:《清史治要》,齐鲁书社1990年版,第546~561页。

⑨ 参见龚振军:《民间高利贷入罪的合理性及路径探讨》,载《政治与法律》2012年第5期,第45~48页;陈兴良:《论发放高利贷罪及其刑事责任》,载《政法学刊》1990年第2期,第18页。

⑩ 景凯旋:《白毛女:革命话语压倒启蒙话语的典范》,载《随笔》2009年第2期。

⑪ 参见刘新荣、陈亚东:《高利贷的危害与政策回应》,载《当代经济管理》2009年第6期,第75页。

是无法自执行的，这时，高利贷的执行常常会伴随着超经济强制。所以，在高利贷剥削论者的论述中，大多数学者通常只是强调高额利率。但仍然有很多学者希望寻找直接证据来证明贷方的超经济强制力，比如，李文治和章有义、严中平⑫在编辑近代经济资料时，都单独列出"超经济强制"这一项，并通过选择性案例进行说明；⑬中国第一历史档案馆和中国社会科学院历史研究所合编的《清代土地占有关系和佃农的抗租斗争》中，也将"高利贷兼并土地"作为该书重要的组成部分。上述"高利贷剥削论"立论的基础主要还是近代以来对高利贷的选择性举例论证和夸大宣传。对这一论点所依据的史实，还缺乏比较客观和全样本的系统性分析。

鉴于黄世仁与杨白劳的例子影响广泛，且其所反映的借贷双方关系一直被学者所强调。我们不妨假定黄世仁—杨白劳模式为传统社会高利贷借贷中的典型模式，将这一模式背后的假说称为"超经济强制"假说。该假说认为高利贷的存在主要是因为贷方具有超经济强制力，使借贷关系成为基于单方强制力的非自愿交易，从而能够收取高额的利率并剥夺借方的财产和人身自由。

已有文献对这种假说进行检验，Chen et al. ⑭的研究就发现贷方的身份对利率高低的影响并不显著，这在一定程度上否定了"贷方剥削借方"的观点。更多的文献则从信息经济学角度，对高利贷的存在进行了更合理的解释，从而间接否定了高利贷的存在主要是因为贷方剥削的推断。Morse⑮则在一篇开创性的文章"领薪日贷款的放贷者：是英雄还是恶棍？"中，利用自然灾害这一外生冲击，通过严格的计量分析，发现"领薪日贷款"（年化利率达400%的高利贷）的存在能够提升人们应对风险、应对意外事件的能力。在有"领薪日贷款"的社区，住房按揭贷款破产率和偷盗发生率都显著地减少。高利贷的积极作用得到了数据的支持。

同时，与"超经济强制假说"相反，斯科特描述了传统社会基于生存的道义经济学。在那里，农民是生活在一个互惠的共同体之中，基于生存和互惠，

---

⑫ 参见李文治、章有义：《中国近代农业史资料》，生活.读书.新知三联书店1957年版；严中平：《中国近代经济史统计资料选辑》，中国社会科学出版社2012年版。

⑬ 但他们摘录的几个例子，很难得出结论说存在超经济强制。

⑭ Chen, Zhiwu, Peng, Kaixiang and Yuan, Weipeng, "Robbery, Social Order and Interest Rates in Modern China", working paper, 2010.

⑮ Morse, Adair, "Payday Lenders: Heroes or Villains?" *Journal of Financial Economics* 102.1, 2011, pp. 28 – 44.

会形成一系列道义原则,这些原则决定了人们的行为。因此,暴力不再是由特权阶级施于弱势群体,而是劳动人民对精英阶层破坏社会公平标准的反抗。[16] 黄宗智在描述传统中国农村的信贷市场时,继承了斯科特的分析,认为村内信贷的原则为互利互惠,但他同时又和阶级剥削理论相调和,强调来自乡村之外的市镇、县城等富商、地主和高利贷者所带来的借贷具有“高利贷”性质。事实上,道义原则不仅被用于村落共同体内部,也被传统儒家统治者所广泛提倡。历代法律中对“违禁取利”的规定就是证明。虽然传统中国的利率管制相比中世纪欧洲宽松,但也一直有对利率上限的规定,各地官府还时常出台减利让息的政策。对高利贷的道义批判也体现在刑科题本的判决中,在年利率超过36%或利息超过本金时可见“违禁取利,罪有应得”[17]等语,很明显地表达了官方对高利贷的道德批判。刘秋根讨论清代的利率政策时也讨论到官府的减利让息政策。其中,清初江浙多地甚至发生了多起要求典铺降低利率的民间斗争,在付出一些惨烈的代价后,终于成为官府认可的定例。[18] 可见,道义原则在民间借贷中的作用不容忽视,围绕它展开的冲突也同样值得考虑。

本文拟利用清代内阁刑科题本档案对民间借贷中的暴力冲突进行更仔细地考察,从而对各种假说加以检验。刑科题本报告了各地债务命案的情形,包含冲突的起因、过程与结果等信息。尤其是通过对借贷双方哪一方死亡的统计分析,可以反映暴力冲突的方向、借贷双方的相对地位等以往假说中争讼的焦点。具体来说,我们发现:第一,正利率引发的命案相对于零利率引发的命案,贷方死亡的比例高于借方死亡的比例。在高利贷引发的命案中,贷方死亡的比例远高于借方,且随着利率的升高,贷方死亡的比例也随之升高。这与“超经济强制假说”恰好相反,而与禁止高利贷的道义原则相符。但是,这一发现又说明,对高利贷的禁止可能会提高利率中对潜在暴力风险的溢价,反而加剧高利贷。第二,在北方地区,案发当年的旱灾和案发前一年的涝灾和偏旱灾害都使贷方死亡的可能性比正常年份要高。这与灾歉年份对高利贷更严厉的禁止也是吻合的,我们在样本中也发现灾荒年份的利率实

---

⑯ 参见詹姆斯. 斯科特:《农民的道义经济学:东南亚的生存与反叛》,程立显、刘建译,译林出版社2001年版,第41~43页。

⑰ 参见本文第二部分案例三。

⑱ 参见刘秋根:《明清高利贷资本》,社会科学出版社2000年版,第221~225页。

际上比正常年份更低。第三，相对于在借方和贷方家之外的第三地发生的纠纷，在借方家发生的纠纷，贷方死亡的概率更高。第四，相对于普通的索欠，在争利（是指双方对应该归还多少利息产生纠纷）、重利（是指借方认为利息过重的情况下产生的纠纷）和复索（是指当贷方一开始言明无利后来又索要，或者说好利息情让之后又索要而产生的纠纷）的情况下，贷方死亡的概率更高。第五，当冲突发生时，哪一方在场的人数多，则在冲突中处于优势地位，死亡的概率更低。但是，绝大多数情况下，借贷双方在场人数是相等的。这表明，贷方带着帮手讨债的情况并不多见，而借方在与贷方发生冲突时也会有自己的帮手。第六，随着贷方死亡概率的增加，利率也随之升高，这说明，契约的执行成本和贷方可能的生命风险是高利贷的重要成因。前述“高利贷超经济强制”假说对高利率的谴责，显然忽视了这一影响利率的重要因素。

本文的发现在三个方面丰富了现有的文献。首先是在传统民间借贷中贷方的地位和形象的分析方面。因为今天人们关于民间借贷和高利贷的观念很大程度上建立在对历史事实片面理解的基础之上，这对中国今天的金融发展产生了阻碍作用。我们的分析有助于重新思考这一类观念。

其次是在对传统高利贷的解释方面，我们对借贷交易中双方相对地位的分析表明，贷方讨债时面临的生命危险可能是高额利率的原因之一。当借方赖账的情况出现时，贷方并没有特别的方法要回债务；这时一旦发生纠纷，贷方可能处于不利的地位，所面临的受伤或死亡的风险不容忽视。从贷方的角度看，当借方越有可能赖账，或者在被讨债时越可能面临暴力威胁，贷方在放债时要求的风险补偿就越高，从而利率水平也越高。这时候，对贷方的道义批判反而可能使贷方越难以收回债务，从而加剧高利贷的冲突。

最后是有助于推动对清朝以来社会性质的重新认识。清朝以来民间社会的社会性质到底是什么样的，争论还很大。本文的定量分析对这一问题进行了初步探索，本文的分析不支持传统社会中的借贷关系是一种剥削与被剥削关系的推断。

本文的余下部分组织如下：第二部分摘录了若干个刑科题本案例并对清代借贷冲突的制度背景进行介绍，从而说明本文进行假设检验的思路；第三部分交代数据的来源、采样及变量设计；第四部分对不同利率水平下命案的基本特征进行描述；第五部分是贷方死亡概率和利率的回归分析；第六部分是回归结果的稳健性讨论；第七部分是结论。

二、刑科题本案例、历史背景和假设检验

刑科题本的内容包括案件发生的时间、地点、原因、过程,受害人尸检报告,证人和凶手的供词以及判决等。由于题本实际上相当于命案的结案报告,因此,题本中所涉及不同来源的供词及相关程序性的表述是前后一致的。为了节省篇幅,下面只列出案例中的凶手的供词和判决结果。下文列出6个从刑科题本中摘录的案例。案例一到案例四是贷方被借方打死,案例五是贷方打死了借方(中人),案例六是借方杀死自己的亲属以逃避债务和勒索贷方。

案例一

题名:题为审理丰都县民张文恒欠债未还殴死康谷泰一案依律拟绞监候请旨事。

原纪年:嘉庆六年十月二十五日。档案编号:02-01-07-08810-018。⑲

据(凶手、借方)张文恒供,小的邓都县人,年二十七岁,父母俱在,弟兄四人,娶妻向氏,生有三子,与康谷泰平素相好,并没訾隙。嘉庆三年九月里小的凭隆洪海做中借了康谷泰包谷五石五斗,说定每石每月加利谷二斗,立有借约。四年二月初三日,小的与康谷泰合算前后包谷本利共是十一石四斗四升五合九勺,每石价钱五千文,共该钱五十七千二百二十九文。小的陆续还过他本利钱五十二千文,欠钱五千二百二十九文没还。十二月十二日小的在张泽柱家?耍,康谷泰走来讨钱,说要利上加利。小的向他央求,只还前欠利钱,交还借约,康谷泰不依,口里乱骂,小的回骂,康谷泰就拾木棒向小的打来,小的把他木棒夺过,打他左右臂膊两下,康谷泰回身夺棒,小的又打他?肋一下,康谷泰摸取壁上挂的铁秤锤要打,小的丢了木棒,把锤夺住,康谷泰松手,弯身拾棒,小的又用铁锤打他右后肋一下,张泽柱拢来劝开,把他扶回家去,报验?医治,不料康谷泰

⑲ 档案编号为题本在中国第一历史档案馆馆藏中的编号,可以通过该馆电子信息系统进行检索。

伤重到五年正月初六日死了，并不是有心有致死他的。

判决：据供前情不详，恐系有心致死，严诘不移，似无遁饰。查康谷泰于四年十二月十二日被殴骨损至五年正月初六日身死，系在破骨伤辜限之内，自应按律拟抵，张文恒合依斗殴杀人者，不问手足、他物、金刃，并绞律，应拟绞监候……康谷泰每石包谷月取利谷二斗，系违禁取利所得利息，业已身死，应与张泽柱尾欠利钱立免，追缴借约涂销，无干省释。

案例二

题名：题为审理龙泉县民古殿遵因借欠利钱相争致伤钟若浩身死一案依律拟绞监候请旨事。

原纪年：嘉庆十四年十月二十四日。档案编号：02－01－07－09379－019。

据（凶手、借方）古殿遵供，龙泉县人，年三十九岁，父母俱故，兄弟五人，小的居幼。娶妻已故，生有一子。与钟若浩素识无嫌。嘉庆十三年五月内，小的将棉被一床向钟若浩押钱五百文，议定每日利钱五文。十二月二十二日上午，小的携钱一千文向钟若浩赎取棉被。钟若浩要按日算利，当钱一千一百多文，小的止肯一本一利。钟若浩不依，争论，是他哥子钟若民与杨处高劝散。那日下午，小的在地工作，钟若浩路过斥骂小的不该悔赖利钱。小的见他酒醉势凶，不敢与争，走避。钟若浩赶上向打，小的转身理论，被钟若浩用拳打伤左肩胛，小的拾石回殴，致伤钟若浩心坎，钟若浩又用拳打伤小的左胳膊，小的用石连打致伤钟若浩左肋、肚腹倒地。经杨处高、程光典劝散，不料钟若浩伤重到二十岁日死了。

判决：臣亲加研审，据供前情不讳，究非有心致死，合依斗殴……绞监候，秋后处决。钟若浩违例取利，业已被殴身死，均毋庸议，所押棉被，令按典利给赎，其利钱给属具领。

案例三

题名：题为会审京师西城察院移送案犯四輩因债务纠纷伤毙杨忠全案依律拟绞逢恩援免请旨事。

原纪年：同治元年三月初七日。档案编号：02－01－07－12364－001。

据（凶手、借方）四輩即玉斌供，我系镶蓝旗满洲成斌佐领下护军，年二十七岁,父亲已故,母亲伊氏,现年六十二岁,弟兄二人,在本旗营房居住。咸丰七年六月间我向素识卖羊肉的杨忠全(山东人)借用钱二十吊,每月利钱四吊,按月付利,并没欠少。今年七月间杨忠全向我讨要利钱,初十日我给了他利钱两吊,下短两吊,约日再给。杨忠全不依,彼此打架,经人劝散,我应许十四日给他利钱,是日早,杨忠全前来取钱,我因无钱仍向央缓,他不依,顺用小刀向我吓砍,未伤我。我跑进院内,拾取木棍出门,用棍殴伤他右脚腕骨折,他倒地。我用棍连殴伤他右?肋,右脚内外踝,左?肋近下。他用手夺棍,我又殴伤他左手腕,他辱骂。我用脚踢伤他左肋骨折,我将木棍丢弃,跑走。官人前来查问,杨忠全不愿打官司,叫我给他钱文养伤,我随还给他钱三十吊,官人将他送至丁玉佩住屋养伤,不愈。至二十日杨忠全身死。

判决:绞监候,在该犯名下着追埋葬银二十两,给付尸属具领,欠钱已还,杨忠全违禁取利,罪有应得,被殴毙,均勿庸议。

案例四

题名:题为审理崞县民人贺举举等因欠债纠纷殴毙石虎虎一案依律拟绞监候请旨事。

原纪年:嘉庆二十四年正月二十八日。档案编号:02-01-07-10340-023。

据(凶手、借方)贺举举供,是案下本城北街人,年二十七岁,生父已故,母亲贾氏,弟兄三人,小的居次,自幼过继与小功服叔贺博为子,继母贾氏,年五十二岁。娶妻冯氏,生有一子,年止四岁。合已死石虎虎素好没訾。嘉庆十一年七月,小的借用石虎虎钱三千文,言明每月利钱六百,陆续还过他利钱九千二百文,二十三年五月一八日,小的因有急用,又向石虎虎借钱五千,石虎虎说要连前欠算在一处,质写地亩,方恳找给。小的无奈应允。约定晚上到小的家立约交钱,起更时,石虎虎背了钱搭到小的家算账,因小的从前没有按月还利,要利上加利。算到本年五月止,共短他本利钱十二千,再找钱八千,叫小的写给他二十千钱质地的约据。小的因他算得刻薄,心里生气,原说不要再借。石虎虎就逼讨前欠,彼此争吵。有堂弟贺湧湧,族祖贺二虎走到,问知情由,都说石虎虎的不是。石虎虎村骂贺湧湧们帮着小的赖债。小的回骂,石虎虎起身扑打,小的随势把他仰面按倒地上，贺湧湧拿起头门木柜打了他左肩胛、左胳膊、左腋肢，左手腕上四五下，石虎虎越发混骂。贺二虎接过贺湧湧木棍在石虎虎右肩胛、右胳膊连右(月曲)(月秋)、右胳肘、右手腕上打了七八下，把木棍打断。致棍稍划伤他右顋颊连鼻梁，左(月曲)(月秋)，石转身要起，小的顺击地上木棍槌在他右腿、左右臀、右腿肚上打了五六下，石滚转，两脚乱踢。小的又在他右臁肋，左右脚腕、左右脚面乱打了七八下，那时堂伯贺郃同贺泳城走来查问解劝。因石虎虎牵及贺姓祖先辱骂，贺郃用木拐杖打了他右胳膊上两下，贺泳城拾起断木棍也打了他右胯伤三四下，石虎虎住口。小的怕他将来报复，击石灰把他两眼擦伤。大家歇手走散，不想石虎虎伤重到十九日死了。

判决：贺举举合依共殴人致死，下手伤重者绞监候。贺举举所欠石虎虎钱文，已利倍于本，免其着追，石虎虎重利盘剥，本应律拟，业已身死，应毋庸议。

案例五

题名：题为审理彭县民人张明俸因利钱争执戳伤尹倡言身死一案依律拟斩监候请旨事

原纪年：道光二年三月十三日。档案编号：02－01－07－10340－023。

道光元年七月初二日，覃大成将布吊二条、帐子一床、棉絮一床，棉袄两件，包袱一个，凭尹倡言做中押借张明俸钱八百文，议定每月利钱二百文，八月初十日，覃大成患病，令伊妻覃李氏携钱一千文赴张家赎取衣物。张明俸因少八日利钱不允赎取。覃李氏不依吵闹。张明俸往投原中尹倡言同往理说，行至尹倡言家，告知情由。欲令同至伊家向覃李氏说明找补，尹倡言不允。张明俸村斥其非。尹倡言出言谩骂，张明俸回詈。严用拳向殴，张明俸顺拔身带尖刀戳伤尹倡言胸膛近左并划伤右血盆咽喉。尹倡言倒地滚骂，辱及张明俸父母，张明俸一时气忿，顿起杀机，复用刀乱戳致伤尹倡言……即时殒命。

判决：斩监候。

案例六

题名：题为审理婺川县喻帼真因求让利还约起衅搭死大功堂弟喻帼临图赖一案依律拟绞监候请旨事

原纪年：道光四年八月二十二日。档案编号：02－01－07－

10486－010。

据凶犯喻帼真供,已死喻帼临是小的共祖大功堂弟,他父母俱故,再无亲人,相依小的度日。嘉庆二十五年正月内,小的向申允富借钱四千八百文,立有借约,二分起息,后来将本钱付还,因小的应付他利钱三千文没有归楚,不肯即还欠约,时常向小的追还。小的穷苦难度,求他情让,也不允。从道光四年二月初六,小的因堂弟染患痨症,扶他在场上看病转回,傍晚时候路过申允富家。小的又向他哀求让利还约,申允富仍是不肯,说要还清利钱才肯还约,并说如再拖延定要告官究追。小的因天已夜,不肯回家。申允富就留小的同堂弟在他左手楼房睡宿,到三更时分,小的想起申允富措留欠约,将来告官难免受累,堂弟已成痨废,不能医好,起意把他致死图赖,申允富自必畏惧求和,不但欠约可还,并可索诈银钱使用,就乘堂弟睡熟……当时气闭身死,等到次日天明,小的喊说申允富乘我睡熟进来把喻帼临致死。

上述案例使我们对命案的产生原因和过程有一个基本的认识。总而言之,题本中的命案几乎都是发生在"素识无嫌"的熟人之间,借贷交易通常是自愿进行,即使是利率超过官方规定,借方也仍然尽可能履行合约并避免诉诸官府,命案的发生常常是事前无预谋的。但是,在发生借贷纠纷的过程中,暴力倾向大的一方很可能重创乃至打死另一方。在所举案例中,案例一至四的凶手都无意杀人,遇害人是在打斗中受伤后数日而亡,案例五中的凶手虽然当场杀人,但也是临时起意,均不至于以人命为债务纠纷中的策略性安排。这是债务命案的主体,尤以前一种情形为大多数。下面就结合制度背景,对影响双方暴力倾向的因素进行具体讨论。

借贷涉及跨期合约的执行,原本容易发生各种纠纷,同时,民间借贷的债务违约往往是债务人生计窘迫所致,这种经济地位的悬殊又可能使纠纷复杂化。所以,历代的法律都对借贷合约的执行有所规范。对清代而言,按《大清律例·户律·钱债》的规定,无论官民,"负欠私债、违约不还者",均要追还本利给债权人;对于欠债五两以上者,还要按金额、违约期限递加笞杖等刑罚。但为了保护弱势的债务人,又禁止"豪势之人"不经官司,强夺他人产业,否则处以杖八十以上的刑罚,并追还超过本利的部分。至于像黄世仁那样夺人妻女的,要杖一百,如有奸占恶迹,更需处以绞刑。

尽管法律规定可谓周全,但其执行,则未必切实。首先,诉讼不仅费用繁杂,还费时费力。而如彭凯翔等所述,民间借贷为数微小者颇多,当事人一般不愿直接走法律程序,即使诉讼,地方官也未必受理。[20] 其次,如果只是普通的钱债纠纷,没有产生命案或无涉死刑,通常由地方官自理。这时,为了节省司法成本,其未必会严格遵照法律执行。尤其是追还本利之类事项,即使在今天执行也不容易,遑论当时。然而,更重要的原因还是律例中的管制措施与现实存在矛盾。事实上,上述法律规定本身是隶属"违禁取利"条的,它保护的是利率或利息符合管制的借贷。具体而言,律文规定的月利率上限是3%,同时,利息总额不能超过本金额(所谓"一本一利");违者不仅要罚没多收的利息,还要处以笞杖刑罚。此外,刘秋根提到,基于人道主义之类的考虑,有些地方还会出台比律例更严格的利率管制政策,如典当业的利率在某些情况下被限制在月利1.5%、2%不等,河南在乾隆五年遭灾时要求给灾民的借贷利率不能超过月利2%等。[21] 可是,彭凯翔等的研究表明,由于交易成本等原因,民间小额借贷的均衡利率恰恰是较高的。管制的结果是,这些借贷的纠纷将避免直接通过法律程序来解决。凡此种种,都促使债权人在对合约执行不满时自行采取强制措施,以致发生暴力冲突。[22] 上文案例二中借贷双方就是因为是否应该采取"一本一利"而产生了暴力冲突。

但是,一旦发生暴力冲突,适用的法律就很不一样了。《大清律例·刑律》根据暴力的程度,制定了相应的刑罚:只要发生斗殴,就要笞二十;如造成伤害,按伤害程度、动手先后等处以笞、杖、徒等刑,对于某些重伤,还要"以犯人财产一半,断付被伤笃疾之人养赡";此外,如果使用了兵器而非民间日常器具,处罚尤其严厉,只要伤人,就发边充军。从本文所整理的刑科题本来看,绝大多数案件中的暴力冲突都是推扯、揪斗等临时相争,至多不过顺手用身边的器具打砸,刑罚的威慑应该是起作用的。尽管如此,这些并非蓄意的斗殴仍可能酿成命案。中国传统律例中的人命案有所谓"六杀":谋、故、殴、戏、误、过失。[23] 基于"以命抵命"的原则,这六种杀人犯都要判死刑,但其中分别甚为悬殊。如,谋、故杀或为蓄意、或为临时起意,都属有意,所处为死无全尸的斩刑;斗殴杀

---

[20] 参见彭凯翔等:《近代中国农村借贷市场的机制——基于民间文书的研究》,载《经济研究》2008年第5期,第152~153页。

[21] 刘秋根:《明清高利贷资本》,社会科学出版社2000年版,第221~225页。

[22] 参见彭凯翔等:《近代中国农村借贷市场的机制——基于民间文书的研究》,载《经济研究》2008年第5期,第156~157页。

[23] 参见马建石、杨育棠:《大清律例通考校注》,中国政法大学出版社1992年版,第772页。

人者,处以保留全尸的绞刑;[24]过失杀人则为无侵害之意下的安全事故,虽属绞罪,却只要给死者家属营葬银——为数12.42两,就能收赎。对于债务冲突中的命案,既然主要是临时争斗引起的,则与故、殴两类相关。在唐代,区分故、殴的标准为是否使用"金刃",但明清有所改变,强调是否有意。薛允升[25]曾评论清代的情形,认为故杀中的大半因此都流为殴杀。刑科题本证明了这一点,因为判决基本上都引斗殴杀人律文,称"不问手足、他物、金刃,并绞监候"。

当然,无论绞刑还是斩刑的代价,都非日常债务冲突中的标的物可比(本文所统计的利率明确的债务类题本中,本金的中位数仅为银0.96两),即便考虑到声誉及未来的利益,当事人也不大可能愿意背上命案。但是,在"超经济强制假说"里,往往假设强势的放债人能够通过贿赂等方式求得改判或轻判,从而不惮于使用暴力。这有多大的操作空间呢?例如,假使能由故、殴杀改判为过失杀人,就能赎罪,无须偿命;又或者,如果能够证明致死情节为受害人在斗殴过程中无意跌毙之类,也能由死罪减为杖流等刑。然而,要如此捏造情由并不容易,至少在债务命案的题本中几乎看不到判作过失的,减判杖流的也极少见。不仅如此,题本中会详细说明凶手的功名等状况,因为法律规定,"倚杖衣顶及势力"者,如殴打他人致死,要由绞刑加重为斩刑,并未享有特权。事实上,在题本中能够看到的免除死罪的主要有两种情形:一为遇到赦免,死刑不再执行,但按律要追给遇害人家属埋葬银20两("十分贫难者"可减半);二为独子、父母老疾等情形,可上奏朝廷,经批准"存留养亲",同时亦要追偿埋葬银20两,但如果遇害方也是独子、父母老疾,则凶手也不允许"存留养亲"。这两种宽免都出自皇帝,操纵的余地很小,唯对豪富之家稍为有利的是,由于普通殴杀所判的"绞监候"不少能获得缓刑,有财势者如运气好,撑到大赦,最终可交银免死。[26] 然而,即便存在这一可能性,凶手总的预期成本仍然是相当高昂的,远超过其经济收益。

因此,在借贷纠纷中,当事人的暴力主要应是出于对某些标的物的强制

---

[24] 如果是杀人的正凶被人殴死或者当事人间有服制关系等情形,会有所变通。但这些情形并不多见,而且也不是当事人事后可以捏造的。

[25] 薛允升:《读例存疑》,光绪三十一年京师刊本。

[26] 如薛允升于《读例存疑》(光绪三十一年京师刊本)中,"斗殴案内情节稍有可原者,秋审俱入于缓决,是从前之应以故杀论者,今俱不实抵矣。每年此等案件入情实者,不过十之一二,虽系慎重人命之意,然杀人不死,未免过于宽矣。"薛氏并未提到这对贫富有何差别,但贫户身当牢狱之灾,即使缓刑,生计、家庭恐怕也难以维持,从这种"宽厚"中受益的能力应该不如富户。

执行或施加某种“教训”，出现重大伤害乃至死亡是小概率事件。正如陈志武等的研究表明，清代中国的田债户婚等命案率大致为每十年每万人0.3～0.5件，而据黄宗智的估计，每县民事案件约150件，以每十年每万人衡量的案件率约为50件，则命案只占总案件的1%弱，占总纠纷的比率又要更低得多。[27]尽管如此，只要发生暴力冲突，命案就总有可能出现，命案率的高低仍不失为暴力冲突程度的反映。所以，陈志武等发现，在治理越有效、市场越发达、生活越富裕的地区，人们普遍的暴力倾向较低，命案率因此也较低。同时，即便暴力的使用者无意造成人命这样的恶性后果，但一方越主动地使用暴力，仍很可能加大其失手杀害对方的概率。对债权人而言，如果债务人违约越严重、向其讨债越困难，越有可能通过暴力来惩罚债务人和强制执行合约。但在熟人社会内的借贷，一个很普遍的问题是合约并不完备：有时双方只是口头议定，并不立约；有时是以某些惯例为当然，并不事先言明所有条款；等等。这时，债务人未必认为自己违约，他可能以暴力来维护自身权益并回敬债权人的追索。

不仅如此，当借贷利率较高时，利率管制政策可能会激励债务人使用暴力。因为这使普通的钱债纠纷上升为暴力冲突，增加了官方受理的可能性，而一旦官方受理，就将按管制利率来解决纠纷，债务人得以减免部分利息。以嘉道年间的河南舞阳为例，官府在处理相关词讼时虽然未必按律严惩高利贷者，但也不要求本利全还，而是“或仅还本钱，或薄给利钱，从轻完结”。[28]乾隆在谕令灾年放债典买土地的富户减利时，更对此有明确的论证：“该富户等同为朕之子民，亦当各具天良，乃视人之饥寒以为厚利，以天理论之，岂得长享富厚。”[29]这和斯科特所述社会精英与农民间的“阶级契约”类似，背后都包含了一种共同体的观念，从而允许弱势群体在生存受到威胁时以道义原则来对抗市场原则。[30]

当然，债务人对官方干预的借助会使其信用受到一定损害，但在放债人索取的利率并非事先言定而又高出惯例水平时或者在发生灾害等特殊情形下，债务人的行为未必会被解读为机会主义式的，信用的受损也相对较弱。事实上，在债务人受到威逼索偿时，除了以暴力冲突来引起官方介入外，还可

---

[27] 黄宗智：《清代的法律、社会与文化：民法的表达与实践》，上海书店出版社2001年版，第210页。

[28] 刘秋根：《明清高利贷资本》，社会科学文献出版社2000年版，第221页。

[29] 《清高宗实录》卷1255，中华书局1986年版。

[30] 参见[美]詹姆斯·斯科特：《农民的道义经济学：东南亚的生存与反叛》，程立显、刘建译，译林出版社2001年版，第42、117页。

能采取自尽或杀死自己亲人之类更极端、也更易激起道义同情的方式(见案例六)。《大清律例》规定,因户婚、田土、钱债等事威逼人致死的,犯人要杖一百,还要追偿埋葬银10两。这对于极贫户是有吸引力的,乾隆三年山西按察使的奏折就提到"晋省男妇,秉性愚憨,率多尚气轻生……并无深仇大故,辄投环服卤、跳井投崖。此等案件各属申报殆无虚日"。[31] 虽然在重男轻女的社会背景下,这类案件在刑科题本中多见于户婚案内的妇女,对于男性为主的土地债务案较少见,但也反映了当事人有意识地运用法律制度的情形。这样,在人道主义干预较强、利率管制较严的地区,以债务人为主动的暴力冲突可能会加强。遗憾的是,刑科题本并没有提供所有的债务冲突的信息,它只是命案的集合,但在命案中债务人殴杀债权人的概率高低,或许能反映这一暴力倾向。

除了上述与借贷交易本身相关的因素外,在每一个命案里,当然都还有一些事发时的具体因素在影响当事人的暴力倾向和能力,如冲突发生在借方还是贷方家中、借贷双方的人数对比乃至各方的清醒状态(如醉酒)等随机因素。在刑科题本中通常会对这类因素加以描述,可以直接获取相关的信息。这在下一部分中将和其他数据一起说明。

如果对影响当事人暴力行为的因素进行划分的话,可以分为两类:一类是陈志武等所述的各种地域社会的状态,它们会提高或降低当事各方普遍的暴力倾向;另一类是这里所强调的交易过程中或事发时对各方有不对称影响的因素。在后者中,违约程度会提高债权方暴力倾向的同时削弱债务方的暴力倾向,而合约的明确性、地方的人道主义管制则反之。事发地点之类的因素则因有助于提高某方的暴力能力,会使另一方的暴力倾向有所抑制。另外,假设"超经济强制假说"成立的话,这意味着高利贷者具有凌驾于法律的特权,越高的利率只是反映了其越肆无忌惮的施暴能力。那么,和道义因素相反,利率越违禁,债权方的暴力倾向和能力越强于债务方。

不妨令借贷双方的暴力程度分别由函数 $a(x_1)+f(x_2)$、$a(x_1)+g(x_2)$ 来表示。其中,$a(x_1)$ 为第一类因素的普遍性影响。x_1 可以和 x_2 有重叠,关键是其影响方式是对称还是不对称。对于不对称的反向影响,将分别进入 $f(x_2)$、$g(x_2)$,并且在 $f(x_2)+g(x_2)$ 中,这种影响将很大程度上是互相抵销的。这时,由于命案的发生是与总暴力程度超过一定水平有关的,它可表达为 H(a

[31] 中国第一历史档案馆:《乾隆初年整饬民风民俗史料》(上),《历史档案》2001年第1期。

$(x_1)+f(x_2)+a(x_1)+g(x_2))+\varepsilon>\theta$，H(·)为某种正单调函数，$\varepsilon$ 为对应于失手打中要害、突然碰上致命物、受害人医治不当等随机事件的扰动。因为刑科题本仅提供了命案的样本，无法直接对 H(·)进行估计，但我们可以转而分析命案的遇害方。在发生命案的情形下，哪一方死亡是与该方的暴力程度相对较弱相关的，也就可以表示为暴力程度差的函数。例如，贷方死亡即可表达为 $K(f(x_2)-g(x_2))+\mu>0$，K(·)为某种正单调函数，μ 为与体能差别、某方的异常情绪等相关的随机扰动。则，这一样本被观察到的概率函数为：

$$Pr\ (K(f(x_2)-g(x_2))+\mu>0, H(\cdot)+\varepsilon>\theta)/Pr\ (H(\cdot)+\varepsilon>\theta)$$

当只有命案样本时，上式的极大似然估计通常是无法识别的，H(·)、K(·)以及扰动间的相关性都无法得到无偏或一致的估计。但在 μ 和 ε 独立时，上式退化为 $Pr(K(f(x_2)-g(x_2))+\mu>0)$，与常规的 Probit 模型具有同样的形式。如前所述，债务命案通常并不是暴力的有意结果，一些致命伤的突发和某方暴力程度的特别加强之间不应该有直接的联系，所以 μ 和 ε 之间独立的假设并不算强。[32] 这时，至少可以通过估计贷方死亡的 Probit 模型来估计 $K(f(x_2)-g(x_2))$。又因为 $f(x_2)-g(x_2)$ 中的系数符号和 $f(x_2)$ 一致（和 $g(x_2)$ 相反），故可通过估计该模型来检验 $f(x_2)$ 或 $g(x_2)$ 中的系数符号。

同时，x_2 中的变量利率值得进一步讨论。一方面，利率管制的存在使利率和借款人的暴力程度间发生正向关系，另一方面，由此引发的贷方死亡概率上升又意味着贷款人的预期成本加大，均衡的利率将因此提高，于是，利率和命案间将出现某种相互加强的作用。为了对此进行估计，需要做一些设定。具体地，假设贷方遇害的概率由形如 $Pr(K(f(x_2)-g(x_2))+\mu)>0$ 的 Probit 模型刻画，μ 的分布函数为 $\varphi(\cdot)$，密度函数为 $\psi(\cdot)$。如前所述，债务命案并非谋杀，也不是哪一属性的当事人所愿为之，因此，其中的随机因素既非事前所能预料，也与利率的决定无关，则利率（令为 r）的线性回归模型形如：

$$r=\gamma z+\delta\Phi(K(f(x_2)-g(x_2)))+\nu, \nu \text{ 独立于 } \mu、\varepsilon \quad (1)$$

其中，z 为外生变量，主要包括经济发展水平之类的地区经济属性以及收入水平、信用状况等个体属性。当然，暴力冲突也会有影响。对法律制度的

---

[32] 在故杀的情形下，μ 和 ε 的确会存在相关性。如在案例五里，张某情绪失控，起意杀人，则情绪失控这一随机因素既使张某成为主动的行凶者，也导致了命案。但是，故杀在案例中比殴杀要少得多，更重要的是，如案例五所示，故杀由情绪引起，难以有一定方向，与之相关的随机扰动在贷方死亡函数中或正或负，而在命案函数中却恒为正，其相关性因此大为削弱。

分析已说明,任何一方的重大伤亡都意味着双方极其高昂的损失,这固然既影响供给,也影响需求,但在借方经济窘迫或需求弹性相对较小的情形下,更倾向于带来均衡利率的上升。同时,基于前述对 H(·)、K(·)间关系的讨论,总的暴力冲突程度或命案率对于遇害方属性将具有外生性,故可列入 z 中。至于 $\Phi(K(f(x_2)-g(x_2)))$ 进入利率模型中,主要是打破了 Engle, Hendry and Richard(1983)所述弱外生定义中的参数可分性。这时,φ(·)中的参数不仅影响到遇害方 Probit 模型的估计,也影响到利率模型,从有效性的角度来考虑,应该联立估计这两个模型。但是,需要注意的是,$\Phi(K(f(x_2)-g(x_2)))$ 中并不包含 μ,ν 也独立于 μ,所以,利率实际上并不与 μ 相关,利率和命案间的相互作用因此并不会使遇害方 Probit 模型的估计有偏或不一致。这时,更为实质性的问题是,由于 x_2 中包含了利率,直接将 φ(·)作为解释变量来估计利率模型是不能得到无偏或一致估计的,需要做进一步的处理。为了简化,不妨设 x_2 中除利率之外的变量为 x_b,并令 K(·)线性,形如 $\beta x_b+\alpha r$。这时,对 φ(·)做一阶泰勒展开来近似,则可解出利率,将式(1)变形为:

$$r=(\gamma z+\delta\Phi(\beta x_b)+\nu)/(1-\delta\alpha\psi(\beta x_b)) \quad (2)$$

式(2)是非线性的,但解释变量 z 和 x_b 都是外生的。显然,当 β、α 存在一致估计时,也可以得到 δ 和 γ 的一致估计。理论上最理想的方法是,建立遇害方 Probit 模型和式(2)的联合似然函数,同时估计 β、α 和 δ、γ,但如此建立的似然函数结构太过复杂,数值计算的效率很低,稳健性也颇受影响。所以,本文采取一种可行的三阶段最小二乘法来获得一致估计:首先,估计遇害方 Probit 模型,得到 β、α 及 $\Phi(\beta x_b)$、$\psi(\beta x_b)$ 估计值;其次,将上述估计值代入式(2),得到 δ、γ 的非线性最小二乘估计;最后,由于式(2)中扰动的方差为前述估计值的函数,用它们构造权数,采用加权非线性最小二乘法重新估计 δ、γ,并与可行的广义最小二乘法(FGLS)类似,重复这一步骤,直到 δ、γ 的估计收敛为止。

三、数据和变量

(一)刑科题本数据介绍

1. 刑科题本原始档案

本文所使用的清代内阁刑科题本档案,来自中国第一历史档案馆(以下简称一史馆)。这些档案记录了中国各个省从1736年到1895年所发生的严重刑事案件,通常是命案。根据一史馆电子检索系统的分类,刑科题本分为"内阁刑科题本土地债务类"(以下简称土地债务类)和"内阁刑科题本婚姻奸情类"两类。土地债务类的案由分为两种,一为土地和房屋的买卖、典当或租佃等交易,二为借贷或赊欠。[33] 婚姻奸情类则涉及买婚卖婚、性出轨、性侵害等案情。本文用到的数据来自于"内阁刑科题本土地债务类"。为了表述的方便,下文将本文所收集到的数据称为命案数据。

利用刑科题本来研究清代的民间借贷,有四个优势。一是样本的数量大,覆盖的时间跨度长、地域空间广,涵盖了清朝从雍正朝到宣统朝所有年份全国的地区。这样收集的样本相对来说具有系统性,能够避免使用极端个例来进行论证。二是刑科题本提供了关于合约执行的信息。一项完整的借贷交易涉及借贷合约的订立和合约的执行。以往基于民间文书的研究可以获得关于借贷合约的信息,但却难以考察合约的执行。三是刑科题本中的案例提供了借贷双方详细的个体信息。其所记录下来的交易双方个体信息和交易细节的信息能为理解当时社会借贷交易的基本特征提供参考。最重要的是,这些交易最终以命案结束,绝大多数情况下,借贷双方有一方被对方打死,通过分析双方死亡比例的变化,可以知道在借贷交易中贷方是否对借方具有支配地位。四是案例的真实性,刑科题本中的命案是真实发生的事实,经过严格的司法程序处理,比很多的"传闻"证据更有说服力。[34]

本文使用的命案数据分为两组,第一组在2010年收集,命名为"样本A"。第二组在2012年收集,命名为"样本B"。样本A是根据题本题名中间的关键词进行检索之后再对题本进行阅读和摘录。首先,选择可能包含利率的关键字或词,然后利用这些关键字或词进行检索。检索之后,对检索出来的题本进行通读,通过找出可能包含利率的题本,然后进行摘录,对于题本本身包含的其他信息没有进行筛选。我们用来查找的关键词包括"债或欠""赊""典或当""利钱""利银""利谷""本利""利息""重利""欠利",通过这

---

[33] 中国第一历史档案馆:《中国第一历史档案馆馆藏档案概述》,档案出版社1985年版,第115~116页。

[34] 关于刑科题本档案的详细介绍参见:[美]步德茂:《过失杀人、市场与道德经济:18世纪中国财产权的暴力纠纷》,张世明等译,社会科学文献出版社2008年版;倪道善:《明清档案概论》,四川大学出版社1992年版;黄才庚:《清末"改题为奏"研究》,载《档案》1987年第4期;中国第一历史档案馆:《中国第一历史档案馆馆藏档案概述》,档案出版社1985年版。

些关键词,我们收集到有利率数据的交易1035笔。这组数据的特点是每一个借贷交易都是有明确的利率,要么是正,要么是零。

样本B选择了18世纪10年和19世纪10年总共20年的题本。之所以只选择20年,主要是刑科题本的总量超过17万件,全部通读估计需要数十年的时间。为了使样本更有代表性,我们选择了经济发展较好的乾隆中后期和经济萧条的道光中后期。这次收集,不再根据关键词进行筛选,而是对该年份内所有的土地债务类题本进行通读,凡是与借贷有关的案例都收录在数据库中。我们选择的年份是乾隆三十一年至乾隆四十年(1766~1775年)、道光十六年到道光二十五年(1836~1845年),这里的年份是档案中题本的年份,案发年份通常要早于题本年份。通过阅读这20年全部的27,762件题本,我们从中收集到借贷交易的案件12,025个,其中明确为正利率或零利率的样本为3782个。

需要说明的是,因为档案资料本身的残缺或记录的详略不等,不是每个案例都包含了所有我们关心的信息,因此,在分析不同问题的时候,使用的样本数量会有些变化,这些在下文的分析时都会予以注明。

2. 刑科题本已出版档案

为了进一步检验我们样本可能的选择性偏差,我们也对刑科题本出版档案中的借贷案例进行了整理。这部分数据的来源主要有两部分,一是杜家骥主编的《清嘉庆朝刑科题本社会史料辑刊》,㉟二是中国第一历史档案馆和中国社会科学院历史研究所合编的《清代土地占有关系与佃农抗租斗争(上)》。㊱ 前者选择的是嘉庆朝的题本,选择样本的依据是是否与婚姻家庭相关,对于其中的借贷信息只是与婚姻家庭相关时才收入该书。后者选择的样本都属于乾隆朝,出版的目的主要还是证明封建社会的性质,强调地主对农民的剥削和农民的反抗,与借贷相关的案例主要是由高利贷而引发土地兼并的例子,对于哪一方更有优势,并没有做刻意的选择。我们将这两本书中由于借贷而引发命案的案例全部进行了整理。在《清嘉庆朝刑科题本社会史料辑刊》中,我们共收集到正利率借贷交易的案件59起,在《清代土地占有关系与佃农抗租斗争(上)》中,收集到正利率借贷交易样本19起。

由于这两本出版物都是出于与本文不同的目的,独立摘录和出版的,因此,

㉟ 参见杜家骥:《清嘉庆朝刑科题本社会史料辑刊》,天津古籍出版社2008年版。

㊱ 中国第一历史档案馆、中国社会科学院历史研究所编:《清代土地占有关系和佃农的抗租斗争》(上),中华书局1988年版。

其中关于借贷双方命案信息的选择性偏差应该更小,我们使用这部分样本来与我们的样本进行对照。但是,也由于研究者关注问题的不同,这部分档案包含的信息与原始档案相比,更加简略,本文感兴趣的一些变量它们摘录得不全,我们只是比较了贷方死亡数量与利率的关系,而没有使用这部分样本进行回归分析。

(二)变量设计

从刑科题本中可以采集到关于借贷冲突的各方面信息,本文据此整理了以下变量的数据,以供后文分析:

遇害方。取值为0和1,若在命案中贷方死亡,取值为1,若借方死亡,取值为0。

利率。由于下面两个原因,我们只设置了利率的分段虚拟变量,而不是使用具体的利率数据来进行回归分析:一是由于利率数据本身的不精确,很多利率数据只能够得到一个区间的数值,二是由于我们关心的主要是高利贷对命案的影响。其中,正利率、$r>24\%$、$r>36\%$分别表示当年化利率大于0、大于24%、大于36%时取值为1,否则取值为0。

案由方面的变量:索欠,指借贷双方仅仅是因为归还约定的本金或/和利息而产生纠纷;争利,指双方对应该归还多少利息产生纠纷;重利,指借方认为利息过重的情况下产生的纠纷;复索,指当贷方一开始言明无利后来又索要,或者说好利息情让之后又索要而产生的纠纷。

讨债次数。到命案发生时一共发生的讨债次数,包括产生命案的当次。其中,讨债次数"=3"是指在命案发生时恰好发生3次的情况以及在题本中提到类似"屡讨无偿"的情况,这时候讨债次数很可能大于3次。

借贷方人数差。发生借贷双方产生冲突时借方参与人数减去贷方参与人数。

案发地点。发生债务纠纷的时候,案发地点可能在借方家,也可能在贷方家,还可能是在路上、市场上或者田地里。此处分为借方家、贷方家、其他场所、缺失共四类。

此外,如第二部分所述,对借贷的人道主义干预在发生灾难时较易发生,所以,本文据中央气象局气象科学研究院主编的《中国近五百年旱涝分布图集》整理了气象灾害等级的数据。该图集收集了全国120个观测站点从1470到2000年的旱涝等级数据。每一年份,将旱涝情况分为5个等级,分别用数字1~5表示,1表示涝,2表示偏涝,3表示正常,4表示偏旱,5表示旱。"涝"

和“旱”属于严重的自然灾害,“偏涝”和“偏旱”则属于程度较轻的自然灾害。采用“反距离加权”的方法,我们将这120个观测站点的观测值插值到每一个府。从而获得每个府每一年的旱涝等级数据。“反距离加权”方法的原理在于当某个府离观测站点越近时,其受到该观测点气象情况的影响就越大,赋予这个观察站点的权重也越大;离得越远,受到的影响就越小,赋予的权重也越小。由于旱涝等级是以年来估算的,对于某个具体的命案,我们很难知道旱涝灾害是发生在命案之前还是之后。因此,我们同时考虑了案发当年的旱涝灾害和案发年份前一年的旱涝灾害。

下面对上述变量的数据加以描述。[37] 其中,对题本数据,此处将样本A和样本B合并在一起,[38]下一部分分析贷方死亡情况与利率相关性时,将对两组样本分别进行描述。

表1 变量的描述性统计1

变量名称	样本数量	均值	标准差	最小值	最大值
遇害方	4325	0.47	0.5	0	1
年利率	4639	19.95	181.19	0	7200
正利率	4817	0.24	0.43	0	1
r>24%	4657	0.14	0.35	0	1
r>36%	4657	0.05	0.22	0	1
当年旱涝等级	3956	2.79	0.95	1	5
前一年旱涝等级	3956	2.93	0.95	1	5
讨债次数	4132	2.08	0.95	1	3
借贷方人数差	4759	-0.01	1.02	-6	46

注:变量含义的解释参见正文。

[37] 在数据收集过程中,我们还收集了交易双方的年龄、性别、职业、婚姻状况等个体信息,但由于这些变量缺失严重以及与是否被害存在很强的内生性(内生性的产生主要是由于题本中通常会详细记录凶手的个体信息,而被害人的个体信息则非常简略,因此,摘录的个体信息主要是凶手的信息)。基于上述原因,我们并没有将交易双方的个体信息放入回归方程。

[38] 两组样本之间有87个重复的样本,我们分析的时候删除了样本B(2012)中这些重复的样本。

表 2　变量的描述性统计 2

地区			信用方式			案由			案发地点		
地区	样本数	百分比	信用方式	样本数	百分比	案由	样本数	百分比	案发地点	样本数	百分比
东北	194	4.0	信用	3187	65.4	索欠	4197	86.1	借方家	1470	30.1
东南	814	16.7	保人	225	4.6	争利	101	2.1	贷方家	544	11.2
中南	683	14.0	动产	86	1.8	重利	59	1.2	其他场所	2444	50.1
北方	1231	25.3	不动产	136	2.8	复索	72	1.5	缺失	418	8.6
西北	423	8.7	其他	1171	24.0	其他	447	9.2			
西南	1518	31.1	缺失	71	1.5						
缺失	13	0.2									
总计	4876	100	总计	4876	100	总计	4876	100	总计	4876	100

注：东北包含的省份为：盛京、吉林、黑龙江，东南包含的省份为：江苏、浙江、福建、广东、台湾、海南，中南包含的省份为：安徽、江西、湖北、湖南，北方包含的省份为：京师、直隶、山东、山西、河南，西北包含的省份为：甘肃、陕西、内蒙古、外蒙古，西南包含的省份为：四川、广西、云南、贵州。

由于档案资料本身的残缺和记录的详略不同，不同变量所对应的样本数量会有些差异，这在回归分析时会予以注明，下文的分析表明，这一差异不影响本文的主要结论。

四、不同利率水平下借贷双方的死亡情况

（一）借贷双方的死亡情况：零利率和正利率的比较

下面我们分析利率高低与贷方死亡数量及死亡比例的相关性。如果我们认为贷方在借贷交易中具有优势地位，且其收取的利率越高，优势地位越高。那么这种优势地位自然可以通过命案率反映出来。[39] 也就是说，在刑科题本的命案中，如果是正利率借贷纠纷引发的命案，相对于零利率纠纷引发的命案，借方死亡的比例应该是更高的。但实际的结果却是相反，图 1 和图 2 表明，在

[39] 这里可能需要考虑命案瞒报等可能带来的影响，如引言所讨论的，当贷方去讨债时，主要还是希望要回本金和利息，在冲突中较无动机致人死亡，贷方如果打死了借方，不仅要不回债务，还要偿命，而借方打死了贷方，则可以躲掉债务，因此，一旦发生借方被打死的命案，贷方通过各种手段私了的可能性要比贷方被打死时借方进行私了的可能性更大。但是，正如步德茂（2008）所考证的，命案难以系统性瞒报。另外，即使存在瞒报的情况，也不能解释为什么贷方死亡的比例会随着利率而变化。

正利率的情况下,两组样本都是贷方死亡比例更高。[40]

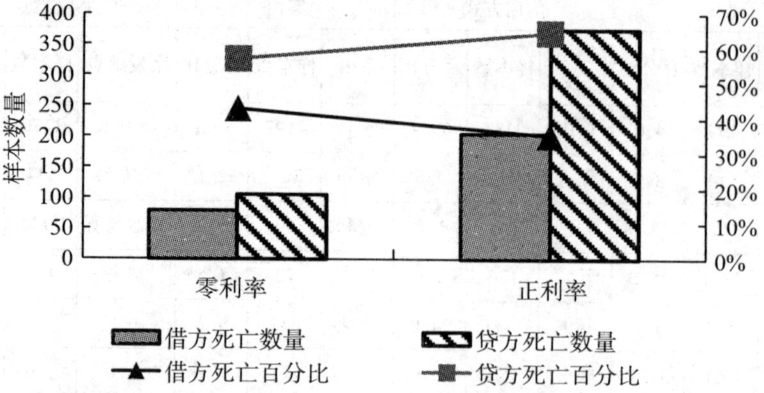

图1 借贷双方的死亡情况:零利率和正利率的比较(样本A)

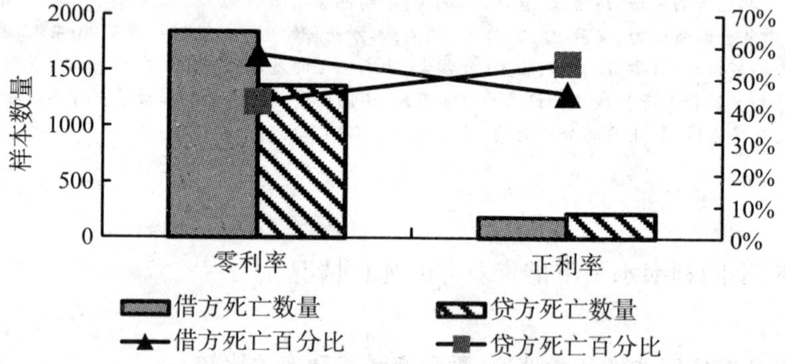

图2 借贷双方的死亡情况:零利率和正利率的比较(样本B)

(二)借贷双方的死亡情况:正利率的分段比较

除了正利率情况下,贷方死亡的比例高于借方外。我们还发现,随着利率水平的升高,贷方死亡的比例越来越大。如果我们以36%的年利率为界,这是学者通常认为的划分是否是高利贷的标准。从图3和图4可以看到,高利贷情

[40] 从图2可以看到,在零利率的情况下,借方死亡的数量要多于贷方死亡的数量,对此一个可能的解释是,因为借贷没有利息,一旦发生争执,借方认为自己理亏而采取暴力手段的可能性会小于贷方。这可能反映了道德约束的力量。对零利率和正利率合约选择的分析可参见Brandt(2010)。

况下贷方死亡的比例比非高利贷的正利率情况下都要高。

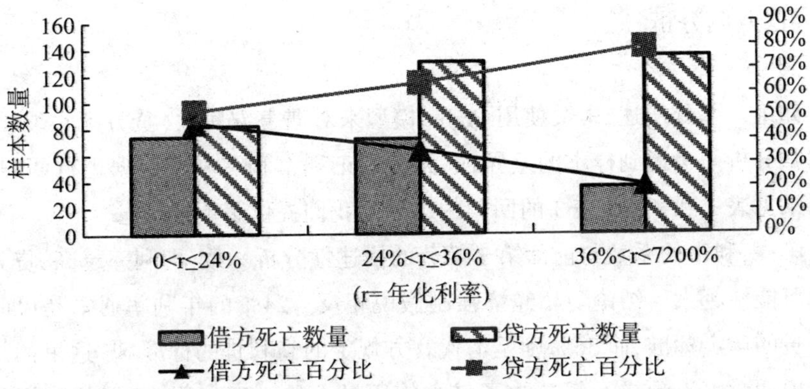

图 3 借贷双方的死亡情况:正利率的分段比较(样本 A)

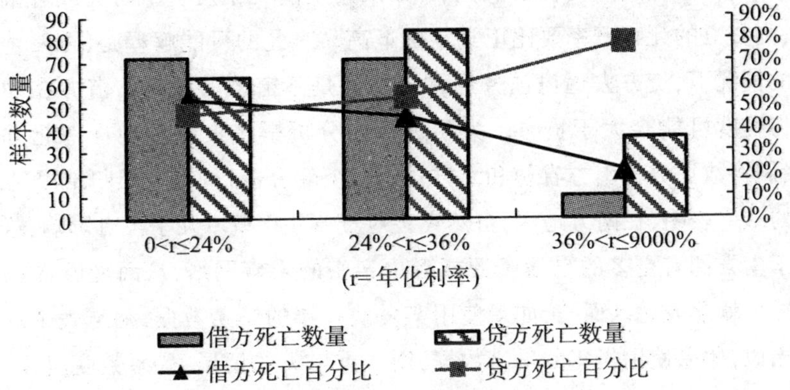

图 4 借贷双方的死亡情况:正利率的分段比较(样本 B)

(三)正利率下借贷双方的死亡情况:刑科题本出版物的证据

上述正利率情况下,贷方死亡比例大于借方的结论也得到了刑科题本出版物的支持。在《清嘉庆朝刑科题本社会史料辑刊》的 59 起案件中,我们发现借方死亡的案件数量为 21 起,占 35.6%,贷方死亡的案件数量为 38 起,占比为 64.4%。在《清代土地占有关系与佃农抗租斗争(上)》的 19 起案件中,借方死亡的案件数量为 4 个,占比 21.1%,贷方死亡的案件数量为 15 个,占比 78.9%。上述两组样本都是因为正利率借贷而引发的命案,这两组独立的样本都说明正利率情况下,贷方死亡比例远大于借方。

五、回归分析

如第二部分所述,本文使用Probit模型来对遇害方属性(贷方死亡取1)进行回归分析。考虑到样本的差异,下面使用正利率和零利率数据进行回归,具体结果见表3和表4。表3的回归的结果为我们提供了下述信息。

第一,利率的系数与前面第3部分的描述性分析一致,即利率越高,贷方死亡的可能性越大。结论与超经济强制假说相反。24%的年利率通常是民间对高利贷的认定标准,而36%则是清代官方规定的高利贷的标准。[41] 这里的结果可能说明政府干预或习俗减少了借方使用暴力的心理障碍,我们的分析与刘秋根对个案的观察有共同之处。

第二,在发生自然灾害的情况下,如果案发前一年发生了涝灾或者偏旱的灾害,则贷方的死亡概率要比正常年份下高。对此的可能解释是,在发生自然灾害的情况下,贷方去逼讨债务通常被认为是不道德的,因此,借方在冲突中的暴力程度可能会大于贷方。为了进一步分析旱涝灾害影响在南北方的差异,我们将数据分为南方省份和北方省份两个部分进行回归,回归结果见表4。表4的结果表明,在南方地区,自然灾害对贷方死亡概率几乎没有影响,这可能是由于南方拥有更多的自然资源或者更亲密的家族网络,从而能够提供有效的缓冲。就北方地区而言,如果使用案发前一年的旱涝数据,则与表3的回归结果相似,如果使用当年的旱涝数据,则严重旱灾的情形下,系数变得显著,这表明,在北方地区,旱灾的影响是当期的,而涝灾和偏旱灾害的影响则可能滞后一期。上述结果不支持传统的黄世仁—杨白劳模式,在一定程度上支持了“道义经济”的假说。

第三,在场人数差的系数显著为正,表明当借方在场人数多于贷方时,贷方死亡的概率会大大增加。当然,如果将该变量改为由贷方减去借方,则符号就会反过来。不管是借方还是贷方,只要一方在场人数多于另一方,那么,在冲突中,人数多的一方就会占优势,死亡的概率就低。但是,表1对借贷方在场人数的描述统计表明贷方人数多于借方与借方人数多于贷方的情形几乎一样

---

[41] 参见刘秋根:《明清高利贷资本》,社会科学出版社2000年版,第202~221页。

多。这说明，贷方带着帮手讨债的情况并不多见，而借方在与贷方发生冲突时也有自己的帮手。

第四，相对于普通的索欠，在争利、重利和复索的情况下，贷方死亡的概率更高。这在三组回归中系数均显著。这再一次表明即使贷方希望剥削借方，借方也不会轻易就范。

第五，相对于在借方和贷方家之外发生的纠纷，在借方家发生的纠纷，贷方死亡的概率更高。这一方面是由于在借方家发生纠纷，借方有帮手的可能性更大。另一方面借方在自己家可能更容易获得打架的工具等。考虑到样本中贷方讨债的主要地点是第三地或借方家。相对于第三地，贷方如果去借方家上门讨要，按照传统的黄世仁—杨白劳模式，应该在气势、帮手等方面都做好准备，理应更具优势，但回归结果表明，贷方并不具有优势。

第六，唯一显著为负的变量是讨债次数。随着讨债次数的增加，贷方死亡的概率下降，借方死亡的概率则上升。这里我们也不应理解为贷方对借方的剥削，因为，讨债次数是3次以上时变量才变得显著，表明当借方多次讨债都收不回债务的时候，只能将暴力当作最后的手段。刑科题本中的借贷，绝大多数都是发生在熟人之间。考虑到借贷常常会是相互的、带有重复性的，以及在小的居住范围内声誉的约束力，借债不还的情况还是很少见的。李金铮发现，农民为了保全借贷信用，总是尽力偿还，江苏、湖南等地的调查还表明，违约并不多见。[42] 现存最好的偿还率数据或许是20世纪30年代初孙文郁等从账本中查得的四省典当与代当死票率，它们平均分别为11%和7%，[43]意味着偿还率分别为89%和93%！虽然其中不乏通过到期转票（相当于借新还旧）来维持的，但分别只有7%和8%。因此，当一笔债务"屡讨无偿"时，表明借方赖账的可能性增加，贷方使用暴力的倾向也会增加，而借方可能会因为觉得理亏而减少暴力倾向。

---

[42] 李金铮：《民国乡村借贷关系研究》，人民出版社2003年版，第453页。

[43] 如此高的偿还率或许与当物作价低有关，换言之就是抵押品的价格高，一般的信用借贷与抵押借贷未必能达到类似的偿还率。但无论如何，它也表明，备受谴责的典押高利贷其利率并未超过大多数负债人的偿还能力。

表3 贷方死亡概率的Probit回归(正利率和零利率混合样本)
被解释变量为遇害方(贷方死亡=1)

	(1)	(2)	(3)	(4)	(5)	(6)
旱涝灾害数据	案发当年旱涝灾害			案发前一年旱涝灾害		
涝/正常年份	0.10 (1.29)	0.10 (1.15)	0.09 (1.07)	0.27** (2.54)	0.28*** (2.65)	0.32*** (2.96)
偏涝/正常年份	0.02 (0.30)	0.01 (0.15)	-0.00 (-0.03)	0.07 (1.15)	0.08 (1.32)	0.09 (1.51)
偏旱/正常年份	-0.01 (-0.12)	0.01 (0.07)	0.01 (0.11)	0.12* (1.84)	0.13** (2.05)	0.12* (1.86)
旱/正常年份	0.16 (1.40)	0.13 (1.16)	0.13 (1.10)	-0.01 (-0.08)	0.00 (0.00)	-0.02 (-0.20)
正利率/零利率	0.43*** (6.73)			0.42*** (6.56)		
r > 24%/0 ≤ r ≤24%		0.56*** (7.22)			0.55*** (7.13)	
r > 36%/0 ≤ r ≤36%			0.82*** (6.52)			0.82*** (6.54)
案由:						
争利/索欠	0.46** (2.45)	0.62*** (2.99)	0.62*** (2.93)	0.45** (2.42)	0.61*** (2.91)	0.60*** (2.83)
重利/索欠	0.90*** (3.34)	0.84*** (3.08)	0.66** (2.31)	0.91*** (3.33)	0.84*** (3.05)	0.66** (2.27)
复索/索欠	1.72*** (5.31)	2.08*** (5.15)	2.15*** (5.41)	1.71*** (5.29)	2.06*** (5.12)	2.13*** (5.38)
案发地点:						
借方家/其他地方	0.12** (2.37)	0.13** (2.46)	0.15*** (2.82)	0.12** (2.45)	0.13** (2.53)	0.15*** (2.90)
贷方家/其他地方	0.03 (0.41)	0.02 (0.29)	0.05 (0.65)	0.03 (0.45)	0.02 (0.33)	0.05 (0.67)
讨债次数:						
2次/1次	-0.04 (-0.46)	-0.03 (-0.33)	-0.03 (-0.28)	-0.04 (-0.47)	-0.03 (-0.33)	-0.03 (-0.28)

续表

	(1)	(2)	(3)	(4)	(5)	(6)
旱涝灾害数据	案发当年旱涝灾害			案发前一年旱涝灾害		
≥3 次/1 次	-0.38^{***} (−7.65)	-0.38^{***} (−7.51)	-0.38^{***} (−7.52)	-0.38^{***} (−7.64)	-0.38^{***} (−7.55)	-0.38^{***} (−7.55)
控制变量：						
信用方式	是	是	是	是	是	是
地区	是	是	是	是	是	是
伪 R 方	0.08	0.08	0.08	0.08	0.08	0.08
样本数量	3161	3084	3084	3161	3084	3084

注：(1)所有包含左斜线(/)的变量均是虚拟变量，左边取值为1，右边取值为0。(2)r表示年利率，r=24、r=36分别表示年利率为24%和36%。(3)括号内为对应系数的z统计量，***、**、*分别代表1%、5%和10%的显著性水平。(4)本表的回归没有计算边际效果，为节省篇幅，常数项的估计结果未列出，系数不显著的信用方式和地区控制变量也未列出。

表4　贷方死亡概率的 Probit 回归(正利率和零利率混合样本)

被解释变量为遇害方(贷方死亡=1)

	(1)	(2)	(3)	(4)
地区	北方省份		南方省份	
旱涝灾害：	案发当年	案发前一年	案发当年	案发前一年
涝/正常年份	0.17 (1.15)	0.53^{***} (3.00)	0.06 (0.56)	0.20 (1.45)
偏涝/正常年份	0.01 (0.06)	0.19^{*} (1.94)	0.00 (0.02)	0.05 (0.61)
偏旱/正常年份	0.02 (0.18)	0.28^{***} (2.91)	0.03 (0.31)	0.01 (0.06)
旱/正常年份	0.50^{***} (2.58)	0.03 (0.17)	−0.11 (−0.76)	−0.05 (−0.43)
r>36%/0≤r≤36%	1.21^{***} (5.53)	1.21^{***} (5.39)	0.64^{***} (4.02)	0.64^{***} (4.04)

续表

	(1)	(2)	(3)	(4)
地区	北方省份		南方省份	
旱涝灾害:	案发当年	案发前一年	案发当年	案发前一年
案由:				
争利/索欠	0.64* (1.84)	0.57 (1.60)	0.63** (2.34)	0.63** (2.34)
重利/索欠	0.10 (0.25)	0.07 (0.17)	1.28** (2.53)	1.30** (2.55)
复索/索欠			1.99*** (4.77)	1.98*** (4.76)
案发地点:				
借方家/其他地方	0.09 (1.08)	0.10 (1.19)	0.17** (2.53)	0.16** (2.49)
贷方家/其他地方	0.06 (0.46)	0.08 (0.70)	0.04 (0.43)	0.04 (0.41)
讨债次数:				
2次/1次	-0.16 (-1.10)	-0.15 (-1.06)	0.05 (0.44)	0.05 (0.40)
≥3次/1次	-0.34*** (-4.17)	-0.33*** (-4.13)	-0.42*** (-6.57)	-0.42*** (-6.56)
控制变量:				
信用方式	是	是	是	是
伪R方	0.08	0.08	0.08	0.08
样本数量	1174	1174	1893	1893

注:(1)所有包含左斜线(/)的变量均是虚拟变量,左边取值为1,右边取值为0。(2)南方省份包括:江苏、浙江、福建、广东、台湾、海南、安徽、江西、湖北、湖南、四川、广西、云南、贵州,北方省份包括:盛京、吉林、黑龙江、京师、直隶、山东、山西、河南、甘肃、陕西、内蒙古、外蒙古。(3)括号内为对应系数的z统计量,***、**、*分别代表1%、5%和10%的显著性水平。(4)本表的回归没有计算边际效果,为节省篇幅,只列出了以年利率36%为分界线的回归结果,其与以0和24%为分界线的回归结果差别很小。常数项的估计结果和系数不显著的信用方式也未列出。

在对贷方死亡比例进行回归分析之后,下面对利率进行回归分析。如第二部分所述,对遇害方进行Probit模型估计之后,再对利率采用可行的非线性最小二乘法进行回归分析，回归的结果见表5。

表5显示，贷方死亡概率对利率有正向影响，尤其是在利率取(0,500)时。这意味着放高利贷者事前就预测到了借方可能会策略性地使暴力升级，从而进一步支持了道义干预对贷方死亡概率的解释。另一个和暴力冲突相关的变量是“难”，它表示某一个府的治安状况。清政府为了划分吏部与地方督抚铨选地方官吏的权限，对各州府县订立了一套“冲繁疲难”的缺分制度。时人方大湜在《平平言》中写道：“地当孔道曰冲，政务纷纭曰繁，赋多逋欠曰疲，民刁俗悍、命盗案多曰难。”[44]贷方遇害率和“难”的系数均在利率取(0,500)时较(0,200)时更为显著，则可能说明越是窘迫的高利贷，这些暴力因素对借贷的影响越大。

同样值得注意的是，旱涝等级中，大旱或大涝时，利率反而较低。如第二部分所述，大灾时人道主义管制有加强的倾向。事实上，图5(利率取(0,500))已表明，大旱或大涝时，不仅极端利率较低，正常利率的分布区间也较低。这与灾害年份贷方遇害率提高类似，均体现了人道主义管制的影响。所不同的是，大灾时高利贷的减少，反映的是利率管制带来的供给减少和信贷配给；贷

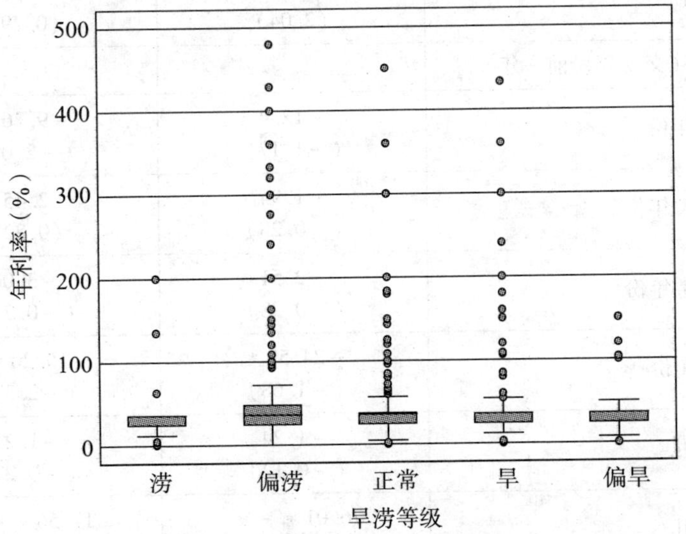

图5　不同旱涝等级下的利率盒形

[44] 张希清：《中国历代从政名著全译·官典》（第4册），吉林人民出版社1998年版，第691页。

方遇害率的上升及其对利率的正向影响,反映的则是利率管制对成交利率的提高作用。也即,利率管制从数量和价格两方面影响到了借贷市场。黄冕堂等曾认为清代的利率管制没有得到实际执行,看来并不如此。至于信用方式是动产的情况下,利率比信用借贷高,可能是由于这部分借款人既无良好的信用,又缺乏土地等可靠的不动产作抵押,而且,动产抵押也包括了贷方为当铺、职业放债人等的营利性借贷。

表 5　利率的回归分析

	(1)	(2)
利率	0 < r < 500	0 < r < 200
贷方死亡 = 1	56.16 * * (2.5)	6.59 (0.67)
府级命案率	1.75 (0.47)	-0.10 (-0.06)
府级人口密度	-0.01 (-0.3)	-0.01 (-0.54)
难(是 = 1)	14.85 * * (2.04)	0.90 (0.29)
旱涝灾害(交易年份前一年)		
涝/正常年份	-12.4 (-1.17)	-9.26 * (-2.00)
偏涝/正常年份	-1.94 (-0.28)	2.45 (0.82)
偏旱/正常年份	-2.51 (-0.28)	-3.08 (-0.79)
旱/正常年份	-24.59 * (-1.68)	-15.20 * * (-2.37)
保人/信用	-1.24 (-0.12)	-1.23 (-0.27)
动产/信用	76.01 * * * (5.86)	17.56 * * * (-2.77)
不动产/信用	-13.67 (-1.29)	-6.73 (-1.51)

续表

	(1)	(2)
控制变量：		
地区	是	是
调整R方	0.075	0.037
样本量	587	557

注：(1)所有包含左斜线(/)的变量均是虚拟变量，左边取值为1，右边取值为0。(2)括号内为对应系数的t统计量，***、**、*分别代表1%、5%和10%的显著性水平。

六、稳健性讨论

我们在收集样本B时，还有8243个样本是利率不明确知道是正利率还是零利率的，我们倾向于认为这部分数据是以零利率居多。下面详细说明我们的推断过程。在样本B中能够明确知道是零利率或正利率的3782件命案中，利率为零的命案占到3388件，占比为89.6%。如果以这3782个案例作为全部借贷交易的代表，那么毫无疑问，零利率的借贷远多于正利率的借贷。根据我们收集数据时阅读题本的印象，利率数据的不明确只是与档案记录的完整程度和残损相关，而与借贷交易是否是正利率和零利率无关，没有证据表明档案记录选择性记录利率。

另外还有两个支持我们推断利率缺失样本中零利率占多数的依据。一是《大清律例》中关于"违禁取利"的规定如下："凡私放钱债及典当财物，每月取利并不得过三分，年月虽多，不过一本一利，违者，笞四十，以余利计赃，重于笞四十者，坐赃论，罪止杖一百。"一旦贷方"违禁取利"，就会对判决产生影响，这时候通常都需要将利率的情况作为判决的依据写入题本中，因此，如果题本中没有提到利率，那么是零利率的情况应该比正利率的情况为多。二是在利率不明确的样本中，信用方式为赊欠的样本有3293个，占比为48%，赊欠交易一般是买肉、酒等小额的短期赊欠，以零利率居多，如果假定除掉"赊欠"样本之后剩下的样本中零利率和正利率各占一半，总样本中的零利率也占绝大多数。

在利率缺失的样本中，可能还存在很多争利的样本，如前所述，争利是由于事前没有约定或双方对于利率的计算存在争议，这时利率可能也缺失。

为了获得更为稳健的结论，我们仍然需要对这些样本进行一些检验。下面表6是将正利率、零利率和利率不明确样本分别进行回归。回归结果表明除了旱涝灾害外，其他的系数变化不大。比较有意思的是，争利的系数变大，显著性也增加。这可能说明，当利率不明时，相对于利率明确的时候，贷方死亡的可能性增大。

旱涝灾害的回归，除方程2的涝灾和方程4的涝灾和偏旱灾害外，其他方程中的估计都不显著。这至少可以告诉我们，在发生灾害的时候，贷方与借方的关系与正常年景差不多。

表6　贷方死亡概率的Probit回归（正利率、零利率、利率不明确样本分别回归）

被解释变量为遇害方（贷方死亡=1）

	(1)	(2)	(3)	(4)	(5)	(6)
	正利率样本		零利率样本		利率不明确样本	
旱涝灾害	案发当年	案发前一年	案发当年	案发前一年	案发当年	案发前一年
涝/正常年份	0.32 (1.48)	0.42* (1.89)	0.05 (0.59)	0.26** (2.12)	−0.08 (−0.99)	0.07 (1.08)
偏涝/正常年份	−0.17 (−1.22)	0.16 (1.16)	0.05 (0.71)	0.07 (1.04)	0.02 (0.35)	0.04 (0.95)
偏旱/正常年份	−0.07 (−0.45)	0.20 (1.19)	0.02 (0.24)	0.12* (1.67)	−0.07 (−1.34)	0.03 (0.52)
旱/正常年份	0.09 (0.31)	0.43 (1.44)	0.15 (1.16)	−0.06 (−0.55)	0.01 (0.12)	−0.11 (−1.06)
r>36/0<r≤36	0.60*** (4.12)	0.62*** (4.26)				
借贷方人数差	0.31*** (3.62)	0.32*** (3.67)	0.26*** (7.11)	0.26*** (7.21)	0.29*** (8.97)	0.29*** (8.95)
案由：						
争利/索欠	0.53* (1.96)	0.49* (1.79)	0.73** (2.18)	0.72** (2.17)	0.98*** (3.53)	0.96*** (3.51)
重利/索欠	0.40 (1.36)	0.40 (1.30)	1.21* (1.96)	1.24** (2.02)		

续表

	(1)	(2)	(3)	(4)	(5)	(6)
	正利率样本		零利率样本		利率不明确样本	
复索/索欠			2.00*** (4.92)	1.97*** (4.84)		
案发地点：						
借方家/其他地方	0.12 (0.96)	0.15 (1.17)	0.14** (2.36)	0.14** (2.39)	0.18*** (4.31)	0.18*** (4.30)
贷方家/其他地方	-0.28* (-1.69)	-0.27 (-1.64)	0.12 (1.38)	0.12 (1.38)	0.10* (1.69)	0.10* (1.70)
讨债次数：						
2次/1次	-0.04 (-0.22)	-0.00 (-0.03)	-0.07 (-0.68)	-0.08 (-0.73)	0.01 (0.14)	0.01 (0.16)
旱涝灾害	案发当年	案发前一年	案发当年	案发前一年	案发当年	案发前一年
≥3次/1次	-0.36*** (-2.89)	-0.38*** (-2.97)	-0.37*** (-6.75)	-0.37*** (-6.75)	-0.46*** (-11.74)	-0.46*** (-11.79)
控制变量：						
信用方式	是	是	是	是	是	是
地区	是	是	是	是	是	是
伪R方	0.11	0.11	0.05	0.06	0.05	0.05
样本数量	582	582	2470	2470	4848	4848

注：(1)所有左斜线(/)左边的变量取值为1，右边的变量取值为0，均是虚拟变量。(2)r表示年利率，r=36表示年利率为36%。(3)括号内为对应系数的z统计量，***、**、*分别代表1%、5%和10%的显著性水平。(4)本表的回归没有计算边际效果，为节省篇幅，常数项的估计结果未列出，系数不显著的信用方式和地区控制变量也未列出。

七、结论

本文基于刑科题本样本的量化分析，基本否定了现有文献对于过去民间借贷中高利贷基本特征的归纳结论。在借贷交易中,高利率的存在或许不是贷方剥削借方所致,而是因为贷方要求利息后更有可能面临生命风险、气候灾害带来的借贷市场供求关系影响等因素,因为在很多情况下一旦发生借贷纠纷,借方将贷方打死的可能性要大一些。

本文利用命案数据首次直接对民间借贷特别是高利贷中贷方的地位进行了实证分析。分析的结果有助于我们排除意识形态的影响,客观地认识清代民间借贷中借贷双方的相对地位。我们的分析否定了"阶级剥削"的假说,在一定程度上支持了"道义经济"的假说。这意味着如果要减少借贷纠纷引发的极端冲突,恰恰不应有意强化对"剥削"的道义批判。同时,正是这种冲突的可能性加大了借贷交易的风险,加剧了高利率,损害了社会福利。

尽管由于数据本身的限制,本文的讨论仍然是非常初步的,难以对命案之外更一般的暴力冲突进行更细致的分析,但本文数据所展示的借贷双方关系,提供了对清代以来民间借贷中借贷双方地位的新认识,这有助于我们重新思考广为流传的对高利贷的种种误解,也有助于我们重新思考当下的民间金融改革。

刑期和财产双重约束下的腐败惩罚
——2015 年刑法修改影响实证分析

褚红丽　孙圣民　魏　建*

内容摘要：2015 年《刑法修正案(九)》对贪污贿赂罪作出了重大修改和调整，这一调整势必在腐败惩罚领域产生重大的影响。基于 2014～2016 年的贪污罪和受贿罪一审刑事判决书，本文实证分析了法律修改对腐败惩罚的影响。分别使用监禁刑和财产刑来衡量对腐败的惩罚，我们发现法律修改使监禁时间大幅减少，而财产刑大幅增加。监禁方式的惩罚依然存在惩罚的边际递减现象，但与法律修改前相比已明显缓解；财产刑方式的惩罚则具有惩罚边际递增的作用，在一定程度上弥补了监禁惩罚方式的不足，但罚金与没收财产在财产刑中的定位尚不明确。应进一步完善贪污贿赂罪中的财产刑规定，丰富腐败的惩罚方式，大大提高惩罚威慑力。

关键词：法律修改　腐败惩罚　监禁时间　罚金

一、引言

党的十八大以来，腐败与反腐败一直是人们关注的热

* 褚红丽，山东大学经济学院博士研究生，中北大学经济与管理学院讲师；孙圣民，山东大学经济研究院教授，博士生导师；魏建，山东大学经济研究院教授，博士生导师。

点问题。大力反腐使“老虎”“苍蝇”等众多贪腐官员落马,这些落马的腐败官员都亟待司法机关的有效惩罚。我国对腐败的惩罚多年来一直使用1997年《刑法》关于贪污贿赂罪的规定,根据五千元、五万元和十万元三个刚性的腐败数额区间实施相对应的量刑。然而,随着经济的不断发展,全社会的收入水平不断提高,腐败金额也在大幅上升。社会经济的发展和腐败形势的变化使1997年确定的五千元、五万元和十万元的腐败金额门槛值到2014年时已经完全不能代表腐败犯罪的严重程度和社会危害性了,罪刑出现了严重的不均衡现象。[①] 腐败惩罚存在严重的边际递减现象,这使惩罚不仅没有很好地遏制腐败,甚至使小腐败向大腐败转变,成为腐败不断恶化的制度性原因之一。[②] 有效惩罚贪腐官员的需求和1997年《刑法》不适应性的矛盾,推动了腐败惩罚的法治进一步完善。

2015年8月29日,第十二届全国人民代表大会常务委员会第十六次会议审议通过了《刑法修正案(九)》,并于2015年11月1日起正式实施。本次刑法关于贪污贿赂罪做出了重大修改和调整。法律修改后,我国的腐败惩罚发生了怎样的变化?1997年《刑法》下的腐败惩罚边际递减现象是否依然存在?惩罚方式是否发生了变化?这些是本文试图回答的问题。

基于2014~2016年中国各法院公布的贪污罪和受贿罪一审刑事判决数据,本文分析了法律修改对腐败惩罚的影响。主要发现如下:法律修改使对腐败官员的监禁时间大幅减少,而罚金大幅增加。监禁方式的惩罚依然存在边际递减效应,但与1997年《刑法》下的惩罚相比,这一现象已缓和很多。而财产刑方式的惩罚存在边际递增效应,这在一定程度上弥补了监禁惩罚方式的不足。进一步细化财产刑的分析,我们发现法律修改前,没收财产能在一定程度上发挥在大金额腐败惩罚中的作用。法律修改后,罚金的作用比较明显,会随着腐败金额的增加而增加,而没收财产并没有很好地发挥在大金额腐败中的惩罚作用,致使法律修改后财产刑的惩罚方式并没有呈现边际递增的效果。

近年来,经济学领域关于腐败惩罚领域的实证研究不断增加,主要涉及

---

① 参见赵秉志:《中国反腐败刑事法治的若干重大现实问题研究》,载《法学评论》2014年第3期,第1~4页。

② 参见褚红丽、魏建:《腐败惩罚的边际递减及地区差异:基于腐败金额的实证分析》,载《广东财经大学学报》2016年第3期,第110页。

两个方面:第一,腐败惩罚在遏制腐败方面的作用和对经济、社会产生的影响,如万广华和吴一平、[3]党力、[4]王贤彬和王露瑶、[5]龙小宁和黄小勇、[6]王贤彬、[7]杨其静和蔡正喆[8]等人的研究成果。第二,腐败惩罚的影响因素。聂辉华和王梦琦[9]考察了政治周期对反腐败的影响;倪星和孙宗锋[10]分析了经济发展水平、财政分权等因素对地方反腐败力度的影响;田彬彬和范子英[11]考察了纪委独立性对反腐败力度的影响。无论是腐败惩罚产生的影响还是腐败惩罚的影响因素研究,他们都集中关注惩罚的确定性,要么使用立案人数,要么使用官员是否被抓,这些衡量反腐败的指标更多代表的是腐败惩罚的确定性。惩罚确定性的研究固然重要,但作为惩罚构成的惩罚严厉性和惩罚方式也同样能够反映惩罚的力度,从不同的视角考察惩罚,对于腐败惩罚的认识将更加全面。与已有的研究不同,本文侧重于分析法律修改对腐败惩罚的严厉性和惩罚方式的影响。

关于法律修改对腐败惩罚的影响,法学界有一些探讨,但大多都为定性研究。张兆松[12]罗列了2015年《刑法修正案(九)》关于贪污贿赂罪的十项重大修改和完善;张旭[13]在肯定刑法修改在推进反腐败刑事立法的同时,也指出

---

③ 参见万广华、吴一平:《司法制度、工资激励与反腐败》,载《经济学(季刊)》2012年第3期,第1000~1001页。

④ 参见党力、杨瑞龙、杨继东:《反腐败与企业创新:基于政治关联的解释》,载《中国工业经济》2015年第7期,第158~159页。

⑤ 参见王贤彬、王露瑶:《反腐败与经济增长》,载《经济社会体制比较》2016年第2期,第62~63页。

⑥ 参见龙小宁、黄小勇:《公平竞争与投资增长》,载《经济研究》2016年第7期,第155~156页。

⑦ 参见王贤彬、黄亮雄、徐现祥:《高官落马遏制腐败了吗?》,载《世界经济文汇》2016年第2期,第5~8页。

⑧ 参见杨其静、蔡正喆:《腐败、反腐败与经济增长》,载《经济社会体制比较》2016年第5期,第96~97页。

⑨ 参见聂辉华、王梦琦:《政治周期对反腐败的影响——基于2003~2013年中国厅级以上官员腐败案例的证据》,载《经济社会体制比较》2014年第4期,第138~139页。

⑩ 参见倪星、孙宗峰:《经济发展、制度安排与地方反腐败力度——基于G省面板数据的分析》,载《经济社会体制比较》2015年第5期,第94~95页。

⑪ 参见田彬彬、范子英:《纪委独立性对反腐败力度的影响——来自省纪委书记异地交流的证据》,载《经济社会体制比较》2016年第5期,第105~106页。

⑫ 参见张兆松:《论〈刑法修正案(九)〉对贪污贿赂犯罪的十大重大修改和完善》,载《法治研究》2016年第2期,第88~99页。

⑬ 参见张旭:《也谈〈刑法修正案(九)〉关于贪污贿赂犯罪的修改》,载《当代法学》2016年第1期,第7~9页。

了其存在的一些问题。张明楷[14]则重点分析了司法解释对于贪污贿赂罪修改中存在的问题以及未来的立法发展方向。这些研究都只是更多从法律条文视角进行定性分析,本文则使用实际的判决书数据实证分析了法律修改对腐败惩罚的影响。

与已有文献相比,本文的创新之处在于:第一,实证分析了我国法律修改给腐败惩罚带来的影响。现有关于2015年《刑法修正案(九)》对贪污贿赂罪的研究主要集中于对法律条文修改的定性分析,尚无刑法修改后的实证分析。第二,同时使用监禁时间和罚金来衡量腐败惩罚。现有刑事司法领域中关于惩罚的实证研究大多使用监禁时间来衡量(Mustard,[15] Bushway and Piehl,[16]Abrams et al,[17]Yang),[18]往往忽略了其他的惩罚方式。本文除了使用监禁时间以外,也同时使用罚金作为腐败惩罚的衡量指标,更为全面地认识腐败惩罚。第三,本文不仅发现了监禁惩罚方式的边际递减效应,也发现了财产刑惩罚的边际递增效应。以往研究主要关注监禁惩罚方式中的罪刑不均衡现象,认为腐败惩罚存在边际递减的问题,但却忽略了财产刑等其他惩罚方式的补充作用。

二、制度背景

1997年《刑法》关于贪污贿赂罪的规定使用了刚性的腐败金额作为量刑的主要依据,分别使用五千元、五万元和十万元作为量刑区间的腐败金额门槛值,并对应两年以下、一年到七年,五年到十年和十年以上的量刑区间。同时规定,在五万元以上的量刑区间,可以并处没收财产。

---

[14] 参见张明楷:《贪污贿赂罪的司法与立法发展方向》,载《政法论坛》2017年第1期,第7~19页。

[15] Mustard D B,"Racial, ethnic, and gender disparities in sentencing: Evidence from the US federal courts", *The Journal of Law and Economics*, 2001, 44(1), pp. 285-314.

[16] Bushway S D, A M. Piehl,"Judging Judicial Discretion, Legal Factors and Racial Discrimination in sentencing", *Law and Society Review*, 2001, pp. 733-764.

[17] Abrams D S, M. Bertrand, S. Mullainathan,"Do Judges Vary in Their Treatment of Race?", *The Journal of Legal Studies*, 2012, 41(2), pp. 347-383.

[18] Yang C S,"Free at Last? Judicial Discretion and Racial Disparities in Federal Sentencing", *The Journal of Legal Studies*, 2015, 44, pp. 75-111.

2015 年，我国对《刑法》进行了第九次修改，大幅调整了贪污贿赂罪的处罚规定。修改后对贪污罪和受贿罪的处罚规定为：对犯贪污罪的，根据情节轻重，分别依照下列规定处罚：(1)贪污数额较大或者有其他较重情节的，处三年以下有期徒刑或者拘役，并处罚金。(2)贪污数额巨大或者有其他严重情节的，处三年以上十年以下有期徒刑，并处罚金或者没收财产。(3)贪污数额特别巨大或者有其他特别严重情节的，处十年以上有期徒刑或者无期徒刑，并处罚金或者没收财产；数额特别巨大，并使国家和人民利益遭受特别重大损失的，处无期徒刑或者死刑，并处没收财产。对犯受贿罪的，根据受贿所得数额及情节，依照贪污罪的规定处罚。索贿的从重处罚。

从 2015 年的《刑法》修改可以看出，我国对贪污贿赂罪的处罚进行了重大调整，主要涉及：第一，使用弹性的腐败金额区间，分别用"数额较大""巨大""特别巨大"代替了刚性的"五千元"、"五万元"和"十万元"。第二，使用腐败数额与情节并重的量刑方式代替了以腐败数额为主的量刑方式。第三，强化了财产刑。在增加罚金刑的同时，也降低了使用财产刑的条件。2016 年 4 月 18 日实施的最高人民法院、最高人民检察院《关于办理贪污贿赂刑事案件适用法律若干问题的解释》进一步作了细化规定，将弹性区间确定为三万元、二十万元和三百万元，并明确规定了其他较重情节、其他严重情节和其他特别严重情节的具体内容。

三、法律修改后腐败惩罚的变化

作者下载和整理了 2014～2016 年中国各法院公开的贪污罪和受贿罪一审刑事判决书，数据来源于 Openlaw 网站。通过逐份阅读判决书，提取出与本文研究相关的一系列变量，主要包括：监禁时间、没收财产、罚金、审理时间、审理法院及审判组织形式、贪污(受贿)金额、案件情节、腐败官员特征等。样本量共计 19,175 份，其中法律修改前的样本为 12,906 份，法律修改后的样本为 6269 份。本文所指的法律修改前样本为 2014 年 1 月 1 日～2015 年 10 月 31 日期间判决的、适用于 1997 年《刑法》的贪污罪和受贿罪案件，法律修改后样本为 2015 年 11 月 1 日～2016 年 12 月 31 日期间判决的适用于 2015 年《刑法》的贪污罪和受贿罪案件。为了简化起见，本文以下直接简称 97 刑法和 15

刑法。

本文选取2014以来的数据,主要是因为:最高人民法院要求从2014年1月1日开始,各法院向社会全部公开生效的判决书。也就是说,2014年以来,判决书的样本量才相对较为全面。基于作者建立的这一数据库,我们先初步统计分析了法律修改前后腐败惩罚的变化。

(一)量刑轻缓化:监禁时间明显减少

《刑法修正案(九)》对腐败金额和量刑区间做了重大调整,腐败金额门槛值大幅提升,与此同时,量刑区间的监禁年限却在下降,这一定会导致监禁时间的大幅缩减。我们分别使用法律修改前后的样本,对比分析了不同腐败金额区间的平均监禁时间(见图1)。其中,横轴表示不同的腐败金额区间,纵轴为平均判刑时间。从图中可以明显看出,与97刑法相比,相同金额区间的平均监禁时间大幅下降,任何一个腐败区间均是如此,甚至小金额区间的下降幅度更为明显,尤其对3万~100万元的这几个区间,平均监禁时间减少幅度均超过了一半。这一现象说明,中国对腐败官员的监禁时间在减小,量刑呈现轻缓化的趋势。

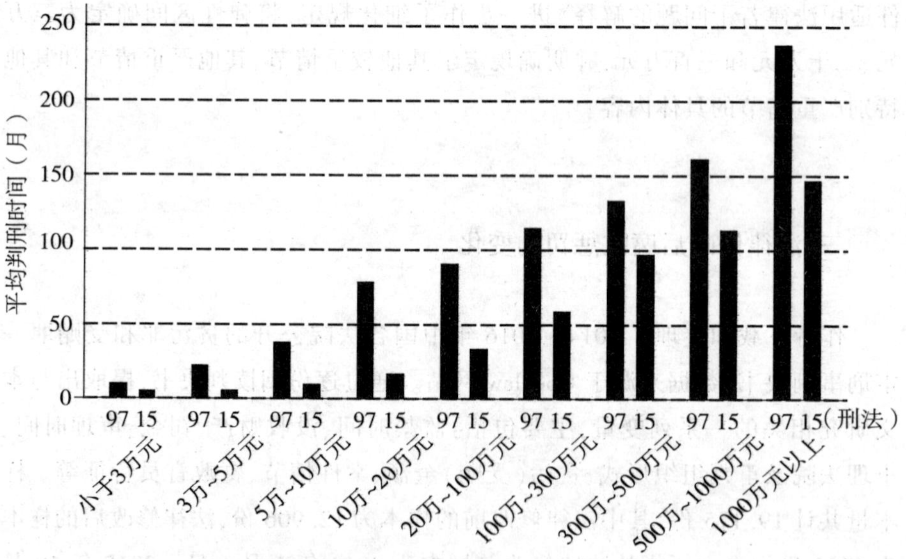

图1　法律修改前后的腐败金额区间与平均监禁时间

量刑轻缓化的另一表现为:无期徒刑和死刑、死缓的判决减少。根据适用97刑法的案件数据统计,无期徒刑有23例,死缓1例,死刑2例,平均腐败金额均在3000万元以上。而适用15刑法的案件中,本文的数据库尚未发现无期徒刑和死刑的判决案件(见表1)。受贿金额最高的达5365.08万元,但也只是判决了有期徒刑15年。当然,由于生效判决书在指定的网站上完全公开是需要一定时间的,也可能2016年判决的高级别官员判决书全文尚未上传,而高级别官员涉案金额往往巨大、被判无期徒刑和死缓、死刑的可能性也会较大。因此,我们也试着在中央纪委监察部网站追踪了公开的高级别官员贪腐案件的进展,并获得了在2016年被判决的29个部级官员的案件信息。经过整理,发现因为受贿罪而被判决死刑的0例,死缓2例,无期徒刑5例。其总量也比适用97刑法的少。而且,这些补充案件中,受贿金额达4000万元以上,甚至6000多万元的都仅仅判决15年。被判决无期徒刑的平均受贿金额高达9936.42万元,这一数额已远远超过适用97刑法的无期徒刑平均腐败金额。

表1　法律修改前后无期徒刑和死刑的案件统计

	97刑法		15刑法	
判刑结果	样本个数	平均腐败金额(万元)	样本个数	平均腐败金额(万元)
无期徒刑	23	3830.359	0	—
死缓	1	13,545.33	0	—
死刑	2	3443.584	0	—
总计	26	4174.26	0	—

注:考虑到2016年贪腐高官的判决书全文尚未在裁判文书网公开,作者也在中央纪委监察部网和各大新闻网站上对2016年进行判决的高级别贪腐官员(主要是部级干部)案件进行了搜索和补充,同样能发现死刑(缓)和无期徒刑减少的量刑轻缓化趋势。

(二)丰富惩罚方式:强化了财产刑

法律修改在使对腐败惩罚的监禁时间大幅减少的同时,也增加了罚金刑。罚金的惩罚成本是低的,且在一定程度上可以弥补腐败给社会带来的损失。在犯罪已经发生且产生损失的情况下,通过罚金的方式弥补,可以尽量使社会损失最小化。而监禁的成本是高的,需要大量的社会资源投入,监狱的建造和管理都需要高昂的社会成本,并且监禁还会使被监禁者不能参加社会劳动和创造收入,对个人和社会都具有负效应。⑲

财产刑的使用虽然有诸多的优点,但却未必能在司法实践中获得法官的青睐。因为执法者会采取监禁还是罚金的惩罚方式,可能与执法者个人的偏好及其所在单位的激励机制有关,而不仅仅取决于法律条文。事实上,97 刑法关于贪污贿赂罪的法律条文中明确规定:"个人贪污数额在五万元以上不满十万元的,处五年以上有期徒刑,可以并处没收财产;个人贪污数额在十万元以上的,处十年以上有期徒刑或者无期徒刑,可以并处没收财产。"然而,实际使用没收财产惩罚方式的并不多。

我们分别统计了 97 刑法和 15 刑法下的财产刑实施情况(见表 2)。统计时有两点需要说明:第一,97 刑法中只有腐败金额达 5 万元以上的才适用没收财产,因此,对 97 刑法中的没收财产统计是基于 5 万元以上样本计算的比例;第二,对于没收全部财产的案件,本文使用判决中法院认定的腐败金额值来作为全部财产的金额。如何对没收全部财产赋值并不会影响到本文的分析结论,下文会做分析。

适用 97 刑法的样本中,腐败金额大于 5 万元,且使用了没收财产刑的案件为 2387 人次,所占比例仅为 35.49%。平均没收财产为 19.3974 万元,这一金额看似并不是很低,但只占到腐败金额的 0.0897,远没有达到腐败金额的数倍之多。考虑到前文提及的没收全部财产案件的赋值问题,我们予以单独分析,本文数据库中,没收全部财产的有 19 例,一般均是针对腐败金额特别巨大的案件,除有 1 例腐败金额仅为 153.538 万元以外,其余的 18 例均是在 500 万元以上的案件。剔除这类样本,平均没收财产的金额值又下降到 5.3120 万元,但没收财产/腐败金额的比值变化不大,为 0.0871,与现有的统计差异并不大。

15 刑法中既有没收财产刑,又有罚金刑,但以罚金刑为主,比例高达 78.03%。说明中国对贪污贿赂罪的惩罚已经大幅使用了罚金刑。平均罚金金额为 12.9131 万元。与没收财产的平均金额值相比,似乎罚金值还降低了,但罚金与腐败金额之比却是在提高的,达到了 0.97 倍。

---

⑲ [意]贝卡里亚:《论犯罪与刑罚》,黄风译,中国法制出版社 2005 年版;Becker G S,"Crime and punishment, An economic approach","The Economic Dimensions of Crime", *London*: *Palgrave Macmillan UK*,1968,pp. 13-68。

表2　腐败惩罚的财产刑情况统计

	罚金刑			没收财产刑		
	所占比例（%）	平均罚金（万元）	罚金/腐败金额	所占比例（%）	平均没收财产（万元）	没收财产/腐败金额
97刑法	—	—	—	35.49	19.3974	0.0897
15刑法	78.03	12.9131	0.9682	0.78	13.6020	0.3376

四、模型设计和变量说明

(一)模型设计

前文关于法律修改前后腐败惩罚的初步描述，并不能说明腐败惩罚的变化有多少来自于法律修改的作用，既可能是腐败水平的变化，也可能来自于情节抑或法院的作用。为了更规范的验证法律修改对腐败惩罚的影响，我们设计了如下模型：

$$punish_{ict} = \alpha + \beta new_{ict} + \gamma_1 \mathrm{bribe}_{ict} + \gamma_2 \mathrm{bribe}_{ict}{}^2 + \gamma_3 \mathrm{X} + \mu_c + \mu_t + \varepsilon_{ict} \qquad (1)$$

其中，punish为腐败惩罚，表示c省的第i个犯罪主体在t年因贪污（受贿）罪所受的刑事处罚，分别使用监禁时间和罚金来衡量。new为法律是否修改，bribe_{ict}为贪污（受贿）金额，$\mathrm{bribe}_{ict}{}^2$为贪污（受贿）金额的二次项，用以反映腐败金额惩罚的边际递减。α为常数项，ε为干扰项，控制年份μ_t和省份μ_c的固定效应。X为其他控制变量，参考已有文献的做法，主要包括：案件情节特征、犯罪主体特征和审理法院特征。⑳

(二)变量说明

1.被解释变量

腐败惩罚：本文分别使用监禁时间和罚金（没收财产）来衡量对腐败的惩

⑳ Mustard, D. B., "Racial, Ethnic and Gender Disparities in Sentencing: Evidence from the US Federal Courts", *Journal of Law and Economics*, 2001, 44(1), pp. 285－314; Gordon, S. C., and G. A. Huber, "The Effect of Electoral Competitiveness on Incumbent Behavior", *Quarterly Journal of Political Science*, 2007, 2(2), pp. 107－138; Lim C S H, Jr J M Snyder, D. Strömberg, "The Judge, the Politician, and the Press, Newspaper Coverage and Criminal Sentencing Across Electoral Systems", *American Economic Journal, Applied Economics*, 2015, 7(4), pp. 103－135.

罚。监禁时间直接使用判决书中的法院判刑结果,免予刑事处罚的为0,有期徒刑全部换算为多少个月,为了方便统计和计量的分析,本文也将无期徒刑和死刑(缓)使用具体的数字衡量,借鉴褚红丽和魏建[21]的做法,我们将无期徒刑设定为20年,240个月,死刑设定为40年,480个月,死缓为22年,264个月。

关于财产刑,由于97刑法中只有没收财产刑,而15刑法增加了罚金刑,可以同时实施罚金和没收财产。虽然罚金与没收财产在适用对象、内容和执行方式上都有所不同,但二者都属于对犯罪主体财产方面的剥夺与惩罚。因此,我们在总的回归分析中没有对二者进行细致区分,均统一使用剥夺财产一词概括。如果判决书中明确判决了"处没收财产"或"罚金"的财产刑,则剥夺的财产等于具体的判决数额,如果没有处以财产刑,则财产刑的值为0。对于法院判决为"没收全部财产"的腐败案件,我们依然使用法院认定的贪污(受贿)金额进行赋值。考虑到这一赋值方式容易遭到质疑,本文也在稳健性分析中剔除了这一类样本进行分析。

2. 关键解释变量

法律修改:如果法院审理时间是在2015年11月1日以后,则适用2015年新的刑法,即属于法律修改后,赋值为1;如果法院审理时间是在2015年11月1日以前,则适用的是97刑法,属于法律修改前,赋值为0。由于2015年《刑法修正案(九)》中,将腐败数额区间调整为数额较大、巨大和非常巨大的弹性区间,而仅仅是在2016年4月的司法解释中才具体细化为三万元、二十万元和三百万元,因此,直接使用新的数额区间的做法可能有误,所以,在稳健性检验中,我们仅仅将审理时间为2016年4月以来的案件视为法律修改的样本,并进行了稳健性检验。

3. 控制变量

(1)案件特征:主要包括贪污(受贿)金额、腐败类型、是否自首、是否立功、是否退赃、是否从犯、是否犯罪未遂、是否多次索贿、[22]是否曾因职务犯罪受过处分、是否特定目的的腐败、[23]是否有其他类型的犯罪等。其中贪污(受贿)金

---

[21] 参见褚红丽、魏建:《腐败惩罚的边际递减及地区差异:基于腐败金额的实证分析》,载《广东财经大学学报》2016年第3期,第104页。

[22] 对于是否索贿变量,由于贪污罪中并不存在索贿行为,视为否,赋值为0。

[23] 2015年《刑法修正案(九)》强化了情节的作用,2016年司法解释中明确了"其他较重情节"的内容,其中对于贪污罪,特定目的的腐败指"贪污救灾、抢险、防汛、优抚、扶贫、移民、救济、防疫、社会捐助等特定款物的";而对于受贿罪,特定目的的腐败指"为他人谋取职务提拔、调整的"。如果存在这一类目的的腐败,则赋值为1,否则为0。

额为判决书中法院认定的总金额;腐败类型是受贿,则赋值为1,贪污则赋值为0;其余变量均采取二值虚拟变量的方式赋值,是为1,否为0。

(2)犯罪主体特征:包括犯罪主体的性别、民族、年龄、学历等。其中性别命名为female,女性为1,男性为0;民族命名为nati,少数民族为1,汉族为0;年龄命名为age,使用法院审理时间的年份减去犯罪主体的出生年份;学历命名为educ,高中及以下为0,大学为1,研究生及以上为2。

(3)审理法院特征:主要包括法院级别和审判组织形式。在本文的一审刑事判决样本中,法院级别指为基层法院还是中级法院,前者赋值为0,后者为1。审判组织形式指为合议庭还是独任制,前者为1,后者为0。有人民陪审员的赋值为1,无则为0。

各变量的指标描述和统计性说明见表3。

表3　主要变量的说明和统计性描述

变量	变量名称	观测个数	均值	标准差	最小值	最大值
lnpuni	log(1+监禁时间(月))	19,175	2,8643	1.4698	0	6.1759
lnprop	log(1+罚金(万元))	19,175	0.9043	1.2796	0	10.859
new	法律修改	19,175	0.3269	0.4691	0	1
lnbribe	log(贪污/受贿金额)	19,175	2.0420	1.4214	-3.0366	10.859
surr	是否自首	19,175	0.4771	0.4995	0	1
meri	是否立功	19,175	0.0539	0.2259	0	1
illg	是否退赃	19,175	0.9097	0.2866	0	1
acce	是否从犯	19,175	0.0877	0.2894	0	1
atte	是否犯罪未遂	19,175	0.0083	0.0907	0	1
manyextort	是否多次索贿	19,175	0.0271	0.1623	0	1
oncepuni	是否受过处分	19,175	0.0005	0.0228	0	1
specheavy	是否特定目的腐败	19,175	0.0096	0.0975	0	1
court	法院级别	19,175	0.0271	0.1623	0	1
coll	是否合议庭	19,175	0.9558	0.2056	0	1
peop	是否有人民评审员	19,175	0.7752	0.4174	0	1
othercrime	是否有其他犯罪	19,175	0.0804	0.2719	0	1

续表

变量	变量名称	观测个数	均值	标准差	最小值	最大值
crime	犯罪类型	19, 175	0. 4547	0. 4980	0	1
female	性别	19, 175	0. 0791	0. 2699	0	1
nati	民族	19, 175	0. 0669	0. 2499	0	1
age	年龄	19, 175	48. 2927	8. 4875	20	79
educ	学历	19, 175	0. 5134	0. 5519	0	2

五、回归分析

(一)法律修改与监禁时间的实证结果

表4为法律修改对监禁时间影响的实证分析结果,所有的回归均控制了贪污(受贿)金额、案件情节、法院特征和犯罪主体个人特征,也控制了年份和省份的固定效应。其中列(1)为全样本下法律修改(new)对监禁时间(lnpuni)的回归结果,new的系数显著为-0.676,说明法律修改确实减少了监禁时间。lnbribe的系数显著为正,而lnbribe2的系数显著为负,说明惩罚边际递减现象在总样本中依然是存在的。即随着贪污(受贿)金额的增加,监禁时间也在增加,但监禁增加的幅度却随着贪污(受贿)金额的增加而递减。

控制变量的符号基本与预期相符。自首、立功、退赃和从犯均显著为负,多次索贿、曾因职务犯罪受过处分和有其他类型犯罪的均显著为正,特殊目的腐败的系数为正,但并没有很显著,可能因为法律修改前并没有这一项从重情节,全部赋值为0导致的。在列(3)使用法律修改后的样本时,能够发现该系数值是显著为正的。总体来看,所有情节因素的判刑都是符合预期的,与法律规定的基本相符,也充分说明我国的执法状况整体是不错的。此外,受贿罪比贪污罪的判刑更轻。合议庭的判刑更重,法院级别与人民陪审员的作用不显著。女性的判刑更轻,大学教育程度的判刑更轻。这与Bushway and Piehl,㉔

㉔ Bushway S D, A M. Piehl, "Judging Judicial Discretion, Legal Factors and Racial Discrimination in Sentencing", *Law and Society Review*, 2001, pp. 733-764.

Mustard,㉕Lim㉖的研究结论是一致的。

由于97刑法下的腐败惩罚存在明显的惩罚边际递减现象,而适用97刑法的样本量又几乎占2/3的比例。因此,总样本下的惩罚边际递减现象可能还是反映了97刑法下的腐败惩罚问题。从15刑法关于贪污贿赂罪的修改可以看出,腐败金额区间的调整导致平均监禁时间大幅减少的同时,也使小金额区间的刑罚减少幅度更大,这会加大与大金额区间刑罚力度的差距。因此,法律修改在一定程度上应该能缓和惩罚的边际递减现象。我们分别对法律修改前的样本和法律修改后的样本进行了回归,见列(2)、列(3)。能够发现无论是法律修改前还是法律修改后的样本,都同样存在腐败金额二次项的系数显著为负的结果,这说明法律修改后的腐败惩罚依然存在惩罚边际递减现象。但其系数比法律修改前的大幅下降,一定程度上说明惩罚边际递减的现象得到了缓解。当然,将不同样本的系数值直接进行比较令人怀疑。为此,我们使用法律修改与腐败金额的交互项来判断腐败金额对监禁时间的影响是否会受到法律修改的影响,我们将法律修改、腐败金额的一次项、二次项、一次项的交互项和二次项的交互项全部纳入回归中,回归结果见列(4)。能够发现无论是一次项还是二次项以及他们的交互项都是显著的,一次项的交互项显著为负,说明法律修改使腐败金额对惩罚的影响减少,而二次项的交互项显著为正,说明法律修改使边际递减的效应减少,即缓和了惩罚的边际递减现象。

由于监禁时间最短为免予刑事处罚,即为0,最大为死刑/死缓/无期徒刑,即便是有期徒刑,单项罪也有最长监禁时间,因此,被解释变量存在典型的截断问题。此时直接使用OLS回归会导致系数估计值向零缩减。为了解决这一截断问题,Bushway and Piehl,㉗Gordon and Huber㉘使用双限Tobit模型进行回归,我们借鉴其做法,也使用左限为0,右限为最长监禁时间的做法进行Tobit

---

㉕ Mustard, D. B., "Racial, Ethnic and Gender Disparities in Sentencing: Evidence from the US Federal Courts", *Journal of Law and Economics*, 2001, 44(1), pp. 285 – 314.

㉖ Lim C S H, Jr J M Snyder, D. Strömberg, "The Judge, the Politician, and the Press, Newspaper Coverage and Criminal Sentencing Across Electoral Systems", *American Economic Journal, Applied Economics*, 2015, 7(4), pp. 103 – 135.

㉗ Bushway S D, A M. Piehl, "Judging Judicial Discretion, Legal Factors and Racial Discrimination in Sentencing", *Law and Society Review*, 2001, pp. 733 – 764.

㉘ Gordon, S. C., and G. A. Huber, "The Effect of Electoral Competitiveness on Incumbent Behavior", *Quarterly Journal of Political Science*, 2007, 2(2), pp. 107 – 138.

模型进行回归，结果见列(5)、列(6)，其中列(5)为使用 new 对 lnpuni 直接回归的结果，列(6)为使用 new 与 lnbribe 交互项回归的结果。结论依然成立，说明了我们回归的稳健性。

表 4　法律修改对监禁时间影响的实证分析

	(1)	(2)	(3)	(4)	(5)	(6)
	全样本	法律修改前样本	法律修改后样本	全样本	全样本	全样本
	OLS	OLS	OLS	OLS	Tobit	Tobit
VARIABLES	lnpuni	lnpuni	lnpuni	lnpuni	lnpuni	lnpuni
new	−0.676*** (0.0524)			−0.415*** (0.0664)	−0.777*** (0.0512)	−0.575*** (0.0627)
new_lnbribe				−0.419*** (0.0428)		−0.367*** (0.0408)
new_lnbribe2				0.0877*** (0.00666)		0.0856*** (0.00675)
lnbribe	1.237*** (0.0186)	1.361*** (0.0240)	0.895*** (0.0382)	1.341*** (0.0227)	1.440*** (0.0176)	1.537*** (0.0194)
lnbribe2	−0.102*** (0.00311)	−0.130*** (0.00451)	−0.0355*** (0.00558)	−0.127*** (0.00425)	−0.129*** (0.00313)	−0.154*** (0.00356)
crime	−0.0727*** (0.0166)	−0.0901*** (0.0196)	−0.0760** (0.0300)	−0.0769*** (0.0165)	−0.101*** (0.0192)	−0.108*** (0.0191)
surr	−0.375*** (0.0147)	−0.434*** (0.0181)	−0.270*** (0.0252)	−0.380*** (0.0147)	−0.426*** (0.0172)	−0.428*** (0.0171)
meri	−0.228*** (0.0281)	−0.233*** (0.0319)	−0.240*** (0.0560)	−0.235*** (0.0278)	−0.252*** (0.0363)	−0.257*** (0.0360)
illg	−0.0776*** (0.0235)	−0.0873*** (0.0282)	−0.0824** (0.0419)	−0.0791*** (0.0233)	−0.0681** (0.0288)	−0.0699** (0.0286)
acce	−0.609*** (0.0469)	−0.712*** (0.0408)	−0.465*** (0.0866)	−0.614*** (0.0472)	−0.696*** (0.0289)	−0.700*** (0.0287)
manyextort	0.227*** (0.0281)	0.165*** (0.0321)	0.429*** (0.0493)	0.236*** (0.0277)	0.250*** (0.0501)	0.263*** (0.0498)
oncepunish	0.545*** (0.174)	0.489*** (0.0465)	0.625*** (0.206)	0.593*** (0.173)	0.639* (0.348)	0.692** (0.345)
speheavy	0.107 (0.0718)		0.163** (0.0698)	0.0694 (0.0708)	0.0830 (0.0857)	0.0635 (0.0853)

续表

	(1)	(2)	(3)	(4)	(5)	(6)
	全样本	法律修改前样本	法律修改后样本	全样本	全样本	全样本
	OLS	OLS	OLS	OLS	Tobit	Tobit
VARIABLES	lnpuni	lnpuni	lnpuni	lnpuni	lnpuni	lnpuni
othercrime	0.171 ***	0.195 ***	0.1000	0.180 ***	0.210 ***	0.220 ***
	(0.0207)	(0.0216)	(0.0891)	(0.0207)	(0.0305)	(0.0303)
atte	0.0355	−0.0769	0.253	0.0322	0.0663	0.0647
	(0.0913)	(0.105)	(0.157)	(0.0887)	(0.0890)	(0.0884)
court	0.0132	0.0858 **	−0.0510	0.0553 *	0.0523	0.111 *
	(0.0307)	(0.0356)	(0.0563)	(0.0292)	(0.0573)	(0.0571)
coll	0.212 ***	0.197 ***	0.355 ***	0.191 ***	0.238 ***	0.215 ***
	(0.0410)	(0.0529)	(0.0778)	(0.0408)	(0.0440)	(0.0437)
peop	−0.0255	−0.000986	−0.0857 **	−0.0284	−0.0350	−0.0351
	(0.0194)	(0.0233)	(0.0362)	(0.0193)	(0.0220)	(0.0218)
female	−0.128 ***	−0.0960 **	−0.204 ***	−0.132 ***	−0.141 ***	−0.147 ***
	(0.0324)	(0.0414)	(0.0501)	(0.0322)	(0.0350)	(0.0348)
nati	0.0910 **	0.121 **	0.0246	0.0885 **	0.0904 **	0.0886 *
	(0.0395)	(0.0480)	(0.0706)	(0.0394)	(0.0456)	(0.0453)
1. educ(大学)	−0.176 ***	−0.188 ***	−0.0879 **	−0.175 ***	−0.239 ***	−0.238 ***
	(0.0238)	(0.0294)	(0.0405)	(0.0236)	(0.0266)	(0.0264)
2. educ(研究生)	−0.0422	−0.0615	0.0381	−0.0560	−0.0727	−0.0881
	(0.0492)	(0.0566)	(0.0861)	(0.0482)	(0.0748)	(0.0743)
Observations	19,171	12,906	6265	19,171	19,171	19,171
R − squared	0.591	0.609	0.505	0.597		
Sigma					1.0935	1.0858

注:括号内为稳健性标准误,*** 表示1%水平显著,** 表示5%水平显著,* 表示10%水平显著。所有回归均控制了省份和年份的固定效应。限于篇幅,未报告年龄的回归结果。列(5)、列(6)中的Tobit模型左限数量为3043,右限数量为2。

(二)法律修改与财产刑的实证结果

表5为法律修改对财产刑影响的实证分析结果,同样是所有的回归均控制了贪污(受贿)金额、案件情节、法院特征和犯罪主体个人特征,也控制了年份

和省份的固定效应。其中列(1)为全样本下法律修改(new)对剥夺财产(lnprop,含罚金和没收财产)的回归结果,new的系数显著为正,说明法律修改使财产刑力度加大。并且,与监禁时间惩罚方式不同的是,lnbribe的系数显著为正,而lnbribe2的系数也显著为正,这意味着财产刑增加的力度会随着贪污(受贿)金额的增加而增加,即财产刑的惩罚方式存在惩罚边际递增的现象。这与监禁惩罚方式具有的惩罚边际递减问题恰好形成互补。理论上讲,腐败金额可以无限增长,甚至可以说没有上限,从几百万到几千万甚至上亿。但惩罚区间却是有限的,在死刑严格控制的形势下,至多也就为无期徒刑和终身监禁。无论监禁的量刑方式如何调整,都不可能永远消除惩罚的边际递减效应。而财产刑(包括罚金和没收财产)则可以随着腐败金额的增长而增长,这会在很大程度上弥补监禁惩罚方式造成的惩罚边际递减效用。此外,与对监禁时间影响不同的是,受贿罪比贪污罪的罚金更重。

我们分别使用法律修改前后的样本来观察腐败金额对财产刑的惩罚方式是否均存在边际递增现象,结果见列(2)、列(3)。其中列(2)为法律修改前腐败金额对没收财产的影响。[29] lnbribe的系数并不显著,并没有发现腐败金额与没收财产之间的明显关系。也就是说,法律修改前的没收财产并不是随着腐败金额的增加而增加。但lnbribe2的系数显著为正,我们解释为,没收财产刑一般在腐败金额特别大的案件中才会实施,且一旦实施,则没收金额较为巨大。列(3)为法律修改后腐败金额对财产刑(含罚金和没收财产)的影响。从lnbribe的系数可以看出,法律修改后,罚金会随着腐败金额的增加而增加,但lnbribe2的系数不显著,并没有呈现出总样本中罚金惩罚方式边际递增的结果。这与新法律修改后罚金和没收财产的实施情况有关。一般而言,财产刑的实施中,罚金更多针对犯罪严重程度较小的案件,而没收财产则更多针对犯罪严重的大案件。在适用新的法律样本中,我们发现,其实罚金的适用率普遍提高,适用对象不仅在小金额的腐败案件,也适用于一些大金额的腐败案件。而没收财产刑的适用比例却比较低,对大金额的腐败案件并没有实施更多、更大金额的没收财产。为此,我们对罚金和没收财产区分对待,分别将其作为被

[29] 由于法律修改前仅仅对五万元以上的腐败案件才实施没收财产,因此,表5列(2)中进行回归的法律修改前样本也只包含了法律修改前腐败金额在五万元以上的样本。笔者也尝试对包含五万元以下的法律修改前样本进行了回归,结果显示为lnbribe的系数不显著,系数值为-0.01569,lnbribe2的系数值显著为正的0.05952。

解释变量再次进行回归,结果见列(4)、列(5)。从列(4)中 lnbribe 的系数可以看出,罚金随着腐败金额的增加而增加,但随着腐败金额的增加,罚金的作用越来越小。但经过计算,发现罚金作用减少的腐败金额转折值非常大,高达 10 亿元以上。这说明,罚金是会随着腐败金额增加而增加的。列(5)中 lnbribe 的系数说明,在小金额的腐败中,没收财产不发挥作用,但随着腐败金额的增加,没收财产开始发挥惩罚递增的作用。具体地说,腐败金额在达到 0.254/(2 × 0.0334),即 44.8086 万元时才开始发挥没收财产的作用。然而,法律修改后罚金和没收财产同时适用,司法实践却更青睐于罚金,而较少使用没收财产。因此,二者的定位有待于进一步明确。

进一步观察腐败金额对财产刑的影响是否会受到法律修改的影响,我们使用 new 和 lnbribe 的交互项对罚金进行回归,结果见列(6)。new_lnbribe 的系数显著为正,意味着法律修改使得腐败金额对财产刑的影响增加,而二次项的交互项系数为负,意味着法律修改使得惩罚边际递增的作用减少,即法律修改后大金额腐败的没收财产刑实施力度减弱。而在考虑腐败金额的边际效应后,法律修改对罚金的影响 = −0.284 + 0.652 × 2.0423 − 0.0821 × 6.1913 = 0.5393,也依然是法律修改增加了罚金惩罚方式的结果。

表 5　法律修改对罚金影响的实证分析

变量	(1)	(2)	(3)	(4)	(5)	(6)
	全样本	法律修改前样本	法律修改后样本	法律修改后样本	法律修改后样本	全样本
	lnprop	lnprop	lnprop	lnfine	lnexpr	lnprop
new	0.342***					−0.284***
	(0.0245)					(0.0373)
new_lnbribe						0.652***
						(0.0355)
new_lnbribe2						−0.0821***
						(0.00658)
lnbribe	0.0491***	0.0602	0.594***	0.626***	−0.254*	−0.0666***
	(0.0160)	(0.0824)	(0.0321)	(0.0359)	(0.139)	(0.0188)
lnbribe2	0.0614***	0.0473***	−0.00603	−0.0151**	0.0334**	0.0743***
	(0.00366)	(0.0128)	(0.00507)	(0.00611)	(0.0165)	(0.00472)

续表

变量	(1) 全样本 lnprop	(2) 法律修改前样本 lnprop	(3) 法律修改后样本 lnprop	(4) 法律修改后样本 lnfine	(5) 法律修改后样本 lnexpr	(6) 全样本 lnprop
crime	0.0593*** (0.0126)	0.129*** (0.0224)	0.0157 (0.0285)	0.0112 (0.0293)	0.0320 (0.0233)	0.0473*** (0.0123)
surr	-0.0769*** (0.0115)	-0.0263 (0.0220)	-0.183*** (0.0235)	-0.187*** (0.0242)	0.00701 (0.0165)	-0.0641*** (0.0112)
meri	-0.108*** (0.0278)	-0.00668 (0.0388)	-0.274*** (0.0571)	-0.269*** (0.0589)	-0.0307 (0.0317)	-0.0932*** (0.0276)
illg	-0.0210 (0.0210)	0.00195 (0.0344)	-0.0744* (0.0389)	-0.0759* (0.0399)	-0.00860 (0.0223)	-0.0210 (0.0206)
acce	-0.233*** (0.0263)	-0.176*** (0.0303)	-0.381*** (0.0789)	-0.382*** (0.0796)	0.00830 (0.0238)	-0.233*** (0.0255)
manyextort	0.169*** (0.0372)	0.160*** (0.0586)	0.393*** (0.0500)	0.341*** (0.0686)	0.0789 (0.106)	0.190*** (0.0374)
oncepunish	0.486*** (0.168)	-0.906*** (0.0550)	0.648*** (0.183)	0.635*** (0.181)	0.0638* (0.0364)	0.495** (0.197)
speheavy	0.0463 (0.0738)		0.178*** (0.0683)	0.155** (0.0707)	-0.0342 (0.0305)	0.178*** (0.0691)
othercrime	-0.00812 (0.0207)	0.0123 (0.0321)	0.0549 (0.0834)	-0.0749 (0.112)	0.177 (0.155)	-0.00704 (0.0206)
atte	6.90e-05 (0.0662)	-0.0355 (0.126)	0.0997 (0.107)	0.115 (0.107)	-0.0125 (0.0223)	0.0116 (0.0623)
court	0.332*** (0.0596)	0.564*** (0.0752)	0.0423 (0.0683)	-0.00289 (0.0819)	-0.00220 (0.0422)	0.396*** (0.0596)
coll	-0.0680*** (0.0253)	0.144** (0.0707)	0.107 (0.0676)	0.116* (0.0679)	-0.0624** (0.0259)	-0.0545** (0.0248)
peop	-0.00929 (0.0149)	-0.0137 (0.0289)	-0.0800** (0.0321)	-0.0797** (0.0335)	0.00621 (0.0292)	0.00487 (0.0144)
female	-0.0532** (0.0247)	-0.0250 (0.0467)	-0.132*** (0.0479)	-0.146*** (0.0497)	0.0479 (0.0419)	-0.0579** (0.0242)

续表

变量	(1) 全样本	(2) 法律修改前样本	(3) 法律修改后样本	(4) 法律修改后样本	(5) 法律修改后样本	(6) 全样本
	lnprop	lnprop	lnprop	lnfine	lnexpr	lnprop
nati	0.00857	0.0439	-0.0680	-0.0474	-0.0608**	0.0126
	(0.0323)	(0.0565)	(0.0653)	(0.0657)	(0.0306)	(0.0316)
1. educ(大学)	-0.0464***	-0.0331	-0.115***	-0.125***	0.0314**	-0.0452***
	(0.0174)	(0.0307)	(0.0376)	(0.0382)	(0.0160)	(0.0170)
2. educ(研究生)	0.0858	0.0980	0.0448	0.0762	-0.0164	0.0862
	(0.0728)	(0.114)	(0.0828)	(0.0892)	(0.0300)	(0.0721)
Observations	19,175	6695	6269	6269	1733	19,175
R-squared	0.667	0.421	0.527	0.510	0.198	0.681

注:括号内为稳健性标准误,*** 表示1%水平显著,** 表示5%水平显著,* 表示10%水平显著。所有回归中均控制了省份和年份。限于篇幅,文中未报告年龄的回归结果。

六、稳健性检验

考虑到2015年11月1日实施《刑法修正案(九)》至2016年4月28日司法解释出台这一段时间,并没有明确的腐败数额区间和从重情节规定,此时法律修改对腐败惩罚的作用尚比较模糊甚至混乱,我们剔除了这一期间的样本,仅将2016年4月28日以来的样本视为法律修改后的样本,并再次进行回归。其中列(1)为剔除样本后使用new对监禁时间回归的结果,列(2)为剔除样本后使用new对罚金回归的结果。从new的系数值可以看出,剔除样本后,法律修改对腐败惩罚的影响更大了,无论是监禁时间还是罚金。

监禁时间中对无期徒刑、死缓和死刑的赋值,罚金中对没收全部财产的赋值容易引起争议,我们剔除了这一类样本,再次分别使用new对监禁时间和罚金进行回归,结果见列(3)、列(4)。同样能发现法律修改对监禁时间的负影响和对罚金的正影响。

表6 法律修改对腐败惩罚影响的稳健性分析

	(1)	(2)	(3)	(4)
	OLS	OLS	OLS	OLS
VARIABLES	lnpuni	lnprop	lnpuni	lnprop
new	-1.276*** (0.0179)	1.744*** (0.0167)	-0.676*** (0.0524)	0.334*** (0.0243)
lnbribe	1.257*** (0.0195)	0.00948 (0.0163)	1.251*** (0.0188)	0.0841*** (0.0132)
lnbribe2	-0.105*** (0.00329)	0.0664*** (0.00375)	-0.105*** (0.00314)	0.0528*** (0.00307)
加入控制变量	是	是	是	是
控制省份	是	是	是	是
控制年份	是	是	是	是
Observations	18,170	18,170	19,149	19,008
R-squared	0.595	0.682	0.589	0.663

注:括号内为稳健性标准误,*** 表示1%水平显著,** 表示5%水平显著,* 表示10%水平显著。所有回归中均控制了案件情节特征、法院特征和犯罪主体特征等,也控制了省份和年份。限于篇幅,文中未一一报告。

七、结论

本文基于2014~2016年的贪污罪和受贿罪一审判决书,研究了15刑法关于贪污贿赂罪的修改对腐败惩罚的影响,通过使用监禁时间和罚金作为腐败惩罚的衡量指标,我们分别实证分析了法律修改对监禁时间和罚金的影响,发现法律修改减少了监禁时间,而增加了罚金刑。并且,法律修改大大缓解了监禁方式的惩罚边际递减现象,但依然没有完全消除这一问题。这是因为,腐败金额可以无限增长,而监禁方式的量刑却空间有限,尤其是在死刑严格控制的情况下。因此,无论法律如何修改,只要腐败犯罪没有极限,单一的监禁方式就总是面临惩罚边际递减的问题。相对而言,罚金方式的惩罚具有边际递增效应,这在一定程度上弥补了监禁方式对大金额腐败遏制上的不足。然而,罚金和没收财产作为不同的财产刑,在法律修改后的司法实践中定位尚不明确。

罚金能基本随腐败金额的增加而增加，却没有呈现出边际递增的作用，而没收财产却没有发挥对大金额腐败的惩罚作用。为此，我们提出如下对策：

首先，要继续加大罚金刑的力度。(1)要继续扩大罚金在腐败惩罚中的使用，让腐败官员人财两空；(2)加大罚金力度，进一步提高罚金与腐败金额的比值。(3)明确罚金与没收财产刑的定位。要么将二者有机结合起来，发挥罚金在小腐败中和没收财产在大腐败中的惩罚作用；要么仅仅保留罚金刑，使罚金与腐败金额相适应，充分发挥罚金刑的作用。

其次，进一步丰富惩罚方式，要发挥劳役改造和社区矫正等惩罚作用更持久的惩罚方式。监禁的惩罚方式存在惩罚边际递减的问题，因此，对腐败的惩罚应将监禁与其他惩罚方式混合使用。正如贝卡里亚所指出的，“对人类心灵发生较大影响的，不是刑罚的强烈性，而是刑罚的延续性”。社区改造和劳役改造更容易使民众直接观察和了解到腐败犯罪所带来的惩罚，惩罚也更持久一些。因此，也能对腐败惩罚的威力产生更好的宣传和教育作用。

青年论坛

著作权司法判决的影响因素
——基于著作权一审司法判决书的实证分析

田燕梅[*]

内容摘要：根据 2015 年法院"著作权"纠纷一审判决书中搜集的数据，本文实证分析了影响著作权司法判决的各种因素，特别是原告诉求金额与法院判决金额的关系。研究结果表明：著作权法院判决赔偿金额较低，随原告诉求金额的增加，呈现边际递减；诉讼当事人主体特征对法院的判决具有影响，原告是企业或组织会显著增加法院判决金额，被告有律师会降低法院判决金额，原告在当地会使法院判决金额增加，司法判决存在地方保护主义。随着诉讼持续时间的增加，著作权保护强度的增加，法院判决金额减少，法条数量越多证据越充分法院判决金额越多，西部地区法院判决金额比东部地区少。有无人民陪审员对法院判决影响并不显著。

关键词：著作权侵权　损害赔偿　法定赔偿　边际递减

一、引言

随着知识经济时代的到来，著作权（版权）产业成为

* 田燕梅，山东大学经济研究院博士研究生。

国家经济发展的支柱产业,在经济转型中领航发展,与此同时,著作权纠纷每年呈现递增趋势发展。营造激励创新的公平竞争环境是当前著作权司法保护的首要任务,为此2015年颁布的中共中央、国务院《关于深化体制机制改革加快实施创新驱动发展战略的若干意见》提出"完善知识产权保护相关法律,研究降低侵权行为追究刑事责任门槛,调整损害赔偿标准,探索实施惩罚性赔偿制度"。由可见加强著作权保护、提高侵权赔偿额度,已成为激励文化创新的重要举措。

本文通过对全国各级法院著作权司法判决书进行分析,探究著作权司法判决赔偿制度施行现状、地区差异、赔偿的影响因素,以及存在的突出问题。本研究对于正确处理著作权纠纷,更好地保护著作权人的合法权益,有效遏制著作权侵权行为,促进我国著作权及相关产业健康发展具有重要意义,同时也为我国《著作权法》第三次修订提供相应的参考与借鉴。

关于著作权司法判决的研究,Arnold Plant① 最早用经济分析方法研究版权的福利效应,Landes 和 Posner② 提出最优版权保护水平就是总福利水平最大化的版权保护水平,版权保护水平的变动会对创作者的毛收入产生影响。詹映、张弘③以我国各级法院审理的知识产权侵权案件司法判例为基础,对侵权人侵权代价和权利人维权成本进行实证分析,得出知识产权维权存在周期长、赔偿低的问题,但是经济成本高的问题并不显著,举证难导致法院过多适用"法定赔偿"确定赔偿额。徐剑对上海网络知识产权司法裁判文书进行实证分析得出,④中国司法系统高效完成了现在立法框架下所能达到的目标,但是时间成本过高,赔偿数额过低等原因成为权利人不愿意求助司法救济的主要因素。钱国玲、张健以法院受理的版权纠纷诉讼为样本进行考虑,⑤发现中国版权司法存在立法滞后、司法救济不足、案件多人员少,管辖法院高度集中

---

① Arnold Plant, The Economic Aspects of Copyright in Books, *Economic*, Vol. 1, 1934.

② Landes, William M. & Richard A. Posner, Indefinitely Renewable Copyright, University of Chicago John M. Olin Law and Economics Working Paper No. 154, 2002; Landes, William M& Richard A. Posner, An Economic Analysis of Copyright Law, *Journal of Legal Studies*, 1989, 18, pp. 325 - 363.

③ 詹映、张弘:《我国知识产权侵权司法判例实证研究——以维权成本和侵权代价为中心》,载《科研管理》2015年第7期,第145~153页。

④ 徐剑:《网络知识产权侵权实证研究——基于上海法院司法判决书(2002~2010)的观察》,载《上海交通大学学报》(哲学社会科学版)2012年第4期,第58~66页。

⑤ 张健:《近十年版权纠纷诉讼实证分析》,载《中国出版》2014年第2期,第36~39页。

的问题,需要通过优化司法资源配置、改进立法等手段完善版权保护制度。龙小宁、王俊在对司法地方保护的影响机制研究中,⑥考察了原被告与审理法院在行政区划位置关系对法院判决结果的影响,发现原告与法院所在地是否一致对于原告能否获得有利判决具有显著的正面影响,但是二审中并没有发现类似的结果。张维迎、柯荣住以北京基层法院的合同纠纷判决书为研究对象,⑦发现缺乏信任和良好法律体系,导致诉讼的原因一般不是因为契约的模糊性,故意违约引发诉讼更主要是人们的策略选择。指出在司法和案件审理中存在逆向选择效应,法律在最应该发挥作用的场合没有起到应有的作用。李本森提出在诉讼解决领域,⑧司法机关可以通过优化复杂少数和简化简单多数实现最优司法资源的配置。谢惠加提出我国著作权侵权损害赔偿存在赔偿数额低、法定赔偿泛化、赔偿数额缺乏考虑个案差异等问题。⑨ 应建立证据披露和防碍制度,加强侵权损害赔偿的证据指引,完善法定赔偿的适用方式。朱丹提出惩罚性赔偿制度有助于遏制故意侵权行为,⑩有助于促进资源的优化配置,促进知识产权的市场交易,提高社会效率。杨兴通过分析美国版权侵权法定赔偿金制度的价值取向,⑪提出我国《著作权法》第49条的改革方向,即增设小总则,引进评定法定赔偿金额的三层级结构,限制适用法定赔偿金的任意性,加重版权商业利用者的举证责任负担,设置正当法律程序规范。孙海龙、赵克以不同阶段抽样裁判文书为研究视角对侵害著作权法定赔偿问题进行研究,⑫提出法定赔偿数额依据涉案作品的价值、侵权程度、不同的地域、侵权人的生存空间和行业发展综合确定,最低不低于权利人正常许可使用费用和维权成本。综上所述,以往学者主要从著作权侵权损害赔偿额

---

⑥ 龙小宁:《中国司法地方保护主义:基于知识产权案例的研究》,载《中国经济问题》2014年第3期,第3~17页。

⑦ 张维迎、柯荣住:《诉讼过程中的逆向选择及其解释——以契约纠纷的基层法院判决书为例的经验研究》,载《中国社会科学》2002年第2期,第31~43页。

⑧ 李本森:《法律中的二八定理——基于被告人认罪案件审理的定量分析》,载《中国社会科学》2013年第3期,第85~104页。

⑨ 谢惠加:《著作权侵权损害赔偿制度实施效果分析——以北京法院判决书为考察对象》,载《中国出版》2014年第7期,第7~42页。

⑩ 朱丹:《知识产权惩罚性赔偿制度的经济分析》,载《东方法学》2014年第6期,第49~58页。

⑪ 杨兴:《完善我国〈著作权法〉第49条的思考——基于美国版权侵权法定赔偿金制度改革的启示》,载《暨南学报》(哲学社会科学版)2014年第12期,第85~91页。

⑫ 孙海龙、赵克:《侵害著作权法定赔偿问题研究——以不同阶段抽样裁判文书为研究视角》,载《中国版权》2015年第3期,第38~41页。

低,过多适用法定赔偿,需要引入惩罚性赔偿等角度进行研究。对著作权司法判决影响因素的定量研究较少。

本文的主要创新点在于:搜集全国各级法院公开的著作权一审司法判决书数据信息,实证检验了著作权侵权赔偿额的影响因素、著作权赔偿额较低且存在边际递减的现象,对于提高著作权司法判决金额具有重要意义;本文同时认为,地区经济发展存在不均衡,著作权保护强度在各地区也存在差异,实证分析地区差异、著作权保护强度对著作权司法判决的影响,有利于我们对于法院著作权司法判决形成更全面的认识。

二、理论假说和模型设计

我国《著作权法》第48条规定了三种损害赔偿的计算方式,分别是权利人的实际损失计算赔偿数额、侵权人的违法所得计算赔偿数额和法定赔偿。对于权利人的实际损失和侵权人的违法所得都有具体的损害赔偿计算标准,法定赔偿实际上是在难以确定著作权损害赔偿的情况下赋予法院的自由裁量权。在实践中,著作权损害赔偿由于其价值的不确性,客体的无形性对损害事实难以量化,过多使用法定赔偿,过于强化法官的自由裁量权,忽视了其有限性。法官依职权行事缺乏行使的证据调查等辅助的手段,在证据调查中权限的扩张并没有实现著作权损害赔偿的正当化与合法化。许多案件的当事人收集权利损失或者获得方面的证据,困难重重,需要耗费大量的人力、物力和时间成本,出于提高效率、减少诉讼成本的考虑,当事人不愿意进行调查取证,按获得要求或实际损失赔偿,而是要求采用法定赔偿的方式。另外《著作权法》规定损害赔偿在五十万元以下,这种最高数额的规定和具体额度的设置缺乏一定的合理性和科学性,导致实践中著作权侵权获得数额偏低。

在信息不对称的情况下,原告无法向法院提供充分的证据信息,其诉求金额是法院判决时所考量的重要因素,诉求金额在一定程度上可以代表侵权行为的性质与情节,被告侵权行为的性质与情节越严重,原告提出的诉求金额越多。如果原告举证得当,提出的诉求金额对于法院判决具有重要重义,因此法院判决金额与原告诉求金额存在一定的正向关系。因《著作权法》规定损害赔偿最高限额50万元,法院在信息不对称和利益平衡原则的情况下,需要控制原告获得赔偿额度,所以随着原告诉求金额的提高,法院判决金额的提高呈下降趋势,即法院判决金额随原告诉求金额的增加,呈现边际递减现象。由此提出:

假说1:法院判决金额随原告诉求金额的增加,呈现边际递减。

诉讼当事人主体特征也会影响法院判决,当原告拥有律师,会更好地进行侵权举证,相应地提高议价的能力,被告拥有律师会提高抗辩应诉能力。因此,原告如果有律师会增加判决金额,被告如果有律师会降低判决金额。同样,原告是企业组织在司法保护或举证方面比个人具有更多的优势和资源,可能会增加判决金额;被告是企业组织在抗辩应诉能力方面更强,可能会降低判决金额。根据当事人资源理论,原告与法院所在地是否一致对于其能否获得有利判决具有显著的正面影响。由此提出:

假说2:诉讼当事人的主体特征影响法院判决金额。

我国经济发展不平衡,东西部地区经济发展水平存在较大差异。经济发达地区人均收入水平较高,同样侵权情况下侵权人在经济发达的地区获利高于经济落后的地区;从维权成本角度考虑,经济发达地区消费水平较高,维权成本较经济落后地区高;为了有效地遏制侵权,经济发展程度较高地区法院可能会综合考虑经济发展水平,人均收入水平进行判决。由此提出:

假说3:法院判决金额在东部地区比中西部地区多。

著作权保护强度由立法水平和执法水平共同决定,我国各地方著作权保护立法强度基本相同,但是著作权保护执法水平存在较大差异。著作权保护强度较高的地区司法保护意识、行政保护及管理水平较高,使当事人积极将纠纷诉至法院;立法和执法越严格,为了对著作权侵权行为产生较强的威慑作用,法院判决金额可能会随著作权保护强度增加而增加。由此提出:

假说4:法院判决金额增加随著作权保护强度增加而增加。

为了检验上述假说,设计以下计量模型:

$$judgment = \beta_0 + \beta_1 appeal + \beta_2 (appeal)^2 + \gamma X + \varepsilon \quad (1)$$

模型中被解释变量judgment表示法院判决金额,appeal表示原告诉求金额,加入原告诉求金额的二次项,反映了诉求金额对法院判决金额的影响,β_0表示常数项,ε表示噪音,X表示控制变量,主要包括:诉讼双方主体特征,包括原被告有无律师、原被告是否企业或者组织、原告是否本地;法院特征,包括审理形式、是否有人民陪审员、判决依据法条数量;诉讼持续时长;著作权保护强度。

三、数据来源和变量选择

(一)数据来源

本文使用聚法案例网站,搜集了2015年中国内地30个省市(除西藏外)各级法院公开的著作权一审司法判决书6844份。具体检索过程如下:在聚法案例网站关键字搜索中输入:著作权,选择文书性质:"判决书",审理程序:一审,锁定案由:民事,审判时间2015年,审判程序为:一审。通过下载手工整理著作权裁判文书内容,提取与著作权司法判决金额相关的因素,包括原告诉求金额、原告是否有律师、被告是否有律师、原告是否企业组织、被告是否企业组织、原告是否当地、判决依据实体法条数量、审判时间长短、案件审理是否采用合议庭的形式、有没有人民陪审员等。

需要注意的是判决书并不是"一案一书",而是根据原告的诉求情况采用"一作一书"或"多作一书"的形式,即每一份判决书对应一件作品或多件作品。在实际中,原告可能会对被告就多件作品提起诉讼,法院会根据情况对每一件作品或几件作品分别作出判决书。

(二)变量选择

1.被解释变量

法院判决金额(judgment):使用著作权判决书中法院判决的金额作为衡量指标,代表原告从被告获得的补偿金额,同时也代表着法院的行为选择。样本判决金额的平均值为17,890元,最大值为900万元,最小值0元。为反映全国各法院著作权纠纷案件的实际赔偿情况,本文把全国法院判决金额分成0~5万元(不含5万以此类推)、5万元~10万元、10万元~20万元、20万元~30万元、30万元~40万元、40万元~50万元、50万元以上(含50万元)7级,分别占全国法院著作权判决案件的92.20%、5.17%、1.91%、0.19%、0.20%、0.01%、0.31%,由此可以发现全国97.37%的著作权纠纷案件赔偿金额低于10万元。反映法院在原告与被告之间利益分配比例的另一个指标是法院判决比(rate),其值是原告诉求金额与最终判决金额的比值,通过统计发现全国法院著作权判决比均值为32%,49.36%的著作权案件判决比值低于25%,31.43%的著作权案件判决比值介于25%和50%之间,13.47%的著作权案件判决比值介于50%和75%之间,5.74%的著作权案件判决比值大于75%。

2.关键解释变量

原告诉求金额(appeal):使用著作权判决书中原告诉求金额作为衡量指标。一般来讲,原告根据所受损失情况提出赔偿请求(有时还会包括调查费用,制止侵权行为所支付的律师费用、公证费用等),诉求金额在一定程度上可以代表侵权行为的性质与情节,被告侵权行为性质与情节越严重,原告提出的诉求金额越多。如果原告举证得当,其提出的诉求金额对于法院判决就具有重要重义。83.2%的原告会聘请律师,在确定其诉求金额时会征求律师的意见,律师能够根据侵权的实际情况对赔偿金额做出合理的建议。样本中,诉求金额均值为73,998元,诉求金额最小12.7元,最大金额为9430万元。

3.控制变量

诉讼双方主体特征:我们主要从原被告有无律师、原被告是否企业或者组织、原告是否本地来刻画双方特征。原被告如果有律师会相应的提高议价的能力,原告如果有律师会增加判决金额,被告如果有律师会降低判决金额。原告有律师赋值为1,无律师赋值为0;被告有律师赋值为1,无律师赋值为0。同样原告是企业组织在司法保护或举证方面比个人具有更多的优势和资源,可能会增加判决金额;被告是企业组织在抗辩应诉能力方面更强,可能会降低判决金额。原告是企业或者组织赋值为1,否则为0;被告是企业或者组织赋值为1,否则为0。因为著作权诉讼原告就被告的原则,所以只选择了原告是否本地特征,根据龙小宁、王俊的研究发现原告与法院所在地是否一致对于原告能否获得有利判决具有显著的正面影响。[13] 原告是本地赋值为1,否则为0。

审理法院特征:包括审理形式、是否有人民陪审员、判决依据法条数量。审理形式分成合议庭和独任制,一般情况下,简单案件适用独任制形式审判,复杂案件适用合议庭形式审判,合议庭成员众多,提供信息更加全面丰富,能更好地保证判决结果的公正性。采用合议庭审判形式赋值1,否则为0。判决依据法条数量反映当事人提供确定赔偿金额的依据,法条数量越多说明证据越充分。本文中指依据我国《著作权法》中涉及的法条数量,不包括其他程序法条数量。如果有人民陪审员赋值为1,否则为0。

---

⑬ 王俊、龙小宁:《版权保护能够提升企业绩效吗——来自德化陶瓷企业的证据》,载《经济学动态》2016年第6期,第26~36页。

诉讼持续时长(length):法院最终判决时间与受理时间之间的时长,时间越短说明,案件争议较少,容易裁决;反之,案件争议较多,取证难度较大,案件难以裁定。

地区差异:分别使用东中西部地区来衡量地区差异。东中西部地区根据审理法院所在省市的地区分布进行虚拟变量赋值,东、中、西部地区省市分别赋值为 1、2、3。

著作权保护强度(protection):著作权保护强度由著作权立法和著作权执法水平决定,本文根据彭辉建立的指标体系计算著作权保护强度。著作权立法强度由保护期限、保护范围、保护客体、专有权范围、国际条约成员、权利限制、执行机制七项指标构成;著作权执法强度由司法保护水平、行政保护及管理水平、经济发展水平、社会公众意识、国际监督制衡五项指标构成。

(三)变量及统计描述

表 1 为各主要变量指标的说明和统计,其中原告诉求金额、法院判决金额、诉讼持续时长分别取对数值进行回归。

表 1　变量指标的说明和统计

变量	变量名称	平均	标准差	最小值	最大值	观测数
judgment	判决金额(元)	17, 890	158, 576	0	9, 000, 000	6844
appeal	原告诉求金额(元)	73, 998	1, 201, 000	12. 70	94, 300, 000	6844
lawyer1	原告有无律师	0. 832	0. 374	0	1	6844
lawyer2	被告有无律师	0. 277	0. 447	0	1	6844
enterprise1	原告是否企业或者组织	0. 890	0. 312	0	1	6844
enterprise2	被告是否企业或者组织	0. 920	0. 271	0	1	6844
locality	原告是否本地	0. 204	0. 403	0	1	6837
collegial panel	是否合议庭	0. 894	0. 309	0	2	6844
length	诉讼持续时长	80. 33	52. 40	3	886	4749
article	判决依据法条数量	4. 601	1. 938	0	14	6844
assessor	是否有人民陪审员	0. 668	0. 471	0	1	6844
protection	著作权保护强度	5. 005	0. 317	4. 570	5. 740	6844
rate	法院判决比	0. 316	0. 236	0	1. 110	6844

四、实证分析和计量结果

表2　原告诉求金额与法院判决金额的回归结果

	(1)OLS lnjudgment	(2)OLS lnjudgment	(3)OLS lnjudgment	(4)OLS lnjudgment	(5)OLS lnjudgment
lnappeal	0.866*** (26.25)	1.903*** (5.10)	2.046*** (5.48)	2.433*** (4.75)	2.433*** (4.75)
lnappeal2		−0.0499*** (−2.64)	−0.0555*** (−2.96)	−0.0676*** (−2.64)	−0.0676*** (−2.64)
lawyer1	0.0710 (1.12)	0.0863 (1.38)	0.0402 (0.65)	0.0791 (1.01)	0.0791 (1.01)
lawyer2	−0.362*** (−5.78)	−0.332*** (−5.35)	−0.277*** (−4.51)	−0.387*** (−4.60)	−0.387*** (−4.60)
enterprise1	0.718*** (4.46)	0.735*** (4.59)	0.672*** (4.33)	0.524** (2.39)	0.524** (2.39)
enterprise2	0.108 (1.01)	0.141 (1.32)	0.107 (1.06)	0.354*** (2.66)	0.354*** (2.66)
collegialpanel			0.190 (1.58)	0.224 (1.20)	0.224 (1.20)
article			0.284*** (13.11)	0.305*** (11.01)	0.305*** (11.01)
assessor				0.284*** (3.72)	0.284*** (3.72)
locality				0.432** (2.27)	0.432** (2.27)
length				−0.415*** (−7.65)	−0.415*** (−7.65)
area					−1.554** −10.89***

续表

	(1)OLS lnjudgment	(2)OLS lnjudgment	(3)OLS lnjudgment	(4)OLS lnjudgment	(5)OLS lnjudgment
protection					(−2.95) (1.55)
_cons	−0.594 (−1.61)	−6.001*** (−3.22)	−8.086*** (−4.27)	−9.249*** (−3.56)	45.24** (2.32)
Observations	6844	6844	6844	4744	4744
R − squared	0.4026	0.4068	0.4498	0.5151	0.5151

说明:所有回归控制了省份的固定效应,括号内的值为标准误,*、**、*** 分别表示 10%、5%、1% 的显著水平。

表 2 报告了根据模型(1)使用 OLS 方法进行回归的结果。

列 1 控制了原被告有无律师、是否企业或组织因素,原告诉求金额对法院判决金额的影响,从回归结果可以看出,原告诉求金额与法院判决金额存在正相关关系,原告诉求金额每增加 1%,法院判决金额增加 0.86%。也就说明随着原告诉讼金额的上升,法院判决金额也逐渐上升。原告有无律师、被告是否企业或组织对法院判决结果影响并不显著,被告有律师比没有律师法院判决金额会减少 0.36%,原告是企业或组织会使法院判决金额增加 0.72%。

列 2 加入了原告诉求金额二次项的回归结果。原告诉求金额二次项显著为负,这说明法院判决金额随着原告诉求金额的增加而呈现边际递减的现象,即随着原告诉求金额的增加,法院判决金额增加的程度逐渐减小。著作权法损害赔偿根据侵权行为的情节判决给予 50 万元以下的赔偿,而事实上全国 97.37% 的著作权纠纷案件赔偿金额低于 10 万元,这说明著作权赔偿在法律实施机制方面存在不完善,原告缺乏有效的证据指引,法院采纳证据较少,无法根据权利人的实际损失计算赔偿数额,较多使用法定赔偿方式而造成的,实证结果验证了假说 1、2。

列 3 加入法院审理形式、判决依据法条数量等法院特征控制因素进行回归。结果显示,采用合议庭或独任制对法院判决金额影响并不显著。判决依据法条数量每增加 1 条,法院判决金额增加 28.6%。

列 4 加入有没有人民陪审员、原告是否当地、诉讼持续时长等控制因素进行回归。发现有人民陪审员比没有人员陪审员法院判决金额增加 0.284%,原告在当地会使法院判决金额增加0.423%，这说明当事人资源关系对于法院判决具有重要影响，司法判决存在地方保护主义。随着诉讼持续时间的增加，法院判决金额会减少，说明案件比较复杂，原告缺乏有效的证据，使法院判决金额减少。

列5加入地区差异、著作权保护强度控制因素进行回归。结果表明西部地区法院判决金额比东部地区少，说明东西部地区经济发展水平存在较大差异，法院为了有效地遏制侵权，可能会综合考虑地区经济发展水平、人均收入水平、维权成本等因素进行判决。随着著作权保护强度的增加，法院判决金额减少，说明法院法律实施机制方面存在不完善，法院专业化水平不高。

五、稳健性检验

为检验上述结果的稳健性，剔除法院判决金额50万元以上的样本，对影响法院判决的因素进行回归，结果见表3(1)，各影响因素回归系数依然显著，法院判决金额随着原告诉求金额的增加呈现边际递减。

为了进一步检验模型的可信度，使用Tobit模型对影响法院判决金额的各因素进行回归，结果见表3(2)~(5)。原告诉求金额与法院判决金额存在正相关关系，法院判决金额随着原告诉求金额的增加而呈现边际递减的现象，其他影响法院判决金额的各因素，与原回归结果基本相同。由此可以看出回归结果保持稳健，本文主要结论依然成立。

表3　诉求金额与法院判决金额的稳健性分析

	(1) OLS lnjudgment	(2) Tobit lnjudgment	(3) Tobit lnjudgment	(4) Tobit lnjudgment	(5) Tobit lnjudgment
lnappeal	2.681*** (5.32)	0.868*** (25.66)	2.078*** (5.04)	2.261*** (4.26)	2.261*** (4.26)
lnappeal2	−0.0820*** (−3.22)		−0.0580*** (−2.80)	−0.0601** (−2.26)	−0.0601** (−2.26)
lawyer1	0.122 (1.56)	0.0673 (1.03)	0.0839 (1.31)	0.110 (1.37)	0.110 (1.37)

续表

	(1)OLS lnjudgment	(2)Tobit lnjudgment	(3)Tobit lnjudgment	(4)Tobit lnjudgment	(5)Tobit lnjudgment
lawyer2	-0.385*** (-4.53)	-0.369*** (-5.73)	-0.334*** (-5.24)	-0.397*** (-4.56)	-0.397*** (-4.56)
enterprise1	0.540** (2.48)	0.745*** (4.47)	0.775*** (4.66)	0.540** (2.38)	0.540** (2.38)
enterprise2	0.406*** (3.05)	0.117 (1.06)	0.152 (1.37)	0.423*** (3.04)	0.423*** (3.04)
collegialpanel	0.0609 (0.33)			0.0858 (0.44)	0.0858 (0.44)
article	0.318*** (11.39)			0.321*** (10.98)	0.321*** (10.98)
assessor	0.273*** (3.58)			0.292*** (3.68)	0.292*** (3.68)
locality	0.424** (2.25)			0.440** (2.26)	0.440** (2.26)
length	-0.00296*** (-4.25)			-0.00318*** (-4.49)	-0.00318*** (-4.49)
area	-1.495** (-2.18)				-1.493** (-2.11)
protection	0.22 (1.57)				-10.43*** (-2.73)
_cons	39.37** (2.02)	-0.643* (-1.69)	-6.974*** (-3.36)	-9.874*** (-3.65)	42.32** (2.10)
sigma					
_cons		1.662*** (32.87)	1.656*** (33.65)	1.523*** (28.83)	1.523*** (28.83)
Observations	4734	6844	6844	4744	4744
R-squared	0.5099				

说明:所有回归控制了省份的固定效应,括号内的值为标准误,*、**、***分别表示10%、5%、1%的显著水平。

六、结论与建议

根据2015年法院“著作权”纠纷一审判决书中搜集的数据,本文实证分析了影响著作权司法判决的各种因素,特别是原告诉求金额与法院判决金额的关系。研究结果表明:著作权法院判决赔偿金额较低,随原告诉求金额的增加,呈现边际递减;诉讼当事人主体特征对法院的判决具有影响,原告是企业或组织会显著增加法院判决金额,被告有律师会降低法院判决金额,原告在当地会使法院判决金额增加,司法判决存在地方保护主义。随着诉讼持续时间的增加和著作权保护强度的增加,法院判决金额会减少,西部地区法院判决金额比东部地区少。有无人民陪审员对法院判决影响并不显著。

为保障著作权利人的利益,创造良好的文化创新环境,第一,要适度提高法定赔偿额。50万元的最高法定赔偿额是1990年确定的,如今已经过去了20多年,应当适度提高。第二,对于恶意著作权侵权实施惩罚性赔偿,让侵权者的赔偿额高于实际造成的损失或者侵权的实际所得,提高威慑水平。第三,提高法院的专业化水平。当前我国已经构建了独立的知识产权审判法庭,这对于著作权判决形成独立的体系创造了重要的前提条件,为解决知识产权纠纷这一特殊民事纠纷提供了机制保证。提升对案例的重视程度,建立著作权诉讼判决档案库,深化对法院判例的研究。提高法官的知识水平,加强对法官的知识培训。

刑事辩护律师的"市场"及其市场化

——以四川省2015~2016年上网判决书为全样本的大数据分析报告

张滋瀚*

内容摘要:近年来刑事辩护律师的执业环境获得逐步改善,律师行业本身在依法治国下也经历着蓬勃发展,两个因素的共同作用是否鼓励了更多的律师进入刑事辩护领域尚属于一个泛泛而谈的问题。对一个省域范围内两个年度的五万余份公开刑事判决书进行大数据分析,以坚实的数据展示了刑事辩护市场扩大的事实,同时也揭示出辩护资源在分配时的明显财富效应。由于辩护律师不仅对于个案而且对于整个刑事司法制度的形成和进化发挥着重要作用,因而在探索辩护有效性的同时必须坚持对辩护普遍性的保障。在市场化调节辩护资源分配之外,应该加大国家力量的投入,在精确翔实数据的支撑下制定出扩大法定指定辩护范围的分步走策略。

关键词:刑事辩护　普遍性　指定辩护　大数据

一、导论

刑事辩护律师是否迎来了执业的春天?至少"这春风

---

* 张滋瀚,四川大学法学院博士研究生。

已吹来"。[①] 从2012年新《刑事诉讼法》对辩护权行使问题进行积极回应开始，随着我国司法改革的深入推进，刑事辩护的利好消息层出不穷。以审判为中心的诉讼制度改革力图建立起以法院为顶点，控辩两翼平等对抗的诉讼结构，可以说"实质上是充分保障犯罪嫌疑人、被告人及其辩护律师辩护权的诉讼制度"。[②] 另外，在推进认罪认罚从宽处理制度的改革中，律师对于整个诉讼的发展，对于被告人最终的定罪量刑将会起到极大的作用，这两项制度改革都将极大推动我国刑事辩护制度的进一步发展。[③] 2015年"两高三部"出台的《关于依法保障律师执业权利的规定》，对保障律师知情权、申请权、申诉权，以及会见、阅卷、收集证据和发问、质证、辩论等作出了全面细致的规定，被视为新形势下保障律师执业权利具有里程碑意义的重大举措，对于改善律师执业环境，充分发挥律师在依法治国中的作用具有重要意义。

伴随这一过程的是律师行业的蓬勃发展。2013年，在全国律协向社会首次公开发布的《中国律师行业社会责任报告》中，截至2012年年底中国(不含港澳台地区)律师数量为232,384名，律师年平均增长速度为9.1%；律师事务所19,361家，律师事务所年平均增长速度约为6%。[④] 而在2017年1月，司法部副部长熊选国表示，目前我国律师已达30多万人，律师事务所已达2.5万多家。[⑤] 然而，行业整体的蓬勃发展并不能完全等同于刑事辩护领域的情况，由于并不存在专门的刑事辩护律师分类，对于刑事辩护环境的改善是否能够吸引更多律师投身刑事辩护领域这个问题，实践中基本还停留在凭感觉判断的阶段。可以说，由于刑事辩护性质的特殊性，从逻辑上可以断定这是一个由需求决定供应的市场环境，换句话说，要判断在这几年中是否有更多的律师投身刑事辩护领域，可以从刑事律师办理的刑事案件数量中进行反推，这就从某种程度上回到了我们所熟悉的"刑事辩护率"问题。遗憾的

---

① 北京京都律师事务所合伙人、全国律协刑事委员会委员宣东律师在2015年华政·行仕刑事法律论坛上提出。载 http://www.360doc.com/content/15/1226/14/12623819_523227126.shtml，最后访问日期:2017年8月31日。

② 顾永忠:《以审判为中心背景下的刑事辩护突出问题研究》，载《中国法学》2016年第2期，第66页。

③ 陈卫东:《"以审判为中心"的解读与实现》，载《法制日报》2016年8月24日，第9版。

④ 全国律协首次发布《中国律师行业社会责任报告》，载新华网:http://news.xinhuanet.com/politics/2013-08/27/c_125253836.htm，最后访问日期:2017年8月31日。

⑤ 熊选国:《在学习贯彻司法部〈关于进一步加强律师协会建设的意见〉座谈会上的讲话》，载《中国律师》2017年第2期，第18~26页。

是,目前官方公开发布的信息中律师办理案件数量统计大多是笼统的全部案件数,无法获知律师办理刑事案件的具体数量。⑥ 尽管官方数据粗略不详,在历时性的观照之下仍能显示一定的大趋势。根据四川统计年鉴的数据,2014 年四川省拥有执业律师 13,974 人,其中专职律师 13,207 人(到 2015 年 6 月这一数据上涨为执业律师 14,535 人,专职律师 13,571 人),刑事辩护和代理案件 46,024 件。无论是律师数量还是案件数量相比十年前都翻了几番,在 2005 年四川省只有 6331 名执业律师,专职律师 6025 人,办理刑事案件 15,852 件。可以看出,刑事案件办理数量增长近 300%,明显高于执业律师数量 220% 的增幅。⑦ 同期的刑事一审案件的法院结案率与之相比则增幅很小,2005 年结案 30,654 件,2014 年为 41,107 件,增幅只有 134%。

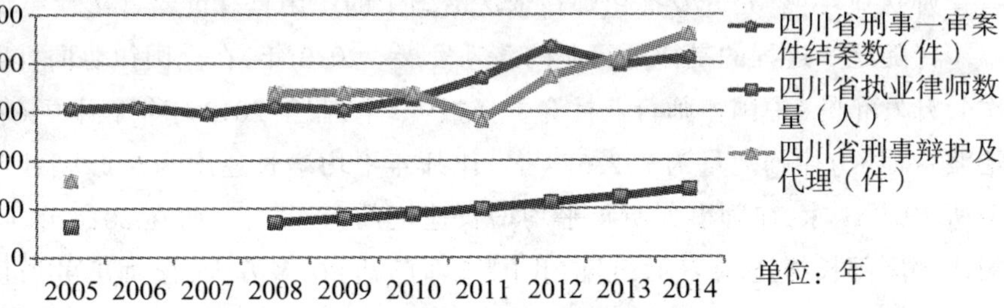

图 1　四川省历年刑事辩护领域概况

注:四川统计年鉴缺少 2006 年、2007 年执业律师及其刑事辩护和代理案件的数据。

在需求与供应密不可分的司法服务市场中,刑事案件的辩护率与刑事辩护律师的规模是问题的一体两面。需要强调的是,与市场化的刑事辩护律师一道,法律援助中心也在整个体系中扮演着重要角色,因此本文在笼统提及刑事辩护律师时,是从广义的角度来指代所有的代理刑事案件的接受当事人委托或法律援助中心指派的律师。既往从刑事辩护率角度出发的实证研究,尽管对于认识我国刑事辩护率发挥了极大的作用,但是多采用对特定地区进

⑥ 即使有零星的数据,例如四川省 2015 年发布的《四川律师业发展报告》称,2014 年全省律师刑事诉讼辩护及代理 46,024 件,但是由于非常简略,几乎无法对这类数据的来源和内容进行具体分析。参见《以卓越工作助推跨越发展——〈四川律师业发展报告〉解读》,载新华网:http://www.sc.xinhuanet.com/content/2015-12/02/c_1117328378.htm,最后访问日期:2017 年 8 月 31 日。

⑦ 参见《2015 年四川统计年鉴》,22-5:"律师、公证、调解工作基本情况";《以卓越工作助推跨越发展——〈四川律师业发展报告〉解读》,载新华网:http://www.sc.xinhuanet.com/content/2015-12/02/c_1117328378.htm,最后访问日期:2017 年 8 月 31 日。

行抽样案卷调查并结合问卷和访谈形式的研究方法，研究的代表性和普遍性常常受到一定程度的质疑。并且，现有的关于刑事辩护率的具有重要分量的研究⑧多在2012年以前进行，难以准确反映最近几年来刑事司法领域的重大变革及其对刑事辩护率的影响。

二、研究方法与数据说明

本文采用大数据收集和文本挖掘的方法，对发布到中国裁判文书网上四川省2015年、2016年的共计53,725份一审刑事判决书进行了数据分析，以上网判决为基础探寻四川省刑事案件的辩护率及刑事辩护领域的市场发展，并通过法院层级、地域、案件类型等与辩护率的交叉分析，以期为未来刑事辩护发展提供相对扎实的统计数据参照。另外，委托辩护和指定辩护也是本文重点关注的问题。需要说明的是，本研究主要采用的是定量研究方法，最高人民法院《关于人民法院在互联网公布裁判文书的规定》在2014年10月1日起正式施行，为大数据研究提供了客观条件。由于规定要求生效判决以上网公布为原则，不公布为例外，因此可以判断在规定开始施行后，2014年开始各地上传的数据就较为完整，⑨并且由于及时上传的规定，本研究在2017年5月中旬集中挖掘数据时，⑩2016年生效判决数据应该已经上传完毕。这些是本文年份选择的主要依据。另外，本研究的个别地方也辅之以一定程度的定性研究。定性研究材料主要来自于笔者2016年1～2月和2016年6月在四川省D市N区和S市Z区进行的实地访谈和调研。

四川省2014年共有28,362份一审刑事判决书上网，2015年22,600

---

⑧ 参见冀祥德：《中国刑事辩护若干问题调查分析》，载《中国司法》2011年第7期，第29～35页；马静华：《刑事辩护率及其形成机制研究——以刑事一审为中心》，载《四川大学学报》（哲学社会科学版）2011年第6期，第124～133页；左卫民：《中国应当构建什么样的刑事法律援助制度》，载《中国法学》2013年第1期，第80～89页。

⑨ 这里所称的完整是相对的。由于最高人民法院《关于人民法院在互联网公布裁判文书的规定》第4条列明了不公布的例外：“（一）涉及国家秘密、个人隐私的；（二）涉及未成年人违法犯罪的；（三）以调解方式结案的；（四）其他不宜在互联网公布的。”因此本研究将在后文将上网公布的案件与当年《中国法律年鉴》的数据进行对比说明。

⑩ 另有各级中院的数据来自于2017年6月中旬在聚法案例网站上下载的判决书，因为此时裁判文书网故障频现难以操作。

份,2016年31,809份,与2013年的9512份,2012年的2893份,2011年的292份等不成规模的零星数据相比,这三年的数据明显具有相对的完整性和连贯性。需要注意的是,上网判决书的数量与当年的法院判决结案数存在一定的差距,据现有发布的官方统计数据,2014年四川省法院一审刑事案件结案数为41,107件,意味着有约一万余件案件的判决书没有上网。未上网的案件中,与本项研究相关性最大的是未成年人犯罪案件,由于这类案件的特殊性,根据法律法规的要求,一方面既全部不予上网,另一方面又一定会指定辩护人。因此对这类案件的估算将有助于对辩护率的数据进行一次较大纠偏。⑪

本研究经过数据清理和文本挖掘后,共对四川省2015年22,466件一审刑事案件判决书(占当年全部该类上网判决书总数的99.4%),2016年31,259件一审刑事案件判决书(占当年全部该类上网判决数总数的98.3%)⑫进行了分析。纳入数据分析的2015年判决书中共涉及31,021名被告人,参与案件辩护律师数量8178人次,其中委托辩护律师7511人次,指定辩护律师667人次。由于763名被告人拥有两名律师,8178人次的律师共为7415名被告人提供了服务。2016年被告人数量为41,064人,参与案件的辩护律师数量9982人次,其中委托辩护律师9309人次,指定辩护律师673人次。925名被告人拥有两名律师,9982人次的律师共为9057名被告人提供了服务。需要提请注意的是,尽管本项研究已经尽可能科学地设计分析程序且以机器识别加半人工结合的多线验证方式反复复核,但囿于文本挖掘本身的特性,数据仍可能存在一定的误差,无法保证100%的精确度,本研究将尽量在行文中针对特定数据交代其收集、筛选、算法以及其他可能影响数据精度的种种因素,以供读者斟酌。

---

⑪ 由于缺乏详细的公开数据,对于这一纠偏只能根据一个地区的未成年人案件比例进行粗略估算。笔者访谈得到的数据,2014年的成都市未成人人案件数量为1416件、被告人数为1863人,两者均占全市刑事一审起诉案件数12,183件、被告人数16,585人的11%左右。另外根据中国统计年鉴的数据,2004年至2013年全国范围内18岁以下的犯罪人占当年全部犯罪人数量比例为5%~10%。下文中笔者将以5%为下限,10%为上限分别对两种情况下的辩护率进行纠偏。

⑫ 缺失的案件主要是因为以下几种情况:一是文档在下载过程中不明原因失败;二是下载下来打开为空白判决书;三是重复上传的判决书;四是文档在进行数据分析过程中提取信息无效。

三、研究发现

(一)辩护率与辩护市场规模

表1　四川省全省及各市州法院(含基层和中级法院)一审刑事案件的辩护率

	2015年辩护率			2016年辩护率		
	基准	5%纠偏	10%纠偏	基准	5%纠偏	10%纠偏
全省	24.6%	28.2%	31.5%	22.0%	25.7%	29.1%
成都	24.4%	28.0%	31.3%	20.9%	24.7%	28.1%
自贡	17.8%	21.7%	25.3%	16.9%	20.9%	24.5%
攀枝花	31.5%	34.8%	37.7%	22.0%	25.7%	29.1%
泸州	25.5%	29.0%	32.3%	22.9%	26.6%	29.9%
德阳	27.5%	31.0%	34.1%	25.1%	28.7%	31.9%
绵阳	23.6%	27.2%	30.5%	20.3%	24.1%	27.5%
广元	29.8%	33.1%	36.2%	25.9%	29.4%	32.6%
遂宁	29.7%	33.0%	36.1%	25.1%	28.7%	31.9%
内江	21.9%	25.6%	29.0%	17.6%	21.5%	25.1%
乐山	26.3%	29.8%	33.0%	26.4%	29.9%	33.1%
南充	26.5%	30.0%	33.2%	28.8%	32.2%	35.3%
眉山	21.4%	25.1%	28.5%	22.3%	26.0%	29.4%
宜宾	23.4%	27.0%	30.4%	22.9%	26.6%	29.9%
广安	27.4%	30.9%	34.0%	25.2%	28.8%	32.0%
达州	29.1%	32.5%	35.5%	25.7%	29.2%	32.5%
雅安	21.2%	25.0%	28.4%	24.7%	28.3%	31.5%
巴中	25.7%	29.2%	32.5%	22.1%	25.8%	29.2%
资阳	21.4%	25.1%	28.5%	19.1%	23.0%	26.5%
汶川(阿坝州)	13.7%	17.8%	21.5%	22.2%	25.9%	29.3%
康定(甘孜州)	13.9%	18.0%	21.7%	16.6%	20.6%	24.2%
西昌(凉山州)	17.0%	21.0%	24.5%	14.5%	18.6%	22.3%
铁路	37.0%	40.0%	42.7%	50.7%	53.0%	55.2%

注:未成年人案件按比例加入进行纠偏。算法为“纠偏5% =(基数辩护率+5%)×案件总数a/(a+5%a)”。

从表 1 来看,四川省全省范围内 2015 年基准辩护率为 24.6%,2016 年与之相比基准辩护率有小幅下滑,仅为 22.0%。其中,2015 年高于全省辩护率的地区有攀枝花、泸州、德阳、广元、遂宁、乐山、南充、广安、达州、巴中和铁路运输法院;2016 年高于全省辩护率的地区有泸州、德阳、广元、遂宁、乐山、南充、眉山、宜宾、广安、达州、雅安、巴中、阿坝和铁路运输法院。这一数据是基层和中院两级法院的整体数据,实际上各地中院的刑事辩护率都相当高,全省范围的基准辩护率 2015 年为 88.9%,2016 年为 90.0%。而成都市两年的基准辩护率为 24.4% 与 20.9%,与此前某项法院内部的研究结果比较一致,该研究对成都两级法院普通庭审程序审理的 210 件刑事案件进行研究,发现律师辩护率为 23.15%。⑬

但是单纯的辩护率并不能有效揭示出辩护市场的规模。从两级法院一审判决书统计情况看,在 2016 年共有 9982 人次的辩护律师参与了刑事案件的审理,比 2015 年的 8178 人次多出 1804 人次,增长约 22 个百分点。也就是说,2016 年相比 2015 年辩护市场规模有所扩大,有更多人次的律师投身于刑事领域为被告人展开辩护。

(二)辩护率与地区

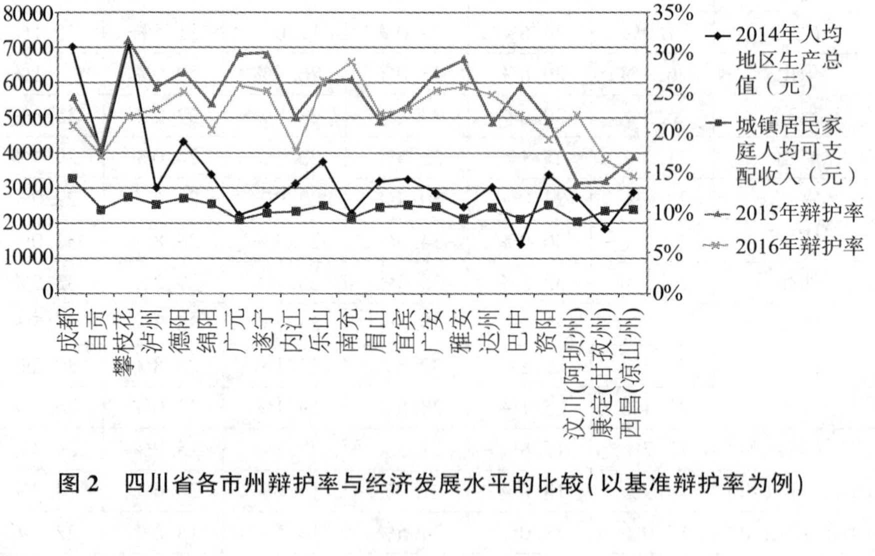

图 2　四川省各市州辩护率与经济发展水平的比较(以基准辩护率为例)

⑬　参见张洪亮:《刑事辩护运行机制实证研究》,载成都法院网:http://cdfy.chinacourt.org/article/detail/2017/01/id/2509979.shtml,最后访问日期:2016 年 10 月 9 日。

图2能够直观地揭示辩护率在各地区的分布情况,除少数几个例外,2015年与2016年各地区辩护率基本维持在相同水平,可以初步判断说辩护率与地区具有明显相关性。波动较大的地区有攀枝花,下降9.5%;阿坝州上升8.5%。但是地区概念是一个包含复杂影响因素的综合体,对于影响辩护率的诸多因素,现有数据很难提炼出具体特征。目前能够确定的是,从图2能够清晰看出辩护率与地区经济发展水平并不存在明显的正向相关关系。换句话说,当地的经济发展水平并不是辩护率的单一决定性因素。例如,经济表现最抢眼的成都市,其辩护率两年来均低于全省整体辩护率,并大大低于广元、遂宁、达州等地,这些城市的人均地区生产总值大多还不到前者的一半。对此的合理解释可能是,由于大城市的管理难度大,刑事案件数量基数大,尽管从数量上看大部分的辩护律师都集中在大城市进行刑事代理和辩护,但对辩护率的提升作用仍相当有限。另外,以城镇居民家庭人均可支配收入作为刑事辩护服务购买力的衡量指标,也可以看出地区辩护率的差异与地区人均收入没有太大关系。

甘孜、阿坝、凉山三州辩护率与全省平均辩护情况相比,向下偏离较大,远低于与其人均地区生产总值相当甚至更低的地区,例如,巴中、南充、广元等地。三州地区地广人稀的独特性至少可以为揣测辩护率的影响因素提供一定方向,地域交通状况或许是影响辩护率的一个重要因素。

表2 参与刑事辩护律师数量的地区分布

	2015年(人次)	百分比	2016年(人次)	百分比
全省	8178	100%	9982	100%
成都	2917	35.7%	2790	28.0%
自贡	160	2.0%	247	2.5%
攀枝花	340	4.2%	257	2.6%
泸州	410	5.0%	683	6.8%
德阳	379	4.6%	566	5.7%
绵阳	387	4.7%	452	4.5%
广元	368	4.5%	415	4.2%
遂宁	314	3.8%	389	3.9%
内江	252	3.1%	295	3.0%

续表

	2015年(人次)	百分比	2016年(人次)	百分比
乐山	227	2.8%	414	4.1%
南充	464	5.7%	586	5.9%
眉山	212	2.6%	324	3.2%
宜宾	411	5.0%	645	6.5%
广安	204	2.5%	272	2.7%
达州	321	3.9%	357	3.6%
雅安	130	1.6%	265	2.7%
巴中	198	2.4%	227	2.3%
资阳	225	2.8%	275	2.8%
汶川(阿坝州)	33	0.4%	86	0.9%
康定(甘孜州)	34	0.4%	53	0.5%
西昌(凉山州)	168	2.1%	341	3.4%
铁路	24	0.3%	43	0.4%

从辩护律师的地域分布情况来看,有约三成律师仍集中在省会成都开展辩护活动。2015年成都被告人数量占全省被告人数量的34.8%,却集中了全省35.7%的辩护律师。但是2016年相比2015年,辩护律师有向其他城市扩散活动的微弱趋势,或者说地区刑事辩护律师数量在提高。集中在成都的辩护律师只占全省总数的28%,而有意思的是,这一年成都被告人的数量占全省被告人总数的28.5%。

(三)辩护率与适用程序

表3　全省各市州辩护率与审判程序

	2015年			2016年		
	简易程序	普通程序	倍数	简易程序	普通程序	倍数
全省	13.0%	36.5%	2.8	11.1%	33.7%	3.0
成都	15.5%	38.4%	2.5	15.4%	29.9%	1.9
自贡	11.6%	33.5%	2.9	7.9%	41.7%	5.3
攀枝花	14.5%	51.0%	3.5	11.6%	38.9%	3.4

续表

	2015 年			2016 年		
	简易程序	普通程序	倍数	简易程序	普通程序	倍数
泸州	8.9%	35.0%	3.9	7.1%	38.4%	5.4
德阳	14.6%	35.7%	2.4	11.9%	33.1%	2.8
绵阳	10.6%	35.3%	3.3	7.6%	31.0%	4.1
广元	13.0%	38.8%	3.0	8.5%	43.8%	5.1
遂宁	9.3%	38.6%	4.2	6.6%	35.2%	5.3
内江	13.0%	31.4%	2.4	6.6%	28.8%	4.4
乐山	16.0%	36.3%	2.3	14.6%	43.0%	2.9
南充	16.6%	35.5%	2.1	17.8%	37.7%	2.1
眉山	13.3%	32.7%	2.5	10.3%	37.4%	3.6
宜宾	10.5%	28.9%	2.8	4.1%	34.9%	8.4
广安	8.1%	32.2%	4.0	8.4%	32.7%	3.9
达州	7.9%	48.2%	6.1	8.4%	41.5%	4.9
雅安	7.1%	33.1%	4.7	6.1%	37.2%	6.1
巴中	12.9%	41.6%	3.2	6.8%	32.6%	4.8
资阳	8.4%	41.0%	4.9	8.7%	42.3%	4.8
汶川(阿坝州)	3.9%	24.8%	6.3	11.6%	30.2%	2.6
康定(甘孜州)	2.2%	21.9%	10.2	1.8%	24.6%	13.4
西昌(凉山州)	3.6%	28.0%	7.9	5.8%	20.0%	3.5
铁路	3.8%	67.9%	17.6	11.1%	64.7%	5.8

以案件的审理程序为指标,可以大体判断指控的严重性:普通程序适用于指控相对较重的案件,而简易程序适用于轻罪案件。两种划分之下的辩护率比例在全省范围内两年均保持在3倍左右。适用普通程序的案件辩护率大大高于适用简易程序案件的辩护率,最多能够达到十几倍的差异。

(四)辩护率与案件类型

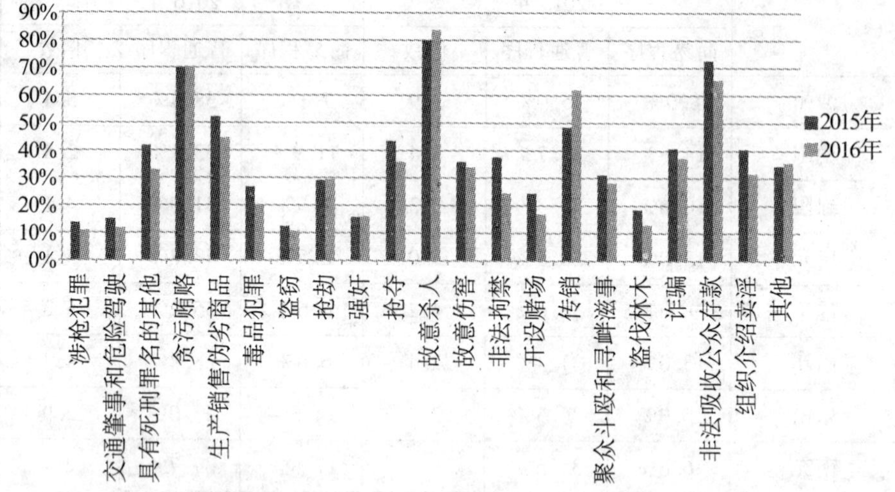

图3　全省范围内各案件类型的基准辩护率

从上图可以看出在2015年、2016年两年中,各类型的刑事案件辩护率较为稳定,有较明显差异的案件类型有非法拘禁罪,2016年辩护率下降约13%;具有死刑罪名的其他犯罪辩护率下降8.8%;组织介绍卖淫罪辩护率下降9.1%;而传销案件的辩护率则逆势上涨近15%。

辩护率不仅能够反映不同案件类型的被告人在聘请律师时的积极性和可能性,也能够反映辩护律师尤其是接受当事人委托的辩护律师在接受案件时的倾向性。可以说,辩护率在各类型案件中的不同呈现是一个复杂的双向选择的结果。两年中贪污贿赂犯罪、非法吸收公众存款罪、故意杀人罪的辩护率均高于60%,另外两年均高于40%的案件类型有生产销售假冒伪劣商品罪和传销罪。除传统上认为的最为严重的犯罪故意杀人罪外,辩护资源明显向经济类犯罪案件倾斜。故意杀人罪的辩护率虽然高,但距离理想的100%辩护率尚有差距。

但是,辩护率解释力的局限性在于无法直观反映辩护律师面对的实际市场,一些辩护率高的案件类型可能全年案件数量极其有限而导致案源匮乏,而有些看起来辩护率非常低的案件类型,由于案件基数大,却出乎意料的成为辩护律师主要的案件来源。因此应当更加科学地分析案件本身的数量规模这一因素。

表 4　不同案件类型的辩护率与其辩护律师数量

	2015 年				2016 年			
	案件数量(件)	被告人数量(人)	基准辩护率(%)*	辩护律师数量(人次)	案件数量(件)	被告人数量(人)	基准辩护率(%)*	辩护律师数量(人次)
涉枪犯罪	788	921	13.9%	138	1323	1505	11.1%	181
交通肇事和危险驾驶	4627	4743	15.3%	781	7499	7654	12.0%	963
具有死刑罪名的其他	106	148	41.9%	69	121	178	33.1%	64
贪污贿赂	220	271	70.5%	245	824	1124	70.6%	960
生产销售伪劣商品	89	135	52.6%	74	101	190	44.7%	89
毒品犯罪	3777	4712	26.7%	1370	4878	5745	20.1%	1267
盗窃	5737	7796	12.4%	1036	7314	10,053	10.8%	1139
抢劫	552	885	29.2%	291	617	972	29.7%	317
强奸	203	286	15.7%	47	192	270	16.3%	48
抢夺	29	32	43.8%	16	126	138	36.2%	52
故意杀人	188	246	80.5%	221	176	226	84.1%	209
故意伤害	1738	2217	36.1%	879	2126	2790	34.2%	1033
非法拘禁	211	528	37.9%	220	250	616	24.8%	160
开设赌场	606	1050	24.6%	289	730	1393	17.0%	261
传销	28	144	48.6%	76	36	114	62.3%	82
聚众斗殴和寻衅滋事	583	1317	31.3%	441	801	1820	28.3%	552
盗伐林木	186	239	18.8%	46	247	321	13.1%	44
诈骗	694	1102	41.1%	502	795	1171	37.5%	493
非法吸收公众存款	48	108	73.1%	101	122	232	65.9%	191
组织介绍卖淫	162	240	40.8%	108	274	416	31.7%	149
其他	1749	2796	34.8%	1090	2482	3862	35.8%	1549
合计	22,321 **	29,916 **	—	8040 **	31,034 **	40,790 **	—	9803 **

注：* 此处的辩护率是根据归为某一类型的案件中辩护律师数量与被告人数量的比值计算出来的，不可避免出现在极少数情况下一个案件中多个被告人具有不同罪名但被统一归为主要罪名之下的情况，由此可能造成一定误差，特此说明。

** 此处的案件数量、被告人数量和辩护律师数量略少于依据地域分布统计出的对应数量，造成此状况的原因是有极少量案件按照上表案件类型进行归类失败。

上表最引人注目的是贪污贿赂犯罪案件数量从2015年到2016年的激增，虽然辩护率与上年持平，辩护律师的人次却令人惊讶地从245人次火箭般地增长为960人次，增长近4倍。从另一个角度看，2016年相比2015年新增的1804人次有近4成是涌进了贪污贿赂罪辩护领域。此外，交通肇事类案件、毒品案件、故意伤害案件与日常经验相符，是刑事辩护律师案源的大头，均超过整个辩护市场份额约10%。但颠覆日常认识的是，尽管盗窃罪辩护率一向很低，但是由于其案件数量的基数庞大，实际上成为刑事辩护律师的重要案件来源。

(五)指定辩护与委托辩护

表5　全省各案件类型指定辩护与委托辩护律师数量

	2015年		2016年	
	指定辩护律师数量(人次)	委托辩护律师数量(人次)	指定辩护律师数量(人次)	委托辩护律师数量(人次)
涉枪犯罪	3	135	9	172
交通肇事和危险驾驶	12	769	24	939
具有死刑罪名的其他	8	61	11	53
贪污贿赂	2	243	1	959
生产销售伪劣商品	0	74	0	89
毒品犯罪	211	1159	129	1138
盗窃	157	879	175	964
抢劫	31	260	35	282
抢夺	4	43	3	45
强奸	0	16	5	47
故意杀人	98	123	92	117
故意伤害	67	812	97	936
非法拘禁	5	215	3	157
开设赌场	1	288	0	261
传销	1	75	0	82
聚众斗殴和寻衅滋事	7	434	25	527
盗伐林木	3	43	6	38
诈骗	13	489	7	486
非法吸收公众存款	0	101	0	191
组织介绍卖淫	0	108	1	148
其他	33	1057	30	1519
总计	656	7384	653	9150

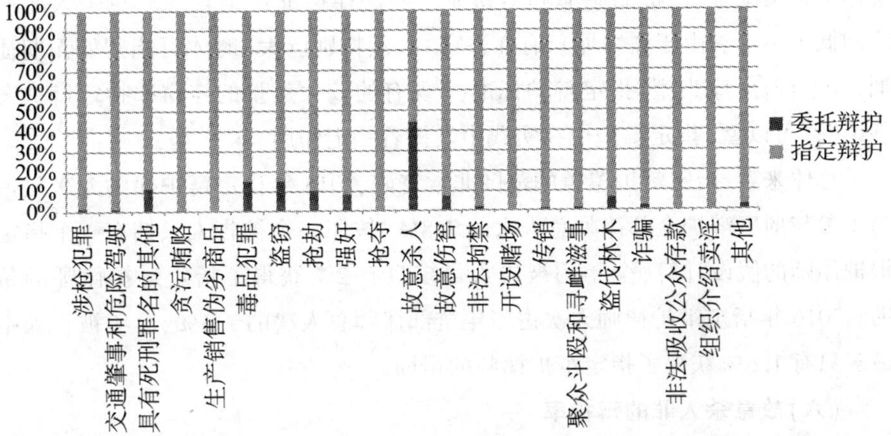

图4　2015年全省案件类型律师分类100%堆积柱形

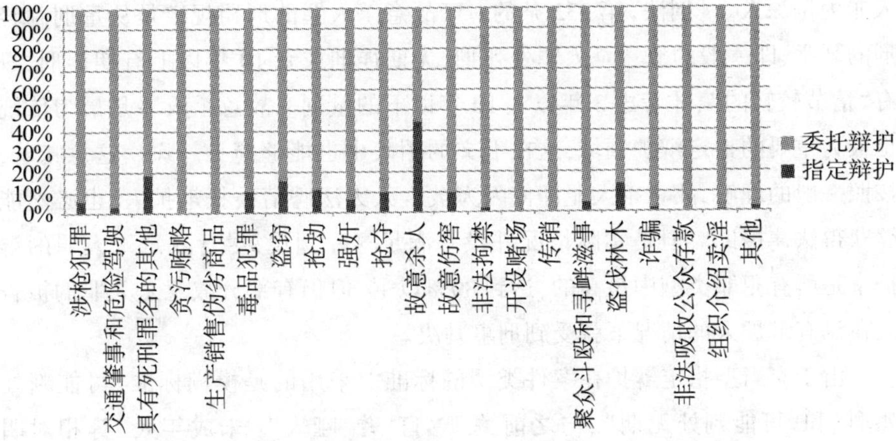

图5　2016年全省案件类型律师分类100%堆积柱形

表5显示,在不同年度之间案件数量和被告人数量出现较大变化时,指定辩护的资源也相对固定在一个数量上。毒品犯罪和盗窃罪消耗了较多的指定辩护资源,另外故意杀人和故意伤害案件中也集中了较多的法律援助律师。图4和图5直观反映了法律援助资源投放相对较多的罪名。其中,指定辩护人数超过该类型案件委托辩护律师总数约10%的案件有具有死刑罪名的其他、毒品犯罪、盗窃、抢劫、强奸、故意杀人、故意伤害和盗伐林木,可以说受益于指定辩护的被告人主要还是处于经济地位劣势的重罪被告人。结合案件数量及

整体辩护情况来看,毒品犯罪和盗窃罪中的法律援助比例较之故意杀人罪的比例低了不少。由于盗窃罪只有在盗窃“数额特别巨大”时才可能判处无期徒刑,方才符合“应当型”指定辩护标准,⑭现有的较大数量的盗窃罪指定辩护案件说明“可以型”指定辩护也在实践中发挥着一定作用。

总体来看,指定辩护覆盖的范围非常有限,2015 年指定辩护律师人次只占当年参与刑事辩护全部律师总人次的 7.8%,按照一个被告人只拥有一个指定辩护律师的假设计算,全年的被告人最多只有 2% 获得了指定辩护律师的帮助。2016 年指定辩护律师人次占当年全部律师总人次的 7.1%,全年被告人中最多只有 1.6% 获得了指定辩护律师的帮助。

(六)故意杀人罪的辩护率

当然,大数据分析的优势在于可以任意缩小分析的范围进行更加详尽细致的考察。囿于篇幅的限制,本文不一一进行。仅以其中最为重要的故意杀人罪为例深入。《刑法》第 232 条的对于故意杀人罪的刑罚规定是从重刑到轻刑的列举,即一般的故意杀人罪处死刑、无期徒刑或者 10 年以上有期徒刑,只有“情节较轻的”,才考虑 3 年以上 10 年以下的量刑。故意杀人罪是最为传统也最为重要的指定辩护领域,这在上文的图表中也能够窥见一斑。这意味着,按照一般的理解,故意杀人罪即使因为被告人无法聘请委托辩护人,也必然能够获得法律援助。但是实际情况并没有满足这一预设,尽管故意杀人罪的辩护率是所有犯罪类型中最高的,达到 80% 以上,但仍有部分故意杀人罪的被告人在没有辩护人的情况下就受到刑事判决。

由于应当型指定辩护在案件类型的标准上采用的是模糊标准“可能判处死刑”和“可能判处无期”,与之前关于“盲、聋、哑人”“未成年人”等相对明确性的标准不同。在笔者调研地区,接受访谈的公安办案民警也曾表示这一标准掌握起来比较困难,很多时候为了规避潜在的责任,只要是故意杀人罪这种恶性案件都会通知法律援助中心为嫌疑人指派辩护人,但因为法律援助中心资源有限,这种大包揽的策略也不是完全行得通,需要在具体情况下进行衡量。

---

⑭ 根据 2012 年《刑事诉讼法》第 34 条的规定,应当指定辩护的案件范围从原有的“盲、聋、哑人;未成年人;可能判处死刑”三类基础上,又增设了“尚未完全丧失辨认或者控制自己行为能力的精神病人”和“可能判处无期徒刑”的案件,指定辩护的启动主体也不再限于人民法院,而是增加了公安机关和人民检察院。

表6 故意杀人罪辩护情况一览

	2015年					2016年				
	基准辩护率	案件数量(件)	被告人数量	指定辩护(人次)	委托辩护(人次)	基准辩护率	案件数量(件)	被告人数量	指定辩护(人次)	委托辩护(人次)
全省	80.5%	186	246	98	123	84.1%	176	226	92	117
成都	90.7%	43	54	19	39	100.0%	23	48	9	49
自贡	57.1%	5	7	0	4	80.0%	5	5	2	2
攀枝花	79.3%	12	29	8	19	80.0%	5	5	1	3
泸州	80.0%	12	15	9	4	73.3%	14	15	5	7
德阳	100.0%	6	7	2	5	0.0%	2	2	0	0
绵阳	66.7%	3	3	2	0	62.5%	8	8	3	2
广元	80.0%	5	5	1	4	50.0%	4	4	1	1
遂宁	0.0%	0	0	0	0	90.0%	10	10	3	6
内江	33.3%	6	6	3	0	83.3%	12	12	6	5
乐山	66.7%	6	9	4	3	100.0%	14	23	12	12
南充	6.7%	5	6	2	2	60.0%	2	5	1	2
眉山	100.0%	2	2	0	2	100.0%	4	4	0	4
宜宾	87.1%	23	31	17	12	81.5%	24	27	14	11
广安	90.9%	10	11	6	7	100.0%	7	8	7	2
达州	87.5%	8	8	3	4	75.0%	7	8	5	1
雅安	83.3%	6	6	3	2	100.0%	9	9	9	1
巴中	100.0%	4	4	2	2	100.0%	1	1	0	1
资阳	72.2%	12	18	7	7	56.3%	10	16	8	2
阿坝州	0.0%	0	0	0	0	0.0%	0	0	0	0
甘孜州	54.5%	8	11	3	3	62.5%	7	8	3	2
凉山州	78.6%	12	14	7	4	87.5%	8	8	3	4

四、理论阐释与实践前瞻

数据分析揭示出,至少在四川省范围内,目前的刑事辩护律师市场规模在不断扩大,同时也有更多的律师投身刑事辩护事业。与这一扩张趋势相伴随的是辩护资源分配中明显的财富效应,一定程度上契合亚当·斯密在古典自由主义经济中提出的以市场这只"看不见的手"来进行资源配置的市场化过程。但是自由主义经济资源最佳配置的前提是充分竞争的市场,目前刑事辩护市场尚处于未发育完全的初始发展阶段,充分竞争的市场无从谈起,资源分配中却已经明确显示出向经济优势地位者倾斜的强烈特征。

这种司法服务领域的财富效应早已被理论家所认识。马克斯·韦伯研究英国法时早就指出当法的形成被掌握在律师,或者更广泛点说"法曹"阶层手中时,"这个阶层不只积极地为富裕的、特别是资本主义的私人利害关系者效劳,并且在物质上直接靠他们过活"。⑮ 另外,极高的诉讼费用实质上意味着对无产者裁判的拒绝。⑯ 约翰·兰博约运用历史实证主义的研究进路,通过分析《老贝利法庭审判实录》考察英美法中对抗制的起源,也提出了相似的担忧。对抗制的起源揭示了对抗制所具有的与被告权利保障强烈相关的品格,正是为了保护重罪案件中的被告,英国才在重罪案件中引入对抗制。然而不得不注意的是,对抗制硬币的另一面则是其带来的财富效应、敌对效应和对案件真实发现的弱化。⑰

与此同时,辩护律师为被告人提供的法律服务,不仅从微观上对单个被告人来说具有直接影响,而且从宏观上对于整个刑事司法制度的形成和发展均具有重要意义。兰博约在研究对抗制起源的研究中最为重要的发现是,辩护律师在对抗制的形成过程中发挥着举足轻重的作用,他们一旦被引入刑事审判后便超出了法官为其设定的交叉询问职能,并在之后历经一个世纪的发展,利用自己日趋专业化和技术化的法律知识与技巧推动刑事审判的结构性变

⑮ [德]马克斯·韦伯:《法律社会学》,简惠美译,广西师范大学出版社2011年版,第336页。

⑯ [德]马克斯·韦伯:《法律社会学》,简惠美译,广西师范大学出版社2011年版,第336页。

⑰ 参见左卫民:《对抗式刑事审判:谱系与启示》,载《清华法学》2016年第5期,第200~207页。

革。这使辩护律师问题成为学习借鉴对抗制权利保障的正面向同时警惕其负面向的重要交战领域。具体说来,就是如何在充分发挥辩护律师对被告人权利保障作用的同时,尽量将辩护律师出于自身利益在案件选择中带来的不平等性,以及对案件真相发现的消极影响降低到能够与权利保障获得的利益相平衡的水平。

针对这一问题的破局之举早已被许多学者讨论过。马静华教授就曾呼吁扩大“法定型”指定辩护范围,改善法律援助的条件,在短期内无法为全部刑事被告人提供免费法律援助的情况下,至少应该采取“有限的普遍性援助”措施。这一构想对于确定更大范围援助对象的启发性在于,除被告人经济状况外,还应将被告人所指控罪行的严重程度和是否认罪等其他因素纳入考量。[18] 然而遗憾的是,既往的扩大法律援助分步走战略因缺乏具体的详细指导性而在实践中收效甚微。

从本项研究的数据分析来看,将某些重点罪名作为谨慎扩大指定辩护范围的第一步具有可操作性。例如,将具有死刑罪名的案件统统纳入指定辩护范围,或者至少将故意杀人罪、抢劫罪等重要死刑罪名纳入。一来可以在一定程度上消除《刑事诉讼法》第 34 条“可能判处无期和死刑”规定的模糊性,避免给实务工作带来困扰,有助于提高工作效率;二来具有死刑罪名的案件中涉及的法益具有重大性且在刑事司法程序中罪行轻重可能随事实发现过程发生转变,一旦在后续的司法程序中该指定辩护律师而未指定的,不但会给被告人的权益造成不可弥补的伤害,而且将给公检法机关的工作造成不必要的风险;三来是实实在在的数据已经消除了从前对案件数量想当然的顾虑,所有具有死刑罪名的案件被告人数量大约只占所有被告人数量的五分之一,这一数据统计还没有将大量的非死刑类毒品案件排除在外,加之其中贪污贿赂案件、生产销售伪劣商品案件、重大毒品案件的被告人自我委托律师的意愿很高,因而需要国家提供指定辩护帮助的被告人数量将大大小于五分之一,或许不到全部被告人数量的3% ~5%。这应当是对目前1% ~2%的指定辩护率的谨慎且具有可操作性的突破。

总之,本文对刑事辩护领域的大数据分析只是一个起点而非终点,更确切

---

⑱ 参见马静华:《刑事辩护率及其形成机制研究》,载《四川大学学报》(哲学社会科学版)2011 年第 6 期,第 124 ~133 页。

地说只是一次粗浅的尝试。这一分析在很多问题上只是验证或是更加精确地展示了过去学者进行抽样实证研究结论的正确性。然而这种表面上看似重复的数据分析并不是毫无意义的,它代表了一种新的社会科学研究方法,这种方法最大的价值或许在于颠覆我们从前对许多痼疾的思考方式,让数据自己说话,并能够揭示出从前因为研究方法局限而忽略的隐性问题,或是只有大量数据才能揭示的结构性、宏观性问题,进而探索一条以坚实数据支撑的前所未有的问题解决之道。

司法行政化、市场分割与经济增长

於勇成　司海平*

内容摘要:本文从各地区合同纠纷案一审判决书中搜集了当事人的相关信息,统计了体制内当事人和体制外当事人的判决比,利用二者的比值衡量地方司法行政化程度,从市场分割的角度研究了司法行政化与经济增长的关系。实证研究发现,就全国范围而言,司法行政化对经济增长的影响呈现出U形关系,就我们所用样本来说,87%的地区可以通过降低司法行政化程度促进地方经济增长。结果还发现,对于市场分割程度较低的地区来说,降低司法行政化有利于当地经济发展;而对于市场分割严重的地区来说,司法行政化可能有利于当地增长。这说明,地方政府如果利用司法行政化保护市场分割从而获取经济利益,就会放弃司法权独立行使可能带来的一系列有益效应,更可能会陷入加重市场分割的恶性循环从而不利于长期经济发展。

关键词:司法行政化　司法实体　司法程序　区域经济发展

一、引言

法律与经济发展的主流理论认为,良好的法律制度是

* 於勇成,山东大学经济研究院博士研究生;司海平,山东大学经济研究院博士研究生。

经济发展的先行保障。新制度经济学派强调法律和法律制度在经济发展中的核心作用,他们认为有效实施的产权和契约法能够通过降低经济运行中的交易费用,提高企业家的可预测性,进而改善资源配置和提高经济效率。然而,改革开放以来中国经济高速发展的现状对上述观点提出了挑战。在改革开放初期的中国,法院位于弱势地位,法官队伍整体素质较低,司法体系很不健全,并且法律体系不能提供对财产权的有力保护。Allen et al. ①曾嘲讽全中国的律师数量仅相当于加利福尼亚一个州的律师数量。在这样的制度环境下,我国GDP为何仍然以近10%的年均增速增长(图1)?司法环境与经济增长之间究竟存在怎样的关系?

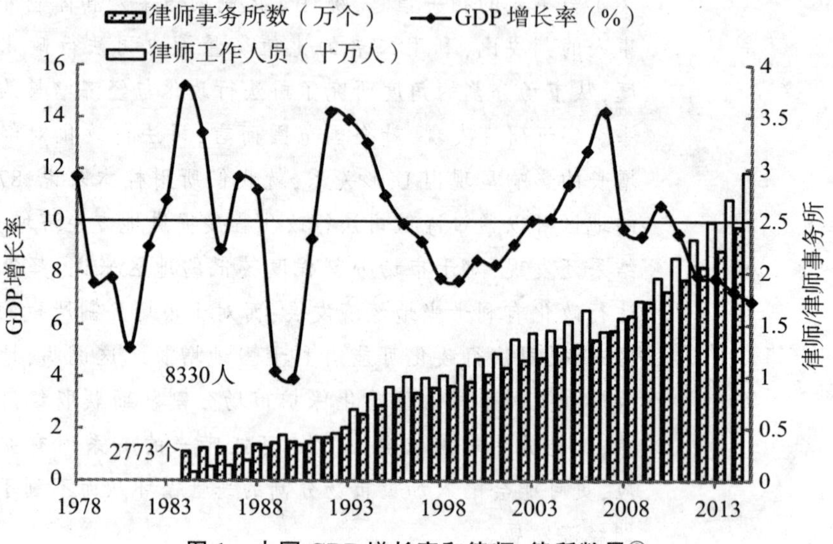

图1　中国GDP增长率和律师、律所数量②

这些成为法律与经济发展研究领域学者们关注的焦点问题之一。本文从司法行政化的角度衡量了司法环境,以此研究其与经济增长的关系。同时,既有的文献还发现,中国在法律体系不健全的环境下,能够保持经济高速增长主要取决于中国的市场保护集权主义,即市场分割。③ 而市场分割的背

① Allen F, Qian J, Qian M, Law, Finance, and Economic Growth in China, Journal of Financial Economics, 2005, 77(1), pp. 57 – 116.

② 图中数据来源于《中国统计年鉴》。

③ Li S, Lian P, Decentralization and Coordination: China's Credible Commitment to Preserve the Market under Authoritarianism, China Economic Review, 1999, 10(2), pp. 161 – 190.

后是司法的行政化。于是,就本文而言,我们考察了对于市场分割程度不同的省来说,司法行政化对经济增长的影响有何不同,这有助于我们理解司法行政化影响经济增长的内在逻辑。

本文的实证研究为厘清司法环境与经济增长之间的关系和探讨其中的内在机制提供了经验证据。本文从各地区合同纠纷案一审判决书中搜集了当事人的相关信息,统计了体制内当事人和体制外当事人的判决比,利用二者的比值衡量地方司法行政化程度,从市场分割的角度研究了司法行政化与经济增长的关系。我们发现,司法行政化对经济增长的影响呈现出U形关系,即司法行政化较高的时候,提高司法行政化程度有利于当地的经济增长。同时,我们测出了U形拐点,发现我国目前87%的地区司法行政化低于拐点,即可以通过降低司法行政化程度促进地方经济增长。结果还发现,对于市场分割程度较低的地区来说,提高司法行政化会阻碍当地经济发展。这说明,地方政府利用加强司法行政化保护市场分割的同时,很可能会陷入不利于长期经济发展的恶性循环。我们的研究一方面部分为我国20世纪80年代以来极不完善的司法环境与经济增长并存现象提供了解释,另一方面也为未来要提高司法独立性以保持经济增长可持续性提供了新的证据。

二、文献综述与理论假说

(一)司法行政化、市场分割可能促进经济增长

中华人民共和国成立初期,为了使法院发挥维护国家统治的功能,将法院列为党政机关的一部分,确立了政府对法院以及上级法院对下级法院的领导关系。对法院系统而言,司法工作可以分为司法审判和为之服务的司法行政工作,但是我国的司法体制没有将司法审判与司法行政区分开来,导致司法审判工作存在较为严重的行政化倾向。地方政府很大程度上控制了法院的人、财、物,使法院实质上成为地方党政领导下的一个行政机关。在司法资源不足的年代,司法行政化曾发挥过一定的积极作用。

20世纪80年代以来,经济上的不断分权和以GDP为中心的晋升锦标赛促使地方政府采取市场分割的方式来为地方经济增长注入活力。此时,司法行政化为地方政府实施市场分割提供了必要的“土壤”。当一个地区

倾向于通过市场化分割来发展本地经济时,市场机制便无法很好地发挥作用,这个时候需要政府进行干预。在中国司法行政化的体制安排下,地方政府除了使用行政力量干预经济外,还通过对司法权的干预形成了司法地方保护主义现象,即加强司法行政化的力量来推动市场分割在经济市场上的作用。

由于正式制度的缺失,经济活动具有很高的不确定性,因此,高昂的交易成本使合同在经济活动中丧失了其原本应有的作用。地方乡镇的财产权安排虽然模糊,但能获得地方政府的保护,这对企业而言是最好的选择,而政府行为对财产权保护的替代机制的确能够保障经济活动有序进行。Che & Qian通过对乡镇企业的研究证实了在合同执行得不到保障的情况下,④与那些依靠病态的正式法律制度的纯私营企业相比,政府参与的企业能够获得更多的保护。因此,在地方政府的保护下乡镇企业快速发展,为中国经济高速持续发展提供了强力支撑。由于区域竞争激烈,地方政府可能会利用土地法的漏洞,以支付远低于市场价值的成本从私人个体处获取土地,吸引投资者,以此推动地区经济发展。而这些地方政府实施市场分割政策的能力和机会更多受到法律制度的约束。所以,当司法行政化安排导致的地方保护主义,可能是地方政府选择实施市场分割推动经济增长的必要条件。

(二)司法行政化、市场分割可能抑制经济增长

但随着司法现代化建设和市场化进程的不断推进,司法行政化运行模式的弊端逐渐凸显。司法行政化削弱了司法权的权能,对市场进行过度的管制和干预,并且导致严重的市场分割。

陆铭和陈钊的研究表明当市场分割程度超过某一水平后,其将阻碍经济增长。司法行政化导致的市场分割如果超过这一节点,将会严重阻碍经济发展。⑤ 综合上述分析,我们可以得到以下假说:

假说一:司法行政化与经济增长之间是非线性的正U形关系。

假说二:市场分割减弱了司法行政化对于经济增长的影响。

假说三:对于市场分割程度较低的地区来说,降低司法行政化有利于当

---

④ Che J, Qian Y., Insecure Property Rights and Government Ownership of Firms, Quarterly Journal of Economics, 1998, pp. 467 - 496.

⑤ 陆铭、陈钊:《分割市场的经济增长——为什么经济开发可能加剧地方保护》,载《经济研究》2009年第3期,第45~52页。

地经济发展;而对于市场分割严重的地区来说,司法行政化可能有利于当地增长。

三、模型设定和变量选择

(一)模型设定

我们借鉴 Barro 关于经济增长的实证模型,⑥将司法行政化、市场分割、物质资本、人力资本、技术进步速度和初始技术水平等变量引入其中,模型的基本形式如下:

$$gdpth_{it} = c + \beta \cdot admin_{it} + \sum \gamma_i \cdot Z_{it} + \alpha_i + \varepsilon_{it} \tag{1}$$

模型中的下标 i 和 t 分别表示省份和年份,其中,被解释变量 gdpth 是衡量经济增长的指标,关于该指标的选取,人均 GDP 增长率这一相对性指标。在回归结果中,如果解释变量的系数β_i符号为正,则表示该变量促进了经济增长;如果被解释变量的系数β_i符号为负,则表示该变量不利于经济增长。admin 是模型的解释变量,Z 是模型中可能存在的其他影响因素。

(二)变量选择

1.解释变量

模型右边是可能影响经济增长的各个变量,其中,admin 是主要解释变量,本文使用 Openlaw 网站,随机抽取各省(市、区)2014 年合同纠纷一审判决书 100 例,共计 3100 例。通过全文阅读,我们人工提取了包括案件合同类型、受理法院、法院所在地、当事人类型、当事人所在地、原告诉求、诉讼费用、法院判决等信息。之所以研究合同纠纷案件,是因为合同是提高经济效益的手段和维护社会经济秩序的纽带,随着经济社会地不断发展,合同纠纷案不断发生,处理好此类案件,能够为经济社会的高效运行提供强力保障,而且按照统一标准解决合同纠纷是保障全国市场统一的基本要求,是促进市场一体化、减少市场分割的基本前提。

我们将当事人分为体制外当事人和体制内当事人,体制外当事人包括个

---

⑥ Barro R. J. , Inequality and Growth in a Panel of Countries, *Journal of Economic Growth*, 2000, 5 (1), pp. 5 - 32.

人和私企,体制内当事人包括国企、行政单位和外企。由于在合同纠纷案件中,绝大多数原告都请求法院判令被告支付一定数额的货币,所以文中计算了判决比,即用法院的判决金额除以原告的诉求金额,使用该指标来衡量原告诉求的实现程度。最后,用体制内当事人的平均判决比除以体制外当事人的平均判决比来衡量一个地方的司法行政化程度。

司法行政化(*admin*) = 体制内当事人判决比/体制外当事人判决比

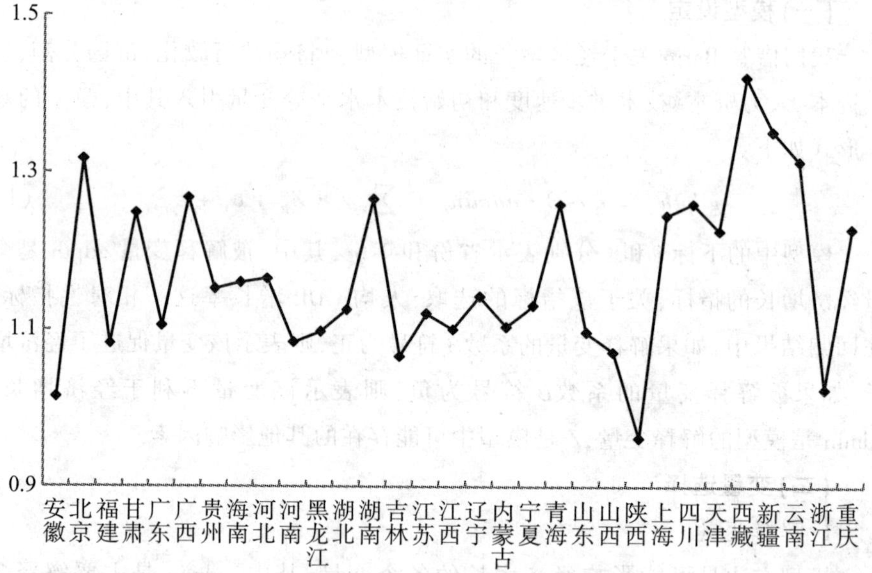

图2 各地区司法行政化程度

在司法行政化背景下,我国地方法院成为一个开放的组织机构,由于其在人事组织与财政等方面的不独立性,其难以克服地方党政等外部因素的影响。同时,法院内部的行政化安排使其集权式结构更加明显,导致法官审判过程的不独立性,从而使判决结果又受到法院内部因素的影响。在这种司法背景下,诉讼参与人越接近体制核心,其资源调动能力越强,最终在诉讼博弈中获得有利判决的可能性就越大。所以,体制内当事人的诉讼判决比越高,体制外当事人的诉讼判决比越低,反映出一个地区的司法行政化程度越高。⑦

⑦ 这里没有选取诉讼当事人的胜率之比衡量司法行政化程度,是因为在合同纠纷案件中,绝大多数原告都请求法院判令被告支付一定数额的货币(或者要求被告满足原告的具体诉求),判决比能够相对更为准确的衡量原告诉求的实现程度。

司法行政化与经济增长的关系是比较复杂的，降低司法行政化程度，能够加强对产权和契约的保护，并在一定程度上降低交易成本，进而直接促进经济增长；降低司法行政化程度，也能通过改善市场环境，提高企业家的可预测性，进而提高创新水平来间接促进经济增长。另外，司法行政化还会导致市场分割，进而间接影响经济增长。陆铭和陈钊的研究表明市场分割对经济增长的影响是非线性的，当市场分割程度较低时，提高市场分割程度能够促进经济增长，当市场分割程度超过某一水平后，其将阻碍经济增长。⑧ 总体而言，司法行政化与经济增长之间的关系不是简单的促进或者阻碍的线性关系，更可能表现为一个非线性关系。初立苹和刘兵勇指出，我国各地区的法律环境存在较大差异，因此在同一法律体系下，对不同的地区而言，司法行政化对经济增长的关系可能也是不一致的。

2. 控制变量

Z 表示除司法行政化外其他可能影响经济增长的变量，原始数据分别来自《中国统计年鉴》《中国劳动统计年鉴》《中国工业统计年鉴》等系列报告，样本包含 31 个省、自治区、直辖市。根据传统经济增长理论，我们在模型中引入了一系列控制变量。

（1）物质资本。常用的指标有人均固定资本形成额、人均固定资产投资、人均物质资本存量等，本文借鉴张军等估算省际物质资本存量的方法求得人均物质资本存量：

$$K_{it}(\text{物质资本存量}) = K_{it-1} \times (1-\delta) + I_{it}$$

$$\text{人均物质资本存量}(pk) = \text{物质资本存量}/\text{年末常住人口总数}$$

其中，我们按照 Young 的方法，⑨用各地区 2001 年的固定资本形成总额除以 10% 作为该地区的初始资本存量；经济折旧率 δ 按照张军等求得的 9.6% 计算；当年投资 I_{it} 用固定资本形成总额表示，在这里我们按照张军等的方法使用固定资产投资价格指数平减各年固定资本形成总额，将其折算成以 2001 年不变价格表示的实际投资值。

（2）人力资本。人力资本存量的计算方法主要有成本法、收入法和教育

---

⑧ 陆铭、陈钊：《分割市场的经济增长——为什么经济开发可能加剧地方保护》，载《经济研究》2009 年第 3 期，第 45～52 页。

⑨ Young A，Gold into Base Metals：Productivity Growth in the People's Republic of China during the Reform Period，*Journal of Political Economy*，2003，111(6)，pp. 1220－1261.

法。虽然成本法和收入法的理论基础较为坚实,但是由于计算复杂而且部分参数选择具有很大的主观性,所以在实证研究中应用较少。教育法用劳动力受教育程度来反映人力资本存量,现有研究使用最多的是平均受教育年限这一指标。但是,刘智勇、胡永远和易先忠[10]研究发现"初等教育"不能通过最终产品生产或技术创新促进经济增长,"中等教育"能通过上述两种途径促进经济增长;而"高等教育"主要通过技术创新促进经济增长,且其对技术创新的促进作用大于"中等教育"。因此本文使用高等教育人数衡量一个地区的人力资本存量水平。

人均人力资本存量(hr) = 大专及以上人口数/年末常住人口总数

(3)技术创新。传统经济增长理论认为,经济持续增长的动力源于技术创新,考察技术创新在一个地区经济发展中的作用以及变化趋势,有利于调整该地区的经济发展方式,刺激实体经济发展,进而维持整体经济长期稳定的增长。我们采取初始技术水平(lev)、技术进步速度(tech)两个指标从不同的角度考察技术创新对经济增长的影响。

本文借鉴范子英和张军[11]的方法,使用某一地区的人均GDP占全国人均GDP的比重来衡量该地区的初始技术水平。该指标反映地区经济发展水平的差距以及其在全国经济中所处的位置。本文使用每万人专利授权数来衡量一个地区的技术进步速度。

初始技术水平(lev) = 人均GDP/全国人均$GDP \times 100\%$

技术进步速度($tech$) = 每万人专利授权数

(4)财政分权。在现有研究中,通常使用地方财政收支占中央财政收支的比重来测度财政分权,该指标数值越大说明财政分权程度越高。[12] 本文采用文献中使用较多的财政支出分权指标,为了剔除人口因素的影响,我们用人均地方财政支出占人均地方财政支出与人均中央财政支出之和的比重衡

---

⑩ 刘智勇、胡永远、易先忠:《异质型人力资本对经济增长的作用机制检验》,载《数量经济技术经济研究》2008年第4期,第86~96页。

⑪ 范子英、张军:《财政分权与中国经济增长的效率——基于非期望产出模型的分析》,载《管理世界》2009年第7期,第53~64页。

⑫ 沈坤荣、付文林:《中国的财政分权制度与地区经济增长》,载《管理世界》2005年第1期,第31~39页;郭庆旺、贾俊雪:《财政分权,政府组织结构与地方政府支出规模》,载《经济研究》2010年第11期,第59~72页;陈硕、高琳:《央地关系:财政分权度量及作用机制再评估》,载《管理世界》2012年第6期,第43~59页。

量财政分权程度。[13]

$$财政分权(fd) = 人均地区一般预算支出 / (人均地区一般预算支出 + 人均中央财政支出) \times 100\%$$

(5)对外开放,即对外贸易依存度。本文使用进出口总额占地区生产总值(GDP)的比重来衡量。随着国际全球化的推进,对外开放水平不断提高,这将成为拉动地区经济增长的强劲动力。

$$对外开放(open) = 进出口总额 / 地区生产总值(GDP) \times 100\%$$

(6)市场分割。本文使用价格指数法测度市场分割程度,该方法需要三维面板数据($t \times p \times c$),其中t代表时间,p代表地区,c代表商品,我们从《中国统计年鉴》搜集了2003~2014年12年间全国31个省、直辖市和自治区的13类商品价格指数,包括粮食类商品、服装鞋帽类商品、纺织品类商品、家用电器及音像器材类商品、文化办公用品类商品、日用品类商品、体育娱乐用品类商品、交通通信用品类商品、家具类商品、中西药品及医疗保健用品类商品、书报杂志及电子出版物类商品、燃料类商品、建筑材料及五金电料类商品。

与陈敏[14]等不同,我们不仅计算了某一省(市、区)与相邻地区的相对价格方差,而且计算了该省与全国其他所有地区的相对价格方差。因为我们认为在国内的区域贸易中,一个省(市、区)对相邻地区设置贸易壁垒,自然也会对其他地区设置壁垒,所以即使不相邻,两个地区也可能存在市场分割。我们构造了12年间465对省(市、区)共5580(12×465)个相对价格方差数据,该方差在每一个省(市、区)构成时间序列数据,有利于直接观察价格波动随时间推进发生的变化情况,进而检验市场分割程度的变化趋势。

---

⑬ 李国璋、刘津汝:《财政分权,市场分割与经济增长——基于1996—2007年分省面板数据的研究》,载《经济评论》2010年第5期,第95~102页。

⑭ 桂琦寒、陈敏等:《中国国内商品市场趋于分割还是整合:基于相对价格法的分析》,载《世界经济》2006年第2期,第20~30页。

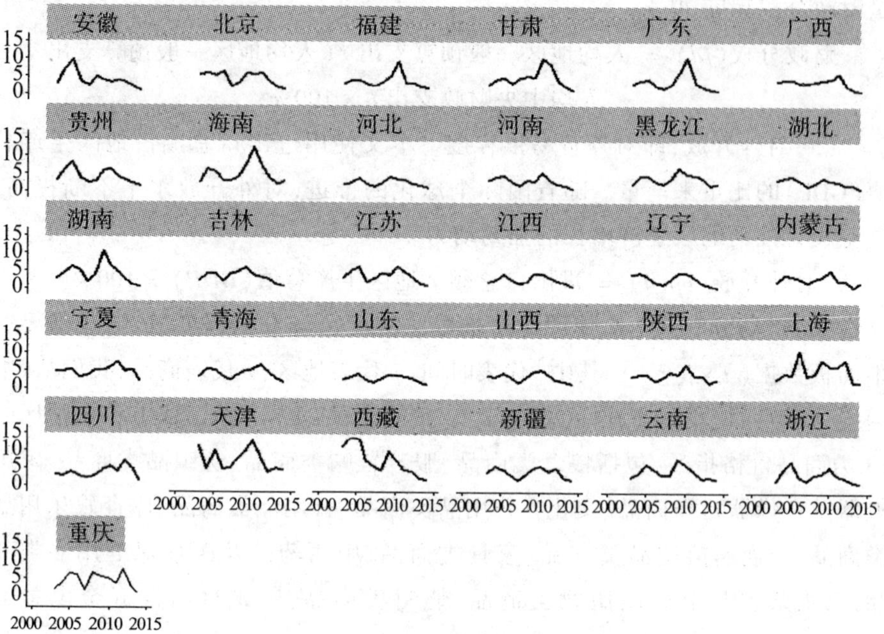

图3　各省(市、区)市场分割程度(2003~2014年)

注:为了使图片更加简洁,同时与下文实证部分数值保持一致,图中市场分割指标已放大10,000倍。

表1　各变量统计性描述

变量名称	变量简称	样本量	平均值	标准差	最小值	最大值
人均GDP增长率	*gdpth*	372	12.121	2.479	4.9	23.8
司法行政化程度	*admin*	31	1.168	0.108	0.962	1.421
司法透明度	*just*	114	0.459	0.197	0.245	0.849
政府透明度	*govern*	114	0.588	0.112	0.365	0.8034
市场分割指数	*seg*	372	4.196	2.184	1.03	15.47
人均物质资本存量	*pk*	360	4.049	2.400	1.443	12.466
人力资本	*hr*	372	773.575	507.905	74	3243.3
初始技术水平	*lev*	372	109.330	64.400	33.7	442.9
技术进步速度	*tech*	372	3.891	6.301	0.06	36.8
财政分权	*fd*	372	80.218	8.377	56.4	95.8
对外开放	*open*	372	33.176	41.010	3.6	172.1

四、实证结果分析

(一)从司法实体视角研究司法行政化与经济增长的关系

本文以裁判文书为研究对象,统计了体制内当事人和体制外当事人的判决比,以二者的比值作为衡量司法行政化程度的指标,该指标从司法实体的角度反映了不同地区的司法行政化程度。根据基本回归模型(1),我们首先使用OLS方法,从司法实体的视角研究司法行政化与经济增长的关系。

表2模型(1)结果显示,司法行政化变量的系数在10%的水平上显著抑制经济增长,这与传统的法律与经济发展的理论观点是相一致的,司法行政化程度越高,司法环境越差,越不利于经济增长。为了进一步研究司法行政化与经济增长是否为简单的线性关系,我们在模型中引入司法行政化变量的二次项。表2模型(2)结果显示,司法行政化变量的回归系数为负,而其二次项系数为正,两个系数分别均在10%的水平上显著,这意味着,司法行政化与经济增长之间呈现出正U形的关系,在司法行政化程度较高时,整体司法环境较差,提高司法行政化程度将有利于经济增长,而当司法行政化程度低于某一临界值后,改善司法环境、降低司法行政化程度将对地方经济增长起到促进作用。根据回归系数容易求得,上述转折点出现在司法行政化程度为1.2896的时候,在样本里的31个地区中,共有27个地区的司法行政化程度小于这一转折点,也就是说对于绝大多数样本来说,司法环境处于一个比较好的状况,降低司法行政化程度有利于促进地方经济增长。

表2　司法行政化与经济增长关系的回归分析

解释变量	(1)	(2)
admin	-5.8168 * (2.8865)	-4.2879 * (2.0490)
admin#admin		1.6625 * (0.7864)
pk	0.0001 * (0.0000)	0.0001 * (0.0000)
hr	0.0004 (0.0011)	0.0003 (0.0012)

续表

解释变量	(1)	(2)
tech	0. 0567 (0. 0586)	0. 0338 (0. 0664)
lev	0. 0277 (0. 0242)	0. 0294 (0. 0250)
fd	0. 0106 (0. 0502)	0. 0283 (0. 0610)
open	0. 0265 (0. 0294)	0. 0251 (0. 0306)
常数项	0. 8518 (4. 4324)	28. 8597 (30. 9994)
样本量	31	31
R-squared	0. 2560	0. 2795

注:括号内的数值为标准误;*、**、*** 分别表示在10%、5%、1%水平上显著。

上述发现能够在一定程度上解释为什么在法律制度不健全的情况下中国经济能够持续快速发展。改革开放初期,政治体制和经济体制均不完善,导致经济活动具有较高的不确定性,如果经济活动完全按照当时的法律制度进行,那么高昂的交易成本将大大降低经济效率。正是国有企业,特别是产权不明晰的乡镇企业,在政府的保护下,极大地推动了地方经济发展,所以在司法行政化程度较高的情况下也能够促进经济增长;而随着政治体制和经济体制不断完善,法律在保护产业和契约方面发挥的作用越来越大,因此降低司法行政化程度将有利于地方经济发展。

(二)从司法程序视角研究司法行政化与经济增长的关系

上文从司法实体的角度研究了司法行政化与经济增长之间的关系,下面我们从司法程序的角度着手,分别使用司法透明度和政府透明度两个指标间接衡量司法行政化程度,研究司法行政化与经济增长之间的关系。

1. 从司法公开视角研究司法行政化与经济增长的关系

本文使用《法治蓝皮书》系列报告中的司法透明度指数,从司法公开角度来间接衡量司法行政化程度。该指标由中国社会科学院法学研究所法治指数创新工程项目组对31个省、自治区、直辖市的高级人民法院在审务公开、立案庭审公开、判决公开、执行信息公开等方面工作的公开程度进行量化评估所得。司法透明度越大说明地方司法部门工作透明度越高,所受到的监督越规范,则审判法官受到外界行政干预的可能性越小,在一定程度上能够表明该地区的司法行政化程度越低。

(1)全国样本回归结果分析

根据模型(1),我们首先使用混合回归、随机效应回归和固定效用回归方法分别对表3模型(1)~模型(3)进行分析。表3模型(1)为混合回归结果,由于把各个地区不同时期的数据混合在一起,该回归结果掩盖了各个地区的异质性,这明显不符合实际情况。而且,从理论上分析,将各个地区的个性特征放到误差项中回归出来的结果是有偏的。如果各个地区之间不存在异质性,此处由混合回归方法得到的估计系数显示,司法透明度对在5%的显著性水平上促进了经济增长,但是,我们通过F检验拒绝了混合回归模型。

我们使用Hausman检验方法对表3模型(2)和模型(3)的随机效应模型和固定效用模型进行检验,结果均在1%显著性水平上拒绝随机效用模型,因此本文最终选择固定效应估计方法进行回归分析。表3模型(3)结果显示,司法透明度变量的系数在1%的显著性水平上促进经济增长,这与上文的回归结果是一致的。人均物质资本存量的系数在1%的水平下显著为正,这表明从全国范围来看,以投资拉动经济增长的发展模式仍然发挥着一定的作用,依靠物质资本的投入仍然是推动地区经济增长的动力之一。人力资本变量系数在5%水平上显著为正,说明高端人才的集聚能够推动经济增长。

初始技术水平和技术进步速度与经济增长关系在1%水平上显著,且表现为正向关系,这一结果在一定程度上验证了苏治和徐淑丹关于技术创新能够有效促进经济增长的观点。财政分权变量在5%的显著性水平上促进经济增长,李国璋和刘津汝指出财政分权赋予了地方政府更多的经济和财政实力,提高了资源配置效率,促进了中国经济增长。[15] 但是不能否认,分权改革在一定程度上扭曲了市场环境,为经济增长带来了负面影响。

---

⑮ 李国璋、刘津汝:《财政分权、市场分割与经济增长——基于1996—2007年分省面板数据的研究》,载《经济评论》2015年第5期,第95~102页。

表3　从司法公开视角研究司法行政化与经济增长的关系

解释变量	(1)	(2)	(3)	(4)	(5)	(6)
just	0.7438** (0.3198)	0.3715** (0.1854)	0.3522*** (0.1238)	0.3454** (0.1348)	−0.7289* (0.3789)	−0.5473*** (0.1976)
just#just					1.2009*** (0.4001)	0.9923*** (0.2232)
pk	−0.2376** (0.0980)	0.3764*** (0.1305)	0.7505*** (0.0984)	0.8167*** (0.1903)	0.7350*** (0.0936)	0.7970*** (0.1837)
hr	−0.0003* (0.0002)	−0.0001 (0.0002)	0.0004** (0.0002)	0.0003* (0.0001)	0.0004** (0.0002)	0.0003* (0.0002)
tech	0.0247** (0.0102)	0.0194 (0.0120)	0.0271*** (0.0098)	0.0156 (0.0160)	0.0222** (0.0095)	0.0127 (0.0150)
lev	0.0183*** (0.0042)	−0.0041 (0.0062)	0.0232*** (0.0079)	0.0254** (0.0118)	0.0154* (0.0079)	0.0187 (0.0123)
fd	0.0142 (0.0206)	0.0225 (0.0408)	0.1227** (0.0481)	0.1400** (0.0631)	0.1338*** (0.0459)	0.1473** (0.0628)
open	−0.0167*** (0.0027)	−0.0145*** (0.0049)	−0.0034 (0.0050)	0.0245 (0.0188)	0.0015 (0.0050)	0.0257 (0.0187)
open# open				−0.0002* (0.0001)		−0.0001* (0.0001)
常数项	0.6843 (1.6871)	−0.3954 (3.3091)	−14.5870*** (3.7297)	−16.9637*** (4.2853)	−14.5425*** (3.5452)	−16.6801*** (4.1555)
样本量	112	112	112	112	112	112
R-squared	0.3926	0.4576	0.7802	0.8170	0.8041	0.8329

注:括号内的数值为标准误;*、**、***分别表示在10%、5%、1%水平上显著。模型(1)为混合回归模型,模型(2)为随机效应回归模型,模型(3)~(6)为固定效应回归模型。

对外开放变量的系数为负,这可能是因为对外贸易的发展加剧了国内市场的竞争,但是又由于全国各区域发展不均衡,各地区受对外开放政策的影响程度各不相同,所以在全国样本中该变量的系数并不显著。另外,宋冬林、范欣和赵新宇研究发现对外开放对经济增长的影响呈现出倒U形关系,因此我们在表3模型(4)中引入了对外开放变量的二次项,结果证实了对外开放与经济增长的倒U形关系,但是其他部分变量的显著性水平有所下降。

为了进一步研究司法行政化影响经济增长的机制,我们在模型中引入司法透明度指标的二次项。表3模型(5)和模型(6)结果显示,司法透明度指标的系数为负,而其二次项系数为正,两个系数均显著,表明司法透明度与经济增长之间的关系表现为正U形,在司法透明度水平较低时,提高司法透明度将不利于经济增长,而当司法透明度水平超过某一临界值后,其对地方经济增长将起到促进作用。根据回归系数容易求得,在模型(5)和模型(6)中上述转折点分别出现在司法透明度指数为0.3035和0.2758的时候,在112个样本中,分别有92个和97个观察点的司法透明度指数大于转折点,这一发现与上文从司法实体视角研究的结果基本一致。

我们在上文研发现了司法行政化对经济增长的U形关系,实际上,我们更关心的是在市场分割程度不同的地区,司法行政化对经济增长的影响将会发生怎样的变化?因此,我们在模型中分别引入了市场分割变量、司法行政化与市场分割的交互项以及司法行政化的二次项与市场分割的交互项。表4模型(1)~模型(5)结果显示,在除了模型(4)之外的其他所有模型中,司法透明度及其二次项系数均至少在5%的水平上显著,进一步验证了司法透明度与经济增长的U形关系。表4模型(1)单独引入市场分割变量时,该变量系数在1%的水平上显著为负,说明就总体样本而言,市场分割不利于经济增长。这一结果验证了第4部分的理论模型,即在两个地区的模型中,市场分割会导致两个地区总体效用损失。

在表4模型(3)~模型(5)中,虽然市场分割变量的系数不再显著,但是其与司法透明度及其二次项的交互项均显著为负。在表4模型(3)中,司法透明度对经济增长的影响可写作:$\partial gdpth/\partial just = \gamma_1 + \gamma_4 \cdot seg$,其中$\gamma_1$是司法透明度变量的估计系数,$\gamma_4$是司法透明度与市场分割交互项的估计系数。由此我们将司法行政化对市场分割的影响分为直接影响和交互影响两个部分。直接影响就是其自身对市场分割的影响,即γ_1;交互影响与市场分割程度有关,随着市场分割程度的变化而变化,即$\gamma_4 \cdot seg$。

表 4　从司法公开视角研究司法行政化对经济增长的影响机制

解释变量	(1)	(2)	(3)	(4)	(5)
just	0.2715**	-0.6107***	0.5545***	-0.3155	-0.5037**
	(0.1074)	(0.2116)	(0.1823)	(0.4023)	(0.2311)
just#just		0.9813***		0.8619**	1.0613***
		(0.3467)		(0.3581)	(0.3500)
seg	-0.0453***	-0.0450***	0.0043	-0.0121	-0.0245
	(0.0125)	(0.0120)	(0.0288)	(0.0287)	(0.0194)
just#seg			-0.1011*	-0.0671*	
			(0.0531)	(0.0326)	
just#just#seg					-0.0763*
					(0.0357)
pk	0.6815***	0.6629***	0.6867***	0.6686***	0.6723***
	(0.0931)	(0.0892)	(0.0915)	(0.0890)	(0.0890)
hr	0.0001	0.0002	0.0002	0.0002	0.0002
	(0.0002)	(0.0002)	(0.0002)	(0.0002)	(0.0002)
tech	0.0173*	0.0144*	0.0199**	0.0165*	0.0169*
	(0.0088)	(0.0085)	(0.0088)	(0.0086)	(0.0086)
lev3	0.0233***	0.0168**	0.0218***	0.0166**	0.0168**
	(0.0067)	(0.0068)	(0.0067)	(0.0068)	(0.0068)
fd	0.1244***	0.1317***	0.1274***	0.1329***	0.1318***
	(0.0414)	(0.0396)	(0.0407)	(0.0395)	(0.0394)
open	0.0227***	0.0238***	0.0230***	0.0239***	0.0240***
	(0.0080)	(0.0076)	(0.0078)	(0.0076)	(0.0076)
open#open	-0.0001***	-0.0001***	-0.0001***	-0.0001**	-0.0001**
	(0.0000)	(0.0000)	(0.0000)	(0.0000)	(0.0000)
常数项	-14.5062***	-14.2413***	-14.8497***	-14.5016***	-14.4210***
	(3.2990)	(3.1525)	(3.2462)	(3.1466)	(3.1383)
样本量	112	112	112	112	112
R-squared	0.8448	0.8603	0.8522	0.8634	0.8638

注:括号内的数值为标准误;*、**、*** 分别表示在 10%、5%、1% 水平上显著。

从模型(3)可以直观地看出,一方面,司法透明度提高1单位,人均GDP增长率约提高0.5545个百分点;另一方面,在司法透明度不变的情况下,市场分割程度提高1单位,司法透明度对经济增长的促进作用会减弱0.1011个百分点,即人均GDP增长率提高0.4534个百分点。进一步分析可知,当市场分割程度小于5.48时,[16]提高司法透明度能够促进经济增长,即降低司法行政化会促进经济增长,当市场分割程度大于5.48时,提高司法透明度会抑制经济增长,即提高司法行政会促进经济增长。在112个样本中,共有102个观察点的市场分割程度小于该转折点,也就是在超过91%的样本中,提高司法透明度有利于经济增长。市场分割减弱了司法透明度对于经济增长的影响(市场分割太厉害需要司法行政化保护)。

在表4模型(4)中,司法透明度二次项和市场分割变量与司法透明度变量的交互项系数均显著,说明司法透明度对经济增长的U形影响仍然成立,其转折点发生在司法透明度取0.1830时的点,而样本中所有观察点的司法透明度均高于这一水平,说明就样本观察点而言,提高司法透明度均能够促进地方经济增长。而且,在司法透明度不变的情况下,市场分割程度每提高1单位,司法透明度对经济增长的促进作用会减弱0.0671个百分点。在表4模型(5)中,司法透明度变量的一次项、二次项以及其二次项与市场分割的交互项的系数均显著,说明上述司法透明度与市场分割对经济增长的交互影响关系仍然成立。

(2)分区域样本回归结果分析

我国区域经济发展不均衡,各地区法治水平各异,为了研究不同地区之间法律与经济发展的关系,我们分别对东部地区、中部地区和西部地区进行了回归分析:东部地区包括北京、天津、河北、辽宁、上海、江苏、浙江、福建、山东、广东、广西、海南12个省(市、区),中部地区包括山西、内蒙古、吉林、黑龙江、安徽、江西、河南、湖北、湖南9个省(区),西部地区包括四川、重庆、贵州、云南、西藏、陕西、甘肃、宁夏、青海、新疆10个省(市、区)。回归分析的结果分别如表5、表6、表7所示:

---

[16] 令 $\partial gdpth/\partial just = 0.5545 - 0.1011 \cdot seg = 0$,可以求得 $seg \approx 5.48$。

表5 司法行政化对经济增长的影响机制研究(东部地区)

解释变量	(1)	(2)	(3)	(4)	(5)	(6)
just	-0.3095 (0.6055)	0.3178** (0.1217)	-0.0932 (0.5025)	0.5959*** (0.1641)	0.3439 (0.4965)	0.0199 (0.4895)
just#just	0.5415 (0.5407)		0.3705 (0.4388)		0.2217 (0.4216)	0.4887 (0.4424)
seg		-0.0237 (0.0156)	-0.0219 (0.0211)	0.0599** (0.0267)	0.0592** (0.0268)	0.0231 (0.0242)
just#seg				-0.1273*** (0.0317)	-0.1246*** (0.0305)	
just#just#seg						-0.1041*** (0.0324)
pk	0.4544*** (0.0800)	0.3793** (0.1377)	0.3912*** (0.1006)	0.4780*** (0.1014)	0.4829*** (0.0979)	0.4690*** (0.0984)
hr	0.0002 (0.0001)	0.0001 (0.0001)	0.0001 (0.0001)	0.0001 (0.0001)	0.0001 (0.0001)	0.0001 (0.0001)
tech	-0.0020 (0.0036)	0.0008 (0.0062)	0.0000 (0.0047)	0.0025 (0.0052)	0.0020 (0.0053)	0.0020 (0.0052)
lev3	0.0026 (0.0060)	0.0002 (0.0062)	0.0011 (0.0062)	0.0027 (0.0054)	0.0034 (0.0044)	0.0024 (0.0046)
fd	0.0863* (0.0474)	0.0778 (0.0501)	0.0814* (0.0448)	0.1003** (0.0429)	0.1020** (0.0435)	0.0968* (0.0446)
open	-0.0599*** (0.0050)	-0.0576*** (0.0141)	-0.0569*** (0.0069)	-0.0543*** (0.0083)	-0.0539*** (0.0085)	-0.0546*** (0.0083)
open#open	-0.0002*** (0.0000)	-0.0002*** (0.0001)	-0.0002*** (0.0000)	-0.0002*** (0.0000)	-0.0002*** (0.0000)	-0.0002*** (0.0000)
常数项	-5.0046 (3.8597)	-4.3912 (4.0688)	-4.5369 (3.6450)	-6.9596* (3.4497)	-6.9915* (3.6143)	-6.4737 (3.6593)
样本量	46	46	46	46	46	46
R-squared	0.9231	0.9276	0.9286	0.9387	0.9391	0.9373

注:括号内的数值为标准误;*、**、***分别表示在10%、5%、1%水平上显著。

表 6　司法行政化对经济增长的影响机制研究(中部地区)

解释变量	(1)	(2)	(3)	(4)	(5)	(6)
just	-0.9379* (0.5042)	0.1484 (0.1015)	-0.4359 (0.4936)	0.6415*** (0.1156)	0.2428 (0.4745)	-0.2174 (0.4568)
just#just	1.5060* (0.6780)		0.7575 (0.5887)		0.4546 (0.5204)	0.9633* (0.5116)
seg		-0.0924*** (0.0126)	-0.0821*** (0.0174)	-0.0081 (0.0220)	-0.0101 (0.0225)	-0.0472** (0.0193)
just#seg				-0.2078*** (0.0311)	-0.1875*** (0.0449)	
just#just#seg						-0.2223*** (0.0592)
pk	0.7571*** (0.2023)	0.7369*** (0.1028)	0.7048*** (0.0915)	0.6712*** (0.1069)	0.6583*** (0.0976)	0.6987*** (0.1009)
hr	0.0001 (0.0003)	0.0001 (0.0002)	-0.0000 (0.0002)	0.0000 (0.0002)	-0.0000 (0.0002)	-0.0000 (0.0002)
tech	0.1160*** (0.0264)	0.0276* (0.0105)	0.0458** (0.0157)	0.0404*** (0.0058)	0.0501*** (0.0140)	0.0377** (0.0122)
lev3	0.0089 (0.0137)	0.0253*** (0.0076)	0.0167 (0.0098)	0.0183** (0.0068)	0.0139 (0.0077)	0.0140 (0.0082)
fd	0.1489** (0.0647)	0.0775 (0.0589)	0.1046 (0.0686)	0.0808* (0.0408)	0.0968** (0.0444)	0.1033* (0.0522)
open	-0.0183 (0.0612)	-0.0468 (0.0373)	-0.0358 (0.0410)	-0.0315 (0.0226)	-0.0265 (0.0257)	-0.0487 (0.0270)
open#open	0.0008 (0.0024)	0.0027 (0.0017)	0.0019 (0.0018)	0.0009 (0.0007)	0.0006 (0.0008)	0.0017* (0.0009)
常数项	-13.5301** (5.4040)	-8.5435** (3.5177)	-9.8698** (3.5706)	-8.0983** (2.7503)	-8.9377** (3.1269)	-9.3883** (3.5198)
样本量	34	34	34	34	34	34
R-squared	0.9413	0.9662	0.9699	0.9761	0.9773	0.9758

注:括号内的数值为标准误;*、**、*** 分别表示在 10%、5%、1% 水平上显著。

表7 司法行政化对经济增长的影响机制研究(西部地区)

解释变量	(1)	(2)	(3)	(4)	(5)	(6)
just	-0.1807* (0.8642)	0.2542*** (0.0605)	-0.3220** (0.1262)	0.1543* (0.7053)	-0.4407** (0.1669)	-0.3323** (0.1335)
just#just	0.6054** (0.2572)		0.6528*** (0.1398)		0.6589*** (0.1583)	0.6005*** (0.1552)
seg		-0.0194*** (0.0055)	-0.0207*** (0.0034)	-0.0329* (0.0158)	-0.0360*** (0.0093)	-0.0248*** (0.0053)
just#seg				0.0358 (0.0367)	0.0407 (0.0256)	
just#just#seg						0.0245 (0.0282)
pk	0.3412*** (0.0640)	0.2545*** (0.0601)	0.2497*** (0.0544)	0.2873*** (0.0542)	0.2869*** (0.0635)	0.2648*** (0.0622)
hr	0.0003** (0.0001)	0.0003* (0.0001)	0.0003** (0.0001)	0.0003** (0.0001)	0.0003** (0.0001)	0.0003** (0.0001)
tech	0.1269*** (0.0234)	0.1304*** (0.0224)	0.1305*** (0.0202)	0.1341*** (0.0229)	0.1347*** (0.0216)	0.1327*** (0.0224)
lev3	0.0613*** (0.0112)	0.0663*** (0.0049)	0.0569*** (0.0072)	0.0644*** (0.0039)	0.0546*** (0.0081)	0.0553*** (0.0085)
fd	0.0817** (0.0339)	0.0709** (0.0330)	0.0680** (0.0254)	0.0815** (0.0273)	0.0800*** (0.0223)	0.0758** (0.0278)
open	-0.0287* (0.0154)	-0.0179 (0.0142)	-0.0051 (0.0109)	-0.0285** (0.0109)	-0.0171 (0.0148)	-0.0096 (0.0147)
open#open	-0.0008** (0.0003)	-0.0006* (0.0003)	-0.0004* (0.0002)	-0.0008*** (0.0002)	-0.0006** (0.0003)	-0.0005** (0.0002)
常数项	-10.6364*** (2.6173)	-9.8869*** (2.7688)	-8.9401*** (2.1367)	-10.6110*** (2.4303)	-9.7539*** (1.8715)	-9.4893*** (2.2456)
样本量	32	32	32	32	32	32
R-squared	0.9912	0.9919	0.9959	0.9921	0.9962	0.9960

注:括号内的数值为标准误;*、**、***分别表示在10%、5%、1%水平上显著。

从东部地区来看(表5),在所有模型中,司法透明度变量的二次项系数均不显著,因此否定了司法透明度与经济增长呈U形关系的假设。在表5模型

(2)和模型(6)中,我们分别引入市场分割变量及相应的交互项,回归结果显示,市场分割与司法透明度及其二次项的交互项均在1%的水平上显著。上述结果表明在东部地区,司法行政化与市场分割对经济增长存在交互影响。

就中部地区而言,表6模型(1)显示,司法透明度及其二次项系数均在10%的水平上显著,说明在中部地区的样本中,司法透明度对经济增长的U形关系仍然成立。由表6模型(2)和模型(3)可以看出,在模型中引入市场分割变量后,司法透明度及其二次项系数均不显著,而市场分割变量的系数在1%的水平上显著为负,这一结果表明在中部地区,司法行政化因素很可能是通过市场分割影响经济增长的。随后,我们在表6模型(4)~模型(6)中分别引入市场分割与司法透明度及其二次项的交互项,回归结果显示,这些交互项系数均在1%的水平上显著,进一步证明了司法行政化与市场分割对经济增长的交互作用。

就西部地区而言,司法透明度及其二次项的系数在所有回归模型中均显著,说明司法透明度对经济增长的U形关系在西部地区的样本中仍然成立(表7)。同时,由表7可以看出,市场分割变量的系数在所有模型中均显著,而且市场分割变量与司法透明度及其二次项的交互项均不显著,表明在西部地区,司法透明度和市场分割对经济增长的影响不存在交互作用,两个变量分别单独影响经济增长。

另外,物质资本变量的系数在三个区域的回归中均显著为正,这进一步说明作为传统经济发展模式,物质资本投资仍然是我国各个地区拉动经济增长的重要方式。为了推动我国国民经济与社会持续健康发展,应加快转变经济发展方式,实现经济增长由主要依靠物质资本投资向主要依靠科技进步、人力资本提高以及管理创新等方式转变。财政分权变量对三个区域的经济增长均起到了显著的促进作用,而且对东中部地区的促进作用明显大于对西部地区的促进作用。这很可能是因为东中部地区之间的合作更加密切,减少了由地方政府竞争带来的效率损失。

人力资本变量仅在西部地区显著促进经济增长,这可能是由于西部地区的平均人力资本水平本身较低,在西部大开发政策的作用下,人才聚集优势发挥了作用;而东部地区人力资本变量影响不显著,可能是因为在传统发展模式下,对外开放和投资对其经济增长的影响更大;中部地区人力资本变量不显著可能是因为中部地区没有政策扶持,人才分别向发达的东部地区和有政策支持的西部地区流失所致。综上所述,不难发现:一方面,与全国层面上司法透明度对经济增长的作用机制相比较,各区域的作用机制并不完全一致,东部地区表现为线性关系,中西部地区呈现出U形关系;另一方面,在东中部地区,司法透明度与市场分割对经济增长的影响存在交互作用,而在西部地区,两个变量分别单独影响经济增长。

2. 从行政公开视角研究司法行政化对市场分割的影响

上文从司法公开的视角研究了司法行政化对经济增长的影响,现在从行政公开的角度对上文的实证结果做进一步的检验。我们使用《法治蓝皮书》系列报告中的政府透明度指数代表司法行政化程度,可以认为政府透明度越高,政府行使行政权力越容易被司法部门监督,其对司法部门的干预越少,则司法行政化程度越低。回归结果见表8,从整体结果来看,部分变量的系数大小及其显著性水平有所下降,但是系数的符号均未发生改变,且重要的解释变量及交互项仍然至少在10%的水平上显著,这表明上文的实证结果仍然成立。

表8　从行政公开视角研究司法行政化对经济增长的影响

解释变量	(1)	(2)	(3)	(4)	(5)	(6)	(7)
govern	0.2162** (0.0990)	0.1683* (0.0939)	0.3376* (0.1819)	-0.2561* (0.1287)	-0.3362* (0.1877)	-0.1644 (0.2525)	-0.3167* (0.1863)
govern#govern				0.4614** (0.1722)	0.4920*** (0.1663)	0.4719*** (0.1656)	0.5826*** (0.1718)
seg		-0.0477*** (0.0107)	-0.0117 (0.0288)		-0.0486*** (0.0113)	-0.0165 (0.0255)	-0.0306* (0.0179)
govern#seg			-0.0541* (0.0269)			-0.0484* (0.0225)	
govern#govern#seg							-0.0359 (0.0162)
pk	0.8732*** (0.1887)	0.7176*** (0.1831)	0.7226*** (0.1806)	0.8700*** (0.1879)	0.7113*** (0.1825)	0.7160*** (0.1799)	0.7176*** (0.1772)
hr	0.0003* (0.0001)	0.0001 (0.0001)	0.0001 (0.0001)	0.0003* (0.0002)	0.0001 (0.0001)	0.0001 (0.0001)	0.0001 (0.0001)
tech	0.0147 (0.0166)	0.0167 (0.0149)	0.0187 (0.0150)	0.0105 (0.0165)	0.0122 (0.0148)	0.0142 (0.0150)	0.0144 (0.0153)
lev	0.0254** (0.0118)	0.0233** (0.0103)	0.0225** (0.0102)	0.0214* (0.0121)	0.0190* (0.0106)	0.0185* (0.0105)	0.0187* (0.0105)

续表

解释变量	(1)	(2)	(3)	(4)	(5)	(6)	(7)
fd	0.1303**	0.1161**	0.1191**	0.1386**	0.1247**	0.1270**	0.1263**
	(0.0636)	(0.0521)	(0.0538)	(0.0642)	(0.0526)	(0.0541)	(0.0542)
open	0.0247	0.0227	0.0229	0.0255	0.0235	0.0236	0.0237
	(0.0190)	(0.0173)	(0.0165)	(0.0194)	(0.0176)	(0.0169)	(0.0170)
open#open	-0.0002*	-0.0001*	-0.0001*	-0.0002*	-0.0001*	-0.0001*	-0.0001*
	(0.0001)	(0.0001)	(0.0001)	(0.0001)	(0.0001)	(0.0001)	(0.0001)
常数项	-16.3242***	-13.8839***	-14.2532***	-16.5076***	-14.0332***	-14.3568***	-14.2804***
	(4.2822)	(3.5448)	(3.6966)	(4.2541)	(3.5143)	(3.6517)	(3.6602)
样本量	112	112	112	112	112	112	112
R-squared	0.8081	0.8394	0.8434	0.8166	0.8491	0.8523	0.8519

注:括号内的数值为标准误;*、**、***分别表示在10%、5%、1%水平上显著。

五、小结

本文利用从各地区合同纠纷案一审判决书中搜集的当事人相关信息,使用体制内当事人的判决比与体制外当事人判决比的比值,从司法实体的角度衡量地方司法行政化程度,并对其与区域经济增长的关系进行了实证分析。实证结果表明,就全国范围而言,司法行政化对经济增长的影响呈现出U形关系,即当司法行政化程度处于较高水平时,提高司法行政化程度将有利于地方经济增长,而当司法行政化程度小于某一临界值时,降低司法行政化程度将有利于地方经济增长。随后,本文从司法程序的视角,分别使用司法透明度和行政透明度两个指标间接衡量地方司法行政化程度,并利用面板数据固定效应模型,实证研究了司法行政化对经济增长的影响。实证结果发现,除了直接影响经济增长外,司法行政化与市场分割对经济增长的影响还存在交互作用。分地区来看,在中西部地区司法行政化对经济增长的影响表现出U形关系,而在东部地区,这一影响仅表现为线性关系;在东中部地区,司法行政化与市场分割对经济增长的交互影响仍然成立,而在西部地区,两个变量分别单独影响经济增长。

上述实证结果进一步验证了郁光华(2011)的观点,[17]他认为许多关于中国法律与经济发展的研究都低估了正式法律在中国经济发展中的作用。法律以国家强制力为保障,法律保护之所以能够推动经济增长,不仅在于法律对私有产权和契约自由的保护方面,而且在于法律能够降低交易成本,提高经济运作的效率。一个良好的司法环境能够有效约束地方政府过度行使行政权,这不仅有利于促进私人投资和市场繁荣,而且也能够推进全国统一市场的建设,提高资源配置效率,进而有力地支持和推动地方经济发展。

[17] 郁光华:《经济增长与正式法律体系的作用》,载《中外法学》2011年第1期,第176~192页。

没有善待就没有热爱
——2660名法官工作满意度的实证分析报告

胡昌明*

内容摘要:近年来,国内出现的法官"离职潮"现象,昭示着目前法官生存现状的艰难。而这与法治发达国家法官享有的崇高地位形成了鲜明对比。何以出现如此巨大的反差?目前法官生存状况、工作满意度究竟如何?为了探究种种疑问,本文以问卷调查为基础,对全国31个省、市、自治区的2660名法官的职业满意度、工作压力、经济状况和离职倾向做了实证调查。通过对调查问卷数据的量化分析,得出以下结论:总体而言法官对于职业的满意度非常低,主要影响因素在于工作环境、工作回报和个体特征三个方面。针对上述因素对症下药,提高法官工作满意度的"正路"在于改善法官的工作环境、提高法官的工作回报以及重构法官的等级制度等。

关键词:法官　工作满意度　问卷调查　实证分析

法官作为"法律帝国"的"王侯",一直是法律人向往的职业,在法治发达国家,法官是法律人职业生涯的最大荣耀。中国法官虽然不具有西方法官那么崇高的地位,但改革开放后,随着法治不断进步和法律职业化水平逐步提

---

* 胡昌明,中国社会科学院法学研究所助理研究员。

升,法官也具有较高的职业声望。①

但是,近年来中国法官群体的不满情绪和被剥夺感逐渐增强,法官的幸福度、满意度不断下降,越来越多的法官选择离开法官队伍。没有热爱司法事业的法官,也就没有司法的公正和效率,这与建设法治中国的目标相背离。法官的不满情绪从何而来?是什么让法官不再热爱这个职业?为回答这一问题,我们设计了一份针对中国法官的调查问卷,通过对法官基本情况以及工作满意度的调查,以期为提升法官满意度,为迫在眉睫的司法改革提供一剂实证的药方。

一、研究方法:问卷中的法官生态

1935 年,美国学者霍波克(Hoppock)在著名的《工作满意度》一书中首次提出了"工作满意度"的概念,"工作满意度是工作者对工作本身及工作的心理与生理方面对环境因素的一种态度或情绪反应,也可以称为工作者的满足感受,即工作者对工作情境的一种主观反应"。② 由此,向法官发放调查问卷成为考察法官职业满意度的最合适的方式之一。

(一)调查问卷的设计

我们根据调研目的,参考有关调查问卷的形式、编制方法,结合社会学理论,建构了调查问卷初稿;并在征求多名法律专家、法官的意见后,最终确定了调查问卷的内容。

调查问卷共设计 37 题,均为客观题,分为法官基本情况(16 题)和法官生存状况(21 题)两部分。基本情况调查的内容包括法官的年龄、性别、学历、职务、职级、婚姻状况、家庭状况、任职时间、所在法院的地域及层级等;法官生存状况调查的内容包括法官工作繁忙程度、结案量、收入、支出、职业满意度以及生存压力大小、离职倾向等。通过调查达到如下几个目标:一是了解

① 在北京地区职业声望调查(1997~1998)中,法官在 100 项职业中排名第 8,高于大学教师、律师、国家机关局长等职业(李强:《在转型时期冲突性的职业声望评价》,载《中国社会科学》2000 年第 4 期,第 100~111 页);在最近对北京大学大学生的一份调查中,法官在 86 向职业中排名第 2(田志鹏、邝继浩、刘爱玉:《社会转型时期大学生职业声望评价》,载《青年研究》2013 年第 5 期,第 1~10 页)。

② Hoppock, R., *Job Satisfaction*, New York: Haper & Row, 1935, p. 41.

法官作为一个整体的职业满意度;二是分析不同基本情况及工作状态下法官满意度的差异;三是了解法官对职业不满意的主要原因;四是如何提高法官的职业满意度。

(二)调查问卷的信度考察

信度(Reliability)在社会学中是衡量测量方法质量的一个重要指标,即对同一现象进行重复观察是否可以得到相同的资料,它代表调查的可信度。③为保证该调查结果具有较高信度,我们进行了如下工作。

第一,调查问卷的发放范围广泛时间较长。本次问卷发布时间自2015年3月30日至4月10日,答卷法官涉及内地全部31个省、市、自治区,四级法院的院长、庭长到普通法官都积极参与,调查普及面较广,可信度较高。第二,调查参与人数较多。本次调查共收集到问卷2660份,占全国19万法官的1.4%,参与面十分广泛。第三,调查过程的客观性。由于本调查主要是通过"法官之家"微信公众号、问卷网、新浪微博等网络媒体发布,完全由法官自愿参与填写,大大降低了摊派填写而导致的调查结果不准确。第四,匿名性。调查问卷不要求提供填写者的姓名,因此最大限度保证了调查问卷结果的客观性和真实性。第五,调查结果可验证性。从调查结果所反映出来法官人均结案数、月收入、法院层级比例等都与官方以及其他媒体上公布的相关数据相印证,调查数据信度较高。

(三)数据分析

为了比较不同类别特征的法官满意指数,笔者参考李克特五级量表计算法官工作满意指数,用不同选项给予不同赋值的方式计算法官的综合满意指数。即将非常满意、满意、一般、不太满意和很不满意分别设定为100分、80分、60分、40分和20分,得出法官的综合满意指数的计算公式:

综合满意指数=(非常满意法官人数*100+比较满意法官人数*80+一般法官人数*60+不太满意法官人数*40+很不满意法官人数*20)/法官人数④

③ [美]巴比:《社会研究方法》(第11版),邱泽奇译,华夏出版社2009年版,第143页。

④ 将满意度评价的五个等级选项进行赋值是国际上通用的规则,而将其设置为100分,符合指数的惯例,即将"很满意"赋值为100分,"满意"赋值为80分,"一般"赋值为60分,"不太满意"赋值为40分,"不满意"赋值为20分。如果满意度指数达到100分,说明完全满意;如果60分,则说明满意度一般;如果只有20分,说明所有人都很不满意。

二、初步结论:法官满意度偏低

(一)被调查法官基本情况

参与调查的 2660 名法官主要呈现以下特征(见表 1):

第一,法官年富力强。与西方社会白发苍苍的法官群体像不同,调查结果表明,中国法官群体越来越年轻化,平均年龄只有 38 岁,将近三分之二的法官不足 40 岁,35 岁以下的青年法官占了近半壁江山(46.99%),50 岁以下的法官占 94.62%;担任法官不满 10 年的占 66.54%。受到中国的法官选任和退休等制度的影响,中国法官确实很年轻,而且有越来越年轻的趋势则是一个不争的事实。

第二,法官学历大幅提升。调查显示,在法官职业化进程中,法官的学历水平大幅提升,具有大学本科以上学历成为法官群体的基本特征(占 97.85%),其中还有相当部分法官获得了硕士和博士学位(硕士占 34.37%,博士占 1.32%),90.17% 的法官都是法学专业的毕业生,高学历的法官中 64.21% 都是前学历的科班出身。这与 20 年前法官的学历相比有了大幅提升。

第三,法官偏好家庭稳定。中国法官虽然整体还很年轻,但大部分已经成家立业、生儿育女。被调查法官的已婚率高达 86.39%,仅有 10.45% 的法官为未婚法官。另外,被调查法官中,79.06% 有了孩子,已婚法官有孩子的比例则高达 88.29%。

第四,法官职级普遍不高。调查发现,虽然被调查法官院长、庭长比例较高,占 41.39%,但是法官群体的职级相对较低,其中 46.92% 的法官位列公务员序列中最低的科员级,处级及以上的法官仅占 5.16%,其中副处级 3.95%,正处级 0.98%,局级以上的仅占 0.23%。

表1 法官基本情况统计

背景变量		统计变量		背景变量		统计变量	
		频数	百分比			频数	百分比
性别	男	1724	64.81%	任法官年限	2年以下	644	24.21%
	女	936	35.19%		3~5年	614	23.08%
年龄	25岁以下	19	0.71%		6~10年	512	19.25%
	25~30岁	449	16.88%		11~15年	276	10.38%
	31~35岁	782	29.40%		16~20年	331	12.44%
	36~40岁	519	19.51%		21~25年	203	7.63%
	41~50岁	748	28.12%		25年以上	80	3.01%
	50岁以上	143	5.38%	婚姻状况	已婚	2298	86.39%
法院层级	基层法院	1993	74.92%		单身	362	13.61%
	中级法院	513	19.29%	子女情况	有	2103	79.06%
	高级法院	147	5.53%		无	557	20.94%
	最高法院	7	0.26%	学历	大专以下	57	2.14%
地域	东部	1332	50.08%		本科	1689	63.50%
	中部	868	32.63%		硕士	879	33.05%
	西部	460	17.29%		博士以上	35	1.32%
职级	科员以下	1248	46.92%	学历获得	前学历	1708	64.21%
	副科级	748	28.12%		后学历	952	35.79%
	正科级	527	19.81%	岗位	业务庭	2278	85.64%
	副处级	105	3.95%		综合部门	382	14.36%
	正处级	26	0.98%	住房状况	自购住房	1745	65.60%
	局级以上	6	0.23%		住父母房	433	16.28%
职务	院领导	147	5.53%		租房	239	8.98%
	中层正职	498	18.72%		单位宿舍	139	5.23%
	中层副职	456	17.14%		其他	104	3.91%
	审判员	586	22.03%	所学专业	法律	2239	84.17%
	助审员	973	36.58%		非法律	244	9.17%

(二)法官满意度基本情况及满意指数计算

对于职业的满意度,本次问卷的调查结果显示,过半数的法官都不满意目前的工作状态。被调查法官中只有12.37%的法官表示非常满意或者比较满意,其中非常满意的34人,占1.28%,比较满意的295人,占11.09%;评价为一般的812人,占30.53%;感觉不太满意和很不满意的比例高,其中不太满意的占34.89%,很不满意的占22.22%,两者合计高达57.11%(见图1)。

采用上述满意指数公式计算出法官的综合满意指数为46.87分,该满意指数介于比较不满意和一般之间,受调查法官的整体满意度不高。

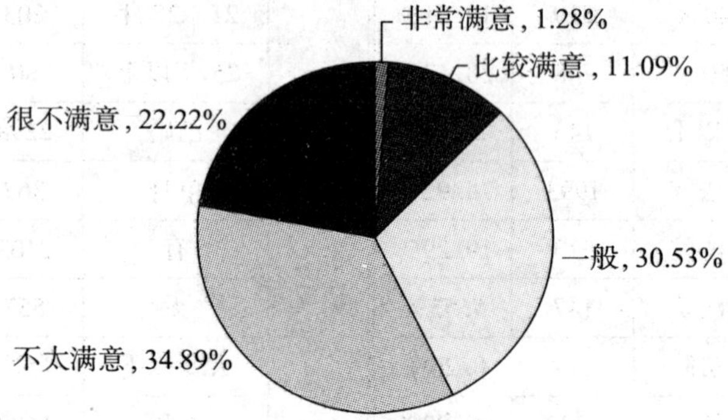

图1　法官职业满意度比例

(三)满意度与法官离职倾向的关系

调查表明,法官群体的离职倾向强烈,94.47%的法官考虑过要离开法院,其中57.37%的法官认真考虑过想要离开法院,而目前着手进行离职准备的也有9.81%,从没有想过离开法院的法官仅占5.53%。另外,法官的离职倾向与法官的工作满意度也紧密相关。

调查表明,对职业非常满意的法官中,38.2%从没想过离职,32.4%只是偶尔想过离职,认真考虑过离开的法官只占29.4%,是各组别法官中离职倾向性最小的;对职业比较满意的法官中有19.3%从没想过离职,超过一半(53.9%)的法官对离职只是偶尔想过,认真考虑并付诸实施的比例只有4.1%;6.2%的职业满意度一般的法官从未想过要离职,而认真考虑离职的法官比例升至39.90%,付诸实施的比例尚低(3.6%);对职业不太满意的法官,他们的离职倾向进一步明显,从未考虑过离职的仅占1.9%,而认真考虑过离职的超过三分之二(占66.71%),其中着手准备的占8.4%;对职业很不满意的法官,离职倾向则十分强烈，从未想过离职的占 1.5%，偶尔想过的占 14.9%，其余超过八成(83.59%)的法官都认真考虑过离职问题，已经着手准备的比例竟然高达 23.7%！(见图 2)

由此可见，法官满意度与法官离职倾向存在显著的负相关关系，满意度越高的法官群体离职倾向越小，而满意度低的法官群体，则离职倾向性明显，甚至相当一部分人已经开始着手准备离职。

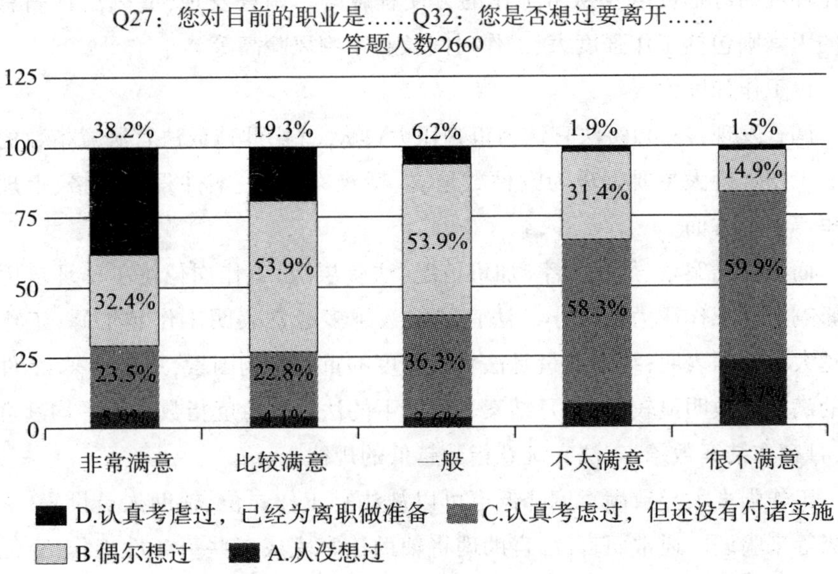

图 2　法官满意度与离职倾向关系

三、探究篇：法官工作满意度低的原因分析

管理学对于工作满意度的研究由来已久，不同学者对影响满意度的因素也持不同的观点。斯蒂芬·P. 罗宾斯认为，“决定工作满意度的重要因素是：具有心理挑战性的工作、公平的报酬、支持性的工作环境、融洽的同事关系以及人格与工作的匹配”。⑤ 赫兹伯格将影响工作满意度的因素分为：物理环境

⑤ [美]斯蒂芬·P. 罗宾斯：《组织行为学》，中国人民大学出版社 2000 年版，第 153 ~ 154 页。

因素、社会因素和个人心理因素。弗洛姆提出:"工作满意度取决于个体期望与实际取得成就相吻合的程度,期望未能实现便产生不满意。"⑥

上述因素中,对法官工作满意度影响最大的是工作环境因素、工作回报因素和个体特征因素三方面。

(一)工作环境因素

本文所指的工作环境,主要是指工作强度、工作难易程度、工作时间安排、工作环境的舒适度以及从事工作的方便程度等。调查发现,造成法官满意度低的因素则包括工作强度大、工作时间长和审判风险高等。

1. 工作强度大

调查发现,73.49%法官认为审判压力过大,并由此造成法官满意指数的下降。工作强度大主要表现为案件数量多、疑难案件多、案件程序严格、审理期限短等多个方面。

而法官结案量、加班频率、加班情况、法院层级、工作岗位等工作环境因素都影响法官工作压力的大小。法官结案数越多通常表明工作越忙碌,工作强度越大。数据表明,结案数量是法官满意度的重要影响因素,月均结案11件以上的满意指数明显较低,而月结案5件以下的法官满意度指数高于平均满意指数,且存在结案数越多,法官满意指数越低的规律。

工作强度大导致满意度降低也可以从法官工作岗位、辅助人员设置、法院层级等来验证。通常而言,法官助理将辅助法官完成一些事务性工作,降低法官的工作强度,调查表明,有法官助理的法官平均满意指数48.29分,比没有法官助理的法官满意指数高出1.48分;另外,综合部门法官的满意指数为50.31分,而审判部门法官平均满意指数仅为46.29分,其中工作压力较大的民事审判庭45.48分,商事审判庭45.50分,执行庭43.74分,承担调研、写作任务的研究室44.41分;案件相对比较少,审判压力不大的法官满意指数都相对较高,如行政庭51.50分,知识产权庭50.4分,审监庭48.62分,立案庭49.90分,政工部门51.07分,审管办52.17分,警队73.33分。另外,最高人民法院法官满意度远高于下级法院等也可以从侧面反映出法官审判压力大小对工作满意度的影响。

⑥ 张平、崔永胜:《员工工作满意度影响因素的研究进展》,载《经济师》2005年第2期,第160~161页。

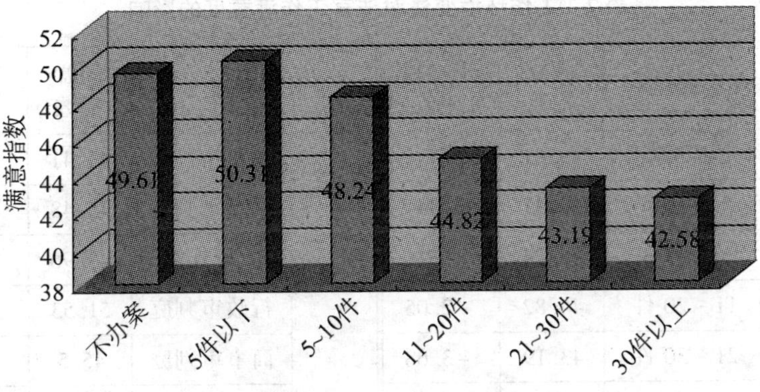

图3　法官月均结案数与满意指数关系

2. 工作时间长

近年来,法院受理案件数量不断增长。法院受理案件数量由1978年的61万件,增加到目前的1200多万件,增长约20倍。[⑦] 与此同时,法官人数仅增长3倍多,与案件增长幅度明显不成比例。[⑧] 在审理期限的约束下,法官被迫增加工作时间,甚至需要加班加点才能完成任务,有的法官一天开12个庭,有的法官每年加班六个月以上,"白加黑"和"五加二"已经成了生活常态。这种生活状态必然降低法官工作的满意度。

调查结果发现,经常加班的法官满意度低于偶尔加班的法官,更明显低于不加班的法官。经常加班的法官满意指数仅为44.68,比偶尔加班法官的50.58低5.90分,比不加班法官的52.39低7.79分。从加班频率来看,平均每周加班不足1小时的法官满意指数为48.77,每周加班1小时的法官满意指数48.56分,加班2~5小时满意指数48.62分,他们的满意度都高于平均满意指数;平均每周加班5~10小时、10~15小时、15小时以上的法官满意指数分别只有45.94分、41.15分和42.75分,都低于平均满意指数,也显著低于加班少的法官。特别是每周加班10小时以上的法官,满意度明显偏低。

⑦　参见姜峰:《法院"案多人少"与国家治道变革——转型时期中国的政治与司法忧思》,载《政法论坛》2015年第2期,第25~37页。

⑧　参见刘忠:《规模与内部治理——中国法院编制变迁三十年(1978—2008)》,载《法制与社会发展》2012年第5期,47~64页。

表2 工作环境变量对法官工作满意度的影响

工作环境变量		满意指数	平均数差值
结案量	不从事审判工作	49.61	2.74
	5件以下	50.31	3.44
	5~10件	48.24	1.37
	11~20件	44.82	-2.05
	21~30件	43.19	-3.68
	30件以上	42.58	-4.29
每周平均加班时间	小于1小时	48.77	1.9
	1小时	48.56	1.69
	2~5小时	48.62	1.75
	5~10小时	45.94	-0.93
	10~15小时	41.15	-5.72
	15小时以上	42.75	-4.12
加班情况	经常性加班	44.68	-2.19
	偶尔加班	50.58	3.71
	不加班	52.39	5.52
法院层级	基层法院	46.55	-0.32
	中级法院	48.07	1.2
	高级法院	45.98	-0.89
	最高法院	65.72	18.85

工作环境变量		满意指数	平均数差值
岗位	刑事审判庭	47.41	0.54
	民事审判庭	45.48	-1.39
	人民法庭	45.96	-0.91
	行政审判庭	51.53	4.66
	商事审判庭	45.5	-1.37
	知识产权庭	50.4	3.53
	审监及其他业务庭	48.62	1.75
	执行部门	43.74	-3.13
	立案庭	49.9	3.03
	政治部门	51.08	4.21
	研究室	44.41	-2.46
	办公室	51.43	4.56
	警队	73.33	26.46
	审判管理部门	52.17	5.3
	其他	52.91	6.04
	综合部门平均	50.31	3.44
	审判部门平均	46.29	-0.58
法官满意指数平均值		46.84	0

3. 审判风险高

调查发现,职业风险高、责任大是导致法官对工作环境不满意的重要因素,78.01%的法官认为审判风险过高。法官的职业风险主要体现为司法组织系统内部风险和司法组织外部环境风险两方面。⑨ 问卷还通过调查法官不满

⑨ 参见李霞、尚玉钒、吕升学:《基层法官职业风险“组织支持对组织承诺的影响作用研究》,载《西安交通大学学报》(社会科学版)2013年第1期,第106~113页。

意原因及审判工作遇到的困难,来反映审判风险的高低。

法官面临的组织系统内部风险包括:第一,事实认定风险。被调查法官中,43.95%都担心办错案,在适用法律时,会面临法律事实与客观事实冲突带来的职业风险。[⑩] 第二,裁判错误风险。法官认为错案责任制度不合理的占49.89%,法官在裁判时,可能会出现适用法律不当,由此被认定为错案,从而受到领导批评甚至触发的风险无法避免。第三,工作失误风险。由于中国法官除了开庭和裁判之外,还需要从事多种程序性和技术性的工作,法官在排期、文书送达、诉讼保全等工作中容易出现超期审理、送达不到,未及时查封、续冻造成当事人财产损失、裁判文书瑕疵等风险。

法官面临的组织外部环境风险包括:第一,人身安全风险。调查发现,75.19%的法官都认为目前司法环境恶劣,法官面临当事人"辱骂和人身攻击的风险"。第二,信访责任风险。法官中担心当事人信访、闹访的占73.83%,当事人的信访产生原因十分复杂,即使案件的审理和裁判过程没有任何瑕疵,只要当事人不服判决,就有可能出现信访,因此,法官面临的信访风险巨大,且难以防范。第三,违背领导意图的风险。调查发现,31.20%的法官因领导、他人请托案件多而困扰不已。案件审理中,法官如果违背院长、庭长意见,独立行使审判权,将冒极大的个人风险,这种风险包括由于没有按照"领导意图"办案而在日常工作中被穿小鞋、得不到晋升提拔、得不到评优评选,甚至被调离审判岗位。第四,抵御人情案的风险。在社会生活中,法官如果铁面无私,将会面临得罪亲朋好友、其他机关的窘境;如果抵御不住人情、金钱,则将面临巨大的违反职业道德,甚至违法犯罪的风险。

(二)工作回报因素

工作回报是指一个组织基于对个人工作成效的肯定,而给予个人地位的上升、职权的加重以及责任范围的扩大,工资、福利等方面待遇的提高。福利待遇低、晋升晋级慢、培训机会少等工作回报因素是造成法官工作满意度低的重要原因。

1.工资福利待遇低

工资报酬等福利待遇是个体工作回报的重要方面,美国管理学家西蒙和

---

⑩ 四会法院的莫会军案及最近的都是法官对事实认定出现差错而被追究刑事责任,后者审理的案件二十年前甚至经过多次审委会讨论,仍没有避免法官认定事实的风险。

恩慈的"柯维奇十因素"理论认为,如果回报与工作努力程度相匹配,能使人产生兴奋情绪,调动个体工作的积极性,并促使对职业产生积极的认同感、成就感。[11] 如果回报满足感欠缺,则会降低工作满意度。

调查表明,法官的整体工资水平不高,法官月收入不到5000元的占八成以上(80.53%),27.41%的法官月收入不足3000,月收入超过8000元的法官,仅占3.09%。粗略地计算一下法官的月平均收入约为4223元,年收入为50,712元,竟比2014年城镇非私营单位在岗职工年平均工资还少5000多元!在对工作不太满意或者不满意的法官中,对工资收入不满意的比例高达93.88%!

从不同收入组法官满意度的对比也可以发现,收入越低的法官群满意指数越低:月收入20,000元以上法官职业满意指数高达80.00,月收入12,001~20,000元的法官满意指数为56.25,月收入8001~12,000元的法官满意指数为54.70,而月收入8000元以下的法官职业满意指数都不超过48分,其中月收入不足2000元的法官满意指数仅为41.30,另外,从不同收入组法官满意指数与平均满意指数差距来看,不同组别法官满意度标准差达到12.91,说明收入对工作满意度影响十分显著。(见图4、表3)

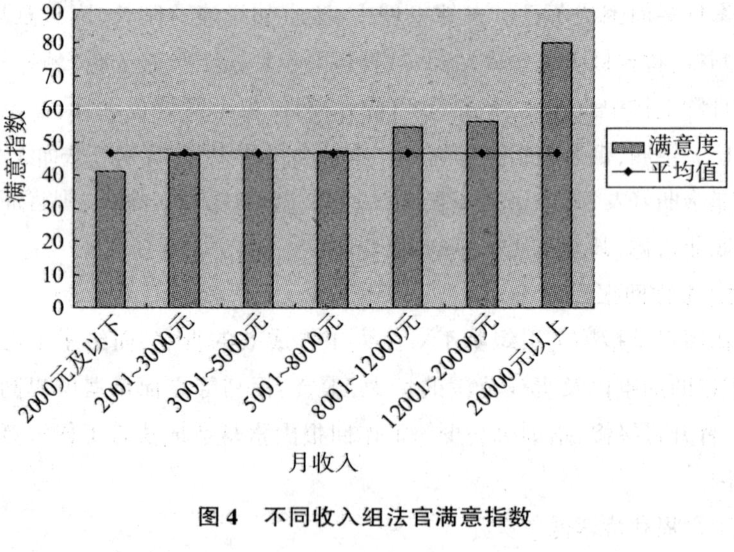

图4 不同收入组法官满意指数

---

[11] 参见王子伟、严培佳:《从"心"开始:法官流失之风险预控——基于心理契约视角的实证研究》,载贺荣主编:《司法体制改革与民商事法律适用问题研究——全国法院第26届学术讨论会获奖论文集》,人民法院出版社2014年版,第363页。

表3　工作回报变量对法官工作满意度的影响

工作回报变量		满意指数	平均数差值	工作回报变量		满意指数	平均数差值
职级	局级以上	50	3.13	职务	审判员	44.99	-1.88
	正处级	66.15	19.28		助审员	45.76	-1.11
	副处级	52.76	5.89	月收入	2000元及以下	41.3	-5.57
	正科级	48.96	2.09		2001~3000元	46.02	-0.85
	副科级	46.98	0.11		3001~5000元	46.79	-0.08
	科员以下	45	-1.87		5001~8000元	47.21	0.34
职务	院领导	57.41	10.54		8001~12,000元	54.7	7.83
	中层正职	49.68	2.81		12,001~20,000元	56.25	9.38
	中层副职	45.18	-1.69		20,000元以上	80	33.13

2. 晋职晋级慢

由于参照公务员进行管理,法官的工资收入以及身份地位都直接与其职级挂钩。如前所述,整个法官群体职级相对较低,通过对照法官的年龄与职级发现,法官的职级晋升也十分缓慢,35岁以下的法官科员占65.20%,而40岁的中年法官主体还是正、副科级,甚至80%的50岁以上资深法官仍然是科级干部。

由于晋职晋级慢,对应的工资和福利待遇也无法提升,造成法官满意指数偏低。在法官不满意原因的考察中,72.32%的法官认为晋升空间狭小,57.54%的法官认为奖励、考核、晋升机制缺乏公平性。

通过不同职级组、职务组法官满意指数的对比和分析,也可以看出职务和职级对法官满意度的影响:从职级方面看,处级以上法官的满意指数较高,均在50分以上,其中正处级法官的满意指数高达66.15分,而科级以下的法官满意指数整体都不高,正科级48.96分,副科级46.98分,而科员级才只有45分,与正处级法官相比满意指数相差20分以上;从职务方面看,有行政职务的法官满意指数相对较高,特别院长和正庭长满意指数比其他法官显著提升,其中院领导满意指数为57.41分,中层正职法官49.68分,而助理审判员只有45.76分,审判员只有44.99分。(见表3)

工作回报不仅仅是物质回报以及职级晋升,看不到职业前景以及休假、培训机会少因而对工作心生不满的法官也不在少数。

(三)个体特征因素

除了工作环境及工作回报等外部因素外,法官个人的自然状况、身份特征、财务状况、家庭环境等也会对法官工作满意度产生一些影响,这些因素构成个体特征因素。个人特征对法官工作满意度的影响见表4。本文将这些因素根据影响的维度分为个人负担因素和个人期望因素。

表4 个人特征变量对法官工作满意度的影响

个人身份变量		满意指数	平均数差值	个人身份变量		满意指数	平均数差值
性别	男	46.13	-0.74	住房情况	其他	51.146	4.276
	女	48.22	1.35	学历	大专以下	54.04	7.17
月支出	2000元及以下	49.59	2.72		本科	47.05	0.18
	2001~3000元	48.09	1.22		硕士	45.71	-1.16
	3001~5000元	46.2	-0.67		博士以上	55.43	8.56
	5001~8000元	45.83	-1.04	学历获得	前学历	45.86	-1.01
	8001~12,000元	46.81	-0.06		后学历	48.65	1.78
	12,001~20,000元	45.87	-1	所学专业	法律	46.78	-0.09
	20,000元以上	42.85	-4.02		非法律	48.61	1.74
任法官年限	2年以下	44.98	-1.89	年龄	25岁以下	48.43	1.56
	3~5年	46.9	0.03		25~30岁	48.15	1.28
	6~10年	44.49	-2.38		31~35岁	44.2	-2.67
	11~15年	45.15	-1.72		36~40岁	44.35	-2.52
	16~20年	49.19	2.32		41~50岁	48.9	2.03
	21~25年	53	6.13		50岁以上	55.67	8.8
	25年以上	57	10.13	婚姻状况	已婚	47.06	0.19
住房情况	自购住房	47.33	0.46		单身	45.64	-1.23
	住父母房	44.844	-2.026	子女状况	有	47.208	0.338
	租房	44.178	-2.692		无	45.604	-1.266
	单位宿舍	48.634	1.764				

1. 个人负担因素

调查表明,在法官整体收入水平不高的情况下,法官个人及家庭负担的轻重就对法官工作满意度产生比较明显的影响,负担重、花费大的法官工作满意度往往比较低。

第一,家庭支出水平越高,法官工作满意度越低。调查表明家庭月支出2000元以下的法官,工作满意指数为49.59分,为满意度最高的组别;家庭月支出20,000元以上的法官,满意指数只有42.85分,为满意度最低的组别。其余各组基本上符合支出水平越高满意度越低的规律。

第二,住房情况影响法官满意度。本次问卷调查了法官的住房情况,发现65.60%的法官自购住房,16.28%的法官住父母房,8.98%租房,5.23%住单位宿舍,还有3.91%的法官购买经适房、福利房、父母购房、集资建房等。租房和没有自己住房的法官生存压力更大,调查也表明,租房法官的满意指数仅为44.18,住父母房的法官满意指数也只有44.84;相比而言,住单位房和其他居住形式的法官一般没有按揭购房的经济压力,负担相对小,他们的满意指数也较高,分别为48.63分和51.15分。自购住房的法官经济压力和满意指数(47.33分)则都居中。

第三,法官性别对满意度的影响。调查发现,不同性别法官的满意度存在差异,男法官满意指数为46.13分,女法官满意指数为48.22分,男法官的工作满意指数相对女法官略低,这可能与男性的角色地位相关,在中国传统观念中男性应更多承担家庭责任,男性收入应更高,因此,男法官更容易受家庭负担因素影响。

2. 个人期望因素

公务员工作满意度是指公务员对工作各个方面(工作本身、组织因素、工作关系、回报等)要求已被满足程度的感知。也可以用以下公式表示:公务员满意度(S)=感知/期望。满意度数值越大,表示满意度越高;反之,满意度越低。⑫ 法官工作满意度也符合这一规律,"如果职业实现与心理期待一致,则心理契约保持平衡;如果职业现实与心理期待相去甚远,内心即会产生心理落

⑫ 参见齐燕:《中国政府公务员满意度问题研究——以三门峡市政府公务员为例》,西北大学2008年硕士学位论文,第10页。

差,通过比较,感知心理契约[13]破裂,进而产生以失望、挫折、忧伤、愤怒为主要特征的负面情绪体验,并开始对自己的职业感到倦怠、冷漠”。[14] 通常,高学历法官,积累一定经验,又年富力强的法官的职业期望值比较高,满意度较低。

第一,高学历法官个人期望值较高。学历高的法官,求学时间长,付出多,能力相对较强,对于工作回报的期待值较高,由于回报达不到预期,导致法官学历越高,满意度相对越低,调查表明大专以下学历的法官满意指数为54.04,本科学历法官满意指数只有47.05,硕士学历法官的满意指数为45.71,高学历法官中,只有博士学历法官满意指数较高,则与其所在法院层级较高、压力不大、工作回报较高等有关。[15]

同理,前学历法官的满意指数(45.86分)低于后学历法官满意指数(48.65分),法律专业出身法官的满意指数(46.78分)也低于非法律专业的法官满意指数(48.61分)。

第二,中年法官满意度远低于青年法官和老年法官。调查表明,31~40岁组的法官满意度比30岁以下及40岁以上的法官工作满意度更低,其中31~35岁法官工作满意指数44.20分,36~40岁满意指数44.35分,而25~30岁法官48.15分,25岁以下法官48.43分,41~50岁法官满意指数为48.90分,50岁以上法官高达55.67分。30~40岁组法官工作满意度偏低,可能与该年龄段法官积累一定的审判经验,因此往往期待在职业上有所晋职或晋升,若这种晋级、晋职预期落空或者达不到预期的高度,则可能造成满意度下降。相反,刚任职年轻法官,仍处于不断学习和经验积累阶段,对于晋升没有强烈的期待;而年纪更长的老法官,他们要么已经晋级、晋升到一定层次,要么对晋级晋升不再报以强烈的期待,所以他们的满意指数都高于中年法官。

---

⑬ “心理契约”是表达组织与雇员两者之间的一种关系的阐述,除正式雇佣契约规定的内容外,还存在隐含的、非正式的、未公开说明的相互期望,这种期望是决定员工态度和行为的重要因素。参见[美]波特·马金等:《组织和心理契约》,北京大学出版社2000年版,第57页。

⑭ 王子伟、严蓓佳:《从心开始:法官流失之风险预控——基于心理契约视角的实证研究》,载贺荣主编:《司法体制改革与民商事法律适用问题研究——全国法院第26届学术讨论会获奖论文集》,人民法院出版社2014年版,第364页。

⑮ 从收入看,博士以上法官平均收入7173元,不仅超出法官平均收入4223元69.9%,而且也远高于其他学历的法官(大专以下法官平均收入为3385.9元,本科法官3860.5元,硕士法官4859.9元)。

四、提高法官满意度:敢问路在何方?

法官满意度不高,不仅会导致其降低工作的热情与积极性,产生情绪波动,出现怨恨、不满、失望等强烈的情绪状况,⑯还可能出现法官消极怠工、辞职等行为,其将致使审判质量和效率下降,加剧当事人对司法的不信任,与司法公正的目标背道而驰。提高法官满意度应围绕上述因素,提出有针对性的对策。

(一)改善法官工作环境

1. 厘清法官的工作职责

中国法官之所以感觉自己工作压力大,与法官职责不清,承担了大量司法外功能,法官无法专心审理、裁判不无关系。正如有学者提出,"中国法院已然成为一体化社会管理体系的一部分,不但承担大量的日常案件审判,而且被赋予了诸多非司法功能……'功能增加型负担'是过去十几年中国法院面临的一个新问题,它不一定直接表现为案件量增加,而主要表现为非司法目标的嵌入使得个案处理难度的加大,以及对司法自身专业与独立属性不同程度的扭曲"。⑰ 因此,明确法官的职责,清理司法外功能是降低法官压力水平,提高法官满意度的必由之路。

第一,减少法院社会职能的承担。法官压力相当部分是法院承担责任传导造成的,不少地方政府把法院当作政府职能部门之一,要求法院为"经济发展'保驾护航'、保障民生、反腐倡廉以及维护社会稳定,他们本质上属于行政目标,由于法院的弱势地位,行政目标被转嫁给了法院!"⑱减少这部分职能,将大大增加法官的公信力和权威性,降低法官在审理案件中既要遵照法律,又要考虑社会效果的巨大压力。

第二,为法官配备足够多的司法辅助人员。通过社会招聘的方式,招聘

---

⑯ 参见曾媛:《心理契约视角下提升公务员满意度制度研究》,吉林大学2012年硕士学位论文,第17页。

⑰ 姜峰:《法院"案多人少"与国家治道变革——转型时期中国的政治与司法忧思》,载《政法论坛》2015年第2期,第25~37页。

⑱ 姜峰:《法院"案多人少"与国家治道变革——转型时期中国的政治与司法忧思》,载《政法论坛》2015年第2期,第25~37页。

2~4倍法官数量的司法辅助人员,从事庭审记录、送达、保全、调查、接待信访、案件档案整理、裁判文书草拟等大量事务性工作,并独立承担责任。并将执行剥离出法院系统,法官只对庭审和裁判文书的最终撰写、签发负责,那么中国法官年审上千件案件的一天也终会来到。

2.制定完善法官保障制度

综观《法官法》没有任何一条关于保障法官的权利免受侵害的条款。法官在职业过程中充满了高风险,上级领导可以随意调换法官岗位,甚至随意任免;案件当事人一旦发生信访或者影响社会稳定的时间,法官将首先受到调查甚至处罚;错案追究更是时刻高悬在法官头上的达摩克利斯之剑。

因此,中国法官满意度的提升有赖于建立和完善如下几项法官职业保障制度:

第一,非经法定事由不得随意将法官免职或者将法官调离原任职法院、工作岗位。

第二,确保法官未经法定的惩戒程序不受追究。只要法官在履职过程中不存在行为不当,无论案件判决是否与客观真实相一致,不应追究法官责任。"在追究责任的前提上,从限制法官自由转向保障法官独立;在标准上,从主观内心过错转向外在行为失当;在重心上,从实体结果公正转向程序正当合法;在依据上,从法院内部文件转向法律明确规定。"⑲

第三,增设藐视法庭罪。加大打击扰乱法庭纪律、伪造诉讼证据的行为,对谩骂、侮辱法官的言行通过刑事法律进行规制。

第四,为法官设立职业保险制度。参照公证员的公证职业责任保险制度,为法官设立司法职业保险制度,确因法官过失导致的民事财产损害的,由保险公司赔付,免除法官因疏忽、过失或其他原因造成当事人、利害关系人的经济损失或伤害,而被追究法律责任的风险。

3.通过第三方纠纷解决机制的建立分流法院案件

在三十年经济高速增长和司法宣传的双重作用下,法院吸纳的社会矛盾纠纷不断攀升,⑳但由于诉讼资源的稀缺性,无法满足所有需求,随之而来的必

---

⑲ 参见魏胜强:《错案追究何去何从?——关于我国法官责任追究制度的思考》,载《法学》2012年第9期,第55~64页。

⑳ 据最高人民法院的工作报告2014年全国法院收案数量已经超过1400万件,而随着2015年立案登记制度的施行,预计今后数年诉讼案件数量又将大幅上升。

然是诉讼拖延或者案件审理质量的下降,反而导致应由司法调整的重大社会关系或者利益,得不到司法的充分关注而违背了司法公平正义的初衷。

因此,作为纠纷最后解决方式的司法必须有所为有所不为,对于不适宜由司法解决的随意型纠纷、盲目型纠纷或者司法解决效率和效果不好的琐碎型、邻里纠纷等[21]应当通过增加诉讼成本、延长诉讼周期等方式分流到其他纠纷解决途径去解决。

第一,大力发展第三方纠纷解决机制。诉讼始终是矛盾纠纷的最后解决方式,而非首选方式,应当发挥中国强大的行政资源和力量,充分发挥司法所、工会组织、仲裁机构等的纠纷解决机制,分流法院案件。

第二,适当增加诉讼成本。通过提高诉讼费和强制的诉讼律师代理制度,增加诉讼成本,筛选真正值得法院审理的案件进入诉讼程序,建立法律规则,通过经济手段引导部分纠纷分流到其他纠纷解决机制中去。

第三,延长诉讼周期。确定统一的审理期限确实提高了审判的效率,但也违背了司法规律,因此,可以借鉴国外法院,通过收结案比等方式监督法院的诉讼效率,延长、甚至完全取消审限制度。

(二)提高法官工作回报

1. 大幅提高法官的薪酬待遇

法官入职要求严、任职条件高、业外限制多、工作专业性强,然而给予法官的薪酬待遇远远落后于入职门槛相对较低而职业自由度高得多的律师、公司法务人员,甚至也低于同级公务员。在职业自由流动的市场经济环境下,这种状态不具有可持续性,不仅无法吸引高素质的法律人才进入法官行业,还必将导致法院内部高素质法官的加速流失。两者都将导致法院人力资源的退化和枯竭,法官声望的下降和司法产品质量的劣化。当务之急是提高法官的薪酬待遇,降低法院内外部薪酬的差距,减少法官流失的巨大压力,并逐步吸引高素质法律人才流入法官队伍。

确定法官薪酬应当参考以下几个原则和标准:

---

[21] 参见白清:《司法不能承受之重——滥用诉权的考察与规制》,载万鄂湘主编:《司法解决纠纷的对策与机制——全国法院第十九届学术讨论会获奖论文集》,人民法院出版社2007年版,第32~33页;胡昌明:《司法资源是如何被滥用的——以民事审判中被滥用的四项诉讼权利为例》,载万鄂湘主编:《司法解决纠纷的对策与机制——全国法院第十九届学术讨论会获奖论文集》,人民法院出版社2007年版,第42~43页。

一是与付出相适应,法官职业要求广博的知识和超群的技能,[22]案件审理也需要法官运用高级的技能,付出大量的脑力劳动和体力,责任重大、工作性质重要,因此,有必要匹配较高的薪酬。

二是与法律服务业的薪酬具有可比性。薪酬满意度在一定程度上是一个相对满意度,同为从事法律行业的法官与律师可比性较强,他们之间薪酬的比较无法避免。虽然从国际惯例来看,法官的薪酬都略低于律师的薪酬,但是如果差距过大,必然增强法官的相对剥夺感,诱发法官不满和离职。

三是根据所在地物价指数进行浮动。作为社会生活中的一员,法官也需要一定的物质回报来维持日常生活,因此,法官的收入需要与法院所在地的物价相匹配,特别是在通货膨胀发生时,应建立随物价浮动的相关机制,保证法官收入不被降低。

四是与法官职业补偿相匹配。法官角色要求其人际交往、社会活动范围等受到严格限制,因此,法官的薪酬需要从两方面加以补偿:第一,从事法官职业前,长期学习教育的补偿;第二,从事法官职业后,不得从事违背法官职业伦理的一系列活动,以及家人不得从事律师、离开法院后不得从事诉讼代理业务等限制的补偿。

此外,给法官加薪绝不能是涨三毛五毛的小打小闹,这无助于从根本上改善法官职业满意度,[23]关键是要确定法官薪酬的合理计算方法以及通过法律来保障法官薪酬的合理增长机制。

2. 建立符合司法规律的法官等级

科层化的职级结构适用于行政机关的公务人员,符合上行下效、层层领导的要求,但却与司法工作要求的高度专业性和独立性相抵牾。法官职级低、晋升难、权威不足,很大程度上受制于这套行政化的职级体系。

现行职级结构下,很少办案的院长、庭长职级较高、审理案件的审判员职级较低,于是从未审理过一个案件,甚至没有学习过法律的法院院长、领导可以对任何一个下级法官办理的案件说三道四,指手画脚,甚至可以对不听从自己意见的法官随意处理。要改革这种不合理的现象只有彻底将法官与行政级

---

[22] 康士勇:《工资理论与工资管理》,中国劳动保障出版社2006年版,第44~45页。

[23] 按照上述原则和目前的法官收入,法官薪资应当高出当地平均工资的1~2倍,这也与本文对法官理想薪酬的统计相一致。调查表明,法官期望的平均薪酬平均水平为月薪12,950元,约为2014年城镇非私营单位在岗职工年平均工资4695元的2.3倍。

别脱钩,制定一套独特的符合司法规律的职级晋升体系。

法官是审理案件的专业人士,与医生、大学教师有相似之处,应参照医院或者高校按照其职业能力、水平来划分主治医生、副主任医生、主任医生或者讲师、副教授、教授等职称的做法,根据法官的专业水平、职业素养,如法官从事法律工作的年限、专业知识水平、审判资历、学历水平等,由法官考评委员会进行考核和评定法官等级(如法官、高级法官、大法官)。同时,法官等级的晋级晋升也应通过法官考评委员会的考试和评定。法官的工资收入、职业待遇也只应与法官等级相匹配,而不是行政职级。

此外,鉴于不同个体特征法官的满意度不同是由于其家庭负担重及职业期待高于实际等因素造成的,可为将来的制度设计提供一些有益启示,即改革法官选任制度,增加法院对一定经验的法律从业者、有一定经济基础的律师的吸引力,吸纳各方面的法律人才进入法官队伍。

目前,通过明确法官的职权、完善法官职业保障制度、分流法院案件、提高法官的薪酬水平、重新确定法官等级等方式,能够较大幅度改善法官的生存环境,提高法官满意度,提高法官的权威。

与此同时,笔者发现,法官之所以地位不彰、劳心劳力,甚至沦为“司法民工”,其根本原因在于没有确立法官的主体地位,没有善待执掌社会公平正义利剑的专业人士,而法院在整个政治体制中,也是处于行政强权之下,没有良好的职业环境。因此,彻底改变法院内外部的行政管理逻辑,让法院不受制于其他机关,独立于其他政府部门进行审判,法官不受制于法院领导和上级法院的意志,让法官真正实现除了法律和上帝,无须服从任何人的情形,是从根本上提高法官满意度,让法官热爱法律职业的必由之路。

企业涉诉与风险承担水平：学习效应还是震慑效应？

刘小鸽　苗　妙*

内容摘要：涉诉经历会如何影响企业的风险承担水平，是"一朝被蛇咬，十年怕井绳"，还是会"吃一堑，长一智"？参考2001~2015年A股上市公司数据，本文考察了企业涉诉对风险承担水平的影响及其内部机理。研究发现，涉诉会显著提高企业的风险承担水平，并且不管是作为原告涉诉还是作为被告涉诉，这一提升效应均明显存在。通过机制分析，我们发现：(1)不管作为原告还是作为被告，只要涉诉，企业都会增加寻租投入。随着涉诉次数越多，涉诉金额越大，企业用于寻租的投入越多。(2)一旦被侵权作为原告涉诉，企业的研发激励则会受到负面影响，而这一现象在企业作为被告涉诉时并不存在。

关键词：企业涉诉　风险承担水平　学习效应　震慑效应

一、引言

企业风险承担是企业投资活动中的风险选择偏好，对

* 刘小鸽，北京大学国家发展研究院博士后；苗妙，通信作者，华南理工大学经济与贸易学院讲师。

企业发展和经济增长具有重要影响。从宏观层面看，高风险项目通常与高技术创新相伴，可以提升社会的生产率水平，进而推动技术进步和加快社会资本积累的步伐。[①] 从微观层面看，合理选择并承担风险对于提高企业绩效、促进企业积极应对经济状况改变以及新产品研发等方面的风险都有十分重要的意义，[②]是企业持续提升创新能力和增强核心竞争力的重要保证。[③] 然而，我国2015年发布的"2014·中国企业经营者问卷跟踪调查"显示，虽然我国多数企业已经有较强的创新意识和较为清晰的创新战略，企业创新投入持续增长，自主创新能力提升较快，但是囿于社会氛围和投资环境，企业家对未来与伴随企业风险提升的创新投入增加持谨慎态度。[④] 因此，在我国企业已进入创新活跃期的背景下，如何提升企业的风险承担水平，成为理论和实践中关注的重要问题。

对企业风险承担影响的因素，已有研究主要沿外部制度安排和内部治理机制两个线索展开。外部制度安排中，良好的投资者保护、[⑤]法律法案[⑥]以及文化价值[⑦]都对微观主体的风险决策有重要影响；而在内部治理机制中，股权结构、董事会特征、管理层激励等也会影响企业风险承担。同时，高管人口统计学特征以及心理特征，如高管的性别、年龄、经历等差异造成个体的不同风险倾向，[⑧]以及管理者的心理认知偏差（如过度自信、风险偏好、心理账户等）也在一定程度上影响了企业对风险的感知。[⑨]

---

① Acemoglu, D., and F. Zilibotti, "Was Prometheus Unbound by Chance? Risk, Diversification and Growth", Journal of Political Economy, 1997, 105(4), 709-751.

② Hilary, G., and K. W. Hui, "Does Religion Matter in Corporate Decision Making in America?", Journal of Financial Economics, 2009, 93(3), 455-473.

③ Boubakri, N., J. Cosset, and W. Saffar, "The Role of State and Foreign Owners in Corporate Risk-Taking: Evidence from Privatization", Journal of Financial Economics, 2013, 108(3), 641-658.

④ 数据系作者通过*Wind*数据库2015年企业诉讼信息整理。

⑤ La Porta, R. et al., "Law and Finance", Journal of Political Economy, 1998, 106(6), 1113-1155.

⑥ Bargeron, L. L., K. M. Lehn and C. J. Zutter, "Sarbanes-Oxley and Corporate Risk-Taking", Journal of Accounting and Economics, 2010, 49(1-2), 34-52.

⑦ Griffin, D. W., et al., "National Culture, Corporate Governance Practices, and Firm Performance", Social Science Electronic Publishing Research Paper, 2014.

⑧ Hambrick, D. C., and P. A. Mason, "Upper Echelons: The Organization as a Reflection of its Top Managers", Academy of Management Review, 1984, 9(2), 193-206.

⑨ Kahneman, D., and A. Tversky, "Prospect Theory: An Analysis of Decision under Risk", Econometrica, 1979, 1(1), 53-70.

值得注意的是,在企业面临的众多外部不确定性因素中,诉讼风险已逐渐成为影响企业风险承担能力的重要因素。[10] 2015 年,共有 504 家沪深 A 股上市公司发生诉讼,占 A 股上市公司总数的 16%。其中涉及民事诉讼的公司 467 家,涉案总次数达到 1760 次,涉案总金额高达 8872 亿元,其中涉案金额过亿元的诉讼案件就达到 856 起。从诉讼的作用结果看,企业涉诉风险对审计收费定价、[11]公司信息披露政策、[12]债务成本[13]以及企业创新活动均有显著的影响。然而,鲜有文献关注企业诉讼行为对企业风险承担水平的可能影响。企业风险承担是企业重要的决策行为之一,涉诉会使企业面临的不确定性风险突然增加,并从时间成本(转移和占用企业精力)和资金成本(比如增加企业融资约束)两方面限制企业在项目投资、创新行为等方面的决策。

那么,企业存在"一朝被蛇咬,十年怕井绳"的情形吗?企业涉诉究竟会对企业风险承担产生什么样的影响?如果这一影响存在,作用机制和路径是什么?受到数据的限制,对于企业诉讼的微观作用机制,尤其是对企业风险承担行为的影响,较少得到关注且尚未得到一致结论,这些正是本文所要探究的问题。因此,本文采用 2001 ~ 2015 年经过与企业相关财务数据进行匹配后的沪深 A 股上市公司的企业诉讼数据作为研究样本,考察企业涉诉对风险承担水平的影响及其内部机理。一方面,我们认为企业诉讼是企业重要的成长经历,诉讼过程所产生的"学习效应"可能增加企业的风险应对能力;另一方面,企业则会因涉诉而在今后的投资活动中更加谨慎,甚至会变更企业名称以改变诉讼所带来的声誉冲击,[14]进而降低风险承担水平。研究发现,涉诉会显著提高企业的风险承担水平,并且不管是作为原告涉诉还是作为被告涉诉,这一提升效应均明显存在。通过机制分析,我们发现了其中的异质性问题:首先,不管是作为原告还是作为被告,只要涉诉,企业都会增加寻租投

---

[10] 潘越、潘建平、戴亦一:《公司诉讼风险、司法地方保护主义与企业创新》,载《经济研究》2015 年第 3 期,第 131 ~ 145 页。

[11] Venkataraman, R., J. P. Weber, and M. Willenborg, "Litigation Risk, Audit Quality, and Audit Fees: Evidence from Initial Public Offerings", The Accounting Review, 2008, 83(5), 1315 – 1345.

[12] Rogers, J. L., and P. C. Stocken, "Credibility of Management Forecasts", The Accounting Review, 2005, 80(4), 1233 – 1260.

[13] 王彦超、姜国华、辛清泉:《诉讼风险、法制环境与债务成本》,载《会计研究》2016 年第 6 期,第 30 ~ 37 页。

[14] 谢红军、蒋殿春、包群:《官司、声誉与上市企业更名》,载《经济研究》2017 年第 1 期,第 165 ~ 180 页。

入。涉诉次数越多，涉诉金额越大，企业用于寻租的投入也越多。其次，一旦被侵权作为原告涉诉，企业的研发激励会受到涉诉的负面影响，而这一现象在企业作为被告涉诉时并不存在。

本文可能在如下三个方面有所贡献：第一，本文深化和拓展了企业风险承担的相关研究。现有文献多从外部制度安排、内部治理机制以及个人特征等角度分析企业风险承担问题，[15]本文则基于我国转型期矛盾多发、现实所产生的诉讼风险增加这一典型事实，考察了企业卷入诉讼对风险承担水平的影响结果及作用机制，加深了我们对企业风险承担影响因素的理解。第二，本文也丰富了企业诉讼作用结果方面的研究文献。本文的分析不仅提供了新的经验证据，而且进一步考察其影响机理，有助于我们理解企业外部不确定性风险通过企业对产权安全的主观感知，最终到企业风险承担行为的传导机制。第三，在研究方法和数据方面，本文使用从 2000 ~ 2015 年这一较大的企业诉讼样本进行分析，这在国内研究中尚属少见。同时，我们采用 PSM 的方法较好地处理了样本选择偏差和内生性问题，结论具有稳健性和可靠性。

本文余下部分的结构安排是：第二部分介绍理论基础与研究假说，第三部分是模型、变量和数据，第四部分是实证回归结果，第五部分是影响机制检验，第六部分是结论和政策含义。

二、理论基础与研究假说

诉讼风险是企业所面临的重要外部不确定性风险之一，并可以通过改变企业的信念和预期进而影响企业决策。我们认为，企业诉讼会对企业风险承担行为产生两方面的影响。一方面，企业会因发生涉诉而在今后的经营活动中更加谨慎，调整支出结构，尤其是削减高风险投资项目的支出，主动降低其风险承担水平，即“威慑效应”；另一方面，对企业来说，诉讼是一种重要的成长经历，企业可能会在诉讼过程中通过对风险应对方法的学习，提高未来的风险承担能力，即“学习效应”。

---

⑮ Barber, B. M., and T. Odean, “Boys will be Boys: Gender, Overconfidence and Common Stock Investment”, Quarterly Journal of Economics, 2001, 116(1), 261 - 292.

(一)“一朝被蛇咬,十年怕井绳”:震慑效应与企业风险控制

在市场经济以及伴随而来的知识经济发展的当下,无论在组织系统改革、企业效益、市场开发还是在经营观念、风险投资等诸多方面,企业活动到处都存在和面临风险决策。企业在实际运营中存在大量经营风险,并且诸类风险充满不确定性。企业自身并不知道其所面临风险的真实概率,会用已知与风险相关的可识别特征以及从其风险经历推断出的信息来计算不确定性事件的主观概率。危机经历会提高个体对风险主观概率的评估,而主观信念的变化则进一步导致企业增强日后行为的谨慎程度,表现为危机经历会导致企业日后风险控制的增强。以上过程即为震慑效应。Koudijs 和 Voth⑯ 发现危机经历会改变贷款人的风险观念,会在再贷款时提高对抵押资产的价值要求,即使其在危机冲击中并未遭受过损失。DeBacker et al. ⑰分析发现,企业在被审计之后会修正对审计概率的主观信念,并进一步调整之后的偷税及避税策略行为。

在现实经营过程中,诉讼是企业面临的重要风险之一。企业并不清楚自身的真实涉诉风险,诉讼发生的概率对企业而言存在不确定性。企业的涉诉经历会向上修正企业对涉诉的主观感知概率。一旦企业涉诉之后,会提高对自身涉诉概率的主观评估,继而会调整未来的企业行为策略,尤其是削减高风险项目的投资,加强对企业风险的控制,主动降低其风险承担水平。

(二)“吃一堑,长一智”:学习效应与企业创新成长

组织知识理论(organizational knowledge theory)是管理学理论的基本组成之一,其将如企业等组织视为一系列知识的组合,而企业内的知识决定着企业成员的决策行为、激励配置与协调等。⑱ 企业内的知识并非一成不变,当企业成员试图将其从以往经验中学习到的知识运用于企业中时,企业内的知识会随之发生变化,而知识的变化会进一步影响企业成员的决策制定等行为。

---

⑯ Peter Koudijs, Hans-Joachim Voth, Leverage and Beliefs: Personal Experience and Risk Taking in Margin Lending, Journal of Economic Literature, 2015.

⑰ DeBacker, J., B. T. Heim, A. Tran and A. Yuskavage, "Legal Enforcement and Corporate Behavior: An Analysis of Tax Aggressiveness after an Audit", 2015, The Journal of Law and Economics, 58 (2): 291 – 324.

⑱ Madsen, P. and Desai, V., "Failing to Learn? The Effects of Failure and Success on Organizational Learning in the Global Orbital Launch Industry", Academy of Management Journal, Vol. 53 (3), 2010, pp. 451 – 476.

以上过程被称之为“学习效应”。[19]

学习效应理论认为企业家能够从以往经验中学习到知识，并且将上述知识通过经营、融资与投资模式等形式运用于企业中，从而提升企业的绩效，或者使企业能够更好地应对类似的事件。[20] 诸如金融危机的负面冲击等事件会造成企业绩效严重下滑。对于企业家，其可以从中学习到企业存在的问题与不足，继而可能会改变企业存在缺陷的经营、融资与投资模式，从而提升企业的绩效，或者使企业能够更好地应对相类似的事件，降低以后面临类似事件冲击时企业绩效的下滑程度。Graham 和 Narasimhan[21] 发现1929年经济危机前期负债比例越高的企业在经济危机期间更可能会陷入财务困境，并且企业价值在这一期间也会更低。企业管理层会随后从经济危机的经验中学习到知识，并运用于企业之中，其体现为1929年经济危机前期高负债企业在20世纪40年代的负债比例更低，而且这种负债比例变化是由于管理层的学习效应所致，因为在这些拥有经济危机经验的管理层退休或离任后，企业稳健的负债政策随即发生改变。

综合上述震慑效应与学习效应，本文提出两个对立假设。

假设A：涉诉经历会提高企业的风险承担水平，涉诉次数越多，涉诉金额越高，企业的风险承担水平越高。

假设B：涉诉经历会降低企业的风险承担水平，涉诉次数越多，涉诉金额越高，企业的风险承担水平越低。

三、模型、变量与数据

（一）模型设定

为检验前文假说，模型构建如下：

---

⑲ Ucbasaran, D., Shepherd, D., Lockett, A. and Lyon, S., "Life after Business Failure: The Process and Consequences of Business Failure for Entrepreneurs", Journal of Management, Vol. 39(1), 2013, pp. 163 - 202.

⑳ 连立帅、陈超、米春蕾：《吃一堑会长一智吗？——基于金融危机与经济刺激政策影响下企业绩效关联性的研究》，载《管理世界》2016年第4期，第111~126页。

㉑ Graham, J. R., & Narasimhan, K., Corporate Survival and Managerial Experiences during the Great Depression, 2004.

$$Risktake_{it} = \alpha + \beta_1 X_{it-1} + \beta_2 Control_{it} + \sigma_i + \gamma_t + \varepsilon_{it} \qquad (1)$$

其中,*Risktake* 为企业的风险承担水平,X 为企业涉诉情况。*Control* 为一系列企业层面的控制变量,σ 为企业固定效应,γ 为时间固定效应,ε 为扰动项。

所用样本为2000~2015年所有A股上市非金融公司。本文使用的其他数据来自Wind和CSMAR数据库。企业作为原告还是被告涉诉对企业风险承担水平的影响可能会存在差异,因此我们通过手动整理上市公司公告将涉诉企业进一步区分为原告涉诉与被告涉诉。

本文对模型中的估计方法及相关数据做了如下处理:第一,由于公司诉讼影响企业的研发投入需要一定的时间,因而本文在构建计量模型时使涉诉次数和涉诉金额滞后一期。第二,为了控制极端值对回归结果的影响,本文对企业风险承担水平、企业涉诉金额、原告涉诉金额、被告涉诉金额以及控制变量中的连续变量1%以下和99%以上分位数进行了缩尾处理(winsorize)。第三,为了避免混合截面数据(pool data)带来的聚类问题,本文模型中各变量的标准差都经过个体的cluster调整。

(二)变量选择

1. 被解释变量:企业风险承担

与John et al. 以及Boubakri et al. 类似,本文也用企业利润率的波动性(标准差)来衡量企业风险承担。其中企业利润率(PFRate)用企业 i 在 t 期的息税前利润与该企业年末总资产的比值来表示。为了剔除行业异质性特征对企业利润率PFRate的可能影响,我们首先采用以下方法对企业利润率进行行业平均值的调整,表示为

$$\text{PFRate}_{it}^{adj} = \text{PFRate}_{it} - \frac{1}{N_{jt}} \sum_{i \in \Theta_j} \text{PFRate}_{it} \qquad (2)$$

其中,等号右边第2项表示行业平均利润率,其中 t 表示年份,j 表示二位码行业,Θ_j 表示行业 j 的企业集合,N_{jt} 表示在 t 期行业 j 的企业数量。PFRate_{it}^{adj} 即为经行业调整后的企业利润率。接下来计算企业在一年四个季度内经行业调整后企业利润率的标准差 $\sigma(\text{PFRate}_{it}^{adj})$,测算方法为

$$\text{PFRate}_{it} = \sqrt{\frac{1}{Q-1} \sum_{q=1}^{Q} \left(\text{PFRate}_{iqt}^{adj} - \frac{1}{Q} \sum_{q=1}^{Q} \text{PFRate}_{iqt}^{adj} \right)^2} \qquad (3)$$

2. 核心解释变量:企业涉诉情况

本文选取当年涉诉次数和当年涉诉总金额作为该年公司诉讼情况的衡量指标。参照潘越等的做法,我们研究中公司诉讼数据的时点以上市公司的首次公告日为准。对于企业涉诉金额为外币的情况,我们利用涉诉公告当年的年底汇率中间价将其折算成人民币金额之后再加总。为了剔除规模效应对统计检验带来的潜在影响,以涉诉金额除以总资产的比值作为衡量诉讼危害程度的指标。

3. 控制变量

控制变量包括一系列企业层面的特征变量,包括:企业年龄、现金流量、企业规模、盈利能力、负债水平、运营效率、成长性、财务困境、市场力量以及股权集中度。

表1　主要变量定义及计算方法

风险承担水平	*Risktake*	企业利润率的波动
涉诉次数	*LC*	Ln(上市公司前一期被起诉次数 +1)
涉诉金额	*LA*	(上市公司前一期的被起诉的涉案金额/前一期公司总资产)×100
企业年龄	*Age*	上市公司的成立年数
现金流量	*CF*	市公司前一期经营活动现金流量净额与总资产之比
企业规模	*She*	Ln(前一期账面总资产)
盈利能力	*ROE*	上市公司前一期的净资产收益率
负债水平	*Lev*	上市公司前一期的资产负债率
营运效率	*LAZ*	上市公司前一期的流动资产周转率
成长性	*Growth*	上市公司前一期的总资产增长率
财务困境	*Loss*	上市公司最近两个会计年度连续亏损则取1,否则取0
市场力量	*Power*	上市公司所在行业的赫芬达指数
股权集中度	*CR10*	上市公司前十大股东持股比例

(三)描述统计

变量的描述性统计结果如表2所示。

表2　变量的统计结果

	Obs	Mean	Std. Dev.	Min	Max
Risktake	27, 330	0. 109	0. 398	0. 001	3. 318
LC	27, 348	0. 144	0. 418	0	4. 745
LC_yg	27, 348	0. 0640	0. 253	0	3. 401
LC_bg	27, 348	0. 0921	0. 340	0	4. 745
LA	24, 562	0. 612	3. 047	0	24. 52
LA_bg	27, 348	0. 328	1. 887	0	15. 65
LA_yg	27, 348	0. 0936	0. 550	0	4. 570
RDint	12, 583	3. 546	3. 905	0. 0125	23. 81
RentCost	27, 336	4. 881	3. 389	0. 439	19. 97
She	27, 345	21. 57	1. 228	18. 95	25. 37
CF	27, 345	0. 0439	0. 0784	−0. 204	0. 265
ROE	27, 344	0. 0516	0. 168	−0. 995	0. 596
Lev	27, 345	0. 468	0. 235	0. 0486	1. 411
LAZ	27, 332	1. 326	1. 054	0. 0933	5. 887
Growth	25, 411	0. 180	0. 387	−0. 403	2. 622
Cr10	27, 114	58. 52	15. 40	21. 91	91. 94
Power	27, 348	0. 0678	0. 128	0. 00762	1
Conttype	27, 348	0. 466	0. 499	0	1
Age	27, 348	13. 27	5. 706	0	65
Loss	27, 348	0. 0326	0. 178	0	1

四、实证结果

(一)基本回归结果

首先我们考虑了涉诉次数对企业风险承担水平的影响,见表3中的(1),在控制住一系列企业层面的控制变量以及时间、行业固定效应之后,涉诉次数越多的企业风险承担水平越高。当我们变换企业涉诉情况的衡量指标,用企业涉诉总金额来描述企业涉诉情况时,估计结果依然为正,涉诉总金额越高,企业风险承担水平越高,见表3中的(2)。这也就意味着对于企业而言,涉诉所带来的学习效应超过震慑效应,涉诉的外部冲击提高了企业的风险承担水平。为检验结果的可靠性,我们将在接下来作进一步的检验。

(二)分诉讼参与主体讨论:原告涉诉与被告涉诉

考虑到作为被告与作为原告涉诉对企业经营的影响可能存在差异,因此需要将企业分为原告涉诉与被告涉诉两种情况作进一步考察。我们首先按照诉讼仲裁公告中"被告方""原告方"与企业名称进行字符匹配,以确认企业在该诉讼仲裁情形中的原被告身份。其次,对于无法匹配的样本,我们手动逐条阅读"案件简介"来确认企业的原被告身份。对于其中企业作为第三方在诉讼仲裁情况中出现的,我们将其认为既不是原告也不是被告,即原告被告变量均记为0。

计量结果见表3中的(3)~(6)。结果显示不论企业是作为原告涉诉还是作为被告涉诉,涉诉程度都正向影响企业的风险承担水平。这一结论在分别用涉诉次数与涉诉金额衡量企业涉诉程度时保持稳健。涉诉次数越多,涉诉总金额越大,企业的风险承担水平越高。

表3 企业涉诉与风险承担

	(1)	(2)	(3)	(4)	(5)	(6)
总涉诉次数	0.1317*** (0.0163)					
总涉诉金额		0.0243*** (0.0029)				
原告涉诉次数			0.0415** (0.0201)			
原告涉诉金额				0.0195** (0.0098)		
被告涉诉次数					0.1838*** (0.0220)	
被告涉诉金额						0.0350*** (0.0044)
She	−0.0859*** (0.0068)	−0.0790*** (0.0065)	−0.0934*** (0.0072)	−0.0926*** (0.0072)	−0.0835*** (0.0067)	−0.0788*** (0.0064)
CF	−0.0506 (0.0571)	−0.1018* (0.0611)	−0.0427 (0.0582)	−0.0427 (0.0583)	−0.0558 (0.0568)	−0.0619 (0.0565)

续表

	(1)	(2)	(3)	(4)	(5)	(6)
ROE	0.0402 (0.0368)	0.0579 (0.0383)	0.0517 (0.0375)	0.0517 (0.0375)	0.0341 (0.0366)	0.0354 (0.0368)
Lev	0.4396*** (0.0484)	0.4071*** (0.0483)	0.4969*** (0.0514)	0.4963*** (0.0512)	0.4253*** (0.0475)	0.4205*** (0.0460)
LAZ	-0.0463*** (0.0052)	-0.0458*** (0.0054)	-0.0474*** (0.0053)	-0.0475*** (0.0053)	-0.0458*** (0.0051)	-0.0462*** (0.0051)
Age	0.0012 (0.0010)	0.0009 (0.0011)	0.0020* (0.0010)	0.0020* (0.0011)	0.0013 (0.0010)	0.0014 (0.0010)
Loss	0.2469*** (0.0288)	0.2566*** (0.0297)	0.2487*** (0.0289)	0.2489*** (0.0289)	0.2440*** (0.0287)	0.2493*** (0.0287)
Growth	0.0107 (0.0104)	0.0076 (0.0120)	0.0107 (0.0106)	0.0099 (0.0106)	0.0100 (0.0104)	0.0057 (0.0106)
Power	0.1512 (0.0964)	0.1381 (0.0933)	0.1509 (0.1011)	0.1522 (0.1013)	0.1507 (0.0947)	0.1473 (0.0945)
Cr10	0.0002 (0.0003)	0.0002 (0.0003)	0.0002 (0.0003)	0.0002 (0.0003)	0.0001 (0.0003)	0.0001 (0.0003)
时间固定效应	是	是	是	是	是	是
行业固定效应	是	是	是	是	是	是
Constant	1.7999*** (0.1447)	1.6542*** (0.1377)	1.9302*** (0.1523)	1.9142*** (0.1514)	1.7540*** (0.1427)	1.6594*** (0.1358)
Observations	24,491	21,909	24,491	24,491	24,491	24,491
R-squared	0.2103	0.2240	0.1964	0.1965	0.2150	0.2189

注:被解释变量为企业风险承担水平。*** $p<0.01$,** $p<0.05$,* $p<0.1$。括号中为标准误。

(三)内生性处理:基于DID分析

考虑到企业涉诉对风险承担水平的影响可能受到内生性问题的干扰,接下来我们基于DID的方法重新进行检验,以缓解内生性的干扰。具体而言,我们将16年的样本截取出两个时期,以6年为一个观测时段来计算企业盈利的波动性(或企业风险承担水平),即2000~2005年为第一个观测时段,2010~2015年为第二个观测时段。我们关注那些在2006~2009年首次涉诉的企业,将其视为处理组,而把整个样本期内始终没有补贴的企业视为对照组。本部分的目的就是检验首次涉诉的企业在这之前的观测时段(2000~2005年)与之后的观测时段(2010~2015年)的风险承担水平的变化是否与对照组企业存在显著的差异。

$$Risktake_{it} = \alpha + \beta_1 Time_{it} + \beta_2 Time_{it} \cdot LD_{it} + \beta_3 LD_{it} + \lambda_2 Control_{it} + \lambda_3 IndDummy_i + \lambda_4 Year_t + \varepsilon_{it}$$

其中,虚拟变量 *LD* 表示是否为处理组,在2006~2009年首次涉诉的企业视为处理组,而在样本期内始终没有涉诉的企业视为对照组。虚拟变量 *Time* 表示企业涉诉前后,即把2006年之前的年份设为0,2009年之后的年份设为1。

计量结果依然显示,涉诉会提高企业的风险承担水平,见表4中的(1)。分样本结果显示,企业涉诉的风险承担提高效应只在企业作为被告涉诉的显著,而在企业作为原告涉诉时不再显著,见表4中的(2)、(3)。

表4 内生性处理:基于DID的分析

	(1) Risktake	(2) Risktake	(3) Risktake
Time	0.0430*** (0.0148)	0.0755*** (0.0157)	0.0393*** (0.0132)
LD	0.0199* (0.0117)		
LD#Time	0.0341* (0.0187)		
LD_yuangao		-0.0006 (0.0149)	
D_yuangao#Time		0.0270 (0.0222)	
LD_beigao			0.0202 (0.0128)
LD_beigao#Time			0.0358* (0.0211)
控制变量	是	是	是

续表

	(1) Risktake	(2) Risktake	(3) Risktake
时间固定效应	是	是	是
行业固定效应	是	是	是
Constant	0.7650*** (0.0714)	1.3919*** (0.0884)	0.7677*** (0.0696)
Observations	13,192	15,340	15,178
R-squared	0.0865	0.1296	0.0919

五、影响机制检验

(一)理论机制分析

在传导机制上,涉诉对企业的行为激励存在两种方向,不仅会影响到企业的研发投入,也会激励企业增加寻租投入,并且两种机制之间存在互动关系。在企业行为分析中,增加对企业寻租行为的考虑,不仅能够进一步加深对涉诉如何影响企业创新的认识,而且有助于丰富对企业微观行为机制的理解。

如果法律制度环境不够完善,产权保护力度较弱,企业涉诉之后有动机提高未来的寻租投入水平,通过向政府官员寻租、经营政治关联以弥补制度环境的不足,应对诉讼冲击,降低企业涉诉带来的不利影响。与此同时,企业用于寻租的投入会挤占生产性投入以及研发投入。而企业研发与其风险承担水平存在紧密的联系,[22]通常情况下研发投入越大的企业,其风险承担水平也往往越高。

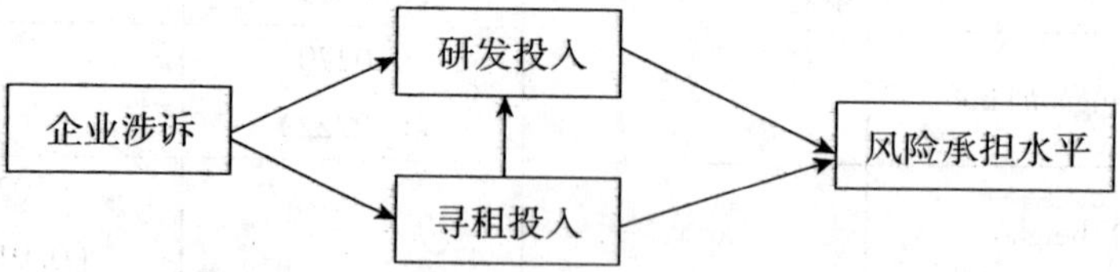

图1　传导机制示意

[22] Dewett, T., "Linking Intrinsic Motivation, Risk Taking, and Employee Creativity in an R and D Environment", R and D Management, 2007, 37(3), 197-208.

原告和被告在诉讼前的企业研发活动中所付出的费用支出与获得的经济收益是完全不对称的。诉讼的发生会促使企业重新考虑自身研发的成本与收益，并导致其对原被告企业的研发支出产生截然不同的影响。在企业诉讼过程中，通常原告是被侵权方，被告是侵权方。对于企业作为原告涉诉的情况而言，企业被侵权之后，由于产权保护不足，企业研发激励受挫，可能会进一步降低研发投入。Manso 发现，诉讼会弱化、甚至阻断创新活动对原告企业长期业绩的反馈效应(Feedback Effect)，降低其从事创新的激励，从而对企业的创新活动产生不利影响。而企业作为被告涉诉，面临不同的行为激励。企业被告涉诉往往是因为侵害了其他企业的权利，此类侵权机会主义行为可能会受到涉诉的震慑而减少，企业"知耻而后勇"，主动增加研发投入。结合前述分析，企业对寻租投入的增加会挤占企业研发投入，因此我们进一步提出以下待检验的研究假说：寻租投入和研发激励是涉诉经历影响企业风险承担水平的可能渠道。

(二)实证检验

结合本文第二部分的理论分析，涉诉经历会改变企业对外部环境的判断，换言之，涉诉会影响企业对产权安全的主观感受程度，进而对企业在生产过程中的行为产生影响。我们通过引入"寻租投入"和"研发投入"作为中介变量来构造中介效应模型，以此来考察其中可能的传导机制。参照 Anderson et al.、万华林和陈信元[㉓]的做法，我们采用管理费用与企业总资产的比值来衡量寻租投入(RentCost)。在创新投入方面，常用的度量指标有 *R&D* 投入和 *R&D* 人员数。鉴于数据的可得性，本文选取 *R&D* 投入这个指标衡量企业创新水平，为了剔除规模效应，以研发强度(RDint)，即 *R&D* 投入除以销售收入的比值作为衡量企业创新的指标。R&D 数据通过手动查询样本公司年报附注中的"研发费用"得到。

我们借鉴毛其淋和许家云[㉔]的方法，利用中介效应模型对企业涉诉影响企业风险承担水平的传递机制进行分析。中介效应模型的基本程序可分三步进行：第一步，将因变量对基本自变量进行回归；第二步，将中介变量对基本自变

㉓ 万华林、陈信元：《治理环境、企业寻租与交易成本——基于中国上市公司非生产性支出的经验证据》，载《经济学》2010 年第 2 期，第 553 ~ 570 页。

㉔ 毛其淋、许家云：《政府补贴、异质性与企业风险承担》，载《经济学(季刊)》2016 年第 4 期，第 1533 ~ 1562 页。

量进行回归;第三步,将因变量同时对基本自变量和中介变量进行回归。本文的中介效应模型由如下方程组构成

$$RiskTake_{it} = f(LD_{it-1}, X_{it}) \tag{4}$$

$$RDint_{it} = f(LD_{it-1}, X_{it}) \tag{5}$$

$$RentCost_{it} = f(LD_{it-1}, X_{it}) \tag{6}$$

$$RiskTake_{it} = f(LD_{it-1}, RDint_{it}, RentCost_{it}, X_{it}) \tag{7}$$

我们分企业涉诉次数与涉诉金额分别进行了影响机制分析,分别见表5、表6。为了方便分析,我们将表3中的(3)~(6)的回归结果直接复制到表5、表6的第(1)、第(7)列中,以此作为比较的基础。

由表5中的(2)、(3)可以看出,企业一旦作为原告涉诉,会明显降低企业的研发投入,增加企业的寻租投入。企业作为原告涉诉的次数越多、涉诉金额越大,企业的研发投入越少而寻租投入越大。当企业被侵权时,企业可能因为产权保护不力等因素,而对产权制度缺乏信心,因而表现为降低研发投入增加寻租投入。

表5中的(4)、(5)报告了风险承担水平对涉诉情况和中介变量回归的结果,从中可以看到,中介变量寻租投入(RentCost)的估计系数为正并至少通过1%水平的显著性检验,表明寻租成本的增加显著提升了企业的风险承担水平,其原因在于寻租费用是企业的一项非生产性支出,它的增加可能会通过补充外部制度环境进而提高企业对产权安全的感知程度。中介变量研发投入(RDint)的估计系数显著为正,表明研发投入越大的企业,其风险承担水平越高,这与通常的预期是一致的。此外我们还发现,与表5中(1)的基础回归结果相比,在分别加入中介变量之后,见表5中的(4)、(5),企业涉诉的估计系数绝对值和显著性水平均出现了下降,这表明“寻租成本”和“研发投入”中介效应的存在。进一步,在同时加入中介变量之后,见表5中的(6),企业涉诉对风险承担水平的影响不再显著,这便进一步显示出,“寻租成本”和“研发投入”是企业涉诉影响企业风险承担水平的重要影响渠道。

而对于被告涉诉的情况而言,企业作为被告涉诉时同样会增加寻租投入,见表5中的(9),但是对企业的研发投入并未产生影响,见表5中的(8)。当我们利用涉诉总金额对前述机制分析重新进行讨论,结果都保持在稳健水平,见表6。

表 5　影响机制分析：涉诉次数

	(1) Risktake	(2) RDint	(3) RentCost	(4) Risktake	(5) Risktake	(6) Risktake	(7) Risktake	(8) RDint	(9) RentCost	(10) Risktake	(11) Risktake	(12) Risktake
LC_yuangao	0. 0415 **	-0. 3083 **	0. 4670 ***	0. 0083	0. 0374 *	0. 0073						
	(0. 0201)	(0. 1512)	(0. 1324)	(0. 0106)	(0. 0201)	(0. 0106)						
LC_beigao							0. 1838 ***	0. 0371	0. 3559 ***	0. 0727 ***	0. 1805 ***	0. 0720 ***
							(0. 0220)	(0. 1492)	(0. 1082)	(0. 0212)	(0. 0221)	(0. 0210)
RDint				0. 0040 ***		0. 0035 **				0. 0039 ***		0. 0036 **
				(0. 0013)		(0. 0015)				(0. 0013)		(0. 0015)
RentCost					0. 0097 ***	0. 0017					0. 0091 ***	0. 0013
	0. 0369 **	-0. 1719 *	0. 0926	-0. 0036	0. 0354 **	-0. 0039						
控制变量	是	是	是	是	是	是	是	是	是	是	是	是
时间固定效应	是	是	是	是	是	是	是	是	是	是	是	是
个体固定效应	是	是	是	是	是	是	是	是	是	是	是	是
Constant	1. 9302 ***	9. 7164 ***	22. 8441 ***	0. 5130 ***	1. 7086 ***	0. 4801 ***	1. 7540 ***	9. 6743 ***	22. 5424 ***	0. 4730 ***	1. 5493 ***	0. 4485 ***
	(0. 1523)	(1. 4087)	(1. 1201)	(0. 1005)	(0. 1453)	(0. 0918)	(0. 1427)	(1. 4225)	(1. 1305)	(0. 0958)	(0. 1356)	(0. 0883)
样本量	24,491	11,373	24,484	11,373	24,483	11,373	24,491	11,373	24,484	11,373	24,483	11,373
R-squared	0. 1964	0. 3652	0. 2839	0. 0674	0. 2011	0. 0679	0. 2150	0. 3650	0. 2839	0. 0773	0. 2191	0. 0776

表 6　影响机制分析：涉诉金额

VARIABLES	(1) Risktake	(2) RDint	(3) RentCost	(4) Risktake	(5) Risktake	(6) Risktake	(7) Risktake	(8) RDint	(9) RentCost	(10) Risktake	(11) Risktake	(12) Risktake
LA_yuangao	0.0195**	-0.2067***	0.1582***	0.0157	0.0181*	0.0153						
	(0.0098)	(0.0714)	(0.0602)	(0.0104)	(0.0097)	(0.0105)						
LA_beigao							0.0350***	-0.0244	0.0670***	0.0140**	0.0344***	0.0139**
							(0.0044)	(0.0275)	(0.0195)	(0.0059)	(0.0044)	(0.0059)
RDint				0.0040***		0.0036**				0.0040***		0.0036**
				(0.0013)		(0.0015)				(0.0013)		(0.0015)
RentCost					0.0097***	0.0016					0.0089***	0.0013
					(0.0020)	(0.0013)					(0.0020)	(0.0012)
控制变量	是	是	是	是	是	是	是	是	是	是	是	是
时间固定效应	是	是	是	是	是	是	是	是	是	是	是	是
个体固定效应	是	是	是	是	是	是	是	是	是	是	是	是
Constant	1.9142***	9.8597***	22.7285***	0.5006***	1.6934***	0.4695***	1.6594***	9.8043***	22.3654***	0.4504***	1.4594***	0.4254***
	(0.1514)	(1.4130)	(1.1197)	(0.0999)	(0.1448)	(0.0910)	(0.1358)	(1.4175)	(1.1247)	(0.0974)	(0.1305)	(0.0899)
Observati	24,491	11,373	24,484	11,373	24,483	11,373	24,491	11,373	24,484	11,373	24,483	11,373
R-squared	0.1965	0.3654	0.2835	0.0685	0.2012	0.0689	0.2189	0.3650	0.2841	0.0758	0.2229	0.0761

通过计量分析我们发现，涉诉会显著提高企业的风险承担水平，并且不管企业是作为原告涉诉还是作为被告涉诉，这一提升效应均明显存在。通过机制分析，我们发现了其中的异质性问题。首先，不管是作为原告还是作为被告，只要涉诉，企业都会增加寻租投入。涉诉次数越多，涉诉金额越大，企业用于寻租的投入就会越多。这可能是基于对制度环境的补充作用而作出的选择。其次，当作为原告涉诉，或者说一旦被侵权，企业会降低自己的研发投入，企业的研发激励受到涉诉的负面影响。而这一现象在企业作为被告涉诉时并不存在。

《中国法律实证研究》征稿启事

《中国法律实证研究》(以下简称《研究》)是由四川大学法律实证研究所主办的全国首个以法学实证研究方法为核心的连续出版物。本《研究》秉持积极推介国内外法律实证研究的最新成果,推进实证研究方法发展的理念。现诚邀海内外学人来稿。

投稿要求:

一、本《研究》倡导严谨治学,欢迎选题独到、观点新颖、论证充分的研究成果。来稿篇幅原则上不得少于8000字。

二、来稿领域以法学及与法学相关的交叉学科为主,提倡实证研究和经验研究的方法。

三、本《研究》实行双向匿名审稿制,以文稿质量为采用之唯一标准,不问作者职称职务、学历、专业、工作单位等。本《研究》不收取任何形式的版面费,谢绝一切形式的关系稿。

四、来稿请以Word文档通过附件发至编辑部投稿邮箱:empirical_study@163.com。

文件名为"稿件标题"。来稿须包含中文篇名、中文摘要和关键词,投稿无须另行邮寄打印稿。作者个人信息须以单独的Word文档形式通过附件一并发至上述邮箱。作者信息包括作者姓名、联系电话、通信地址、邮编、电子信箱、工作单位、职称职务。

五、编辑部有权在尊重作者观点的前提下对来稿进行文字上的修改、删节。如不同意,请在来稿时声明。

六、本《研究》实行随稿随审,三个月未获录用通知,作者或译者可以邮件询问录用情况。本《研究》谢绝一稿多投,一经发现将不予录用。

七、来稿一经采用,将收录于中国知网数据库(作者可另附保留声明)。

八、来稿一经刊发,稿酬从优,并赠送当期出版物两本。

图书在版编目(CIP)数据

中国法律实证研究. 第2卷, 2017年 / 左卫民主编. --北京：法律出版社, 2017
ISBN 978-7-5197-1791-9

Ⅰ. ①中… Ⅱ. ①左… Ⅲ. ①法律-研究-中国
Ⅳ. ①D920.4

中国版本图书馆CIP数据核字(2017)第312820号

中国法律实证研究(第2卷·2017年)
ZHONGGUO FALÜ SHIZHENG YANJIU
(DI 2 JUAN·2017NIAN)

左卫民 主编

策划编辑 高 山
责任编辑 韩向臣
装帧设计 李 瞻

出版 法律出版社
总发行 中国法律图书有限公司
经销 新华书店
印刷 固安华明印业有限公司
责任校对 王沁陶
责任印制 陶 松

编辑统筹 学术·对外出版分社
开本 720毫米×960毫米 1/16
印张 25.75
字数 405千
版本 2017年12月第1版
印次 2017年12月第1次印刷

法律出版社/北京市丰台区莲花池西里7号(100073)
网址/www.lawpress.com.cn
投稿邮箱/info@lawpress.com.cn
举报维权邮箱/jbwq@lawpress.com.cn
销售热线/010-63939792
咨询电话/010-63939796

中国法律图书有限公司/北京市丰台区莲花池西里7号(100073)
全国各地中法图分、子公司销售电话：
统一销售客服/400-660-6393
第一法律书店/010-63939781/9782
西安分公司/029-85330678
重庆分公司/023-67453036
上海分公司/021-62071639/1636
深圳分公司/0755-83072995

书号:ISBN 978-7-5197-1791-9
定价:65.00元